徽州文书与
中国史研究

HUIZHOU WENSHU YU
ZHONGGUOSHI YANJIU

王振忠　邹　怡　主编

（第四辑）

中西书局

图书在版编目（CIP）数据

徽州文书与中国史研究. 第四辑／王振忠，邹怡主
编.—上海：中西书局，2023
ISBN 978-7-5475-2020-8

Ⅰ. ①徽… Ⅱ. ①王… ②邹… Ⅲ. ①文书档案—徽
州地区—明清时代—文集 Ⅳ. ①G279.275.42-53
②K295.42-53

中国版本图书馆 CIP 数据核字（2022）第 198622 号

徽州文书与中国史研究(第四辑)

王振忠　邹　怡　主编

责任编辑	伍珺涵
装帧设计	王轶颀
责任印制	朱人杰
出版发行	上海世纪出版集团 **中西書局**（www.zxpress.com.cn）
地　　址	上海市闵行区号景路 159 弄 B 座（邮政编码：201101）
印　　刷	上海商务联西印刷有限公司
开　　本	700 毫米×1000 毫米　1/16
印　　张	28.5
字　　数	423 000
版　　次	2023 年 1 月第 1 版　2023 年 1 月第 1 次印刷
书　　号	ISBN 978-7-5475-2020-8／K·405
定　　价	108.00 元

本书如有质量问题，请与承印厂联系。电话：021-56044193

前　言

王振忠

　　2020 年 12 月 6 日，第四届"徽州文书与中国史研究"线上网络会议召开，其间共发表学术报告 22 篇。另外，栾成显研究员、王世华教授和范金民教授分别提交了书面论文。[①]

一

　　在上述 25 篇论文中，有多篇聚焦于徽州文书，探讨土地关系及赋役制度

[①] 在《徽州文书与中国史研究》第四辑的编纂过程中，我们根据与会学者的意见作了一些必要的调整。张小坡、戴元枝的论文因故未收入本书。另外，黄忠鑫、郑小春、康健、郭睿君、祝虹和王振忠则提交了新的学术论文。其中，黄忠鑫的《清代图甲户籍运作机制的分异与趋同——以徽州文书〈祁门修改城垣簿〉为中心》一文指出，《祁门修改城垣簿》具备了图甲户籍册的特征，成为把握全县图甲状况的基本依据，结合该县各类民间文书，有助于我们深入理解清代图甲赋税结构与运行机制；郑小春提交的《天下之治始乎县：明清徽州知县司法办案刍议》，聚焦于县衙刑名活动状况，揭示了徽州知县司法办案的一般实态及其社会影响；康健《晚清徽州乡村社会的日常生活图景——以〈局董日记〉为中心的考察》一文，系其以〈局董日记〉为核心史料的系列研究之一，该文探讨了咸同兵燹影响下的物质生活、战后精神文化生活之复苏以及日常生活中的乡村纷争等，借以窥视晚清徽州乡村社会实态和纷繁复杂的日常生活图景；郭睿君在《明代徽州契约文书所见"中人"报酬——兼与清代的比较》一文中，就"中人"报酬之历史演变、明代徽州"中人"中资占交易总额的比例以及明清徽州"中人"报酬的比较等相关问题，作了颇为细致的探讨；祝虹重点考察了户籍资料与家谱编修及宗族历史建构的关系，在其《何以传信：祖先户籍与明代私修家谱》一文中，他指出，史源是衡量家谱价值的重要参考，而是否采用户籍信息编修家谱，则直接影响到谱牒之真实性；王振忠所撰《晚清民国徽商家族文书的学术价值——以歙县昌溪吴炽甫相关文书为例》，介绍了公私收藏的晚清著名茶业巨擘吴炽甫家族文书之概况，并通过对其中一封最长书信之分析，从一些侧面探讨了吴氏文书的学术价值。此外，收入本集的李甜论文与先前参会的标题稍有修改，但主体内容并没有很大的改动，特此说明。

等问题。例如,栾成显研究员的《顺治丈量与万历清丈比较研究——以休宁二十七都五图鱼鳞册为例》一文,将遗存的休宁二十七都五图顺治丈量鱼鳞册与该图万历清丈鱼鳞册加以比较,发现两者所载丈量弓步、计税数额及田土总数多有不同,进而指出:顺治丈量鱼鳞册登载事项与所录内容更为全面、详细,还记录了此后历代金注的内容。由此可见,顺治清丈并非抄誊万历旧册,而是履亩丈量,认真核算,重新攒造了鱼鳞图册。另外,从总体上看,明万历清丈也颇为认真。清初开国则是在万历丈量的基础上,又将土地清丈与鱼鳞图册之攒造向前推进,颇有发展。又如,刘道胜教授的《明清徽州赋役征收中的图甲自催与图差追比》,重点分析了明代中后期以后里甲制度衰落以及赋役制度改革下的一些变化,谈及徽州图甲之钱粮催征以及清代中后期徽州的催征陋规。他指出:明代后期,徽州基层赋役征收形成了图甲自催和图差追比相互配合的新格局。而入清以后,基于自封投柜和滚单催征的赋役征收实践,甲催、图差两者相互配合,构成了徽州基层钱粮催征的常态做法。明代以来传统门户里役的承值逐渐演变而为对"自立甲催"的充任,承充职责亦侧重于催征花户依限投纳。明清徽州基层催征之弊主要体现在图差巧立名目的勒索和浮收上,清代中叶以后,种种差役之扰渐成积弊,积重难返。再如,黄忠鑫副教授的《清代徽州图甲总户与都图文书的传抄》一文,通过对休宁三部都图文书(即《休宁都图里役备览》《休宁县都图甲全录》和《休宁县新丈都图字号乡村地名便览》)的比勘,指出都图文书在传抄过程中存在脱漏、错行等各类问题,进而提醒相关研究者:将此类都图文书作为工具书判断文书之地域、家户归属时,需要多方面证据的结合。此外,他还研究了明清之际绝户的记录、图甲组织等,认为:"民间传抄的都图文书图甲总户信息,反映的是清前期官府主导调整后的图甲格局,更是图甲组织在基层社会发挥重要作用的表现。都图文书承载的图甲户名信息虽然没能充分反映康熙三十年后的变动情况,却成为基层民众处理赋役户籍、土地产业事务时必备的日常生活常识,具备了民间日用类书之特征。"上述二文都涉及官方赋役制度改革与地方社会互动的问题,颇具启发意义。我以为,这些都是明清社会经济史上的核心问题,利用徽州独一无二的资料优势,尽最大可能地将它们梳理清楚,也是徽州文书对于中国史研究所能作出的重要贡献之一。

与土地关系和赋役制度相近的,还有对契约类型的研究。范金民教授提交的《清代汉口房地产卖契的书立》,是他近年来对明清契约文书系列研究的一个新成果。在此前的研究中,范教授曾利用多种草议文书原件,探讨了清代江南房地产买卖文书的形式,指出苏州等地在签订绝卖正契(或称大契)之前,会先签订"草议",对买卖双方进行约束。而此次论文虽然利用的是早已披露的一批契约文书,却专门探讨了其中的"水程""允议约"和"承议约"等。他认为,清代前期的汉口房地产买卖,在签订绝卖正契之前,通常会由卖主出立一种议约性文书——水程,或具备同样功能性质的议约。此外,还有广东的定帖,也是类似的契约。关于"水程",民国时期编纂的《民事习惯调查报告录·安徽全省习惯》最早提及。近年来,在公藏机构及私人收藏中皆有原件陆续被发现。① 2019 年,刘道胜教授在其所著《徽州文书稀俗字词例释》中,专列"水程(水程字)"一目。而此次范金民教授的论文中则对"水程"作了颇为细致的探讨,这是民间契约文书研究方面的重要成果。

郑小春教授利用安徽省图书馆收藏的祁门《吴氏祊坑永禧寺真迹录》,重点考察了国家政策变化背景下僧俗社会关系的嬗变。他指出:徽州宗族捐建香火院的历史源远流长,曾对地方社会产生了较为深远的影响。及至明代,由于国家政策法令的重大调整,私自创建、增置寺院被严厉禁止,地方官府及社会的态度亦随之发生转变和分化,地方文人和宗族精英甚至不乏排斥之言。在此背景下,宋元以来徽州宗族与寺院之间的融洽关系受到冲击,围绕着香火院而发生的僧俗纠纷乃至宗族之间的冲突相当频繁,成为徽州社会发展中引人瞩目的现象,寺院供奉先祖的习俗遂逐渐走向衰落。廖华生教授《从"案卷"到"文卷":试论明清徽州诉讼文卷的编制》一文,对明清时代徽州诉讼文卷之编制及其诸多考量、编制方式和叙事模式等,都作了颇为细致的分析。他指出:明清徽州诉讼文卷主要基于诉讼案卷编制,但并非后者的简单复制,而是编纂者用心编制的结果。其核心内容为诉讼案卷,

———————————

① 例如,安徽师范大学图书馆就收藏有两份精美的"水程"原件。2015 年,笔者亦曾收集到徽商在和州一带的数份"水程"。

是编纂者受书证意识的影响而仿照编纂成案故事以纪事所致。明清徽州绅民编制诉讼文卷主要不是为了保存诉讼证据，而是为了记录史实以建构历史记忆，此外也有制造舆论、表功纪过、诉说冤屈、创制地方规约和保存诉讼证据等方面的考量。出于不同的动机，明清徽州绅民编制诉讼文卷大致采用案卷汇编式、叙事加案卷式、"全书"式和再次编制四种编制方式，编制的文卷也相应采用梗概式叙事、情节式叙事、"全书"式叙事和二次叙事四种叙事模式。此外，张小坡教授也利用丰富的文书史料，研究明清徽州的迎神赛会与民众祭祀生活。

在此次会议上，以徽州文书研究徽商的论文较少，仅见康健副教授撰写的《明代中后期徽州本土木商研究：以郑卷家族为例》。该文指出：祁门奇峰郑氏宗族是著名的木商世家，分别庋藏于南京大学历史学院资料室和中国社会科学院古代史研究所的《万历郑氏置产簿》第20号和《郑氏万历合同分单账簿》等资料，涉及郑卷家族的山场积累、山林经营、林业纷争、利润分配和木材贸易等问题。通过对徽州本土木商的研究，可以深化对徽州本地经济结构、民众日常生计模式以及徽商资本积累途径等问题的认识。此外，与徽商研究相关的还有梁诸英教授《晚清民国时期曹素功老字号墨业经营问题述论》、梁仁志教授《近代徽商衰落及身份界定问题再审视——兼论近代徽商研究的出路》、李甜副教授《近代旅汉皖南商人会馆的经营与改造》以及我本人的《20世纪中期徽商与上海的徽宁思恭堂——以1942—1951年十种征信录为中心》四文。这些论文，都从各个不同侧面探讨了明清以来（特别是近代）徽商的相关问题。梁诸英的研究显示：虽然此前有人认为曹素功制墨业在清道光以后"歇业"或"逐渐衰落"，但在实际上，晚清民国时期，面临着洋货倾销、书写习惯改变、政局动乱等新的形势，曹素功老字号采取重视产品生产的质量管理和中高档墨之生产，坚持面向市场的经营理念，重视维护品牌声誉，注重市场营销及采取多样化生产策略以增加利润等措施，使得曹素功在清末民国时期仍能正常经营，并闻名遐迩，所产成品多次获奖，为时人交口称誉。梁仁志的论文则对近代徽商衰落及身份界定等问题加以重新审视，并讨论了近代徽商研究的出路问题。他认为：近代以后，徽商兴起与发展的内外动因依然存在，数量仍然十分庞大，故认为近代徽商"彻底"

衰落甚至"几乎完全退出商业舞台"的观点应予以修正。另外,迄今为止近代徽商研究之不足,既有学界重视不够的主观因素,也有资料缺乏等的客观因素影响。随着近代徽商资料的不断丰富、新的研究理论与方法的不断运用,特别是新的重要问题之提出,加上学界的日益重视,可以预期,近代徽商研究必将快速发展,也必将推动徽商研究的再出发。李甜的研究显示:旅汉皖南商人群体范畴较大,其内部势力此起彼伏,各会馆的盛衰有着人事、机遇、时代等因素,不能单纯视为整个商帮衰败的象征。为此,他重点考察了旅汉皖南商帮及其同乡团体,认为太平天国并非其彻底衰落的转捩点,皖南商帮的势力一直维持到 20 世纪 50 年代。新安六邑同乡会之经营和社会主义改造,可以从新的角度诠释传统皖南商帮的变迁历程。笔者在研究中,利用了十种《徽宁会馆征信录》,指出:明清以来的长江流域,素有"无徽不成镇"的俗谚,特别是下游三角洲更是徽州会馆分布最为密集的地区。而在众多的徽州会馆中,上海的徽宁会馆及其相关的慈善组织无疑最为突出,因此,上海的徽宁思恭堂具有作为个案剖析的学术价值,从中可以分析徽商在传统行当与新兴产业的活动实态。特别是 1942 年到 1951 年连续十年的《徽宁思恭堂征信录》颇为罕见且珍贵,由于它们反映的时段跨越了 1949 年,见证了社会剧烈变迁背景下徽州商帮之传承与嬗变,涉及徽宁会馆以及徽宁思恭堂的最后消亡,这对于探讨徽州商帮之瓦解,具有较为重要的学术价值。上述三篇文章,都涉及传统商业在 20 世纪 50 年代的经营和社会主义改造,有关这方面的研究,显然还有不少进一步探索的空间。

二

除了利用徽州文书之外,徽州的其他历史文献也引起了与会者的关注。卞利教授利用他个人收集的《生意手册》,介绍了该书的版本、来源及其主要篇目,并结合《士商类要》《商贾格言》《典业须知》和《商贾便览》等文献,对明清时期徽商的职业道德准则与行业技能规则作了论述和分析。他认为:在培养和衡量经商人才时,专业技能与经营水平固然重要,但人才之职业道德和行为操守更为重要,两者相辅相承,缺一不可。《生意手册》看似绩溪县上庄一地某位茶商的教子之道，但因其精心汇辑了大量具有普遍意义的学徒经商之职业道德准则、行业专业知识和技能规则要领，以致在某种程度上说，它也是明清时代整个徽州商人群体关于经商人才的育人之道与经营规则。

王赟琪和章毅副教授的《清代歙南磻溪史中的乡儒心态》一文，利用《徽州民间珍稀文献集成》收录的《磻溪纪事》《澹斋文集》等四种文献，分析了相关史料的性质、乡儒对历史的书写及其反映出的乡儒心态。他指出：明清乡镇志的编纂，存在着一个共性特征，即对商业行为的"道德化"和村落环境之"审美化"。而就歙南磻溪而言，这些史料也反映了主持编务的磻溪乡儒对商业村落所抱有的矛盾心态。从中可见，"乡儒们一方面欣喜于商业贸易为村落所带来的繁荣，……但另一方面，他们对商业活动又抱着某种'疏离'的姿态，他们乐于表彰商人的善举，却刻意淡化营商的过程，即便对商业行为本身的正当性，也存在着明显的犹疑。这种情形固然与乡儒们本身的知识储备和价值倾向有关，但其中也存在着不可忽视的外部因素，即磻溪商业的发展和经济的繁荣，并没有为乡儒们提供参与和分享的机会，在商业资本的繁盛之中，他们反而处于日渐边缘化的状态。地方史集的书写方式，也正是这一社会趋势的文化表现之一"。冯剑辉教授对国家图书馆所藏的《瀫川足征录》作了颇为细致的研究，论文分析了该书的编者、成书过程、体例、内容与特点以及多方面的学术价值，指出：《瀫川足征录》是徽州文化古村歙县呈坎宋、元、明三代的文献总结，由明末遗民罗斗等人编纂，具有强烈的民族性、乡土性和宗族性。书中保存了若干稀见文献，对研究宋代以后徽州文化的转型与繁荣极具史料价值，也有助于对某些重要徽州人物和典故的考证。另外，该书亦绝非呈坎罗氏一村一族的典籍而已，它同时也是宋代至清初徽州村落社会嬗变的缩影。而在对族谱的研究中，戴元枝教授认为：明清时期徽州科举的辉煌成就，与宗族对子弟科举仕进的重视密切相关，这在作为宗族群体记忆文化表征的徽州族谱中表现得尤为明显。为此，她的论文对徽州族谱中科举的书写与想象作了颇为细致的分析。刘猛博士对近代徽州乡土志作了系统梳理，他指出：徽州乡土志的编纂活动较为频繁，成书亦较多。近代以来，为了适应乡土教育的实际需要，徽州乡土志多采取新的编纂形式,内容上更关注新知识,力图培育小学生的爱乡、爱国观念。作为小学教育的教科书,乡土志内容简练,体现了徽州基层教育工作者对乡土教学的努力与探索,呈现出近代徽州小学教育重视乡土教学的特点。孟义昭博士利用《安徽省塾师须知》一书,探讨了20世纪30年代安徽省私塾改良的主要内容与根本动因。他认为:安徽省私塾改良是教育救国社会思潮下推行义务教育的方式之一。当时,根据安徽省义务教育委员会制定的《私塾改进标准》,全省私塾改良的主要内容包括塾舍、设备、课程、教学和训导等方面。而政府推行私塾改良的动因不一,其中不乏提升公民意识、培养健全公民的考虑,但其根本动因仍在于推行义务教育。抗日战争爆发之后,南京国民政府的改良私塾规划被彻底打乱,安徽省私塾改良也逐渐偃旗息鼓。由于私塾改良在徽州是比较重大的历史问题,如能结合档案文书,显然有进一步深入的空间。

在此次会议中,有多位学者利用各类历史文献,探讨了不同类型的徽州人物。例如,王世华教授的《大历史中的小人物》一文,聚焦于《福熙自述》,为我们生动地展示了一名徽商的成长过程。《福熙自述》虽然不是首度披露的文献,但王老师结合其他相关资料,细致入微地透视了此一人物,对此人生平中的几个关节点都作了重点剖析。他指出:"福熙的一生可以说是徽商发展史的一个缩影,福熙的意义正在于为我们进一步认识徽商提供了一个真实可靠的样本。"此外,祝虻《在乡官僚与明末地方安全——以徽州籍官僚金声为例》和王献松《清代沱川余龙光家世与生平考述》二文,则分别对明清时代两位重要的历史人物作了细致分析,将他们放在时代和地方社会的背景中加以考察。其中,祝虻分析了王朝鼎革时期国家与地方间的关系,指出:"金声的例子说明,明末在乡官僚群体拥有构建地方武装势力的能力,而中央则对此力图加以控制,但此时的中央已然丧失了相应能力,守土自保也已成为一种地方共识。"王献松则对婺源沱川名儒余龙光的家世和早年科举之路、仕宦生涯以及晚年的乡居生活,作了颇为细致的探讨与分析。类似的例子,还有董乾坤《民国初期的农业政策与地方人物形象的塑造——以祁门胡元龙为例》一文。该篇文章指出:晚清民国时期的胡元龙之所以成为祁门红茶制作的代表人物,实际上是时代和地方社会树立典型的需要。透过胡元龙逐渐成为祁红代表人物的过程可以看出,国家政策的实行对塑造地方人物形象具有重要作用,而这一形象的塑造则是国家树立典型、发展农业的结果。另外,此一具有国家权威的象征符号,也成为地方社会、个人运作的资源。

除了个体人物之外,还有一些论文是对群体及相关问题的研究。如郭睿君博士的《中国古代历史上的中人群体演变》,就聚焦于她较长一段时间内从事的中人问题研究,此文对中人作了长时段历史性的考察。张绪副教授《明清徽州地区家庭老人赡养问题研究》,则专门探讨了徽州老人的赡养问题。他指出:老人的赡养是一个重要的论题,"它不仅与国家的法律与制度密切相关,也是民众日常家庭生活中的一项重要内容,是我们认识明清制度文化以及了解中国传统家庭文化的一个重要视角"。为此,他收集了颇为丰富的徽州文书史料,通过细致研读指出:"在明清徽州地区,一些无嗣老人家庭以族内过继、招婿入赘等方式,解决了其'尽孝'与'养老'问题。在分家析产时,有关家庭老人赡养的安排是一项重要内容,或公存田亩,以备养老口食之需;或结派奉养,由各房共同承担奉养义务。因为养老困难,一些老人家庭鬻产、典产以及加价绝卖产业的现象也比较普遍。它们反映了明清时期中国社会家庭老人赡养的一些真实面相。"

三

除了具体的文书研究和文献分析之外,还有的论文是对徽州文书与中国史研究等学术问题的重新思考。伊藤正彦教授的《给宋代乡村社会论注入新的活力》,原文发表于《历史评论》,是日本学界较新的一组学术史回顾文章中的一篇。文中指出:"宋代乡村社会论"是一种旨在从构成社会基础的乡村入手,揭示中国宋代社会、国家的结构特点及其历史特征的研究。在论文中,他梳理了战后日本宋代乡村社会史研究的发展和现状,希望借此激发该研究新的活力。在文章的结语中,伊藤教授提到了"徽州文书研究的启示",指出:"近年来明代徽州文书研究中的重要发现,为我们重新审视宋元时期的乡村制度提供了契机。"这种对于长时段历史研究的关注,当然也是我们从事徽州文书与中国史研究的一种学术追求。

　　在我看来，每年一度的"徽州文书与中国史研究"学术研讨会，主要的目的在于"见识新史料，发现新问题，交流新成果"。由此亦可见，徽州文献类型丰富，无论是公藏机构还是私人收藏中，都有不少未知、未见以及未曾认真研究过的新史料，只有通过相互交流、相互启发，解决新问题，才能有更多的收获，从而共同推进中国学术的发展。

　　附识：

　　复旦大学历史地理研究中心研究生刘用盛、王天、纪植元在本论文集汇编成书过程中，参与了部分论文的格式整理和文字校对，工作细致，出力良多，在此一并致以谢意。

目　录

顺治丈量与万历清丈比较研究

——以休宁二十七都五图鱼鳞册为例*

栾成显

（中国社会科学院古代史研究所）

摘　要：将遗存的休宁二十七都五图顺治丈量鱼鳞册与该图万历清丈鱼鳞册进行比较，可以发现，两者所载丈量弓步、计税数额及田土总数，多有不同。顺治丈量鱼鳞册登载事项与所录内容更为全面详细，且记录了此后历代盒注内容。顺治清丈并非抄誊万历旧册，而是履亩丈量，认真核算，重新攒造鱼鳞图册。清开国之初，在万历丈量的基础上，又将土地清丈与鱼鳞图册的攒造向前推进，颇有发展。

关键词：鱼鳞图册；顺治丈量；万历清丈；二十七都五图；休宁

　　清开国之初，为核准土地税额，落实赋役征派，屡下诏令清丈土地。史载，顺治三年（1646）、顺治十年（1653），皇帝都曾下令清丈江南及直省州县田土；顺治十五年（1658），"命御史二员诣河南、山东，率州县履亩清丈，分别荒熟实数，其地亩绳尺，悉遵旧制"；又令"凡各省亩数不均者，悉令地方官踏丈改正"。① 可知顺治十五年有一次全国性的土地清丈活动。徽州各县于顺治初年即遵朝廷旨令，开展土地清丈，攒造鱼鳞册籍，所造鱼鳞图册有多部遗留至今；至顺治十五年，徽州府仍有清丈活动，也有攒造的鱼鳞

＊ 本文曾发表于《安徽师范大学学报（人文社会科学版）》2021 年第 3 期。

① 嵇璜、刘墉等：《皇朝通志》卷八一《食货略一》，《文渊阁四库全书》史部第 645 册，上海：上海古籍出版社，2003 年，第 196 页。

图册遗存下来。

休宁县档案馆现藏休宁二十七都五图良字鱼鳞册，册纵 25 厘米，横 20
厘米。残缺，页内多有虫蛀。现存共 5 册，前 4 册自良字 1 号起，至 600 号
止，中缺 302—400 号；最后一册封面扉页第一面标为"得字"，第二面题"良
字壹千贰百壹号起至壹千捌百号止"，册内填写"今丈良字"，现存自 1201 号
起，至 1399 号止。①

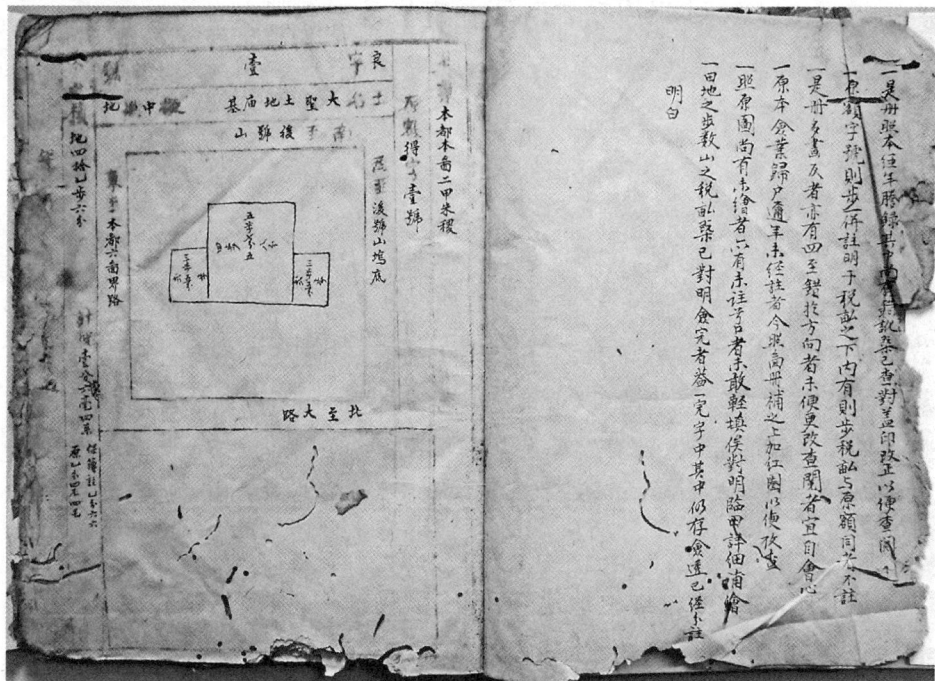

图 1　清休宁二十七都五图良字鱼鳞册扉页及正文

第一册前面有数页开列多项内容，第一面首列各田则、每亩所合丈量步
数，第二面至第四面列册中出现的各个土名（第三面空白），第五面、第六面
题有下列文字：

顺治拾伍年丈量鱼鳞经册

---

① 《鱼鳞图册》第 1057 册，休宁县档案馆藏。

休宁县贰拾柒都伍图新丈田土总数

计开

　　良字壹号起至叁千伍百柒拾壹号

事产

　　官民田地山塘税叁拾贰顷贰拾亩玖分叁厘柒毫

　　一则田税贰拾壹顷柒拾肆亩柒分伍厘贰毫

　　一则地税伍顷肆拾壹亩肆厘叁丝

　　一则山税肆顷陆拾肆亩玖分肆厘肆丝

　　一则塘税肆拾亩贰分柒厘

顺治拾伍年　　月　　日经〔手〕　　都正　朱李铨

　　　　　　　　　　　　　　　　图正　朱正美

　　　　　　　　　　　　　　　　量手　王盛琴

　　　　　　　　　　　　　　　　　　　王善宗

　　　　　　　　　　　　　　　　画手　朱国钱

　　　　　　　　　　　　　　　　书手　朱　钦

　　　　　　　　　　　　　　　　算手　汪　瑞

　　第七面所列，为二十七都五图原得字田、地、山、塘各丈量总数（税亩）与今丈量总数之对比，其中有多有少。第八面列有如下文字：

　　照此印鳞册总面

　　顺治八年六月初六日送鳞册

　　　五图原额得字号

　　　　新丈良字号　共丈叁千五百七十一号

　　送鳞册总面底稿

　　第九面至第十一面分别开列二十七都五图、一图、二图、六图鱼鳞字号，及图下各甲排年里长与所在村落：

　　二十七都

　　　五图　良字号

一甲	王　茂		二甲	朱　国	原朱洪
三甲	朱学源	原朱清	四甲	王正芳	原王时
五甲	陈国兴	原陈章	六甲	朱　贵	原朱广
七甲	王永昌	原王齐兴	八甲	陈元和	原陈沧
九甲	王茂五　朱启元		十甲	金正茂	原金万政
	原王叙　王正顺				

一图　男字号

(以下为一图、二图、六图鱼鳞字号,及图下各甲排年里长与所在村落,略)

最后所列文字如下:

一是册照本经年誊录,其中尚有错讹,概已查对,盖印改正,以便查阅。

一原额字号则步,一并注明于税亩之下,内有则步税亩,与原额同者不注。

一是册多画反者,亦有四至错于方向者,未便更改,查阅者宜自会心。

一原本佥业归户,迩年未经注者,今照图册补之,上加红圈,以便考察。

一照原图尚有未绘者,亦有未注弓口者,未敢轻填,俟对明临田详细补绘。

一田地之步数,山之税亩,概已对明,佥完者盖一完字中,其中仍存佥透,已经分注明白。

从册前所载这些文字可知,该册为一誊录本,系照"顺治十五年丈量鱼鳞经册"抄录,并参照其他册籍,加以核对注明,所载资料颇多。其正文册页书口印刷"　都　图丈量登业草册",各页每面登录一个字号,上画丈量弓口,下载业户分庄,以良字五十九号为例,其登载格式如下:

见业	原额	字 良　号 九十五			
		土 名 消坞 口　拟中 则 田			
		东至山及四十三号田路	南至路		
本都本图十甲	得字同		田形及丈量弓口（略）		西至一百〇六号山
			北至田号前		

今丈积	计税	年 月 日丈过			
田三百贰拾叁步三分	壹亩四分六厘九毫五丝	○ 总入朱毓户	朱宠选 各六十四步六分六厘	朱铉镜 各九十六步九分九厘	
原三百十七步二分	保簿注一亩四分四厘九毫	一图五甲陈积教户丁光坚	各税二分九厘四毫二丝	各税四分四厘一毫三丝	
	原一亩四分四厘二毫				

按：黑体字表示版刻印刷字体。

　　每号登载的项目有见业、字号、原额字号、土名、田形、四至、今丈积、计税、某年某月某日丈过及分庄佥注等。其中值得注意的是，在"今丈积"与"计税"栏中，还有"保簿注……"及"原……"的批注文字，其下各填有相应数字。如该册书口所题，其本为"丈量登业草册"，所谓"保簿"，当指该图所造正册，即鱼鳞清册。宋元直至明万历丈量之前，鱼鳞图册是以保为单位攒造的，故鱼鳞图册又别称"保簿"；而在万历丈量之后，乃至清代，虽改以图为单位攒造，但"保簿"之称仍延续下来。那么，该册中所批注的"原"字，又是指何而言呢？

　　原来,这是指该图原丈量册籍,即万历丈量该图得字号鱼鳞图册。难得的是,万历丈量该图册籍亦被保存下来。上海图书馆藏《休宁县二十七都五图丈量保簿》①,1 册,册纵 35 厘米,横 30.3 厘米,厚约 6 厘米,计 884 叶。每叶双面,每面分 4 格,记载 4 个田土字号,现存得字 9 号至 3544 号,内略有残缺,但资料保存基本完整,版心印刷"休宁县贰拾柒都伍图丈量保簿"文字,各页字号印有"得"字(见图 2)。据《海阳都谱》(《休宁县都图地名字号便

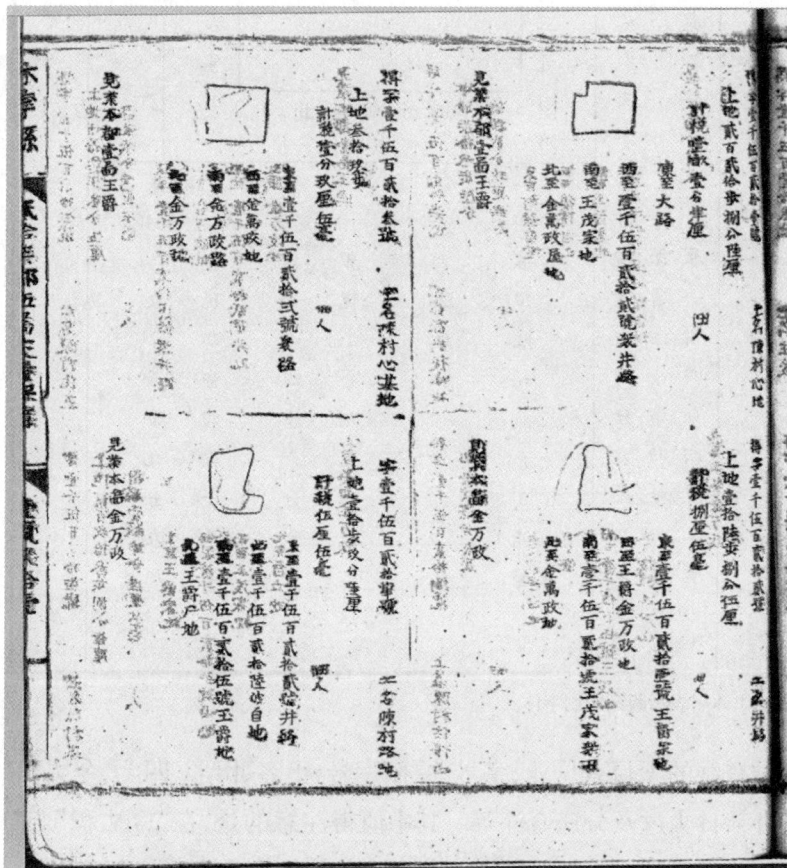

图 2　明万历九年休宁县二十七都五图丈量保簿

①《休宁县二十七都伍图丈量保簿》,上海图书馆藏,线普 563585 号;参阅［日］伊藤正彦《从〈丈量保簿〉与〈归户亲供册〉看万历年间徽州府休宁县二十七都五图之事产所有情况》,载王振忠、刘道胜主编《徽州文书与中国史研究》第 1 辑,上海:中西书局,2019 年,第 76—99 页。

览》)载,休宁县二十七都五图"得"字,本是万历九年(1581)清丈的鱼鳞字号,①故可得知,该册为明万历九年丈量休宁县二十七都五图鱼鳞图册。该册全为木活字印刷刻本,当是万历九年休宁知县曾乾亨主持清丈而印刷的一批活字版鱼鳞册之一。

将上引清顺治十五年丈量二十七都五图良字登业草册59号中所注"原(丈积)三百十七步二分""原(计税)一亩四分四厘二毫",与《万历丈量休宁县二十七都五图得字保簿》59号查对,万历得字册上载有:"得字伍拾玖号,土名消坞口,中田叁百壹拾柒步贰分,计税壹亩肆分肆厘贰毫。"②两者所载号数、土名、田则、亩步、计税,均完全相同,可确凿证明清初良字册所注"原"字,即是指万历得字册所载。

若将《顺治十五年丈量二十七都五图良字登业草册》(以下简称《顺治良字登业草册》),与《万历丈量休宁县二十七都五图得字保簿》(以下简称《万历得字保簿》)全面对照一下,又可发现两者具有多方面的不同特征。

首先,《顺治良字登业草册》所载各号丈量弓步与计税数额与《万历得字保簿》所载各号相比,除相同者外,又有很多不同者。兹以《顺治良字登业草册》第一册前100号所见为例,将其与万历册各号所载对比,见下表:

表1　二十七都五图顺治册与万历册所载差额表(部分)

顺治册良字号码	丈量弓步(单位:步)			计税(单位:亩)		
	顺治册	万历册	差额	顺治册	万历册	差　额
1				0.166 4	0.144	0.022 4
6				0.87	0.8	0.07
8	321.1	326.1	5.0	1.008 4	1.087	0.078 6
13				0.614 5	0.52	0.094 5

①《海阳都谱》,中国社会科学院古代史研究所藏,史980/7727号。
②《休宁县二十七都伍图丈量保簿》第59号。

（续表）

顺治册良字号码	丈量弓步（单位：步）			计税（单位：亩）		
	顺治册	万历册	差额	顺治册	万历册	差　额
15				0.692	0.512	0.18
16				1.32	1.00	0.32
18				0.572 7	0.497	0.075 7
22				0.733	0.636	0.097
24	62.75	58.4	4.35	0.241 6	0.195	0.046 6
26	268.2	234.0	34.20	0.894 2	0.78	0.114 2
27	118.8	115.54	3.26	0.457 7	0.404	0.053 7
29	50.3	41.9	8.4	0.193 5	0.161	0.032 5
30	236.24	244.8	8.56	1.073 8	0.577（标"错"字）	
31				0.159	0.134	0.025
32	90.4	85.5	4.9	0.347 7	0.328	0.019 7
33	299.2	268.0	31.2	1.151	1.031	0.12
34	233.2	207.0	26.2	0.897	0.796	0.101
35	250.0	245.5	4.5	1.136	1.12	0.016
36	186.0	182.0	4.0	0.715 3	0.607	0.108 3
37	471.5	461.5	10.0	1.813	1.715	0.098
38	165.8	162.5	3.3	0.637 7	0.665	0.027 3
39				0.845	0.733	0.112
40				0.302	0.318	0.016
41				1.267	0.877 5	0.389 5

（续表）

顺治册良字号码	丈量弓步（单位：步）			计税（单位：亩）		
	顺治册	万历册	差额	顺治册	万历册	差　额
42				0.33	0.284	0.046
43	75.2	91.5	16.3	0.341 8	0.306	0.035 8
45				0.125	0.100	0.025
46				0.104 7	0.104	0.000 7
48				0.043 07	0.031	0.012 07
49				0.237	0.205	0.032
51				0.057	0.066	0.009
53				0.704 5	0.596	0.108 5
54				0.031 6	0.031	0.000 6
56				0.416	0.414	0.002
58	120.3	120.4	0.1	0.46	0.459	0.001
59	323.3	317.2	6.1	1.469 5	1.442	0.027 5
60	46.8	39.6	7.2	0.18	0.152	0.028
62	134.5	103.5	31.0	0.611 4	0.47	0.141 4
63	444.0	452.8	8.8	2.018	2.058	0.04
68				0.133 8	0.115	0.018 8
70	289.7	262.0	27.7	1.314	1.19	0.124
71	116.1	115.8	0.3	0.527 7	0.526	0.001 7
72				1.971	1.967	0.004
73				1.72	1.50	0.22
80				1.37	1.25	0.12

（续表）

顺治册良字号码	丈量弓步(单位:步)			计税(单位:亩)		
	顺治册	万历册	差额	顺治册	万历册	差额
81	369.0	300.0	69.0	1.50	1.25	0.25
84				0.176	0.146	0.03
85	136.4	132.4	4.0	0.272 8	0.265	0.007 8
86	80.2	78.4	1.8	0.308 2	0.261	0.047 2
87				1.612	1.186	0.426
88	47.8	46.7	1.1	0.136 5	0.18	0.043 5
89				0.154	0.108	0.046
90	85.0	83.0	2.0	0.327	0.319	0.008
91	157.3	153.5	3.8	0.601	0.59	0.011
94	516.36	515.6	0.76	1.986	1.983	0.003
95	213.2	208.3	4.9	0.82	0.801	0.019

　　以上所录,即《顺治良字登业草册》第1至100号中所载丈量亩步、计税与《万历得字保簿》不同者各号的具体情况,在这100号中,所载相同者计44号,不同者计56号,后者占多数。按册中所载,不同的成因有多种情况。其中有的字号是因田土形态变迁,如良字第8号,土名黄茅坞口,万历丈量时为田326.1步,顺治丈量为321.1步,少5步;其中有田成地200步,实田121.1步,因而造成丈量弓步与计税两者均不相同。又有不少是因田则变化而出现计税不同,如良字第18号田,土名干子源,万历丈量为下下则田税0.497亩,顺治丈量改为下则田,变成计税0.572 7亩;又如良字第43号田,土名水碓岭,原定为下下则,顺治丈量时拟为中则,尽管顺治丈量弓步比原丈少16.3步,但计税却比原额多0.035 8亩。此外,还有新增垦地的情况,如良字第81号,土名徐充西培外坞,万历丈量时只有山税1.25亩,顺治丈量则增新垦地

69步,计税亦相应增加。而更多的情况是丈量弓步与计税的细微不同,差额多在毫厘之间。

因现存册籍残缺,对这种不同情况不能作全面统计。但难得的是,在该鱼鳞册册首第七面,列有二十七都五图原得字田、地、山、塘各丈量总数(税亩)与今(顺治)丈量总数之对比:

　　　二十七都五图原得字壹号起至叁千五百六十七号

　　　田　原贰千一百八十亩二分一厘九毫
　　　　　今贰千一百八十六亩四分五厘七毫六丝　多六亩贰分叁厘八毫九丝

　　　地　原五百贰十贰亩六分八厘叁毫
　　　　　今五百贰十八亩贰分六厘柒毫九丝一忽　多五亩五分八厘四毫九丝一忽

　　　山　原四百六十贰亩六分八厘叁毫
　　　　　今四百六十五亩贰分叁厘五毫九丝　多贰亩五分五厘贰毫九丝

　　　塘　原四拾一亩七分一厘九毫
　　　　　今四拾亩六分六厘〔九毫〕　少一亩〇五厘

从总体上看,二十七都五图顺治丈量与万历丈量相比,田、地、山、塘各项总数均不相同,其中有多有少,不过,差额总数并不很大。上表所列各号弓步与计税的不同情况,亦多在毫厘之间,两者情况是相符的,可相互印证。这种细微的差别,表明清顺治该图丈量并非照抄旧册,马虎从事,而是经过临田履亩清丈的;同时亦显示明万历丈量也是认真的、可信的。由于时间关系导致田土形态变迁,或因人工开垦等,而呈现细微差异,这是必然的。

其次,《顺治良字登业草册》较《万历得字保簿》,登载内容更为全面详细。按遗存文书实物所见,《万历得字保簿》所载事项有字号、土名、田则、弓步、计税、佃人、田形、四至、见业等项。而《顺治良字登业草册》所载事项有见业、字号、原额字号、土名、田形、四至、今丈积、计税、某年某月某日丈过及分庄金注等,所设事项与前者显著不同,增加了不少新的项目,特别是其各项之下所载内容,更为详细。如"田形"一项,万历册只画有简单田形,不载弓口;而顺治册不但画有田形,而且详注丈量弓步,这当然与其"登业草册"性质相关。再如"见业"一项,万历册所设"见业"一项,或可理解为包括分庄在内,但其下多只载业主户名,若有多个业主,则注有各业户的分业亩步,或注"均业"。如该册得字第 9 号载:"得字玖号,山,计税壹亩柒分伍厘……见业:本图朱洪户玖分柒厘;朱滔、朱滨、朱淳各贰分陆厘。"又如得字第 11 号载:"得字壹拾壹号,山,计税壹亩叁分叁厘……见业:本图朱滔、朱滨、朱淳各贰分陆厘。"等等。① 实际上各业户之下分庄的详细情况并未登录,所载比较简略。而顺治册不但设"见业"一项,又另辟"分庄"一栏,详细填注分庄情况。如顺治良字第 17 号载:

　　　　良字十七号
　　　　土名　成堀坞　　山
　　　　见业　本都本图二甲朱滨、朱滔
　　（分庄栏载)
　　　　五图二甲　朱晓章山二厘　　　　　　象方入
　　　　五图二甲　胡兴户丁奇芳山七厘　　　秉周入
　　　　五图二甲　朱作仲二分九厘二毫
　　　　五图二甲　胡兴户七厘五毫捌丝　　　作仲入
　　　　一图五甲　陈田茂户七厘　　　　　　朱英户入
　　　　五图二甲　陈永盛三厘　　　　　　　庭三入
　　　　　　　　　陈永户三厘　　　　　　　永盛入②

该号既在"见业"栏填有业主户名,又在"分庄"栏中详细登载各子户图甲、姓名、所占税亩以及田土来源。
　　又如良字第 27 号载:
　　　　良字二十七号　田

①《休宁县二十七都伍图丈量保簿》第 9、11 号。
②《鱼鳞图册》第 1057 册,第 17 页。

土名　干子源　今丈积田一百拾八步八分

见业　本都本图

（分庄栏载）

朱　镜　三十五步六分四厘

朱　选　二十三步七分六厘

朱　镪　三十五步六分四厘

朱　宪　二十三步七分六厘

　〇共入十甲胡元乾户讫①

该号在"分庄"栏中载有 4 个分庄户姓名及其所占丈量弓步,这些弓步总计 118 步 8 分,与该号今丈积弓步完全相同,又在其后批注"共入十甲胡元乾户讫"。

再如良字第 221 号载:

良字二百二十一号　地

土名　里充尾　今丈积地一百拾二步五分

（分庄栏载）

本都五图二甲　旧注朱滔等

朱　滔(滨、淳)　　九十六步

朱来仪　　　　　三步五分

朱　镪　　　　　三步五分

朱　汶　　　　　九步九分

　　　　　透归四分②

该号"分庄"栏中分别载有各子户所归丈量弓步,最后注有"透归四分",这里的"透归"又是指何而言呢? 若将各子户所归弓步加以统计,共为 112 亩 9 分,比该号"今丈积"填写的数额多出 4 分。所谓"透归四分",当是指此而言,即各子户所归弓步之和超出了今丈积弓步,此溢额便是透归之额。该册

---

① 《鱼鳞图册》第 1057 册,第 27 页。

② 《鱼鳞图册》第 1058 册,第 18 页。

文书册前所载出现"仝透"一语,亦是此意,即各子户分仝之和溢出了该号田土应仝总额。该册文书中此类记载,无疑反映了册籍攒造者的认真与精细。

　　第三,《顺治良字登业草册》中,除了详细登载各户分庄等之外,还记录了历代仝注的内容。如《顺治良字登业草册》第80号载:

　　　　良字八十号
　　　　土名　徐冲中心坞　　山
　　　　见业　本都本图十甲
　　　　今丈积　山　　　　计税　壹亩叁分七厘
　　　　(分庄栏载)
　　　　朱　铦　五分
　　　　朱　镜　三分七厘　　出税一分入徐玉
　　　　朱　选　二分五厘
　　　　朱　宠　二分五厘
　　　　五图十甲汪应明户丁德林山一分一厘　朱传入
　　　　一图十甲陈齐福户山五厘　寿入
　　　　本图一甲谢廷奉山叁厘　育入
　　　　五图十甲金正茂户山叁厘　廷奉入江云章
　　　　一图五甲陈永成户一分　寿铸入
　　　　道光二十一年八月本图九甲徐玉户仝税一分　朱出①

该号在"分庄"栏中,先是记载朱铦、朱镜、朱选、朱宠等4户的分庄情况,其各所归税亩之和为1亩3分7厘,与该号"计税"栏所载完全相同,可知这4户即是该号田土最初的分庄子户。而在其后,又有多笔不同图甲人户的仝税情况,这些记载的墨迹与前4户记载墨迹显著不同,可看出其记载时间不同。这些记载,即该号田土于造册之后陆续发生的土地产权转移在鱼鳞图册上的仝注。其最后一笔为"道光二十一年八月本图九甲徐玉户仝税一分,朱出",而在前面朱姓4个子户之下,则有"出税一分入徐玉"与之呼应。

---

① 《鱼鳞图册》第1057册,第80页。

又如,良字第 157 号载:

良字壹百五十七号

土名　士安充桃花坞界

见业　本都五图二甲　朱滔　滨　淳

今丈积　山　　　　　计税　六分六厘七毫

（分庄栏载）

二甲朱作仲二分二厘二毫三丝

六图四甲程天员山税一厘　□入

乾隆十一年正月

十一都二图三甲汪养户丁尧阶壹分　滔入

五图二甲朱晓章山贰厘　象方入

二十六都四图五甲吴元祥山陆厘　朱滔户□入

本图一甲谢廷奉四厘　庭三入

五图五甲陈瑞隆户山叁厘　朱明入

本图十甲金正茂户山四厘　廷奉入

五图五甲陈瑞隆户丁徐玉美山叁厘　贵先入

二甲朱仲户二分五厘八毫五丝　廷三入

二甲朱永兴户徐玉美一厘　育元入

九甲徐玉户丁玉美三分七厘　廷入　仰周入

五甲陈元昌户五厘　仲入

道光十一年八月二十七都五图九甲徐玉户金税一厘三毫九丝　朱
振等出　验契

九甲徐玉户丁玉美三厘　瑞隆入

　　　　　又五厘　育源入

　　　　　又五毫　连寿①

该号"分庄"栏载有众多图甲人户的金税情况,其中标明时间的有"乾隆十一

---

① 《鱼鳞图册》第 1057 册,第 157 页。

年正月,十一都二图三甲汪养户丁尧阶壹分,滔入""道光十一年八月二十七都五图九甲徐玉户金税一厘三毫九丝,朱振等出,验契"等。在遗存的《顺治良字登业草册》中,关于这种土地产权转移的诸多记载,还可见到的有康熙五年(1666)关于买卖换金业票的夹条批注(良字第1245号),道光十一年(1831)、道光十三年(1833)、道光二十一年(1841)、道光二十九年(1849)的金税批注(分别见良字第153、167、207、2038号等),此外,还有民国二年(1913)的金税批注(良字第498、499号),等等。

如前所述,在清代徽州休宁地区,顺治、康熙等鱼鳞图册攒造完成之后,一直被其后各朝利用,如有田土买卖、承继过户、典当转让等土地产权转移事项发生,随即在鱼鳞图册之上加以批金注明,这不仅是为了查考方便,更重要的是,它也成为一种官方记录,具有一定的法律效力。这种金注,在徽州地区清代以前的鱼鳞图册中是很少见到的,而在清代徽州休宁的鱼鳞册中则十分普遍,为清代徽州鱼鳞图册的一大特色。

以上所述二十七都五图的情况,并非只是个案。遗存至今的很多清初徽州所造鱼鳞册都有类似情况。有的册籍各流水字号同时列出原丈字号与数额,即万历清丈数额,又载有今丈步亩与税额,参考对照,两相比较,多有不同。这是清初临田清丈、重新造册的确凿证据。因篇幅所限,这里不再一一例举。

明万历清丈是在张居正主持下奉朝廷令旨在全国推行的一次土地清丈,总体来看,万历清丈是认真的,取得了很大成效。在徽州地区亦是如此。徽州休宁县万历清丈是由时任知县曾乾亨主持的,他先是经过调查研究,制订详细的丈量章程和严格的工作计划;慎选都正、图正,十分得人;并躬行周视,以身作则;又严格执法,赏罚分明。休宁万历清丈将此前的都保制改为都图制,实行官民一则,具有里程碑之意义。休宁万历清丈经官府倡导,统一攒造了鱼鳞图册,前引《万历九年休宁县二十七都五图丈量保簿》即是其中遗存之一。而通过以上顺治十五年休宁二十七都五图良字鱼鳞册的概述可知,其与万历老册相比,无论攒造格式、登载事项,还是所录内容,都有很大不同,并展现出新的特点。这种情况并非个案,表明顺治清丈并非抄誊万历旧册,而是履亩丈量,认真核算,重新攒造了鱼鳞图册。明清鼎革时期,徽州所受冲击不大,特别是徽州地区鱼鳞图册制度实施的历史源远流长,已扎根于社会经济制度之中,官民重视,造册经验丰富,技术积累深厚,故至清开国之初,在万历丈量的基础上,又把土地清丈与鱼鳞图册的攒造向前推进,颇有发展。

清代汉口房地产卖契的书立

范金民

（南京大学历史学院）

  摘　要：清代前期的汉口房地产买卖，在签订绝卖正契之前，通常会由卖主出立一种议约性文书——水程或允议约。这类文书类似同时期江南的草议和广东的定帖，其书立过程、基本内容和功能性质大致相同。草议、水程、定帖，虽名称相异，然实质相同或相近，存在于不同地区。这说明，至迟到清代，各地房地产交易文书的具立形式和步骤，大致相同，趋向一致。

  关键词：清代；汉口；房地产；文契；书立形式

  近年来，学界对于各地民间契约文书的研究，蔚然成风，成绩斐然。然对于各地房地产买卖文书的形式及其具立顺序等，殊少探讨。笔者前曾利用草议文书原件，探讨清代江南房地产买卖文书的形式，提出苏州等地在签订绝卖正契（或称大契）之前，先会签订"草议"，对买卖双方作出约束。那么，这种文书仅在江南存在吗？这种文书的书立顺序仅出现在江南吗？刘伯山先生编纂的《徽州文书》，收录了有关清代康熙年间徽商谢氏的一批文书，其中绝卖正契外，有"水程"和"允议约""承议约"文书，为我们探讨清代汉口房产文书的书立及其顺序提供了可能，至今尚未见人利用过。今主要利用此批文书，结合汉口《紫阳书院志略》等文献，专门作尝试性探讨，期能于传统民间文书研究稍有裨益。抛砖引玉，期待文书研究专家和高明之士匡我不逮。

一、水程与正契

《徽州文书》中的《清康熙中期旅汉口谢氏徽商文书》，共收 26 件文书，其中包含 8 宗房产绝卖文契 14 件，1 宗房产典卖契 1 件，有关紫阳书院购房的议约文契等 10 件，徽商绸布店经营合同 1 件。其中可以用来说明本文主题的，全部集中在 8 宗绝卖房产中，有"水程"原件 3 件，绝卖正契 9 件，允议约和承议合约各 1 件；此外加上《紫阳书院志略》中所收 1 件绝卖正契，关涉其中 1 宗房产的绝卖，共为 15 件。此 15 件文书，可以归为 5 组：第一组 3 笔交易，2 笔既有水程又有正契，而其中第二笔交易只见正契而未见水程。第二组 1 笔交易，先后立有允议约、水程和正契。第三组 1 笔交易，有承议合约和杜卖正契，但未见水程，而且杜卖文契不见收于《清康熙中期旅汉口谢氏徽商文书》，而保留在汉口《紫阳书院志略》中。由杜卖文契可知，卖主在此之前也出立过水程。第四组 2 笔交易，正契中言明立有水程，而如今未见水程原件。第五组另外 3 笔交易，只有正契，正契中未言是否立过水程。上述文书书立时间起于康熙七年，迄于康熙四十四年，涵盖康熙前中期的 38 年。本文着重分析前 4 组房产买卖文书。

为明了水程原件面貌，探究水程与正契的关系及其在房产交易过程中的地位，于此先将相关文书编号、水程和相关绝卖正契抄录如下。

　　1—1. 立水程人王瑞卿仝男王秩然，今有自置土库楼房铺面，共计五重，基地一所，坐落循礼坊二总正街，前至官街，后抵河水，左至井宅墙，其后重半墙系井脚，上墙系王砌，右至本宅墙，中间壹重系熊宅借脚砌。四至明白。先尽亲族、原业，无力承买。今凭经纪亲中公议，时值绝价纹九银捌伯伍拾两正，其搭贺表礼在内。今招到买主朱名下为业。立此水程，俟成交吉日，另立正契。

　　其铺面楼房铺抬门扇鼓皮格扇窗桄板壁楼梯俱全。

康熙柒年八月二十日　　立水程王瑞卿仝男王秩然

　　　　　　　　　　　凭中　汪公达　孙龄昌　贺君恒　刘继公①

---

① 《清康熙中期旅汉口谢氏徽商文书之一》，刘伯山编《徽州文书》第 3 辑第 1 册，桂林：广西师范大学出版社，2009 年，第 3 页。

1-2. 立〔绝〕卖房屋基地文契人王瑞卿同男王秩然，今因债务乏费，将自置基地一所，土库楼〔房〕铺面，共计五重，坐落循礼坊二总正街，前至官街，后抵河水，左至井宅墙，右系本宅墙，其后重半墙系井脚，上墙系王砌，右至本宅墙，中间壹重系熊宅借脚砌。四至开载水程明白。先尽亲族、原业，俱无力承买。父子商议，请凭官牙亲中说合，出笔绝卖与朱晋全名下。当日眼同估值，绝价纹九银柒伯柒拾两正，外搭贺表劝起神，共银捌拾两正。彼时银契两交，一足衡银，并无准折抬算。此系二比情愿，自卖之后，任从买主管业居住，王门亲族人等不得异说。如有典当重复等情，俱系瑞卿父子承管。其基地老约红契，当日俱缴付买主收。成交之后，毫无他说。立此卖约，永远为照。

康熙柒年九月初三日

　　　　立卖约人王瑞卿男王秩然

　　凭亲中王文旭　杨三阳　张晋昭　孙龄昌　杨宝元

　　　　郭金仲　赵君圣　廖在赤　张省三　刘继公

　　　　熊禹明　闵昌彻　汪公达　杨允晟

　　官牙　贺君恒　贺君美　陈锡卿　陈俊明①

1-3. 立绝卖房屋基地文契人朱玺，同表孙梁大观，今因抱恙回乡，缺少费用，二人情愿□□（原件残缺，约2字——引者）置基地壹所，土库楼〔房〕铺面，共计陆重，坐落循礼坊贰总，前至官街，后至河水，左至井宅墙脚，右至本宅墙。四至分明。先尽亲族、原业，俱无力承买。祖孙好作商议，请凭官牙亲中说合，出笔绝卖与王殿侯老爹名下为业。当日眼同估值，时价纹玖银柒伯柒拾两正，外搭贺表劝起神，共银捌拾两正。彼时银契两交，并无准折抬算。此系二家情愿，自卖之后，任从买主管业俱居，壹杜壹绝，再无异说。如有重复典当等情，俱系卖主一身承管。其基地老约红契，当日俱缴付买主收。成交之后，毫无他说。立此卖约，永远为照。

---

① 《清康熙中期旅汉口谢氏徽商文书之二》，刘伯山编《徽州文书》第3辑第1册，第3页。

　　此契屋地已经得价,卖与谢名下为业,有上首老契壹纸,系王带回山西,日后刷出无角。此批。

康熙年叁拾贰年捌月二十四日　　立绝卖房屋基地人朱玺　梁大观

　　　　　　　　　　　　　　凭官牙朱敬庵　吉世顺　吉兆顺

　　　　　　　　　　　　　　贾鼎元　张晋昭　杨宝元

　　　　　　　　　　　　　　崔帝耕　高宜在

官契　　　　　循礼坊第陆号①

　　1-4. 立水程人王殿侯,今有自置土库楼房铺面,共计陆重,基地一所,坐落循礼坊贰总正街,前至官街,后抵河水,左至井宅墙,其后重半墙系井脚,上半墙系王砌,右至系本宅墙。四至分明。先尽亲族、原业,无力承买。今凭经纪亲中公议,时值绝价纹九银柒伯贰拾两整,其搭贺表礼在内。今招到买主　名下为业。先立此水程,俟成交吉日,另立正契。

　　其铺面楼房铺台门扇鼓皮格扇窗榥板壁楼梯装备俱全。

康熙叁拾四年拾一月初二日　　　　　　立水程人王殿侯

　　　　　　　　　　　　　　　　　　凭牙中　汪天泽　徐殿侯②

　　1-5. 立绝卖房屋基地文契人王殿侯,今因回籍,管业不便,情愿□□□□□(原件残缺,约5字——引者)壹所土库楼房铺面,共计陆重,坐落循礼贰总,前至官街,后至河水,左至井宅墙脚,其后重半墙系王砌,右至系本宅墙垣。肆至分明。先尽亲族、原业,俱无力承买。请凭官牙亲中说合,出笔绝卖与谢名下为业。当日眼同估值,时价纹九银柒伯贰拾两整,其搭贺表劝起神一并在内。彼时银业两交,并无准折抬算。此系两家情愿,自卖之后,听从买主管业居住,一杜一绝,再无异说。如有重复典当□情,俱系卖主一身承管。其有老约红契一并付买主收执。立此卖约,永远存照。

_____

① 《清康熙中期旅汉口谢氏徽商文书之四》,刘伯山编《徽州文书》第3辑第1册,第5页。
② 《清康熙中期旅汉口谢氏徽商文书之七》,刘伯山编《徽州文书》第3辑第1册,第7页。

　　康熙叁拾肆年十一月初十日　　立绝卖房屋基地人王殿侯

　　　　　　　　　　　　　　　　代押人李振伯

　　　　　　　　　　　　　　　　代笔人徐殿侯

　　　　　　　　　　　　　　　　凭官牙汪天泽　谢文简　熊

　　　　　　　　　　　　　　　　井于鲁　余谌公

　　　　　　　　　　　　　　　　凭中人余南仪①

　　2-2. 立水程李东恺、建北、孟瀋、晋侯、仲翰,有祖遗弟兄共分基地一段,坐落汉镇循礼坊二总下岸,东至刘宅地界,西至谢墙为界,南至河水为界,北至胡房墙外熊地为界。四至明白。今因乏费,弟兄公同好作商议,请凭牙中说合,情愿出卖谢名下为业。议定时值绝卖纹九价银陆拾陆两整,答贺表劝折席小礼杂项一并在内。俟成交之日,另立正契。此照。

　　　　凭牙行汪天泽

康熙三十五年十二月初二日　　立水程李东恺　李建北　李孟瀋

　　　　　　　　　　　　　　李晋侯　李仲翰②

　　2-3. 立绝卖基地文契人李东恺、建北、孟瀋、晋侯、仲翰,今有祖遗基地一段,坐落汉口循礼坊贰总下岸,东至刘宅墙为界,西至谢地为界,南至河水为界,北至胡房墙外熊地为界。兹因今因兄弟共分管业不便,兼之移业就业,弟兄商议,同浼牙中亲友说合,先尽亲族,无人成买。今自情愿立契,卖与谢名下为业。当日三面议定,时值纹九价银陆拾陆两整,其答贺表劝折席小礼杂项一并在内。契内价银,当日系恺弟兄眼同一并收讫。其基地当即交与谢宅,任凭填基盖造,永远管业。其地自祖遗分受清白,并无家庭受分不明,以及重复交易,如有等情,俱系弟兄承管,不与买主相涉。其前巷路照旧出入。今恐无凭,立此绝卖文契,永远存照。

　　　　　　　　　　　　　　　　叔父李藏密

① 《清康熙中期旅汉口谢氏徽商文书之八》,刘伯山编《徽州文书》第3辑第1册,第7页。

② 《清康熙中期旅汉口谢氏徽商文书之十》,刘伯山编《徽州文书》第3辑第1册,第8页。

康熙三十五年十贰月十一日

　　　立绝卖文契人李东恺　李建北　李孟濬　李晋侯　李仲翰

　　　凭官牙汪天泽　涂起潜　白迥连　许谦次　余文远　宋月卜

　　　凭中人吴蕴予　劢公鼎　刘亮工　熊光显　陈东曙　王青仁

　　　郭小范　胡介人　余南仪　胡文伯

官契　　　循礼坊第玖号①

　　关于水程文契,至今仅在《清康熙中期旅汉口谢氏徽商文书》中见到上列3件,先后具立于康熙七年八月二十日、康熙三十四年十一月初二日和康熙三十五年十二月初二日(以下依次简称第一件、第二件和第三件)。

　　3件水程,关涉2宗房产买卖。第一宗保留了2件水程。王瑞卿父子自有土库楼房铺面五重基地1所,坐落汉口镇循礼坊二总正街,凭亲中汪公达等人公议,时值房价银连搭贺表礼等在内共计纹银850两,康熙七年八月二十日具立水程,卖与朱晋全。水程载明"先尽亲族、原业,无力承买",立此水程,"俟成交吉日,另立正契"。同年九月初三日,王瑞卿父子又凭中人王文旭、官牙贺君恒等人公议,具立了绝卖正契。绝契载明,以前曾经开载水程,"先尽亲族、原业,俱无力承买",现在契订正契,"自卖之后,任从买主管业居住,王门亲族人等不得异说"。康熙三十二年八月二十四日,此宗房产,又由朱玺具立绝卖契,以原价卖与王殿侯。此次绝卖,未见水程。2年多后,即康熙三十四年十一月初二日,王殿侯具立水程,以720两的价银将房产卖与谢姓为业。同月初十日,王殿侯具立了绝卖正契。同一处房产,短短2年多,房价由850两降至720两,其因不明。由上一件绝卖契载王曾将老契带回山西来看,卖主王殿侯可能是山西商人,此际经营或许遇到了困难,所以将房产降阶脱手。1宗房产,自康熙七年至康熙三十四年,28年中间3次易主,真可谓"短平快"。

　　第二宗房产买卖,1次交易却依次留下了允议约、水程和绝卖契各1件,更为详备。李东恺兄弟自有基地一段,坐落汉口镇循礼坊二总下岸,因乏费

---

① 《清康熙中期旅汉口谢氏徽商文书之十一》,刘伯山编《徽州文书》第3辑第1册,第9页。

应用,经弟兄商议,请凭牙中亲友余南仪、吴蕴予、汪天泽等人说合,情愿出卖至谢姓名下为业。议定时值绝卖价银连答贺表劝折席小礼杂项一并在内66两,康熙三十五年十一月十二日李东恺兄弟具立了允议约。允议约议明先封样银30两,存付中见人汪天泽处,"听从买主择期另立正契,彼此不致临期借辞词推委失误",如有争产及重复交易等情,由卖主承管,不与买主相涉。同年十二月初二日,李东恺兄弟又立水程,水程载明"俟成交之日,另立正契"。同月十一日,李东恺兄弟具立绝卖契,任凭买主"填基盖造,永远管业",完成过割。①

上列3件水程,文字均不多,但都载明卖主姓名,待售产业及其规模、坐落、四至、买主,议定的时价,载明遵照规定由经纪牙人等公同议价,以及议定的具体时价。这就具备了房地产正契的基本要素。

3件水程,均由卖主出具,说明水程由卖主出名立。又均载明房产所在及"四至明白",有2件还载明"先尽亲族、原业,无力承买"字样。宋元以来,典卖土地时首先要"立帐问据",就是征询亲、邻、典主是否愿意典买土地的通知书,②直到清代中期,江南房地产买卖中,卖主通常会出具与"立帐问据"同样性质的"经账"文书。观察其内容,水程显然具有历史上"立帐问据"和清代江南"经账"式文书的成分,具立前后征求过亲邻和原业主等人的意见,保留了出售房地产先尽亲邻的传统做法。3件水程又均载明招到或出卖给某位买主,均强调"俟成交之日,另立正契",或"俟成交吉日,另立正契",说明水程是在确定买主后由卖主与买主在签订绝卖正契前订立的文契。

结合绝卖正契可知,具立水程的3笔房产交易皆得到落实。第一件水程,王瑞卿父子于康熙七年八月二十日具立,同年九月初三日立绝卖正契,

---

① 《清康熙中期旅汉口谢氏徽商文书》中的房产交易,其地点集中在汉口循礼坊。由董桂敷所编汉口《紫阳书院志略》卷一和范锴《汉口丛谈》卷一所载可知,清代汉口镇有居仁、由义、循礼、大智四坊,分为上、下两路,居仁、由义二坊为上路,循礼、大智二坊为下路。循礼坊分布着新安会馆、山陕西会馆等重要地域商人会馆,是最为繁华的商业地段。康熙、雍正年间,徽商为建新安会馆,在那里大量购置房产地产,并与浙宁公所调换地基房产,大兴土木,兼以开拓巷道、水道、火道等。

② 宋元时期典卖土地的手续,请参考陈高华《元代土地典卖的过程和文契》,《中国史研究》1988年第4期,后收入氏著《元史研究新论》,上海:上海社会科学院出版社,2005年。

时间在1个多月后;第二件水程,王殿侯于康熙三十四年十一月初二日具立,同年十一月初十日立绝卖正契,前后仅隔8天;第三件水程,李东恺兄弟于康熙三十五年十二月初二日具立,同年十二月十一日立绝卖正契,前后相隔9天。3笔交易,从水程到正契的书立,或者从动议到完成交易,前后间隔都不算长。水程所载事项在后续的绝卖正契中都得到落实,说明水程具备正契的一应功能。

从水程原件来看,上有买主姓氏,具立前显然已经确定买主,又言明"俟成交之日,另立正契",显然是一应事项完成,签订正契的前奏,自然不可能在卖主意欲出卖产业征询亲邻之前即已具立。然而王瑞卿父子具立于康熙七年九月初三日的绝卖正契却称:"四至开载水程明白。先尽亲族、原业,俱无力承买。"戴淋具立于康熙二十五年十二月二十四日的绝卖房契载:"四界明白,通前至后墙脚俱属本宅,共议发立水程,出卖得价,以完前项。先尽亲族、原业、典主人等,俱云无力承买,复公请官牙同中邻贺君美等说合,出绝卖与邓名下为〔业〕。"①吴蕴予和邓昇如具立于康熙三十九年十二月二十七日的承议约中载:"四至水程开载明白。其邓聚翁向住苏州,遥远管业不便,因与胞兄昇翁议明,情愿觅主出售。"究其语序,似乎水程开立在前,卖主征询亲友寻觅买主在后。孰先孰后,仅凭上列3件水程,还难遽下断语。

所幸的是,汉口《紫阳书院志略》中收录的房地产大卖(或称杜卖)正契27件,载明出立过水程的有10件,可以借以说明问题。这10件文书,具立于康熙三十三年六月、康熙三十三年七月(2件)、康熙四十年三月、雍正十二年十二月、乾隆五十年十二月、乾隆六十年、乾隆六十年十月、嘉庆九年八月(2件),前后延亘110余年。分别载:"四至明白,立有水程,先尽亲族、典主,并无承买,复请牙中说合,出卖与新安文会为业""立有水程,先尽亲族、原业,俱不承买,复请牙中说合,情愿出卖与新安文会名下为业""立有水程,先尽亲族、原业,俱不承买,复请牙中说合,情愿出卖与新安文会名下为业""水呈开载明白,坐落循礼坊头总上岸……先发水呈,请凭中牙吴蕴予、汪天泽

---

① 《清康熙中期旅汉口谢氏徽商文书之三》,刘伯山编《徽州文书》第3辑第1册,第4页。

等说合,出卖与新安文会名下为业""开立水程,先尽亲族,并无承买,请凭牙中徐敬五、方有章等说合,卖与徽州文公祠内为业""出立水程,先尽亲族、原业,俱不承买,只得请凭族友说合,情愿立大卖文契,出卖与新安书院名下为业""今因乏用,开立水程,先尽亲族人等,俱不承买,今母子商议,请凭亲中吴洪发等说合,……情愿出卖与徽郡士商名下为业""今因乏用,开立水程,先尽亲族,并无承买,只得请凭中正傅坤、喻文龙说合,……情愿扫土出卖与徽州文公祠内名下为业""发立水程,已尽亲族,无人承买,今请凭周正昌等说合,立契出卖与新安书院名下为业""今因乏用母子相商,发立水程,已尽亲族人等,俱不承买,请凭亲中徐文亮说合,情愿出卖与新安书院名下为业"。①

这些文书内容虽有繁简,但口气与语序一致,大致声明:本宗房产四至明白,立有水程,而后征询过亲族或原业是否有购买意愿,无人承买后,再委托牙人亲中说合,议定价银,出卖到他人名下为业,最后签订大契。这些记载与上引《清康熙中期旅汉口谢氏徽商文书》中的相关记载完全吻合。由此诸多正契所载,可知房产交易一般先立水程,而后征询亲邻,如无人承买,再行绝卖他人。如果这种理解属实,说明水程这种文契具有一定宋元以来和清代江南地方存在的"经账"的属性,有公告产业寻求买主的成分在内,从而说明清代汉口的房地产交易,仍然较为普遍地保留了前代立账取问亲邻、买主的惯常做法。但从所载的内容也可明确,水程的功能已远远超出了经账的范围,它已是交易事宜基本确定行将签订正契时书立的文契,对绝卖正契作出了预约性规定。

只是从水程原件来看,水程上已明确载明买主,明确只等买主择定的正式交易之日另立正契,水程似乎不可能在征询亲邻意愿之前就出立。而且如前引第二组房产交易,水程具立的时间甚至还在允议约之后,那就更不可能在拟卖之始即出具水程。唯一的可能是,房产交易,理应先出立水程,但实际往往最初只是以口头示意,等到明确买主且交易事宜基本议定之后方

---

① 董桂敷编:《紫阳书院志略》卷六《契墨》,赵所生、薛正兴主编《中国历代书院志》第3册,南京:江苏教育出版社,1995年,第551、552、556、558、560、561、562、572页。

行补立,水程成为签订正契的不可或缺的文契。绝卖房产文书虽将其大致过程总结性叙明,但其中原委却无法反映出来,若不是看到水程原件,我们就一定会信从绝卖正契的概括性表述。

二、允议约、承议约与正契

清代苏州等地的房地产交易,买卖双方往往会与中见人三方一起具立一种"草议"文书,类似做法是否在其他地方也存在呢?《清康熙中期旅汉口谢氏徽商文书》所收26件文书中,居然有允议约和承议约各1件,观其内容,与草议颇相类似。今将相关文契抄录如下。

2-1. 立允议约人李东恺仝弟建北、孟濬,今有祖遗二股公同受分基地一段,坐落循礼坊贰总下岸,前以胡房后墙为始,后至河水为界,左至谢墙为界,右至刘宅为界。今因弟兄共分管业不便,兼之乏费,同浼牙中亲友说合,情愿允议,绝卖与谢名下为业。当日三面言定,时值绝卖纹九价银陆拾陆两整,其答贺表劝折席小礼杂项一并在内。今凭中议明,先封样银叁拾两整,存付天老爷收执,听从买主择期,另立正契,彼此不致临期借辞词推委失误。其胡文伯地租并券,俟成交时缴付。其后尾住地茅蓬人户,俱系东恺弟兄情愿承管,折屋退地。并本族家庭如有分受不明以及重复交易等情,尽是东恺弟兄承管,不与买主相涉。今恐无凭,立此绝卖议约存照。其有前路照旧,任其出入。此批。

凭牙中亲友余南仪　吴蕴予　汪天泽　陈东曙　金亦美　余文远
康熙三十五年十一月十贰日　　立议约李东恺　李建北　李孟濬①

2-3. 立绝卖基地文契人李东恺、建北、孟濬、晋侯、仲翰,今有祖遗基地一段,坐落汉口循礼坊贰总下岸,东至刘宅墙为界,西至谢地为界,南至河水为界,北至胡房墙外熊地为界。兹因今因兄弟共分管业不便,兼之移业就业,弟兄商议,同浼牙中亲友说合,先尽亲族,无人成买。今

---

① 《清康熙中期旅汉口谢氏徽商文书之九》,刘伯山编《徽州文书》第3辑第1册,第8页。

自情愿立契,卖与谢名下为业。当日三面议定,时值纹九价银陆拾陆两整,其答贺表劝折席小礼杂项一并在内。契内价银,当日系恺弟兄眼同一并收讫。其基地当即交与谢宅,任凭填基盖造,永远管业。其地自祖遗分受清白,并无家庭受分不明,以及重复交易,如有等情,俱系弟兄承管,不与买主相涉。其前巷路照旧出入。今恐无凭,立此绝卖文契,永远存照。

叔父李藏密

康熙三十五年十贰月十一日

　　　　立绝卖文契人李东恺　李建北　李孟濬　李晋侯　李仲翰

　　　　凭官牙汪天泽　涂起潜　白迥连　许谦次　余文远　宋月卜

　　　　凭中人吴蕴予　劢公鼎　刘亮工　熊光显　陈东曙　王青仁

　　　　　　　郭小范　胡介人　余南仪　胡文伯

官契　　　　　循礼坊第玖号①

　　3-1. 立承议合约吴蕴予、邓昇如,今邓聚芝有汉镇循礼坊头总上岸土库楼房七进,前至官街,后至港心,四至水程开载明白。其邓聚翁向住苏州,遥远管业不便,因与胞兄昇翁议明,情愿觅主出售。今在汉有吴蕴翁,凭牙中汪天泽等说合,代侄吴任文议定承买。三面言定,时值纹九价银壹千叁伯贰拾两整,答贺表劝起神杂项一概在内。今吴先付出定银白□(范按:此字不明)玖贰兑壹伯两整,付邓昇翁亲收,俟文契寄苏书就画押到汉之日,银契两交。自议之后,彼此不致异说。今欲有凭,立此议约贰纸,各执存照。

　　除现付过外,仍欠找足兑纹银壹百叁拾壹两四钱,约月内兑足,取回老契。

　　康熙四十年叁月十五日蕴予批。约内银两尽行兑足讫。

康熙三十九年十二月廿七日　立承议合约吴蕴予　邓昇如

　　　　　　　　　　凭中邓静侯　汪天泽②

<hr>

①《清康熙中期旅汉口谢氏徽商文书之十一》,刘伯山编《徽州文书》第3辑第1册,第9页。
②《清康熙中期旅汉口谢氏徽商文书之十三》,刘伯山编《徽州文书》第3辑第1册,第11页。

3-2. 立杜卖基房文契人邓聚芝,自置汉镇土库基地房屋一所,计七进,回披楼及门扇板壁窗棂鼓皮俱全,水呈开载明白,坐落循礼坊头总上岸,前至官街,后抵巷心,左至谢宅,右至水巷墙垣,四至明白。今因住居遥远,管业不便,先发水呈,请凭中牙吴蕴予、汪天泽等说合,出卖与新安文会名下为业。当日得受时值纹九正价银一千二百两,外满门答贺表劝起神画字等项银一百二十两系聚芝一并亲手收讫。彼即契明价足,并非货物准折,此系自售自分,房族人等毋得异说。上首老契总便买主收执,听从移旧造新,永远为业,其基地钱粮听即过户完纳。今欲有凭,立此杜卖文契,永远存照。

康熙四十年三月　日立杜卖基地文契人邓聚芝押①

上列允议约文契,保留在前引第二宗房产买卖中,此后卖主还先后出具过水程和绝卖契,完整地反映了房产交易从书立议约,经出立水程,最后签订绝卖契的系列过程。这一过程前已叙明,于此不赘。

上列承议合约,保留在第三组的一笔交易中,后续签有杜卖正契,此杜卖正契收录在汉口《紫阳书院志略》中。承议合约载明:住居苏州的邓聚芝,有汉口循礼坊头总上岸土库楼房七进,因遥远管业不便,与胞兄昇如商定,通过牙中汪天泽等人说合,与在汉口代侄儿吴任文买房的吴蕴予议定,房产时值价银1 320两。先付定银100两,交邓昇如收执。康熙三十九年十二月二十七日,吴蕴予和邓昇如二人作为承议人具立了承议合约。合约言明:"俟文契寄苏书就画押到汉之日,银契两交。自议之后,彼此不致异说。"次年三月,邓聚芝出具杜卖基地文书,言明以前发过水程,现在出卖与新安文会名下为业,当日亲手收到时值价银1 320两,此后"听从移旧造新,永远为业。其基地钱粮听即过户完纳"。大概由于承议合约文契要送到苏州让卖主邓聚芝签名,两地往返,所以费时较长,历时约为3个月。但从承议合约中立约人之一的吴蕴文的批语来看,此宗交易在签订杜卖文契的当日,价银实际并未全部付清,而欠少了131两4钱,双方约定"月内兑足,取回老契",后

① 《新安巷基屋》,董桂敷编《紫阳书院志略》卷六《契墨》,赵所生、薛正兴主编《中国历代书院志》第3册,第556页。

来到三月十五日,预约的价银确实尽行足兑。

上列两件议约,均载明卖主的姓名,卖产的规模、坐落、四至,出售房产的原因,亲友牙中和买主的姓名,三面议定的时价数额,买主交付过定银(或样银)若干,由谁收执,还强调议约具立后,尚需等待买主择定日期另立正契。全部事项较水程稍为详细。从文契的书立过程来看,两宗房产交易,一宗分别依次具立允议约、水程和正契,另一宗先后书立了承议约和正契,但在承议约中言明卖主此前立过水程,将产业四至开载明白。前一宗允议约具立在前而水程具立在后,正反映出水程具备“立帐问据”性质但又往往书立于确定买主三方议定之后。两宗交易均说明,房产交易文书的具立,应该先是水程,继而是议约或允议约,最后是正契,但如果已经确定买主后书立的水程,就在议约之后正契之前。从文契所载内容和效用来看,议约与水程一样,本身载明只等买主择定日期双方签订正契,实际交易过程也反映出议约所载完全得到落实,说明这样的议约已经基本具备了正契的功能和效用。

房地产绝卖文书中既有允议约或承议约之类议约,又有水程,还有绝卖正契,是否意味着清代汉口的房地产绝卖存在三种情形:一是必须依次书立议约、水程和正契三种文书;二是必须书立议约和正契;三是书立水程和正契。现仅就笔者所见来考察,《清康熙中期旅汉口谢氏徽商文书》所反映的12笔绝卖房产事例,留有水程原件的3例,另外在正契或承议约中言明立过水程的有4例,超过总数的一半。如前所述,汉口《紫阳书院志略》中收录绝卖文书的有27例,其中载明“立有水程”“开立水程”或“水呈开载明白”字样的,有10例,占总数的37%。此外,《汉口山陕西会馆志》中收有光绪十六年十二月至十九年三月的5件房地产绝卖文书,均无“开立水程”或“一杜一绝”字样。① 前后通看,清代前期的汉口房地产买卖,在签订绝卖正契之前,通常会由卖主出立一种议约性文书——水程或议约,殆可断言。或许因为水程书立后置到三方议约之后,兼具“立帐问据”和议约性质,并具有正契的相应功效,是以具立水程一种文书即可,而往往呈现出由水程到正契的一种情形。

---

① 《汉口山陕西会馆志》卷下《祀产续置》,清光绪二十二年(1896)刻本,第36—39页。

　　此外,清代汉口房地产交易,存在依次书立议约、水程和正契的情形,是否说明其地的房地产交易文书在过割之前,较之江南更加繁复,目前尚难臆论。

结　语

　　笔者曾经利用诸多"草议"原件、显示签订过"草议"的正契和签订"草议"的具体实例,作较长时段的考察后提出,草议或议单,是清初以来直到民国时期江南民间房地产正式交易前订立的一种较为普遍的文契。草议明确交易双方各自的权利与义务,交代不动产转移的前提或原由,具体载明不动产转移的详细位置、数量、价银以及原产权属性,约定不动产转移的大致时间和方式,承诺产权并无纠葛且无门房上下人等阻扰,声明双方出自情愿议定买卖,不得反悔,如悔受罚等,内容周密,行文严谨。草议在正契订立前发生效力,于一应正式契约成立后失效;草议订立时,买方会付以预约定金,卖方从买方处收取定金,定金在买卖正式生效时扣算,或作为价银的一部分予以结算;草议订立于买主、卖主两造同意所议条件之后,而作成于正式契约之前;草议需由买、卖双方及中间人等签押,与正契一样具有相应的法律效力,但其效力较正契要弱;草议具有预约性效力,但不具有不动产的所有权,而正契具有永久性效力;一般情形下,草议可悔,可以修改,而正契不能改悔。①

　　今又得知,清代前期的汉口房地产买卖,在签订绝卖正契之前,通常会由卖主出立一种议约性文书——水程,或具备同样功能性质的议约。此外,广东省的民间房地产交易,至迟自清代康熙年间,直到民国年间,签订绝卖正契前,卖主会出具一种名为"定帖"的文契。这种似未引起学人重视的定帖,既有原件保留下来,又在正契中有较多反映。如同治十三年广州地区潘赞勤母子的卖地定帖载:"此系三面言明,两家允肯,即日当中潘

---

① 参见拙文《"草议"与"议单":清代江南田宅买卖文书的订立》,《历史研究》2015 年第 3 期。

赞勤母子亲手收卖田定银五两正，并无低伪。买主反悔，定银不追，卖主反悔，定银加倍交还。……俟丈量标插明白，择吉立大契交易。恐口无凭，即日当中立定帖一纸为据。"①又如康熙四十年南海县黄而祥的卖地正契载："三面言明，每分价银四两六钱六分五厘，并良马九六白。……二家允肯，就日写立定帖。……择今吉日，丈量明白，立杜立青。……恐口无凭，特立卖契一纸交执存据。"②定帖所载内容，如卖产规模、坐落、四至，以及出卖原由、价银数额、文书书立过程，与江南的草议类文书详略程度大致相同，与上文中所示汉口的水程与议约主体内容也基本一致。

若将汉口的水程、议约和江南的草议、广东的定帖作初步比较，可知这三类文契名称虽或有异，但其基本性质相同：一是它们都签订于买、卖双方与中见人三方共同议定事项、确定绝卖正契之前，都对正契作出预约性规定，签订后均得到落实，均具备绝卖正契的基本要素和实际效用；二是议约、定帖和草议签订时，买主均需交付定金作为约束，定帖和草议签订后均不可悔，如悔受罚。但三者之间也微有不同：一是水程、定帖均由卖主出具，买方不在文契上画押，而草议由中见人等第三方出具，不但出具人需要画押，而且买、卖双方也会以允议人身份画押；二是定帖、草议，尤其是草议内容较为翔实，均会载明需先交定金，不得翻悔，如悔如何惩罚，而水程上并无这些内容，个中原由，尚待探究。③

水程、议约存在于华中的汉口，定帖存在于华南的广东，而草议存在于华东的江南，这类文书广泛存在于房地产交易过程中，说明至迟到清代，各地房地产交易文书的具立形式和步骤，均极为慎重周详，虽各有特色，但大致相同，趋向一致。

---

① 《大坦尾泥洲滘围田定帖》（清同治十三年［1874］十月初八日），谭棣华、冼剑明编《广东土地契约文书》，广州：暨南大学出版社，2000年，第121页。关于广东房地产交易中的"定帖"，笔者拟另撰文考察。

② 《黄而祥向关翔万立卖地契》（清康熙四十年［1701］二月），谭棣华、冼剑明编《广东土地契约文书》，第163—164页。

③ 至于各地这种预约性文契，"草议"和"定帖"似均易理解，唯"水程"之名，由何而来，实不可解。但若按许慎《说文解字》释"水"谓"准也"，则也可理解，水程即有准程之意，那就颇类正契了。

大历史中的小人物

——以《福熙自述》为例[*]

王世华

（安徽师范大学历史学院）

摘　要：《福熙自述》详细记述了徽州商人詹福熙的一生。其间有困难，有曲折，甚至有风险，但凭借他的努力和仁、勇、智、强、谋的品格，在人生的每一个关键时刻，他都能克服困难，化险为夷，转危为机，逆袭而上，最终成长为一位非常成功的大商人。詹福熙的一生可以说是徽商发展史的一个缩影，詹福熙的意义正在于为我们进一步认识徽商提供了一个真实可靠的样本。

关键词：徽商；詹福熙；《福熙自述》；婺源；上海

明清时期的徽商长期以来受到学者们的关注。经过众多学者的艰辛探索和研究，在徽商发展史上，关于徽商的许多重大宏观问题，诸如徽商兴起的原因、徽商的经营方式、徽商的性质、徽商的特点、徽商与文化的关系、徽商衰落的原因等，学界大多已取得共识。随着学界对徽商研究的深化，人们已经不满足于对徽商的一般认识，而是更希望了解徽商发展，尤其是徽商个体发展的具体情形，把徽商当作一个个有血有肉的"人"，了解他们的喜怒哀乐、悲欢离合以及发家或衰落的人生轨迹。然而，由于中国历史上，史家从来轻视甚至拒绝平民百姓历史的书写，因此要想从历史典籍中发现小人物的历史，几乎是不可能的，关于徽商更是如此。好在有方志和家谱，其中记

＊ 本文曾发表于《徽学》2020 年第 2 期。

载了大量关于徽商的个人资料。但是方志中的记载也仅寥寥数语,如果说给徽商画像的话,也只能说是画了一个侧面速写,实际面貌是看不清的。家谱中的传记、行状、墓表、墓志铭之类,远比方志记载详细,记载了传主的一生以及他的父母、配偶及子孙的情况,这无疑是研究徽商的重要资料;但对传主的历史来说,也只是给他画了一个轮廓,很多情况还是如雾里看花一般,有的甚至连传主经营什么行业也不清楚,更遑论其他一些细节了。可知,要想"还原"个体徽商的历史,仅依靠上述典籍是行不通的。

可喜的是,徽商贾而好儒,他们文化素质较高,不少人还有相当程度的文化。有文化的人总喜欢通过文字记录自己的经历和经验、抒发自己的感想,甚至写下自己的心理活动,因此留下了大量文书资料,这是弥足珍贵的。一些学者就利用这些宝贵的文书资料对徽商展开了各种研究,进行了可喜的探索。他们利用徽商留下的文书资料,或还原某个徽商一段时期的情况,或勾勒出某个徽商的心历路程,加深了我们对有血有肉的徽商的认识。

笔者最近读到一篇《福熙自述》,也是一份徽商留下的弥足珍贵的资料。《福熙自述》出自《婺源庆源詹氏宗谱》,这部族谱是民国年间的抄本,现藏上海图书馆。《福熙自述》就是詹福熙年老时写的自己一生的从商经历,虽然只有2 900余字,却是徽州文书中笔者看到的唯一一篇比较完整的自述资料。自述从学徒一直写到1949年他将店务交给儿子詹永匡管理止。关于徽商的自述或回忆,目见所及自然不止此一篇,如余之芹的《经历志略》就是一篇珍贵资料。余氏年高德劭,在沪经商垂60年,民国十年(1921),在73岁那年,他虽仍在典铺供职,但趁工作之余,"乃将平生经历之事实,随心想到之处,书于小册之中。每阅报纸载有国事不免有所感触,因亦拟有论说数篇,志在有益于后辈,俾知经历之艰苦也"[1],从而写下这篇《经历志略》。虽然此篇37 000多字,但真正谈自己身世经历的不过3 000余字,而其中写从商具体情况的内容并不多,还是看不到他在从商道路上的曲折。相比而言,《福熙自述》就更详细了。此前,何建木曾对《福熙自述》有所研究,[2]勾勒出

---

① 余之芹:《经历志略》自序。
② 何建木:《从〈福熙自述〉透视民国时期徽商的命运》,《寻根》2013年第9期。

詹福熙的一生,总结了他的特点,但对他发展中的一些关键细节却忽略了,而这又恰恰是很重要的。本文就是在前人研究的基础上尽量揭示一些细节,从中我们可以看到在大历史中,一个徽商小人物如何从一名学徒,历经曲折艰辛,最后创得一份家业的过程。

一、徽州人的宿命

詹福熙是徽州婺源庆源人。据光绪《婺源县志》载:"我婺山多田少,西南稍旷衍,东北则多依大山之麓,垦以为田。"①庆源位于婺源县东北部的段莘乡,这是一个有 1 300 多年历史的古村落。东与浙江开化县只隔一条马金岭,东北与休宁五城仅隔一座五龙山。这里高山峡谷,泉水清澈。所谓"水不通舟,陆不通车",素有"小桃源"之称。至今,在庆源村进村水口还保留着詹福熙在民国发家后所建的一幢私宅,占地 900 平方米,屋前设有过溪桥、下水埠。虽然这里山青水秀,但生活条件还是很差的,史载:"农终岁勤劬,亩不获一口之入。土瘠而硗,犁仅一咫。"②如此恶劣的生存条件,逼迫人们只得另谋生路。与徽州其他县一样,外出经商似乎就是宿命。幸好这里可擅山林之利,又三面与饶州接壤,可资其有余补不足。县志谓:"岁概田所入,不足供通邑十分之四,乃并力作于山,收麻蓝粟麦佐所不给,而以其杉桐之入易鱼稻于饶,易诸货于休。走饶则水路险峻,仅鼓一叶之舟;走休则陆路崎岖,大费肩负之力。故生计难,民俗俭。"③尽管如此艰难,但商业仍不失为一条生路。《婺源乡土志》载:"四乡风气不齐,东北乡人多服贾于长江一带,输入苏杭。"④显然,经商已是这里的风俗和传统。詹福熙就生活在这样的环境之中。

据《福熙自述》载,他出生在一个商人家庭,祖父詹兴魁曾与族人合伙在江苏崇明邦镇(今浜镇)开了四盛南货店,后来他祖父将店传给了他的父亲良盛公,估计这个店的收入并不高,恐怕仅仅足以糊口而已。不幸,父亲在店

---

① 光绪《婺源县志》卷三《风俗》,清光绪九年(1883)刊本。
② 光绪《婺源乡土志》第六章《婺源风俗》,清光绪三十四年(1908)活字本。
③ 光绪《婺源县志》卷三《风俗》。
④ 光绪《婺源乡土志》第六章《婺源风俗》。

中因病去世,而此时福熙出生才 4 个月。这一年是光绪十三年(1887)。①

那个时代,一个家庭中,丈夫对于妻子而言就是"天",妇失其"天",无异于顶梁柱折了,多少人承受不了这种打击,也就采取各种方式自尽,随丈夫而去。我们在方志中看到那么多烈女,大多属于这种情况。但詹福熙的母亲不能死,她有 3 个儿子,小儿子还在襁褓之中,怎能撒手不管? 只能做个"未亡人",含辛茹苦,独立撑起这个家。

从自述中可以推断出,这个家庭原来并不富裕。婺源这里,"十家之村,不废诵读",读书风气很浓。一般来说,家里如有两三个儿子,必定要让一个儿子读书,其他经商,这在徽州是非常普遍的现象。可是詹福熙家不是这样。他长兄焕溁继承父亲职业,在崇明四盛南货店受业,二兄焕滨在江西华埠学业,两人都没有走上业举呫哔之路。显然,生存比读书更重要。

徽州谚语:"前世不修,生在徽州。十三四岁,往外一丢。"这是绝大多数徽州男儿的宿命。像著名大盐商鲍志道,当初家中一贫如洗,11 岁即被迫离家到鄱阳跟人学会计。前述著名典商余之芹在《经历志略》中也说自己 13 岁就出门学生意了。詹福熙 4 个月时丧父以后,依赖慈母辛勤鞠养,到 12 岁时,即光绪二十四年(1898),还是出门学生意了。他在自述中写道:

> 年十二承姑丈汪亮卿托其堂侄再喜表兄带余到申学业。而谋一学生缺亦非易易,因我婺在申经营者少,创业者更少,故而不易。②

之所以"到申学业",就是因为 1843 年《中英五口通商章程》签订后,上海开埠,从此迅速崛起,商机较多。但由于"婺在申经营者少,创业者更少",所以要找一个学徒工作也非易易,必须辗转托人才能如愿。我们在徽州人的通信中经常看到请人代谋职业之事。如:

△△仁兄大人阁下:

> 想然客祉绥和,百凡畅遂为颂。但弟在申,依然如旧,祈勿锦注耳。启者,今具函无别,因尔令弟某馆生意于某日歇手,至今未有机缘。况

---

① 詹望梅:《詹氏精英谱》"詹福熙"条,益阳:湖南益阳文汇堂,2010 年,第 335 页。
② 《福熙自述》,以下凡不注出处者均出自该书。

申江耽搁而开销甚大,故望尊处可能代谋一枝,如无生意或寄盘费与伊返里才好,倘有生意,亦望寄洋来申,以应赴芜川资用也。余无他述,持此布亚,并候财安。

弟△△顿①

又如:

△△贤弟见启:

前接正月间手书及△儿等抵署,询悉起居迪吉,深以为慰。闻欲往外寻事以最好,事不宜再延,轻车就熟,自不待言。而来信乃有欲予或汉口或颖郡代谋一事,毋乃计之相左手[乎]? 颖郡素无火腿行业,而汉口虽有此业,人地生疏,何从代觅? 申江乃吾弟自幼熟悉地方,腿业最多,且有旧同事可以荐引,如能实心图事,不想游手好闲,无论薪资多寡,甘心俯就,以申地火腿业之多,何患无人用我? 特恐恶劳喜逸,声价昔高,仍是从前故态,则人终不敢过问矣。予与弟均年近五十,百无一成,以后纵稍能自立志,恐岁月亦觅无多,言之痛心,愿与弟及时共勉之也。此达。即颂近祺。

兄△△顿②

两封信都是在申徽州人托人谋业,反映了当时求业确实困难。詹福熙跟随姑父堂侄再喜表兄来到上海,由于一时找不到招收学徒的店,也只好在再喜表兄所服务的同顺昌毡毯店等候,同时再辗转托人想办法。可以想见,几乎所有关系都用上了,一直等了将近半年,"始由余五坤君转托周宏来君举荐于三马路昼锦里甡元丝庄,拜周玉麟先生为业师。而荐余之余五坤君亦我婆之汪错人,业绒线。周宏来君,上海人,亦受业余之业师也"。

起关键作用的还是婺源老乡余五坤,因他是汪错人,汪错应是汪槎之误。婺源汪槎村也是一个小乡村,离庆源不远。余五坤在上海业绒线,不清

---

① "清光绪绩溪上川胡氏《信实通商》",王振忠主编《徽州民间珍稀文献集成》第 20 册,上海:复旦大学出版社,2018 年,第 7 页。

② "清光绪绩溪上川胡氏《信实通商》",王振忠主编《徽州民间珍稀文献集成》第 20 册,第28 页。

楚究竟是老板还是伙计,他再辗转找到上海人周宏来;周正在三马路昼锦里甡元丝庄里工作,是学徒还是伙计也不清楚,反正他向他的师傅周玉麟举荐了詹福熙,周玉麟慨然应允,收下詹福熙为徒。福熙终于有了饭吃,也有了住处。正式的学徒生活开始了。

二、学 徒 生 涯

学徒生涯是艰苦的。虽然《福熙自述》中没有记下学徒的情况,但关于学徒的生活,很多资料中都有记载,我们可以推想出詹福熙的学徒生涯状况。

学徒是一个商人成长中非常重要的必经阶段。因为在这个阶段,徒工不仅能在师傅的言传身教下学到基本的专业本领和技能,更重要的是,通过学徒规矩的严格约束,能培养自己良好的习惯和品质,从而为以后的发展甚至自己创业打下基础。如果在学徒期表现不好而被辞退,那今后几乎没有任何商店愿意收他,他也就很难找到工作了。所以每个青少年在学徒期间总是胆战心惊、如履薄冰。学徒父母更是经常在家书中叮咛嘱咐,不断敲警钟。如:

> △△我儿知之:
>
> 前接来信已悉,当即付谕,复知悉由江湾聚源代寄也,谅应投到矣。兹焕兄荣里,询知一切,欣悉儿体平安,颇喜为悦。但儿年已二八,正当自立之时,今既蒙焕兄没[指]引学业霞川店中,诸事无论大小,必须向前,此为学生分内之事,切不可稍忽。闲暇之时,勤操书算乃要。倘有客时,只宜敬茶奉烟,万勿多言,务宜静听,以观进退交接之仪而已。恐有不到之处及不知之事,可于焕兄尊前请教,我已再三拜托其照应,况在同乡,必蒙青目。今托其带出长挂乙件、夹褆裤乙双、信解乙本、干粮乙色,内和健皮在内,至祈照收。有便来婺,信宜勤寄,家中平安,不必系念。春末夏初,身体千万自重,别无他嘱也。今乘近好。
>
> 壬戌□□廿六　△△字谕①

---

① "民国婺源黄氏《信》",王振忠主编《徽州民间珍稀文献集成》第17册,第457—459页。

另一封父亲给儿子的信中这样写道：

某某小儿入目：

　　但汝进店受业以来，不卜听先生教训否？诸事抢先，切莫怠惰，夜来公事毕，须要习学书字算盘，不知者请教前辈，先生苛求生意一道，谨守店规为要。……

父示①

　　从这些同时代的父母给儿子的信中，我们可以看到父母的谆谆教诲和良苦用心。虽然《福熙自述》中没有写到母亲对他在学徒期间的教育，但可想而知，母亲一定会通过各种方式和途径告诫福熙。正因为学徒时期的重要，所以有些人特地总结了学徒教育的具体规条，非常细致，非常实用。比如，学徒初进店后对店中的同事如何称呼？这对一个十几岁的少年当然是很重要的。吴中孚辑《商贾便览》中专列"学徒称呼须知"，其中写道："子弟投师学贸易，先分尊卑称呼。行铺正主为师，并有总管，及正店官带徒者，此皆专管专教之师，本称老师。同事中有年长过我二十以上者，均当以老师、老伯称之。年长十岁以上者，以老叔称之。年长数岁及先后学徒，年长者皆以老兄称之。惟后来学徒，年小于我者，方可以老弟呼之。一切来往客友，总以尊长贵重称之。无紧急事，不可高声呼尊长之名。常时须平吉和容，称呼答应乃为善也。"②这种教导确实是很及时实用的。至于学徒应怎样做事，该书讲得非常明白：

　　初入门数日，当侍立众店官之侧，或立久方许坐。从低末之处，眼看前班伙徒每日所执一切之事，谨记在心。此数日递茶装烟谅可。过了十数日，行主老师及店官渐有逐事吩咐，授执跟学。

　　大约清早起来，相帮下小店门板，开光窗门，打扫各处灰尘，抹洗各局上及桌凳物件污迹，捡齐各处要用小物件及样货，照原铺摆，自洗面，

---

① "晚清或民国歙县少雁方记《信稿》"，王振忠主编《徽州民间珍稀文献集成》第17册，第346页。

② 吴中孚辑：《商贾便览》卷一《工商切要》中孚新增"学徒称呼须知"，王世华《薪火相传：明清徽商的职业教育》，北京：北京时代华文书局，2018年，第257页。

燃神位香灯拜揖,耳听店主及师长卧起,即侍候梳洗茶烟。到库房门外间,发各草簿物件,捧入局内,放置原处。

早餐,摆定桌凳,安放碗箸。有客侍候,上酒饭茶烟之事。若师长吩咐吃饭,虽一面自己吃饮,眼仍要看顾客酒饭茶烟之事。餐毕,捡拾碗箸等物,抹净桌。

上午,听店长吩咐,或入局侍立侧末,跟众伙执习轻便之事,莫乱说话;或命走动,有事听明记心,即开步就去,小心慎重,做来回复。

中饭及下午,各事照前,或有余闲,不得闭眼偷睡,恐客忽至,要奉茶烟。即无客至,亦须寻问些轻便之事去做。

旁[傍]晚,各处灯台油烛上好,安放妥当原处,相帮捡拾外局上各物件,上小铺门板,关闩光窗门,点神位香灯拜揖。

夜餐后,各事毕,候过师长,不得即进房安睡,须到闲静处,或自一人。或邀伙徒同习算盘,或学字信,必要做过半个时久,方许就寝。

总须晏眠起早,莫懒惰好吃。遇天雨之日,众伙闲坐时,方可请教师长看银水、学算盘、讲书信及生意各事。其由生而熟,由拙而精,皆在留心观听,思慕之勤,神到自明矣。①

学徒如果都能按照这样的要求去做,那么将会是个优秀的学徒,一定能得到师傅的悉心教导和同事们的帮助。

从后来的情况来看,詹福熙学徒期满后又继续在店中留任,并获得师傅,也即老板的高度信任,可知詹福熙在学徒期间的表现是很好的。

学徒期一般是五年,这五年,福熙恐怕都没有回过家。直到第五年中,也许是学徒期满了,他才请假回乡探母。这次回乡,他将面临人生一个重大的决择。

按照徽州惯例,孩儿在学徒期满后一般都要回家结婚成家,因为婚后男子还要出门经商,这样家中双亲就有人照顾了,自己也无后顾之忧,可以一心在外打拼了。所以福熙回到家,母亲就和他正式提起此事:"尔手足三人,

---

① 吴中孚辑:《商贾便览》卷一《工商切要》中孚新增"学徒任事切要",王世华《薪火相传:明清徽商的职业教育》,第257—258页。

长兄焕溁在崇明四盛受业，娶回峰汪亮卿姑丈之长女为室，虽育男女，均未成养。二兄焕滨在江西华埠学业，未二年而得不治之症，扛送回家，未几亡故。"

福熙兄弟手足三人，按说这样的家庭何愁人丁不旺？然而恰恰相反，长兄娶了姑父家的长女，实际就是自己的表妹，过去只知这是亲上加亲，哪知近亲结婚于后代不利呢？所以长兄虽然育有一男一女，竟然均不幸夭折。二兄在江西学业，不到两年又患病亡故。而且据母亲说，詹家自父亲以上数代单传，本以为到福熙一代手足三人，真庆幸有余，谁知又出现这样的情况，母亲不能不发出"何詹门之德簿[薄]，抑我之命簿[薄]耶"的感叹。

在这种情况下，福熙问母亲有何训教，母亲说："依年龄论，尔年尚幼，而初涉商业，亲事可缓说。依景况家道论，又宜早订婚事。"也确实，福熙12岁学徒，5年后回家，才十七八岁，谈婚论嫁是早了，但"景况家道"又不允许延迟。母亲的目的很清楚："一可了吾之愿，二尔亦可努力向营业方面进取。"

面对这种状况，福熙反复陈情恳辞，希望推迟，但母亲就是不允。最后几乎是下了命令："尔之长嫂系亲上亲，未能时在我家，况我年老多病，无人照应，故汝须依我言，今次必须在家定妥亲事，数年后回来迎娶，斯时方慰吾心。"事情到了这种地步，已无转圜余地，好在要等数年后才结婚，福熙只好应允，如此，"母始欢悦"。

同意定亲，但新人是谁还是未知数。福熙母亲多方托人四处访求，终于找到莘源汪小棠公之长女比较合适，此时汪小棠公已作古。于是介绍人带着福熙面见未来的岳母，岳母对这未来的女婿非常满意，于是"择吉定矣"。3年后，福熙20岁左右，回来迎娶，正式结婚。

徽州风俗，"新婚之别，习为故常"。福熙结婚后，了了母亲的心愿，母亲也有了依托，自己已无后顾之忧，自然很快就又外出了。他也没有想到，不久的将来，自己将又面临一场艰难的抉择。

三、一波三折中的选择

福熙学徒期满后仍留在上海甡元丝庄工作，显然师傅兼老板周玉麟对他很满意。至于具体承担什么工作，我们不得而知。就在福熙婚后返申不久，他家的祖业——由祖父与人合伙开创的江苏崇明邦镇的四盛南货店，经营了三代后，在他长兄焕溁手里倒闭了。当然，他长兄可能不是店主，只是股东之一。究竟为何停业，并不清楚。不过历时三代的祖业毁于一旦，不能不令人扼腕。于是，长兄只能回到家乡，然后致信福熙，希望他能为自己谋一份工作。福熙这时已经过 20 岁了，本职工作以及待人接物各方面都成熟起来，所以颇得师傅兼老板周玉麟的信任，对周师傅的家庭情况也很了解。他知道，周师傅的二女婿在上海福州路开了一家中西大药房，于是他向周师傅提出能否将自己长兄焕溁安插其中，想不到周师傅慨然应允。经与女婿商量，周玉麟让福熙长兄焕溁在中西大药房司理外账。因药房在经营过程中难免会与其他个人或单位发生一些账务往来，其中既有债权也有债务，确实需要专人打理此事。这是一份很好的工作，而且待遇不低。长兄的工作顺利得到解决，福熙全家都非常高兴。正是因为中西大药房是师傅女婿所开，所以此事一说即通，连福熙自己也承认："否则谈何易也。"福熙似乎轻描淡写地把此事的成功归结为熟人，但从中我们更应该看到福熙与师傅的关系非同寻常，经过多年的考察，师傅已经对福熙青眼相看了。

其实，周玉麟之所以对詹福熙如此信任和关照是别有所图的。随着年龄的增长，他逐渐感到经营这个牲元丝庄有点力不从心，于是像其他业主一样，子承父业，他把丝庄交给长子周敬庵接理。他何尝不知，这个长子无论能力和品行皆不理想，必须要物色一位得力助手。经过长期考察，他认为詹福熙确是不二人选。在还没有完全抽身前，他实际上就已经让长子介入管理丝庄了，同时也让福熙部分协助长子管理。好在师傅还在，大事由师傅决断，所以福熙也就不觉得什么。但有一天，师傅告诉福熙，自己打算完全退出，丝庄全部交给周敬庵管理，"嘱余仍要帮理一切"，即希望福熙能够全身心给予协助。

一般来说，一个普通的职员，学徒满师没几年，能够受到师傅的如此信任，是很值得高兴的事。但这对福熙来说，与其说是一桩喜事，倒不如说是一场人生当中最艰难的抉择。因为他对周敬庵师兄非常了解，当鸦片在清朝泛滥以后，周敬庵便染上了烟癖，并且"日以继夜"地吸食鸦片。在此前的工作中，福熙早就对他产生反感，很多事情上，两人看法不一，"余素与庵兄意气相左"。所以福熙认为，这样的人，"试问能与合作否？"因为他认定如果敬庵不改弦易辙，重新做人，丝庄是经营不好的。而他作为"帮理一切"的助手，岂不一起背黑锅？既对不起师傅，又耽误自己前途。

怎么办？在那个时候，"一日为师，终身为父"，师命难违啊！但如遵师命，前途肯定不妙，届时一定会得罪师傅。与其那时不可收拾，不如现在就辞掉。所以他向师傅表示坚决推辞，然而师傅坚决不允。由于福熙的长兄正在师傅女婿的中西大药房从业，这无疑成为师傅手中的一个筹码，所以几天后，周玉麟约福熙长兄作了一次长谈，希望能够通过福熙长兄说服福熙好好与敬庵合作。据《福熙自述》记，师傅对福熙长兄焕溁说："如欲自立或与他人合伙均不允许，否则与汝亦有不利耳，祈细思之。"此话是相当严重的，不仅堵住了福熙的一切出路，而且威胁到焕溁的工作。言下之意，如不听师言，不仅福熙不能再在丝庄中工作，焕溁的工作也将不保。

长兄焕溁赶紧将师傅的意见转告福熙，福熙也确实进退维谷。而且，我们可以看到，此时福熙与业师已无面对面沟通的可能，所以福熙只好再托长兄去找师傅面询，转达自己的想法：除了与敬庵师兄合作外，有没有其他路可走？谁知业师的态度非常坚决："如不与庵师兄合作，须离申改业，在申改业亦不允许。"福熙深知此话的分量，自己真要在上海改业，虽然师傅不能捆住自己的手脚，但"背叛师门"的行为一旦形成舆论，那么任何一家商店或行业都不会愿意接纳自己。

福熙面临前所未有的难处，他前思后想，含泪告诉长兄，如不遵师训，于兄不利，长兄的工作将不保。他知道长兄在中西大药房职司外账，年俸红利一年可得银四百余两，这在当时可是一笔不菲的收入。一旦失去，他这一家人生活怎么办？决不能影响长兄。如果离申改业，则意味着十余年所学的专业技能将付诸东流。两害相权取其轻，福熙经过深思，觉得自己还年轻，改业亦非难事。但他即便离申改业，也还是不愿与师傅决绝。他想到了一个人，就是顾松泉。

顾松泉是中西大药房的经理，长兄焕溁就在他手下工作，他是福熙业师的第二个女婿，为人温和素重，深得业师信赖。福熙想在自己最困难的时候登门顾宅，面聆教诲，希望他能给予指教。其实顾松泉早已知道此事，所以在花园里热情接待了福熙。当福熙详细说明情况后,顾松泉认为:"师命不可违,况尔师生如同父子,而师已年高,嘱尔帮助师兄一臂,尔既不愿,只可依师训谕。"福熙说:"如依师训,必须离申改业,余自进甡元学业将近十载,君所知耳,须无益于甡元,自觉亦无过失。今来拜谒,求指两全之策,有以教我。"显然,福熙认为自己在甡元丝庄是有贡献的,对师傅也是怀有感恩之心的。所谓"两全之策",就是自己既能谋业,也不开罪业师。

其实,路已经铺就了。顾松泉说,那就到开封中西药房支店就业,目前支店正好缺一外跑,可去顶此一缺。上海中西药房由于经营不错,又在开封办了一个支店,周玉麟将自己二子协卿和三子敏卿派去主持,协卿专司外缺,详查各埠支店事务;敏卿在中西营业部,其人忠厚。顾松泉当即就指出这条路,显然是事先已与岳父周玉麟商量好的。可见业师周玉麟对福熙还是心存仁厚,煞费一番苦心的。顾松泉还说,在那里年俸花红共约二百余金,如营业进展尚不止此。

对福熙来说,这真是意想不到的好结果,他当即欣然应允。那时,协卿正好在申,一周后,福熙即与协卿同乘京汉火车,经驻马店到郑州,换乘汴洛车到开封店中。

四、两次激流勇退

就这样,福熙来到开封中西药房。学了十多年的丝庄业务现在毫无用处,必须改行药业,一切都要从头学起。好在福熙非常勤奋,事事虚心学习,新业务很快就上手了,而且干得不错。就这样,一干就是四年,他请假回家探亲。先到上海,有关情况已经发生很大的变化,业师周玉麟已经作古,长兄在积累了一些资金后也离开中西药房,自己在沪南里咸瓜街创办了益元参店,总算有了自己的产业。很多徽州商人都是这样,先学徒,期满后如家中条件许可,就自主创业;如家中条件不许可,则继续充当伙计,帮人打工。有心人在这期间一方面积累资金,同时观察市场,寻找机会,一旦时机成熟,再自己创业。有的人后来成就了一番事业。本来,福熙会晤长兄后即要回乡,因益元参店业务繁忙,受长兄之托,暂时留下在店中帮忙。

　　谁知中秋后传来噩耗,母亲在家去世。长兄由于店务无法脱身,福熙乃火速赶回婺源。到家后,嫂氏已将丧事处理完毕,暂将灵柩浮厝村旁。福熙兄弟三人,外有一姐时娥。时娥幼由别人抱养,未成年即夭折。母亲呕心沥血,孤苦抚养兄弟三人,如今未获报恩,却撒手西归,福熙感到无比哀痛。估计福熙此时已辞去开封中西药房的职务,于是在家为母守制。

　　年底,福熙接到长兄来信,告知开封中西药房的同事陆霭已经脱离中西职务,另有姚某出资,委托陆某创设华英药房,并嘱陆某必须诚邀福熙前去帮忙。这意味着一份新的工作又来了。由于陆某系福熙旧友,情面难却,于是福熙复信允其请,当即束装启程,赶到上海。陆某已将上海未了之事托长兄转给福熙,福熙把这些事了却后就赶到开封,筹备开业。显然,福熙在华英药房里是个重要人物。药房的药材主要从上海和汉口两个地方进货,营业状况很不错。这当中离不开福熙的努力,他自己就说过:"余之帮理华英营业日上者,余确费一番脑力,同乡友好大概知晓。"虽然我们不知其中的具体情况,但可以确信福熙所言不虚。

　　然而,就在华英药房经营尚好之时,福熙突然提出辞职。姚东十分不解:"店中营〔业〕不恶,正好进展,何以言退?"福熙说:"今日言退者,趁此营业发达时,各方均有颜面,余可交代矣。况已二年余,余亦应回乡一行耳。"

　　福熙的激流勇退,正是他的明智之处。尽管华英药房营业状况似乎蒸蒸日上,但福熙已察觉到背后的危机。因为他感到陆某已经变了,他了解到姚某投资就是陆某鼓动的。而且陆某不大管事,主要交给其子打理,而陆某与姚幼东打得火热,陆某从申、汉进货,往往说发票丢了;福熙要求追究查补,陆幼东就说没必要,从而由陆某随意虚报。财务制度如此不严,福熙认为"日久岂有不失败者乎?"

　　从华英辞职后,开封的同乡好友挽留福熙暂时住下,以观华英药房之败。就在此时,开封五洲药房朱治成经理托友邀请福熙到店帮忙店务。福熙见其态度诚恳,于是答应试干两年,以后再说。谁知朱治成口是心非,并非益友,福熙感到难以与他共事,于是两年一满,毅然与朱某解约,抽身而退。

　　开封五洲药房只是分店,隶属于上海五洲总行领导。总经理项松茂得知福熙辞职后,来电邀请福熙到上海总行服务。福熙想去上海,一来可以见到长兄,二来也出于好奇不解,为什么项总要他到总行? 他想探个究竟。

项松茂(1880—1932)是个经商奇才。他是浙江宁波人,父亲也是商人。松茂少年时家道衰落,14 岁去苏州学徒。20 岁时经人介绍,到上海中英药房做会计,在商界崭露头角。1904 年,24 岁的项松茂任中英药房汉口分店经理,经营得风生水起,远近闻名。1911 年春,中法药房经理黄楚九赴汉口视察中法药房分店业务,发现项松茂的不凡才能,遂与夏瑞芳联合邀请项松茂来沪任五洲药房经理之职。时五洲药房是由商务印书馆创始人夏瑞芳同黄楚九、杭州广济医院药剂师谢瑞卿等人合资创办的。项松茂任上海五洲药房经理时才 31 岁,他履新后推行改革、调整人事、迁移新址、创新产品,把五洲药房经营得红红火火,蒸蒸日上。① 实践中,他深深感到人才的重要性,所以到处物色人才。

福熙来到总行时大约不到 30 岁,1914 年前后,项松茂 35 岁左右。谁知福熙南下服务年余,一切待遇反不如开封支店,正感纳闷时,总经理项松茂约其长谈,表达歉意,福熙不解,听了项君的解释才恍然大悟。原来,福熙未到上海之前,开封支店朱经理已先抵达上海,当面向总经理说了福熙的种种不是,力劝总经理不要重用福熙。于是总经理就在暗中观察,辛俸也给得较低。但是,经过一年多的考察,总经理认为福熙的能力、品行完全不像朱经理所说,甚至相反,所以深表歉意。从此,总经理对福熙着力栽培,几年中连升数级,并委其专任五洲药房分庄常务处主任。是金子总会发光的,人才终于遇到了伯乐。

值得一提的是,开封华英药房已经失败,不久又遭回禄,按福熙的说法:"可谓连根去矣。"而开封五洲药房的朱经理也由于不善经营、业务落后,已经不适合独当一面,于是被调回总行,另行安排工作。这进一步证明,福熙的两次激流勇退是完全正确的。

五、国难中奋起

由于总经理对福熙的信任和重用,福熙如鱼得水,能力得到充分发挥。

① 参见唐廷猷《中国药业史(第 3 版)》,北京:中国医药科技出版社,2013 年,第 181 页。

两人合作近十载,感情甚洽。我们虽然不知福熙在五洲药房分庄常务主任任上,具体如何经营,但经营十分顺利、业务向好则是肯定的。当然其待遇也不错,这为他今后自己创业奠定了基础。

从时间上推算,福熙当初抵达上海总行应是辛亥革命前后。早在上海开埠后,外国人成批来到上海,不仅外国商品蜂拥而入,外国资本也紧随而来。他们在上海投资办企业、做买卖、开商店,这也给中国人带来很多商机。与此同时,外国人与中国人的联系也日益密切,有的还成了好友和合作关系。像鲁迅与内山书店老板内山完造(1917 年来到上海)就关系极为密切,甚至鲁迅遭当局通缉时,还在内山书店避居一月之久。自 1927 年起,鲁迅前后五百多次进出内山书店。也许是平时工作的关系,福熙认识了日本商人下里弥吉,下里弥吉在上海办了一个千代洋行,专门经营照相材料。在长期的交往中,下里弥吉认为福熙人品、能力皆好,所以两人成了好友。下里因店中管理乏人,就找福熙商量,拜托福熙代为物色一管理人员。福熙答应缓缓代访适当人选,谁知下里迫不及待,天天来催,甚至想请福熙亲自去管。

此时福熙在五洲药房与项松茂总经理同事近十载,由于两人对很多问题的看法一致,所以感情甚好。但下里又催得很急,所以福熙就与项松茂商量,辞去五洲分庄主任一职,专门办理千代洋行照相材料。

福熙这一次转职,与前两次的激流勇退截然不同,他不是认为五洲药房没有前途,而是认为到了千代洋行对自己的发展更为有利。果然如此,下里的选择没错,福熙的选择也没错。虽然福熙对照相材料一窍不通,但商业与其他行业一样,隔行不隔理。福熙已在商界摸爬滚打了几十年,在待人接物、进货销售、人事调配、资金管理等方面已积累了很多经验,这些经验在千代洋行完全适用。在福熙的精心打理下,不到十年,千代洋行的经营业务已遍布全中国。完全可以想象,在这近十年中,福熙不仅积累了不少财富,更重要的是,积累了专业知识和营商经验,这是更重要的无形资产,为今后发展奠定了坚实的基础。

任何人的命运和发展都摆脱不了时代的影响。时代的变化往往给一部分人带来噩运,为另一部分人却带来重要契机。1931 年,“九·一八”事变爆发,日军陆续侵占我国东三省,全国掀起了轰轰烈烈的抗日高潮,各地也开展了抵制日货的运动。在这种情况下,福熙不能再在千代洋行工作,于是他退出千代,开始自己创业。

徽州人总是善于化危为机。多年积累的资金和经验终于派上了用场,他独立创设华昌照相材料行,地址位于上海英租界劳合路白克路恒清里内,专做批发。1933 年 12 月 2 日,迁至南京路望平街大陆商场 345 号,设立门市部。

应该说,福熙选择照相器材作为自己的经营范围是极具眼光的。我们知道,19 世纪中叶照相术传入我国以后,引起人们的极大兴趣。尤其是民国以后,随着照相馆、专业摄影人、业余爱好者的增加,中国市场上的商品结构中,照相器材已经占有一定比例,销路很好。福熙在千代任经理近十年,市场遍全国,可以说这些市场都是他一手开辟的,他对市场行情了如指掌,如今自主经营,更是如鱼得水。尤其是全国抵制日货,更为他业务的发展提供了难得的机遇。《福熙自述》中,他只字未提他的经营效益,但从其他材料中,我们可以略窥大概。据《詹励吾商旅生涯》载,詹励吾曾"在上海与族叔詹福熙合作经营照相材料业(华昌行),历两年,获利数万金。因与族叔在经营方略上出现歧见,故退出上海华昌行,到外埠发展"[1]。合作经营两年就能获数万金,那福熙所得应比他更多,可见利润之丰厚了。又据《詹氏精英谱》"詹福熙"条记载,他在上海创业后,又在"成都、重庆开设华昌照相材料行,并开有三家当铺以及在安徽屯溪、江西乐平所开的天元布行"。可见他已成为一位名副其实的富商。[2] 据其子詹永年介绍,詹福熙一生积财无数,散财亦无数,且大多用于公益事业或救助他人。比如,民国三十五年(1946),他拿出一大笔钱,在安徽屯溪隆阜创办了紫阳小学,并购买了三百多亩田地,所收之租作为学校开支,让当地穷苦孩子免费读书。[3]

福熙在华昌照相材料行一直干到 1949 年,他才将店务交给儿子永匡管理。福熙也功成身退,安度晚年。

---

[1] 转引自詹望梅《詹氏精英谱》,第 365 页。

[2] 詹望梅:《詹氏精英谱》,第 335 页。

[3] 詹望梅:《詹氏精英谱》,第 335 页。

六、几点认识

　　《福熙自述》是一位徽商个体的成长史,它展示了一个普通徽州人如何从一名学徒一步一步通过自己的努力奋斗,最终成为一位著名富商。从福熙的经历中,我们可以得出如下几点认识。

　　(一)徽商的发展离不开宗族、同乡的支持和帮助。福熙12岁到上海谋生,就是靠宗族、同乡的介绍,才能到牲元丝庄当学徒。后来在开封,当他从华英药房退出后,也是同乡好友留下他暂住,才有了后来五洲药房的工作。这可以说明,清代,尤其是晚清时期,在上海经商的婺源人群体几乎都是通过血缘、地缘关系介绍、引荐,像滚雪球一样,越滚越大的。整个徽商发展史都是这样。

　　(二)徽商夙以诚信与勤奋著称。这一精神在福熙身上也得到很好的体现。他于学徒期间的良好表现,使他在满师后继续留店工作,甚至业师在自己退下后,还委托福熙协助其子管理丝庄。如果没有突出的品德和能力,怎能获得老板的如此信任? 这种精神在徽商中十分普遍。学徒期间就不必说了,学徒满师后,无论留下或到其他店当伙计,都能一如既往,保持诚信和勤奋的精神,从而深得老板信任。有的徽州人像福熙一样,积累了相当资金后独立创业;也有的留在原店,甚至荣膺经理。如歙县人方泽春(1869—1951),15岁到浙江兰溪郑三阳布店当学徒,后来当上经理,一直干到74岁,在此期间,店东从祖辈传到孙辈,历经三代,都聘方泽春任经理。他在店中一干就是60年,如果没有良好的素质,这是绝不可能的。[①] 历史上,类似的例子不胜枚举。

　　(三)近代徽商在经营行业上的与时俱进。鸦片战争后,随着五口通商的实现,外国资本和商品陆续涌入中国。尤其在上海,很多人们以前不知道的外国商品充斥市场,不仅大开了人们的眼界,也改变了人们的某些生活方

---

① 参见王世华、黄彩霞《徽商在兰溪的经济特色与管理创新》,《安徽师范大学学报(人文社会科学版)》2013年第5期。

式。精明的徽商从中捕捉到不少商机,他们不再钟情于盐、典、茶、木、粮、布、绸等传统行业,而是大胆涉足不少新行业,如西药、照相、油漆、地产、买办甚至银行等。这是由于历史的发展,近代徽商在经营行业上出现的重要变化之一,反映了徽商与时俱进的精神。如福熙在离开甡元丝庄后,就涉足中西药业,最后又在照相器材业中获得大成功。

(四) 徽商的成功绝不是偶然的。尽管在发展过程中遇到各种各样的困难,但他们大多能逆袭而上,取得成功。这究竟需要什么样的品格? 明末一位成功歙商程致和认为:"则究竟仁强智勇之守,孙吴伊闾之谋也。"①也就是说,必须有仁、强、智、勇、谋。他做到了,所以"凡廿年而业振……十年而素封"。可以说,程致和的观点是有道理的。这些品格在福熙一生几个关键时刻的选择上都有所体现。第一次,拒绝业师提出的协助儿子管理丝庄的要求,不得不违背师命,体现了"勇";拒绝师命又不致于与师决裂,体现了"仁"和"智"。第二次,在开封华英药房,一发现其中财务有弊,立马抽身而退,避免两年后的同归没落。第三次,在开封五洲药房分店发现朱治成经理难与共事,两年契约期满,决不恋栈,毅然辞职。这两次选择,实践证明是完全正确的,也充分体现了他的"勇""智""强"。第四次,进入上海五洲大药房总部,他看到项松茂总经理是正派可靠之人,所以能与他合作近十年之久,并不断得到重用。第五次,跳槽到千代洋行,这一选择为后来自己的独立发展开了一条新路。第六次,"九·一八事变"后,他及时因应当时国内外形势的变化,毅然自己独立创业,开办华昌照相器材行,以后不断拓展业务,影响越来越大。这几次抉择,尤其是独立创业后的发展,更是展示了他所具备的仁、勇、智、强、谋的品格。徽商之所以能够称雄商界几百年,无不具备这样的品格。

总之,福熙的一生可以说是徽商发展史的一个缩影,福熙的意义正在于为我们进一步认识徽商提供一个真实可靠的样本。

---

① 歙县《褒嘉里程氏世谱》寿文《奉贺致和程老先生六十荣寿序》。

晚清民国徽商家族文书的学术价值

——以歙县昌溪吴炽甫相关文书为例*

王振忠

（复旦大学中国历史地理研究所）

摘　要：徽商是明代以来中国最为重要的商帮之一，历来备受关注。不过，以往绝大多数研究集中于明至清前、中期，对于太平天国以后徽商的发展，总体言之，仍缺乏细致的探讨。从这个角度上看，徽州文书（特别是成规模家族文书）之收集、整理和研究便显得尤为重要。本文拟以歙县昌溪吴炽甫相关文书之整理与研究为例，探讨晚清民国时期徽商家族文书的学术价值。

关键词：吴炽甫；家族文书；歙县昌溪；茶业；盐业

徽商研究是"徽学"研究领域最为重要的课题之一，但在以往的研究中，对晚清民国时期徽商活动的了解和认识仍然较为薄弱。有鉴于此，应加强对相关资料的收集和整理。其中，各类家族文书之利用与研究尤其值得重点关注。

迄今所知，有关晚清民国时期徽商家族的文书，以歙县芳坑江氏①、上丰宋氏②和昌溪吴氏家族文书的内容最为丰富。这些，应是今后数年值得深入

---

* 本文曾发表于《徽州社会科学》2020年第7期。

① 江怡桐：《歙县芳坑江氏茶商考略》，见张海鹏、王廷元主编《徽商研究》第十章第三节，合肥：安徽人民出版社，1995年。参见王世华《富甲一方的徽商》，杭州：浙江人民出版社，1997年；郑建新《近代徽州茶业兴衰录》第七章《江耀华文书档案》，北京：北京时代华文书局，2018年。

② 《千山夕阳：王振忠论明清社会与文化》第二讲《徽州文书的再发现》，桂林：广西师范大学出版社，2009年。

发掘的重要史料来源。

本文即拟就歙县昌溪吴炽甫相关文书,作一具体的分析。

一、吴炽甫传记资料及相关细节

关于吴炽甫其人,1995 年版《歙县志》中有一中等篇幅的传记资料:

> 吴炽甫(1847—1929),字世昌,昌溪人。炽甫远祖已在北京经营茶
> 叶,兼营日用百货。至其父吴亦炜已拥有一定资产。亦炜有五子,分家
> 时,留作祭祀用的基金达 4000 银两和一爿店面。炽甫秉承父志,初营砖
> 茶,销往内蒙等地。后拓展业务,逐步形成茶叶收购、加工、窨制、批发、
> 销售的配套经营,经营范围遍及皖、浙、苏、闽、赣、鄂、冀、辽诸省。在各
> 主要产茶区设立茶号收购茶叶,其中在徽州设有"吴介号"、"泰昌发"
> 等,收购黄山毛峰、老竹大方、街源烘青、屯绿等名茶,除少量在歙县琳
> 村"吴介号"茶厂和南京(厂号不详)窨制花茶外,主要运往福州"同德"
> 茶厂窨制花茶,然后运到天津和营口茶庄批发,销往京、津、东北等地。
> 主要茶叶店号有北京西单北大街"恒瑞"、"存瑞",东四北大街"星聚"、
> 西四北大街"源成"、菜市口大街"德润",地安门外"肇祥"、张家口"德
> 祥"、宣化"德裕"等。清末,炽甫曾出资 10 万银两到汉口经营房产业,
> 有福像里、太和里和松荫里三处房产,雇有四人收租;在汉口办牙刷厂
> 和百货公司。民国初又在扬州开设"协和"和"利通"两家盐行,总资金
> 约 120 万银两。至 20 世纪 20 年代,炽甫的资产约达 200 万两银元。炽
> 甫热心家乡公益事业,曾捐 4 000 银元重修昌溪石桥,常资助昌溪复兴
> 小学。在昌溪置田地 100 亩,以地租资助族内穷人。①

此后,2010 年版的《歙县志》与之大同小异,只是在"泰昌发"之前加上
"休宁"二字,又说吴炽甫"人称'歙县出南门首富'"②。另外还提及,"民国

① 歙县地方志编纂委员会编:《歙县志》,北京:中华书局,1995 年,第 688 页。
② 歙县地方志编纂委员会编:《歙县志》,合肥:黄山书社,2010 年,第 1271 页。

年间,上海歙县茶商汪印若、王襟三和北京歙县茶商吴炽甫结为姻亲,通过联姻,形成业茶网络"①。

　　除了《歙县志》中的传记资料之外,近年来发掘出的一些新史料中,偶尔也可零星见到吴炽甫的生平事迹。如 1927 年编纂的《旅京歙县同乡录》,其中就提及时年 81 岁的吴炽甫从事商业,寓居北京东四吉祥胡同八号,原籍(歙县)南乡昌溪,已寓京 60 年,"创办北京各茶号,津、闽、浙茶庄,汉口、扬州各实业"。这些描述,与方志中的记载可以相互印证。

　　2005 年,黄山学院吴兆民著有《儒商互济的家园:昌溪》,该书被列入"徽州古村落文化丛书",书中并未提供吴炽甫更多的新资料,但其中提及吴氏资产时,对此前《歙县志》的成说稍有修正:"20 世纪 20 年代,吴炽甫的总资产达千万元。据传仅在北京美国花旗银行的存款就有 600 万元。"②"千万元"之说,与此前两版方志所说的 200 万两银元差别很大,这也为后来的不少论述所沿用。③ 揆情度理,《儒商互济的家园:昌溪》一书成书颇为仓促,此一修改并未提供直接的证据,而且从其后的"据传"二字来看,应得之于传说,并无确证。相对而言,20 世纪八九十年代歙县方志在编纂时,史志人员应比较认真地作过资料的征集、整理和辨别,所谓 200 万元之说应有所本,较为可信,后人不应根据晚出的民间传说以讹传讹。

二、现存的吴炽甫家族文书概述

　　相较于歙县芳坑江氏文书、上丰宋氏文书而言,吴炽甫相关文书之流散过程相对较晚,而且断续、分散。从目前所了解的情况来看,较早流失不晚于 1984 年,而最后的一次大规模流出当在 2013 年前后。④

---

① 歙县地方志编纂委员会编:《歙县志》(2010 年版),第 685 页。此外,还有吴焕章、吴葆乐撰写的《徽商"炽甫老大"家族》(《徽州社会科学》2012 年第 9 期)、《徽茶大亨吴炽甫》(《徽州社会科学》2017 年第 12 期)等。

② 吴兆民:《儒商互济的家园:昌溪》,合肥:合肥工业大学出版社,2005 年,第 104 页。

③ 郑建新:《近代徽州茶业兴衰录》,第 170 页。

④ 郑建新:《近代徽州茶业兴衰录》,第 127 页。

　　管见所及,吴炽甫相关文书保存下来的资料主要有两类①:一类是账册,另一类则是书信。

　　关于账册之收藏,目前所知者主要有两处:一是上海交通大学,一是黄山市档案馆。有关上海交通大学的账册,此前由我指导的硕士研究生王瀚巍已有所涉及。② 而关于黄山市档案馆之账册,除了王瀚巍利用过部分之外,黄山市文史学者郑建新在所著《近代徽州茶业兴衰录》一书中,专辟有第四章《关于吴炽甫档案》,其中详细介绍了 2013—2014 年吴炽甫账册之发现与收藏过程。根据他的描述,该批账册原先计有 500 多本,现有 175 本为黄山市档案局收藏,时间跨度为清光绪十三年(1887)至民国八年(1919)。在该章中,郑氏列出了馆藏的现金流水账、人工贩运账簿、收茶账簿和资产出租账簿之详细目录。另外,该书之第五章《吴炽甫"泰昌发"、"介号"个案解剖》,则对账簿涉及的茶叶收购与生产、加工及运销等作了初步的分析。此后,涉及于此的研究,还有黄山学院马勇虎等人的《清末民初徽州京庄茶商经营实态研究——以吴炽甫京茶庄商业账簿为中心》③一文。

　　至于书信,最具系统性的资料是收入笔者主编的《徽州民间珍稀文献集成》中的"清末民初歙县茶商吴炽甫往来信件"。对此,原藏者鲍义来在书信解题中提及:此批书信共计 200 多封,"这些往来信件大多写于吴炽甫最后三十年的商业顶峰时期,由此可以了解其家茶业经营情形"④。目前,该批书信经整理,初步统计约有 15 万多字。除了这一批较为集中的书信之外,管见所及,仍有一些零星的书信原件流散于国内的一些藏家手中。此外,笔者手头亦有多封吴炽甫的相关书信。这些书信原件,都是研究晚清民国时期徽州茶业、盐业经营的珍贵史料。

　　在晚清民国时期,吴炽甫的商业活动不仅涉及全国的多个地点,而且就

---

① 除此之外,数年前,笔者在徽州曾见过据说是吴炽甫收茶时所用的大秤实物。

② 王瀚巍:《近代徽商吴炽甫与内销茶业——以文书材料为中心》,上海:复旦大学硕士学位论文,2018 年。

③ 马勇虎、马路撰,《安徽大学学报(哲学社会科学版)》2020 年第 2 期。

④ 王振忠主编:《徽州民间珍稀文献集成》第 14 册,上海:复旦大学出版社,2018 年。

在歙县境内,牵扯的面也相当广泛。"民国歙县节妇汪宝瑜往来书信"①中,因其主人公与吴家为姻娅之戚,故其中也有一些与吴炽甫家族相关的信函,可与前述的书信原件比照而观。

三、吴炽甫家族相关文书的价值

目前保留下来的吴炽甫家族相关书信计有 200 余封,其中最长的一封,文字长达 5 500 多字,②在迄今所见的徽商书信原件中极为罕见。此处即以该信为例,从一些侧面具体分析吴炽甫家族文书的史料价值。该信开头写道:

> 父亲大人膝下:月之十二号,奉读四号所发手谕并原件,均照敬聆,欣悉褆躬康吉,慈竹平安,良慰孺慕。男旅居粗适,四弟旅汉亦甚平安,请释廑注。

该信之末落款为"男云鉌百拜,六月十一日／七月廿二号夜"。今查郑鹤声《近世中西史日对照表》,可以推断此信应作于 1915 年。这是吴云鉌写给父亲吴炽甫之信函。吴云鉌为吴炽甫第三子,"石麟,又名敏,字竹如,考取翰林院供事官,生光绪己卯"。己卯为光绪五年(1879),到写信时,他已 37 岁,正是年富力强的时候。在这封信中,吴云鉌自称:"男自十八岁以来东奔西走,在家非病,未有三月以外之留。"可见,大约从光绪二十二年(1896)起,他就为家族的商业四处奔波。

在吴炽甫的诸子中,吴云鉌似乎最为能干,也最为辛劳。当时他在北京,负责统揽北方全局,此信便是他汇总各处报送的信息,向远在徽州的吴炽甫汇报各地业务的近况。不过,上引书信开头是与父亲的寒暄,而在信函右下角则有吴炽甫的批注:

---

① 王振忠主编:《徽州民间珍稀文献集成》第 12 册。
② "清末民初歙县茶商吴炽甫往来信件",王振忠主编《徽州民间珍稀文献集成》第 14 册,第 34—48 页。

儿之家内不能久居，固父之无调度，然儿不听吾令者居多。如今年儿一定使瑞往汉，致尔父能早归。

此处的"瑞"亦即瑞麟，又名景云（字福如），也就是吴炽甫的四子吴云钜，"生光绪壬午"，比吴云鉰小三岁。据此可知，吴炽甫对于三子吴云鉰之行为举措颇多微辞。故而在这封信中，我们可以看到有不少篇幅是吴云鉰的辩解和抗争。

当时，吴云鉰对于家族内部的诸多矛盾颇感不满：

……调查翼之各款，请大人派他人查之，男应有回避之处。否则另添人为明年收杭茶者，属其早日另谋他事，能办此至〔至此〕地步尤佳，男非怕做恶人。无如现事亦极难言，众口铄金，积毁销骨，不得不令人畏缩不前也。我家事人心已散，收什不来，后虞方长，付之一叹！

从现存的吴氏诸多信函来看，因家族成员分散各地，彼此之间颇多猜忌，故吴云鉰显得牢骚满腹。

在这封信中，吴云鉰提到了各地的商况市景。例如，在北京方面：

近日已到京之货，花芷全到，家源毛峰全到，上明前全到营。

京上月生意皆微，何号微否，附月总单一件，上皆注明。庆昌门面已完工，尚未开市（今日闻本月初十、十一日开市）。元昌已倒与汪振声，价洋三千一百元，猪店在外（售别人价洋二千四百元），已于上月底过手，日售钱在二百余吊，闻近一百廿，分量二钱三分，货甚佳云云，男未见样。

京号各款如前信，永和上月卖钱一万七千余，聚两千四百余。南玉泰明日开张，庆星尚未完工，方苞庭来说，伊之大有元大三店全要出倒，问吾父有意要否，便乞示知，以好复之。

此处涉及新安江流域的茶叶运销北京，以及北京市面上茶叶等行当经营之行情等诸多信息。另外，在吴氏家族的茶业经营中，北京处于管理全局的中枢地位，各地的经营状况都要随时汇总至北京。因此，在这封信中，有很大篇幅提及国内多地的情况。

例如,东北的营口,地处渤海东岸、大辽河入海口处,为辽东半岛之中枢。吴氏家族将茶叶运至营口后,交由当地的"兴茂""裕茂"两处行栈代为销售。① 关于营口的茶叶贸易,该信写道:

> 闽自改良窨法后,到营之上明前及到京雨前等,香味较大,市场均优,后窨出之最优品、最特品及凤体等亦见样,香味均佳。虽无得特别大优之价,然校[较]之无人受者,少为省一番心事。
>
> 营昨日信告,上明前已到(一百三十四箱),馨香味极佳,货亦高,惟市面衰落,价难大涨,已照六十两售去(八八折会水)八十二箱,去年此宗售八十两(七折会水),得宣永、天品去年售八十六,今年亦只售六十两。我号适到在伊后,若非香味佳,又乏受主耳。徽兰茶适至,信相商时,裕大者已到,买主观望,一时开不出,会水已落至一百三十三两五,大约尚可看小,已去信托兴茂代会中,交交通元一大五中,已售之三年货款,约已全数会出。惟陈毛峰贬价,亦无人受,诚一焦灼之事。近日营之售茶行市,另缮呈一单呈阅。

信中的"兴茂",就是营口当地的行栈。当时,在新安江流域(如淳安一带)揉捻后经过烘焙之茶称为烘青,一向行销东北,民间俗称为"营口庄"。

在天津,吴炽甫家族同样也是将茶叶交由当地茶店经销。在这封信中,吴云鉥写道:

> ……津市仍疲,馨昌明前售五十四,清记雀舌售四十七,若大市雀舌在四十四五,雨前四十一二,蛾眉中五十八九,高六十至七十,鸿记有一宗闽茶,售九十五,包茶八十五至九十,花芷四十五至四十八,正太雀舌五十五(华泰买春记家源茶),华春银针五十五(正兴买淳安茶,京要一百元一担),此两宗香味均佳者。薰和仙葩(雀舌)售与元兴,价四十四两,已起样两箱,此津市之大概价目,惟销市甚滞,香好尚多,否则无人问津。

上揭提到淳安等地运销天津的茶叶,另外还提及"闽茶",应与福州的窨花有关:

---

① 王瀚巍:《近代徽商吴炽甫与内销茶业——以文书材料为中心》。

　　闽花现在大喷,本日有四百担,长八九十担,二花价在卅元以内,外此一喷花,已属济极力收用,设能办理得法,则货可窨成七成以外。闽事想济必有信报告,恕略禀。

信中的"济",是指吴济川(即吴云鈫),①其人为吴炽甫四弟世型之长子。吴炽甫家族在福州开设的同德窨花茶厂,店主就是吴济川。所谓窨花,是指将香花放入茶叶,使后者吸收花之香气而形成花茶的工艺。福州窨花所用的香花,主要有茉莉、珠兰和玉兰等,所形成之花茶,则供应华北、东北等广大的北方市场。由于绝大多数的窨花都集中在福州,故而来自新安江的茶叶需要运往福州加工:

　　今日闽信报告,徽州运闽茶,徽夫九篓,乃家源货所号,花色乃天、地、人三字,闽信问窨就打何花名。查之徽信,未办有家源之茶,此归何处办者,须打何花色,请即信属济弟遵办。因男不知此茶之来历,毫无端绪,不知名以何名为佳,所以请示再打,庶未少错耳。

　　除了在新安江流域办茶之外,吴炽甫的四子吴云钜还负责在汉口采办红茶:

　　汉信告红茶已落,价次者十七八两,好者廿一两,我处尚未办,仍看落耳。口上仝行撤去三文,红茶初议,茶、杂两行一致赞成,决定六月廿一日实行。及至廿日,向各号印章为证,乃利美和要求茶行撤去三文香厘,未得仝意,所约竟已当时解散,虽因未撤香厘之故,实则汉口红茶落价,消息已传到口,所以有此变动也。红茶既落,不撤亦佳,口既办理无效,宣即置之不办矣。口钱盘二百廿,宣六二八洋钱,钱平六百九十六号,月底结账,花三大八中二小,正二中四小、中五中四小、同三中九小、交二中、号八中。

　　这封信中提到的"口""宣",亦即张家口、宣化。当时,从汉口采办的红茶,直接装车经由该两处向外蒙古和沙俄销售。吴云鈫对于主持其事的四弟吴云

---

① 程嘉楷主编的《徽州老照片》中,有《北京徽州茶商吴济川》一文,其中列有由吴氏后人吴葆乐提供的吴济川及其女眷之照片。(济南:山东画报出版社,2016年,第21—23页)

钜显然颇为欣赏,他在信中对父亲吴炽甫说:"论办事,四弟处处有见解而细心,如今年红茶,若非四弟在汉,大数壹整付之牡牝,参其坚忍能耐,诚非可及。且听京节制,毫不自专,事不如此,则如手足之不御其头面,必至麻木不仁而后已。诸人知我事者,无不以此为言。男本庸愚,不敢评论人之短长,惟善否闻知,不敢壅蔽,是以一禀及之也。"

在吴炽甫家族经营的产业中,除了茶业,他们还在扬州开设有两家盐行。在吴氏家族书信中,保留有不少有关盐业经营方面的内容。而就本函而言,其中也提及:

> 扬亦有信来,现在皖南盐已售两票,轮运盐又收来回课元一千四百两,租公生谦三千一百引,全订买碱盐。皖岸商本改领银元,每银一两,作洋一元五角,照此洋厘,商家颇有合宜,惟洋价太离奇,必有反对,恐后尚须再变耳。邗号款申交通一千六百六十二中,扬交通九千八百四十九中,豫隆祥(钱店)六百五十三小,同福(钱店)五百五十四小,程汇六千三百五十一中,现一千零十六中,此邗信之报情形(昨日到的信)。

信中提及的"碱盐",为食盐之一种,亦称碱片、盐片或安盐。此类碱盐,是指在淮南煎盐时于镟底凝结而成的盐。此种下等食盐质厚味浊、形类碱块,主要销往湖北的崇阳、通城,湖南之平江,以及江西吉安、义宁(今修水)等县。当时,为吴家在扬州打理盐业生意的是歙县呈坎人罗凤翥,其人为吴家之姻亲。在目前所见的吴炽甫家族文书中,至少发现有 8 封由罗凤翥发出的信函,基本上都是涉及盐业经营者。另外,在"民国歙县节妇汪宝瑜往来书信"中,也有呈坎罗凌轩(即罗凤翥)写给妻子的信函:

> 吴东分家已定,随后竹如兄弟至扬实行,竹如是单独办盐,曾请我为经理,虽年老力衰,为己计、为人计,皆难息肩,业已允之,人骏亦愿随我襄理,竹如亦许可。至添押运一缺,或高和,或启任,暂不能定,须候晤竹如面谈。

信中的"吴东"应指吴炽甫,而"竹如"也就是吴云鉌。

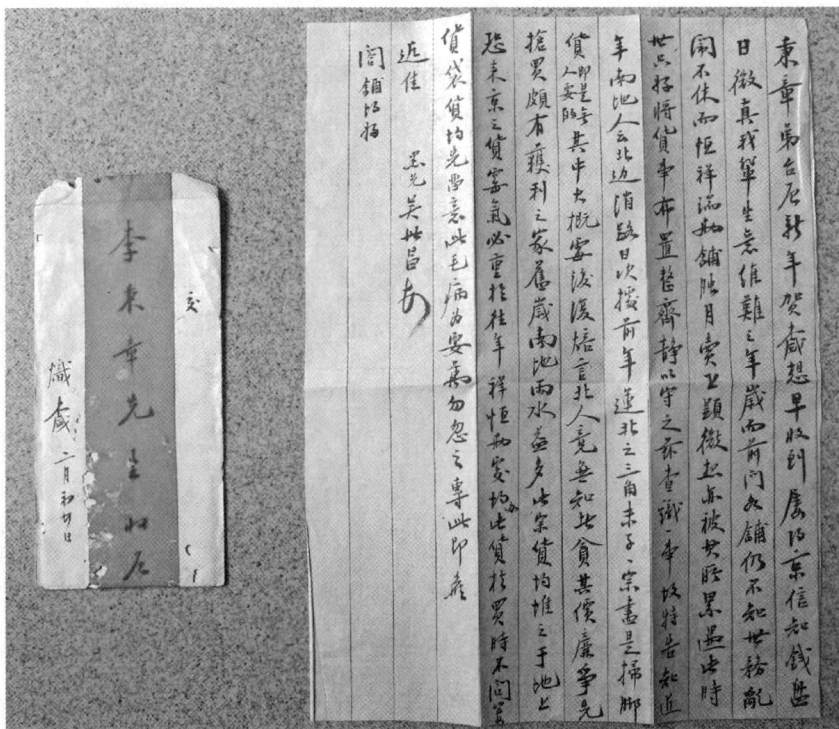

图1　吴炽甫(世昌)书信原件(王振忠收藏)

关于类似的盐业史料,笔者手头也有一封相关的信函:

　　炽甫仁翁大人阁下:前奉五月二十日手札,读悉一切。轮运虽无厚利,究比帆船迅速,且能免江路之险。西岸两次共百票,待告竣后,同袍已集议,接运百票,各家分认,仍照旧贯,约在七八月间实行。鄂岸早禀准轮运百票,本月在公所会议,向办票数之多少摊认若干,扬号仅得一票,幸拈阄在第十三号,却争先着。论鄂岸缴用减于西岸,利较稍优,轮船将放济南(即淮北)场,前十票已缴盐税,付水脚,以后者续缴不远耳。淮北仿制精盐,专为抵制久大而设,然出场如何分运,为时尚早,且未议有善法。惟久大之精盐侵占岸销,已日多而月旺,实为运商之大患,间接即及于场商,公议去害须从根本,业举代表进京,明递公呈,暗施运动。若能将久大精盐禁销淮引之地,乃属大幸!王君令亲派扬押运,如已动身,俟到扬,当为指导一切。况王建兄现居号,更可与之细谈,以副尊嘱……

这虽然是一封后文缺失的残信，但内容却颇为丰富。这封写给东家吴炽甫的信函，谈及轮运与帆船之利弊，以及抵制久大精盐侵销之拟议。所谓精盐，也就是将原盐加工，除去杂质，或将原盐化成卤水后重制（亦有径用卤水者），目的是使盐的品质更为精纯，亦称精制盐。1914年，久大公司为抵制洋盐进口，改进食盐卫生，开始在长芦塘沽设厂创制精盐。嗣后，淮北、山东和奉天精盐公司亦相继成立，从而揭开了中国盐业革新的序幕。1916年，久大公司的精盐开始运销于长江流域，这就是信中所说的"久大之精盐侵占岸销，已日多而月旺"，此一举动引起久大公司与旧盐商的激烈冲突。1918年5月，在江苏灌云县燕尾港设立的乐群公司也开始生产精制盐，①这是旧商自制精盐而保藩篱的举措，亦即信中所说的"淮北仿制精盐，专为抵制久大而设"。而"明递公呈，暗施运动"，则反映了旧商为保护专卖权益之无所不用其极。综合以上几点考察，此信的写作年份应在1918年以后。

余 论

徽商是明代以来中国最为重要的商帮之一，历来备受关注。自1947年傅衣凌发表《明代徽商考——中国商业资本集团史初稿之一》以后，徽商研究一直受到学界的高度重视。不过，以往绝大多数的研究主要集中在明代至清代前、中期，对于太平天国以后徽商的发展基本上还只有粗线条的描述，从总体上看缺乏具体、扎实的个案分析以及更为细致的探讨。在史料利用方面，有不少是利用政协文史资料等非一手史料，再加上屈指可数的方志、族谱及少量的档案，在史料发掘上远未达到明代至清前期徽商研究的深度和广度。②

除了时代上的畸轻畸重之外，从地域上看，亦存在着极不平衡的现象。

① 参见林振翰《盐政辞典》申37—38"精盐""精制盐""精盐公司"诸条，郑州：中州古籍出版社，1988年。
② 在这方面，近年来稍有改观，这方面的主要著作有：冯剑辉《近代徽商研究》，合肥：合肥工业大学出版社，2009年；马勇虎《近代徽州布商研究——以商业账簿为中心》，芜湖：安徽师范大学出版社，2017年。

明清以来,"无徽不成镇"之谚耳熟能详,囿于此前所见史料,以往的研究主要集中在长江流域及其以南的广大地区,而关于徽商在北方活动之细致研究仍付之阙如。另外,就徽州的一府六县而言,在盐业衰落的同时,晚清时期的茶业则有了新的发展。① 但以往的研究,较多地关注到婺源茶商的活动,②而对于晚清以来歙县茶商之研究,相对其更为丰富的史料遗存而言,仍显严重不足。

关于歙县茶商,徽州乡土史家许承尧在《歙事闲谭》中就曾指出:"歙之巨业商盐而外,惟茶北达燕京,南极广粤,获利颇赊。"许氏还指出:"吾许族家谱载,吾祖于正统时已出居庸关运茶行贾。"揆诸史实,明代正统年间正值15世纪中叶,当时,歙县许氏先祖就已远赴居庸关一带从事茶业经营,这可算是皖南较早外出贸易的徽商家族。此后,歙县茶商的事迹亦不绝于书。无论是芳坑江氏、上丰宋氏还是昌溪吴氏,都曾在不同的地区经营过茶叶,但迄今为止的研究仍然并不充分,特别是对晚清民国时期的探讨,显然有待于进一步的深入研究。③

有鉴于此,对于晚清、民国时期徽商的研究,需要发掘更为细致的相关文献,以累积更多的个案,从而在这一方面作出具有一定突破性的总体分析。从这个角度来看,徽州文书(特别是成规模的家族文书)之收集、整理和研究便显得尤为重要。

---

① 张朝胜:《民国时期的旅沪徽州茶商——兼谈徽商衰落问题》,《安徽史学》1996年第2期;周晓光、周语玲:《近代外国资本主义势力的入侵与徽州茶商之兴衰》,《江海学刊》1998年第6期;刘芳正:《民国时期上海茶商与上海茶业》,《史学月刊》2012年第6期;梁仁志:《近代徽州茶商的崛起与新变——兼论徽商的衰落问题》,《安徽大学学报(哲学社会科学版)》2018年第1期。

② [日]重田德:《徽州商人之一面》,《清代社会经济史研究》第四章第三节,东京:岩波书店,1975年。该文中译本收入刘森辑译《徽州社会经济史研究译文集》,合肥:黄山书社,1988年。

③ 关于芳坑江氏文书,笔者撰有《十九世纪晚期徽商与宁州红茶的生产与销售》,未刊。

明清徽商的职业道德准则与行业技能规则

——以《生意手册》为中心

卞 利

（南开大学中国社会史研究中心暨历史学院）

摘　要：明清时期活跃于全国商业舞台的徽商，重视学徒职业道德准则和行业技能规则的培养与教育。论文以新发现的徽州府绩溪县上庄某茶商抄录汇辑的《生意手册》为中心，论述和阐释了明清时期徽商的职业道德准则与行业技能规则。《生意手册》表面上看似仅为绩溪上庄某位茶商的教子之道，但因其精心汇辑了大量具有普遍意义的学徒经商职业道德准则、行业专业知识和技能规则要领，在某种程度上说，堪称是明清时期徽州商人群体关于经商人才的具有普遍意义的育人之道与经营规则。

关键词：明清；徽商；职业道德准则；行业技能准则；《生意手册》

　　"富室之称雄者，江南则推新安，江北则推山右。新安大贾，鱼盐为业，藏镪有至百万者，其他二三十万则中贾耳。"①作为活跃于明清时代商业舞台上的一支规模庞大、资金雄厚的地域性商帮，徽商在商业经营中，能够自觉地将传统儒家所倡导的"三纲五常"思想灵活地应用于商业经营领域，"贾而好儒"，仁心为质，以义为利，礼貌待客，讲求诚信，以智取胜。同徽州一向崇文重教的传统一样，外出经营的徽商亦非常注重经商人才的职业道德与行业技能培养，并为此而制订和形成了一系列职业道德准则与不同行业技能

---

① 谢肇淛撰、印晓峰点校：《五杂组》卷四《地部二》，上海：上海书店，2001年，第74页。

规约,借以规范徽商的商业经营活动。为使自己的子弟将来能够养成吃苦耐劳和坚韧不拔的意志,徽商往往将其放在他人的店铺内学习和锻炼,并从最基本的经商职业道德准则学习与实践入手,强化不同行业知识和技能培训。明代中叶以降,徽商编纂的大量商书和徽商经营中订立的行业规约,留下了不少关于徽商职业道德准则和行业技能规约的文字记录。2001 年 3 月,笔者在安徽省绩溪县上庄镇一家古玩店,意外购买到一册学做生意的手抄残本文献。鉴于该手抄本系清末上庄某位茶商为赠送给即将远赴上海经商的儿子而汇辑编纂的,内容涉及对经商人才职业道德准则、专业技能规则及经商过程中各种注意事项的系统教育,因此,笔者将其定名为《生意手册》。

《生意手册》真实记录了清代徽商对学徒的职业道德准则培养和技能规则教育的内容,与其他众多明清徽商商业书对照,该书记录的文字,除少部分摘自其他商业书之外,其中很多内容系首次记录。因此,该书对清代徽商职业道德准则和行业经营规则的研究,具有较高的学术价值。

下面,我们仅以该《生意手册》为中心,对明清时代徽商的职业道德准则和行业技能规则教育进行探讨和分析。

一、《生意手册》的版本、来源及其主要篇目

《生意手册》不分卷,残本,无作者署名,无封面和封底,全书以工整楷书抄写。从该书版心所注页数中,我们推测,《生意手册》全本应当有 41 页。该册残本起自 12 页,止于 40 页。其书末附有抄录者《自造格言叹语》,云:"我幼年到上洋,忽然余四载,一事不成功。所做茶为业,自知习学成人,有终之日,而后再看己时,自可为君也乎哉!"①又据出售此书的商贩说,该《生意手册》系从上庄附近人家收购。据此,我们推测,该《生意手册》的作者应系上庄镇某村的茶商。而《学做生意要语》一节附语云:"因汝不曾客远,今

---

① 《自造格言叹语》,《生意手册》不分卷,清抄本。

一朝遥隔,恐汝无寻头绪。故特书此与汝,便带随身,暇时展开一看,牢记在心,谨守遵行,庶几有助。不可谨作一场闲话,略而忽之也。顾汝此行,生意之道一通,不但你一人幸,即家门祖宗亦幸甚矣。汝其勉之遵。"①这则附语透露的信息表明,该《生意手册》应是专门为即将外出经商的儿子撰写或抄录的。

因系残本,且目录部分残缺,故我们只能根据《生意手册》的内容,对其进行还原。从还原后的内容来看,该《生意手册》全书共由《学做生意要语》《江湖序》《劝商贾》《商略》《雇舡》《银色》《稻米》《商旅之要》《客途》《行船风信》《机关》《标舡规单》《格言致论其一、其二、其三》《警戒夫妇之文》《朱文公家训》《不自弃文》《附:项托小儿论》《立教一犯于此,贫贱自然》《江西巡抚宋老爷劝世文》《世人要习十好,休学十穷》《忆处事》《说世人不足》《说能者则误也》《说人心不知足》《朱夫子治家格言》和《自造格言叹语》共26篇文字构成。

对照现存所见《士商类要》《士商规略》《客商规略》《士商拾要》和《商贾格言》等明清时期徽商各类商业书,我们发现,《生意手册》并非独创性商书,而是综合汇辑了各种不同版本的徽商商书以及故事、格言等,并融入自身处世和经商的经验教训等文字。据此,我们可以作出以下判断:《生意手册》系清代绩溪县上庄镇某村某位茶商抄录汇辑历代徽商商书、警世格言并结合自身经商经历编纂的日用经商类手册。

二、《生意手册》所见徽商的职业道德准则

明清时期,徽商在经营人才的培养和教育中,极为重视职业道德规则的准入教育。"有德无才可贵,有才无德可轻。"②"忠诚立质,长厚摄心,以礼

---

① 《学做生意要语附语》,《生意手册》不分卷。
② 程春宇:《士商类要》卷二《买卖机关》,杨正泰《明代驿站考(增订本) 附:〈寰宇通衢〉〈一统路程途记〉〈士商类要〉》,上海:上海古籍出版社,2006年,第364页。以下凡引用杨正泰书收录的《士商类要》,出处一律简称"杨正泰《明代驿站考(增订本)》附录三"。

接人,以义应事。"①"宁奉法而折阅,不饰智以求赢。"②良好的职业道德品质,不仅是经商者所应具备的基本素质,也是经营获得成功的有力信誉保障,同时更是做人的基本准绳。正如明代徽商程春宇在其所纂《士商类要》中所云:"至诚忠厚,虽无能干,其信实正大可取,总有妙才转环之智。……凡人存心处世,务在中和,不可因势凌人,因财压人,因能侮人,因仇害人。倘遇势穷财尽,祸害临身,四面皆仇敌矣。惟能处势益谦,处财益宽,处能益过,处仇益德。若然,不独怀人以德,足为保身保家之良策也。"③在《生意手册》的《学做生意要语》中,作者对经商人才的职业道德准则教育提出了如下十条具体的要求。

第一,要勤苦。关于"勤苦",程春宇《士商类要》引用念洲先生《恒以是警》歌词云:"一日之计在于寅,宰相何曾睡到明;忽听五更鸡报晓,衣冠齐整候朝门。一年之计在于春,耕种田园只在勤;富贵皆从勤苦出,何曾懒惰得公卿。一生之计在于勤,耕读营求总系心;未到天明虽要起,何愁百事不安宁。"④其实,不仅经商学徒者必须勤苦,即便是明清时期徽州的宗族规约,也特别强调"勤苦"二字。如明清时期商贾辈出的休宁县富溪程氏宗族,在其《祖训》中即特别强调,因徽州山多田少、人众地寡的生存压力使然,无论是从事士、农、工、商何种职业,都必须恪守勤苦的准则,精益求精,正确对待职业。该《祖训》曰:"故凡为士者,必以圣贤为期,生民为心,达则兼济天下,穷则独善其身。如徒尚虚文,陷溺心志,无益于道,非所取也。若为农者,上顺天时,下察地利,树艺耕耘,不惮勤苦。三余有瑕,经史可务,心义或迷,贤明可就。士出于农,古人所重。至于工艺,专精为善。商贾之道,勤慎是务,顺道而行,义利可取。计术空劳,造化有数。噫,吾徽地偏人稠,业商贾者十居八九。吾人稍有才智者,士业不可后也。不得已而服贾,当以先贤为心,义

---

① 曹嗣轩编撰,胡中生、王夔点校:《休宁名族志》卷二《张·渔滩》,合肥:黄山书社,2007年,第372页。

② 《良宦公六十序》,民国《丰南志》卷六《艺文志上·寿序》,传抄本,安徽省图书馆藏。

③ 程春宇:《士商类要》卷二《买卖机关》,杨正泰《明代驿站考(增订本)》附录三,第364—365页。

④ 程春宇:《士商类要》卷四《警世歌词》,杨正泰《明代驿站考(增订本)》附录三,第431页。

利为介,敏于力作,斗智争时,随分为经。毋诈伪以损人,毋荡散以倾资,毋奸险苟得以坏心术。"①经商者必须勤苦:"清早不必要人呼唤,先起来开了店门,扫地揩灰,打扫店堂,收拾得好。如安置东西,件件色色俱要有个次第,才有章法,一则不碍手脚,二则便于取用也。如生意稍间,或时打学算盘,或认呈色,算盘愈熟愈好,不是才晓得些就丢开手。若如此,依旧无用,故算盘、银色要时时习学,不可趁间东走西荡,以误正业也。若店中生意忙时,须要启眼洞烛,不必时时俱要人吩咐方好,切不可算懒帐。□谈好嬉,间了身子,怀[坏]自己□□□。"②明代徽商程春宇在《士商类要》中也一再告诫商人:"富从勤得,贫系懒招"③,"凡取帐,全要脚勤口紧,不可蹉跎怠惰。收支随手入帐,不致失记差讹"④。勤奋刻苦、艰辛开拓的"徽骆驼"精神向来是徽商的本色,这是徽商在经商人才培养中首先必须强调的基本素质。关于徽商勤苦的史实,明清时期徽州的族谱和方志等文献有着大量记载。歙县江村江鳌公世代经商于淮阴,明末战乱中,资产被席卷一空,他"苦心焦思,栉风沐雨,晨夕不息,家声遂以大振"⑤,完成了前人未竟的事业。明代休宁西门徽商查岩振一生勤苦,艰辛开拓,"岭南塞北,饱谙寒暑之劳;吴越荆襄,频历风波之险"⑥,最后获得成功。所有这些都是徽商勤苦拼搏的有力例证。

第二,要诚实。诚实守信是明清徽商职业道德准则的又一特殊要求,徽商正是凭借诚实经营、信誉至上的准则,才赢得了顾客,赢得了市场,从而获得源源不断的利润。包括徽商商书在内的明清时期不少商业书籍,都对商人诚信经营提出了要求。《生意手册》第二条即为"诚实",它指出,无论是亲友,还是买卖客人,作为生意人,都必须以诚实待人:"凡店中亲友、买卖客人,总以诚实待之,言语必信,举动至诚。如银钱经手,交代往来,分分厘厘,逐宗逐件,须要来清去白。不可因无人看见,即爱小私积分毫。欲起此心,

---

① 《祖训敷言》,宣统《富溪程氏中书房祖训家规封丘渊源考》不分卷,清宣统三年(1911)抄本。
② 《学做生意要语》,《生意手册》不分卷。
③ 程春宇:《士商类要》卷二《买卖机关》,杨正泰《明代驿站考(增订本)》附录三,第364页。
④ 程春宇:《士商类要》卷二《为客十要》,杨正泰《明代驿站考(增订本)》附录三,第359页。
⑤ 《故处士之鳌公传》,道光歙县《济阳江氏族谱》卷九,清道光十八年(1838)刊本。
⑥ 《凤湖处士彦辉查公墓志铭》,万历《休宁西门查氏祠记》不分卷,明崇祯刻本。

即想曰不可自欺也。立心如此，何等正大光明！自然一心在正路上，用功夫，何不能成立？既能成立，何止万倍之利。虽有紧急要务，不妨告禀本东，支取应用，不得私取分毫应己之急也。"①明代歙县岩寺商人吴南坡有一句经典名言，即"人宁贸诈，吾宁贸信"，虽五尺童子，亦不以为欺。② 清代歙县盐商江长遂，"待人接物，诚实不欺，以此致资累万"③。徽商的诚实经营，为自身赢得了良好的商业信誉和无限商机，正因为吴南坡童叟无欺、拥有良好的商业信誉，才会有"四方争趋（吴南）坡公。每入市，视封识为坡公字，辄持去，不视精恶长短"④的顾客盈门情形的出现。

第三，要谦和。《生意手册》告诫说："谦是谦恭，和是和气。如对店中亲友、买卖客人，交谈之间，须要和颜悦色，不可粗心暴气。"⑤对此，明代徽商程春宇在其所著《士商类要》之《为客十要》中亦云："凡待人，必须和颜悦色，不得暴怒骄奢，年老务宜尊敬，幼辈不可欺凌。此为良善忠厚。"⑥俗话说，和气生财。明代歙县竦塘盐商黄崇敬，虽富甲一方，资产雄厚，但为人十分低调谦和，常将老子"深藏若虚，盛德若愚"⑦作为座右铭，襟怀冲淡，远避名势，清心寡欲。清代歙县西溪南商人吴嵩堂（1701—1778），"平生仁心为质，视人之急如己，力所可为，即默任其劳，事成而人不知其德"。他曾告诫自己的子孙，无论是经商还是做人，一定要"存好心、行好事、说好话、亲好人"。他还一再重申："人生学与年俱进，我觉'厚'之一字，一生学不尽亦做不尽也。"⑧

第四，要忍耐。《生意手册》云："忍是含忍，耐是耐惟。或是同店朋友，以恶加我；或是本东言重，使我难当，惟以忍之为高，不可强辩。"又云："《书》

---

① 《学做生意要语》，《生意手册》不分卷。
② 《吴南坡公行状》，康熙《古歙岩镇东礀头吴氏族谱》不分卷，清康熙刻本。
③ 《故布政司理问长公遂、按察司经历长遇公合传》，道光歙县《济阳江氏族谱》卷九。
④ 《吴南坡公行状》，康熙《古歙岩镇东礀头吴氏族谱》不分卷。
⑤ 《学做生意要语》，《生意手册》不分卷。
⑥ 程春宇：《士商类要》卷二《为客十要》，杨正泰《明代驿站考（增订本）》附录三，第 359 页。
⑦ 《明处士竹窗黄公崇敬行状》，嘉靖《竦塘黄氏宗谱》卷五，明嘉靖四十一年（1562）刻本。
⑧ 《皇清附贡生诰授资政大夫候选道加四级恩加顶带一级又恩加一级议叙加六级显考嵩堂府君行述》，吴吉祜撰、吴晓春点校《丰南志》卷八《艺文志》，合肥：黄山书社，2017 年，第 263 页。

曰：必有容，德乃大；必有忍，其乃有济。君子立心，未有不成于容忍而败于容忍也。容则能恕人，忍则能耐事。一毫之拂，即勃然而恕[怒]；一事之违，即愤然而发。是无涵养之力，乃薄肤浅学之人也。是大丈夫当容人，不可为人所容。君子当制欲，不可为欲所制。"①清徽商谢光燧在所纂《商贾格言》中亦于"忍耐"条强调，无论碰到顾客和同行的恶言恶语相加，还是主人训诫严厉，都要能够忍耐："当思我原是出来学做生意，何必因此一两句言语，就与人作斗？且有道我之过者，乃是肯教我的好人，自当急急改过，不可再犯。就是别人错怪了我，亦不须争辩，且耐片时，久后自然分明。别人皆服我有度量，有含容，愈加敬重，岂不得许多便宜？此能忍耐之受益也。不然，因一时之气而忘终身之事矣。"②常言道，忍得一时忿，终为人上人。在和顾客打交道的经商过程中，经常会遇到顾客以言语或其他方式刁难，作为经营者，必须要有涵养，学会隐忍，把顾客当作自己的衣食父母，方才能赢得顾客。

第五，要变通。"变者，不执一；通者，达也。假如店中某货，系合某价钱成本到店，目今时价，算该有几分钱利息。……卖时，其中价目或增或减，须看货之行弃。行者不妨价增，弃者亦须减价。"③《生意手册》要求学徒们必须学会善观时变，毕竟商海风云莫测，要想赢得商机，变通是经商者不得不学的一个最基本的职业准则："或时有长[涨]落，或货有高低，不可默定算盘也。又如店中老店官，平日对买卖客人交易，所行那件？是与那句话如何言行不相符？须知此即生意变通之处也。——看在肚里，到吃夜饭时，店中若无外人，不妨低声请教，其人必以其中所当变通之缘故教你。只消问一二次，其余一举一动，依其法则而行，可得变通之道矣。"④对徽商恪守准则、灵活变通的经营，万历《休宁县志》曾有一段非常精彩的描述："因地有无以通贸易，视时丰歉以计屈伸。"⑤徽商经营的"变通"准则，不是空穴来风，而是

---

① 《格言致论其一》，《生意手册》不分卷。
② 谢光燧：《商贾格言》不分卷，清刻本，安徽省图书馆藏。
③ 《学做生意要语》，《生意手册》不分卷。
④ 《学做生意要语》，《生意手册》不分卷。
⑤ 万历《休宁县志》卷一《舆地志·风俗》，明万历三十五年（1607）刻本。

来自徽州社会对"变通"的普遍强调。照理说,在山区宗族聚居的村庄里,族规家法等规约是最严厉最保守的,但徽州并不尽然,我们常常会在明清时期徽州的各类宗族规约中出现要求族人"变通"的文字。绩溪旺川曹氏《清康熙朝续增祠规》中即指出:"祖宗之制,尚矣。顾时异殊,容有宜于古而不宜于今者,又不可无变通之道焉。"①

第六,要心有主宰。"凡人作事,必须克己无私。为客经营,勿以贪小失大。买卖虽投于经纪,主意实出乎自心。"②《生意手册》云:"或是店中左邻右舍,或是地方上朝日熟识之人,或是远处生疏亲友,或以酒食请你,或以心爱之物送你。或央你做中作保,云有重物谢你;或与你打合别处私开小店;或某处赌博邀你去看看;或某人家有标致女子,同你去瞧瞧;或家中盗出物件,借你去寄寄,明日与你分;或偷出来的东西,贱卖与你。以上数者,皆自诱你上钩,当送你下陷坑之事。当此之事,须要心中有主宰,总以不贪外财为心。"③经商必须心有主宰,不可轻信他人、贪图外财。"守己不贪终是稳,利人所有定遭亏。"④"凡见人博弈赌戏,宜远而不宜近。有人携妓作乐,不得随时打哄。"⑤否则,即难成大业。的确,"居商无商商之心,不效贪商窥窬分毫"⑥,不可贪财,这不仅是徽商的忠告,也应当是所有商人都必须熟记于心的准则。

第七,要俭朴。"若谓贫富,各有天定,岂有坐可致富,懒可保贫哉?彼大富固有自来,吾衣食丰足,未必不由勤俭而得。亲彼懒惰之人,游手好闲,不务生理。既无天坠之食,又无地产之衣,若然不饥寒,吾不信矣。"⑦《生意手册》说:"虽手头有两把银子辛资,凡衣可被体,食可充饥,无冻饿之苦,足矣。""凡做生意之人,总以朴实俭约为本。才成得人家,则心志放纵,用度奢

① 民国《曹氏宗谱》卷一《祠规》,民国十六年(1927)旺川敦睦堂木活字本。
② 程春宇:《士商类要》卷二《经营说》,杨正泰《明代驿站考(增订本)》附录三,第366页。
③ 《学做生意要语》,《生意手册》不分卷。
④ 程春宇:《士商类要》卷二《买卖机关》,杨正泰《明代驿站考(增订本)》附录三,第363页。
⑤ 程春宇:《士商类要》卷二《为客十要》,杨正泰《明代驿站考(增订本)》附录三,第360页。
⑥ 《明故金竺黄公崇德公行状》,嘉靖《竦塘黄氏宗谱》卷五。
⑦ 程春宇:《士商类要》卷二《买卖机关》,杨正泰《明代驿站考(增订本)》附录三,第364页。

侈,未有能成立者也。"①《士商类要》亦一再告诫经营之辈:"贸易之道,勤俭为先。"②"夫人一勤则天下无难事,其功名富贵无不自勤中来也;一俭则胜于求人,其布帛粟麦未尝不是俭中事也。……为商者俭则财利富。"③徽商虽富甲一方,但大都自小本经营起家,"虽挟资行贾,实非己资,皆称贷于四方之大家,而偿其什二三之息"④。因此,勤俭是他们的一贯本色。正如明代休宁商人汪岩福那样,要善于自律,虽然贸易致富,但"务为节约,与家人同艰苦,大布之衣,大帛之冠,脱粟之饭,身自甘之"⑤,"居安佚而志在辛勤,处盈余而身甘淡泊"⑥,这样才能积累起财富。

第八,要重身命。《生意手册》告诫学徒们,一定要珍惜生命:"凡一切危身陷命之事,一践其辙,皆系不顾身者也,最宜深戒之。"⑦对人来说,每个人的生命都只有一次,生命的存在是第一位的,决不可为一时之贪财而轻命。徽商汪某,虽然从事典当业获取暴利而富甲一方,但因过于刻薄,"持筹握算,锱铢必较",一生无子,"族人争立",财富被族人抢夺一空,最后饮恨而暴卒。⑧

第九,要知义理。《生意手册》把义理提到了立身之基的高度,认真辨明了义理之间的关系,指出:义理"二字分明,则言行之间无处而不当,即立身之基自此固矣。"经商实践中,徽商以义为利的例子很多。明代歙县商人许尚质常语人曰:"夫人所为欲富厚者,谓礼义由之,生且有所用之也,即不能用,则雇反为财用耳。"因此,凡"心礼义所向,争先赴之"。⑨

第十,要不可忘本。"常见许多后生,才晓得些生意,便将自己看得天尊

① 《学做生意要语》,《生意手册》不分卷。
② 程春宇:《士商类要》卷二《贸易赋》,杨正泰《明代驿站考(增订本)》附录三,第365页。
③ 程春宇:《士商类要》卷四《立身持己》,杨正泰《明代驿站考(增订本)》附录三,第422页。
④ 《金声与徐按院书》,康熙《徽州府志》卷八《蠲赈》,清康熙三十八年(1699)万青阁刻本。
⑤ 《明光禄寺署丞乡大宾岩福公暨配金孺人墓志铭》,顺治《休宁西门汪氏宗谱》卷六,清顺治九年(1652)刻本。
⑥ 嘉靖《汪氏统宗谱》卷三一,明嘉靖刻本。
⑦ 《学做生意要语》,《生意手册》不分卷。
⑧ 《积财贻害》,董含《三冈识略》卷八,沈阳:辽宁教育出版社,2000年,第177页。
⑨ 《朴翁传》,嘉靖《新安许氏统宗世谱》,明嘉靖十八年(1539)家刻本。

般高,眼里无人,即见着可厌不礼他。如此骄人,不多时又见无依倚了。再要开口求人荐举,自亦口涩难言矣。汝今此去,倘得成立之,如此忘本之事,断然不可为也。牢记,牢记。"明代休宁率东程莹,经商于浙江湖州,虽富可敌国,但始终不忘根本,依然以耕读为本教育子弟,并在退隐后以古文图书自娱。绩溪章廷泰随父亲一道经商,以义获利,为乡里所重,致富后,他慷慨解囊,创建章氏祠堂,兴造文昌阁,凡是乡里修桥修路及赈贫恤孤的义举,均倾囊而出,毫无难色。

《学做生意要语》最后总结说,以上十条不仅是学做生意的大概,也是为人处世的不可缺少的要领。作者谆谆告诫将出远门经商的儿子:"因汝不曾客远,今一朝遥隔,恐汝无寻头绪。故特书此与汝,便带随身,暇时展开一看,牢记在心,谨守遵行,庶几有助。不可谨作一场闲话,略而忽之也。顾汝此行,生意之道一通,不但你一人幸,即家门祖宗亦幸甚矣。"①可见,徽商对经商人才的职业道德准则教育,并不仅仅限于一般的经商知识和职业道德的培养,还包括更深刻的为人处世规则教育。

我们注意到,《生意手册》列举了十条学做生意的要语,作为经商者职业道德的准入规则,但这十条要语或者说规则,并非作者首创,而系抄录其他相关商书并简单加以个别字词句的演绎加工而成。将上述十条要语同谢光燧编纂的《商贾格言》十三条一一比对后,竟然与其中的十条除个别文字略有差异外,内容几乎完全相同。显然,《生意手册》之《学做生意要语》直接来源于《商贾格言》等商书。用《商贾格言》的文字来说,就是"士、农、工、商,各执一业。后生既不能读书为士,又不能习农、工之业,则其为商也必矣。然商贾之道未有不学而能者也,凡后生初出门务生理,即当以'生理'二字时时存心习学,切不可于生理之外邪思妄想。今立有十三件事,须要常存警省焉"②。从这里,我们不难看出,《商贾格言》中的十三条职业道德准则,并未为《生意手册》所全录。据此,我们度测,也许《生意手册》所录之《学做生意要语》另有所本。但鉴于该三条"格言"对初涉商海的学徒亦十分重要,故谨

---

① 《学做生意要语·附语》,《生意手册》不分卷。

② 谢光燧:《商贾格言》不分卷。

将其照录于下：

第十一，要虚心。人惟此心实了，故虽有此终身受用不尽的好言，彼亦视为不紧要，以其先将此心实了，无有受教之地，故不知听之。及至终身无出头日，再去怨天怨命，不知是自己幼时不肯虚心听人的好言语，以至于此。由是言之，人可不虚此心以受教乎？盖凡事有不知者，惟问可知。如怕羞人不肯问人，则终身不知矣。若再要逞聪明，强不知以为知，未有不误大事者。故凡事有不知者，不妨请教于人。人有指教，又当牢记于心，久而不忘。不可今日问了，顷刻忘却，明日又去问人也。或朋友有规戒之言，当知深感其德，不可心头火炽，怒形于色，阻塞人之言路。只想我此行乃一生紧要关头，虽有难当之言，亦须忍耐。况我果有过失，原当痛自切责，岂可强辩以自盖其过？但如此思维，而心自平矣。若满腹私意，不能忍耐，或忍耐而怀恨于心，将来无人指教，做事日渐失了规模，自己又无了拘束，此处定难久留。即你别处另寻得所在，自思又不能如从前合式，必致愈加无心，再又辞出。如此数次，岂不自误终身乎？试问父母将来年老，如何养膳[赡]？娶妻生子，何以蓄育？种种重任，后来何以支持？据予所见，只在此时能虚心纳人善言，不自满，不猜疑，一问善言，即铭心刻骨，将来所行，自合于理。日渐昌盛，一切重任，庶可支矣。

第十二，要正道。古语云："常把一心行正道，自然天地不相亏。"惟如此存心，天下皆去得。不如此存心，则寸步难行。如银钱出入，分文不可苟取。设苟取分文，即失我正道之心矣。假如临财或起苟取之念，即自责曰："如此不正道之心，岂可起乎？今我已起此心，则我将来寸步难行，如何任得大事？且银钱至小，名节至大，如失了名声，普天之下，皆无容身之处矣。"但如此警省，自然正道，不欺于人。人知我正道，亦不肯欺我，自然受用不尽。

第十三，要上紧用心。上紧者，做事出力，不扳他人。大凡生理事务，要认定我所当为，但竭我心力，不可自图安逸。又不可视为公共之事，不应我一人出力。盖一有此两种私心，则事皆废弛，遗误非小。诚能反此,则事无停滞,从容布置,井井有条,非惟养德,亦足见处世之方矣。用心者,凡事用心,不敢忽略,以致错误。如对客买卖,银钱出入,收货、发货,俱要斟酌,防闲小人,谨慎言语,不可妄为。总要遵守规矩,谦和接人,俭约持己,照应门户,留心火烛,早起晚眠。受人所托,始终尽心。一切事务,悉能如此,则所为必斟酌而无错误之事矣。夫人惟勤谨,方能尽在我之职而无愧于心己;惟诚实方能副我知之望,而不负于人。加以虚心受教,则所言所行自然尽善尽美。

由上所录文字,可见《生意手册》未录的三条分别是"要虚心""要正道"和"要上紧用心"。这三条之所以重要,在于对经商学徒者而言,无论是虚心学习,还是行正道和用心专一,都是不可或缺的基本职业操守和道德准则。"要虚心"其实是《生意手册》所说的第三条,即"要谦和"的进一步引申和强调。

学做生意,最忌骄傲浮躁,浅尝辄止。对此,另一位徽州典当商在其《典业须知》的《谆嘱六字》之"谦"字中亦特别强调:"谦则受益无穷。凡做学生,则典中自执事以次,皆系尔之前辈,行坐起居,以师礼待之。遇事请教前辈,而你能虚心请教,则人自然肯教,你学得本领,系你终身受用,人偷不去,人骗不去。无论有祖业、无祖业,只要自己有本领,将来就可立身扬名。"[1]可见,《商贾格言》提出的"要虚心",对经商的初学者来说有多么重要。其实,《商贾格言》在阐明了包括"要虚心"在内的十三条出门学做生意要恪守的准则的同时,还提出了《商贾十则》,其中第一则即要有"恒心",所谓"恒心者,长久之心也,务在时时戒谨,久不懈其操存。如此庶可始终如一,即是出人头地处,何必轻浮虚诞以取胜于人哉? 予每观与人同事不久者,大都只是无恒心之病,所以始初做事也肯耐心,接人颇能谦和,银钱亦不苟且,朋友亦不妄交。久之,渐渐放纵,不循规矩,作事日渐无心,接人渐渐不逊,银钱肆意浪用,朋友到处滥交,至于卒不能有成,徒取亲友之耻笑,此辈终为废物而已"[2]。

《商贾格言》提出的后生出门学做生意要恪守的第十二条准则为"要正

---

① 《典业须知》不分卷《谆嘱六字》,清刻本,美国哈佛大学哈佛燕京图书馆藏。

② 谢光燧:《商贾格言》不分卷。

道"，这其实也是《生意手册》中《学做生意要语》之第九条"要知义理"的引申与发挥。俗话说：君子爱财，取之有道。《生意手册》虽未在《学做生意要语》中列专条强调经商的正道，但在该书相关内容中，有多处涉及初学经商者即后生出入门者要恪守的"正道"准则，如"行于正道，万事从天；执其两端，一生由命"①。在《劝商贾》篇中，《生意手册》还一再重申经商要"存良心"，切勿"奸盗诈伪"，云："得便宜处失便宜。此言欲求利者之必不可讨便宜也。况离乡背井而作经商，历江湖而权子母，餐风吸露，带月披星，航海梯山，经年累月，全凭一点造化、片念良心。若存一奸盗诈伪之想、朝三暮四之术，或通番走海而求利，或违禁兴贩以罟金，或造伪物以欺人，或故要重价以惑多。以此在心，人必猜忌，且未有不遭横祸惨忘之报、水火盗贼之灾。断宜必诚必信，童叟无欺；不忮不求，四海兄弟。……每见世人，一钱而获两钱之利则必喜，况不费一钱而收万倍之利乎？愿为商者万勿以险徼幸以取业利，亟宜布德施仁以收万倍之利乎。"②可见，尽管《生意手册》编者不知出于何因，未能提出学做生意的第十二条"要正道"，但其通篇都在告诫要走"正道"，这也算是弥补了缺此一条的遗憾。

至于《商贾格言》中的第十三条"要上紧用心"，《生意手册》亦未收录。但检读《生意手册》，"立心""用心""虚心""小心""存心""留心""费心"和"恒心"等文字几乎在《生意手册》各篇目中随处可见。由斯可知，《生意手册》虽未列"要上紧用心"之专条，但比之专条，可谓有过之而无不及也。

三、《生意手册》所见徽商的经商基本技能规则教育

仅仅拥有良好的职业道德准则，对于出入商海的经商学徒者而言，还是远远不够。爱岗敬业，学习和掌握所从事的行业技能及其规则，才是经商取胜的法宝。毕竟江湖凶险难料，生意变幻莫测，"水有顺逆，江有波涛；洪有浅深，闸有缓急；驲有修短，风有暴速；舟有稀繁，防有善恶。未经出入者，岂

---

① 《客途》，《生意手册》不分卷。
② 《劝商贾》，《生意手册》不分卷。

知前境之事乎?"①稍有闪失，便会血本无归，甚至有丢掉性命之险。对此，《生意手册》的作者一再谆谆告诫即将从商的儿子，一定要谨慎行事："人之行藏，所在迪吉，以防不测，务在谨慎。必择其处，善得安稳，以全天命。"②要牢记根本，认真做事："人在世间，所行之事，所做那一样事务，以根本为主，不可忽将忽里。一切不要邪心易怪，天命已成，何须思想。有富贵，有贫穷，总要认真为正。"③吴中孚的《商贾便览》亦一再申说，经商务必掌握技艺，并精益求精，方能立于不败之地。所谓"技贵精专，业防贫滥。贫滥之人，心志不定。得陇望蜀，居此图彼。羡人之美，耻己之恶，皆是无厌之徒，终无结实。若能自守本业，技艺日加淬励，着意用心，不失故物，是为固本之道"④。

就经商的基本技能和规则而言，同《士商类要》《商贾便览》与《商贾格言》一样，《生意手册》也要求出外经营者首先要学会察言观色，掌握机关："凡与人交接，便宜察言观色，务要背恶向善。处事最宜斟酌，不得欺软畏强。"⑤"投牙要三相：相物、相宅、相人。入座试言：言直、言公、言诈。物古不狼，老实节俭；宅新而焕，标致奢华。百结鹑衣，贫穷之背[辈]；异妆服饰，花子之流。礼貌谦谀，心中巨[叵]测；起(坐)直率，面亦无阿。问价即言，大都不远；论物口慢，毕竟怀欺。相见恭而席丰，货快有价；跟随缓而款略，本少且迟。空客劝盘，求为替代；门前久坐，专等姨夫。客来无货，非取帐必是等人；买主私谈，不扣银定然夹帐。许多卖少，接新客之常情；说快反迟，哄起货之旧套。齿下不明，久后徒然混赖；当场既久，转身何必趑趄。毁誉中，防家奴误主；指示处，恐稍[梢]子利私。客荐客，须防有故；牙赞牙，亦是常情。……口是心非难与处，为人犹己可相亲。太过者满则必倾，执中者平而且稳。出纳不问几何，其家必败；算计不遗一介，维事有成。斯言浅易，无非开启迷蒙；意义少文，惟在近情通俗。"⑥善于辨明市牙和顾客，这是经商者外

---

① 《江湖序》，《生意手册》不分卷。
② 《江湖序》，《生意手册》不分卷。
③ 《自造格言叹语》，《生意手册》不分卷。
④ 吴中孚:《商贾便览》卷一《江湖必读原书》，清道光刊本。
⑤ 程春宇:《士商类要》卷二《为客十要》，杨正泰《明代驿站考(增订本)》附录三，第359页。
⑥ 《机关》，《生意手册》不分卷。

出经营时必须首先明了和掌握的基本知识和技能。掌握了这些知识与技能，便不至于陷入各种圈套和陷阱。

再者，就是一定要守法经营。《生意手册》在《商旅之要》中明确指出："既为商旅，要知商税来由。身在江湖，岂可抗违王法？番货全凭官票，引盐自有水程。茶引与盐引相同，白矾同茶引之例。新小钱非贩卖之货，腌丑肉有盘诘之由。硫磺焰硝，岂宜贩卖？但凡违例，切莫希图。"①可以说，依法守规，这是经商者应当特别牢记在心的基本规则。违犯了这一规则，则可能导致官司之讼和牢狱之灾。②

就专业技能而言，《生意手册》根据不同的经营领域和行当，提出了不同的要求。概括而言，主要包括以下几部分。

第一，外出经营时，要了解路途地理环境、风土民情以及注意事项等基本知识。根据作者实践和前人经验，《生意手册》专列《客途》一篇，云："巴蜀山川险阻，更防出入之苗蛮；北直陆路平直，犹惧凶强之响马。山西、陕西崎岖之地，辽东、口外凶强之方。黄河有溜洪之险，闽广有峻岭之艰。两广有食盐之毒，又兼瘴气之灾。陆路有吊之徒，③舡户有暗谋之故。浙路上江西亦多辛苦，中原到云贵多少颠危。长江有风波盗贼之忧，湖泊有风水渔舡之患。山河愁水势来涌，又恐不常之变；闸河怕官座粮舡之阻，更兼走溜之忧。矿贼当方有之，盐徒各处难静。荆州到四川，生而挤死；胶州收六套，死里逃生。为名者，君命难违；为利者，财心肯息？已上乃明知而故为也。又有可避之不虞，却要人心之准备哉。"④其实，有关客途的注意事项，明代休宁商人黄汴《一统路程图记》、程春宇《士商类要》和清代吴中孚《商贾便览》等均有重点阐述，《生意手册》显然是抄录上述诸商书并加以综合而成。所有这些，都是徽商外出经营所必须掌握和具备的最基本知识。

其次，徽商外出经营，路途艰辛险恶，水路势必雇用船车。"顾舡须投牙

---

① 《商旅之要》，《生意手册》不分卷。
② 参见卞利《论明清时期徽商的法制观念》，《安徽大学学报（哲学社会科学版）》1999 年第 4 期。
③ 原文如此。据文气文意，疑本句缺一字，应作"陆路有吊口之徒"。
④ 《客途》，《生意手册》不分卷。

计处,询彼虚实,客中第一要务也。"①"蓬踪四方,举目有江湖之异;程途千里,屈指非朝夕之间。莫图系楫偷安,苟免征车;受许多颠险,无数疏虞。古语'舟中皆敌国',寓意尚和;谚云'隔板是黄泉',勉人知谨。波涛千派,挂风帆益励战兢之心;星月一天,摇夜橹更防窥伺之辈。"②因此,在雇用船舡时,一定要注意安全,事先从各方面做好防范工作,以避免不测。"偶遇接谈,最宜寻消问息;沿途搭伴,恐为入室操戈。水火无情,切莫展头焦额;尔我相济,势须学者击尾援。③ 所为者如斯,不谦似守株待兔;费心皆觅利,真个如涉海求珠。名列后先,轮班提备。戒醑歌,愚人视听;禁呼喊,骇众观瞻。若守夜,切莫解衣;才闻警,便须设备。分别勤惰,赏罚过功。到头无半点之虞,举目贺万全之喜。共前约,毋致后,尤仝舟之人请书芳字。"④

第三,要学会辨别银色。不管从事哪一种行业经营,商品交易大都以银钱为通货。尤其是白银,掺杂使假向来是奸商玩弄的阴谋伎俩。因此,无论是学徒还是外出经商,银色的辨别规则,都是必须掌握的基本技能。对此,《生意手册》云:辨别银色"实生涯之本饮,⑤过目须要留心。看银之法,不可大略,必须四面氐险参看,呈色相同,方才真正。若还不一,必之硗蹊[蹊跷]。九州四海,亿万众民,造假万端,异名无限,岂能尽知? 各宜酌见斛斗,右手低而速者轻,倾手高而缓者重。恐有鸡窝、缺角、麻脸、回斛、辄荡"⑥。

第四,要重视合同议约,学会订立和利用合同议约的基本规则与要领,以文字形式明确规定合伙者或当事人及自身的权利、责任和义务,维护自身的合法权益。《生意手册》照录了程春宇《士商要览》中《客商规略》的文字,告诫其子云:"但凡远出,先须告引。搭伴同行,必当合契。若还违拗,定有乖张。好胜争强,终须有损。重财之托,须要得人。"⑦其实,"恐口无凭,立字

① 《雇舡》,《生意手册》不分卷。
② 《标舡规单》,《生意手册》不分卷。
③ 原文如此,据文意,本句中,"者"字疑为衍文。
④ 《标舡规单》,《生意手册》不分卷。
⑤ 原文如此,据文意,本句中,"饮"疑为衍文,应作"实生涯之本"。
⑥ 《银色》,《生意手册》不分卷。
⑦ 《商略》,《生意手册》不分卷;程春宇:《士商类要》卷二《为客十要》,杨正泰《明代驿站考(增订本)》附录三,第357页。

为据",不仅是徽商,而且是徽州人很早就已懂得的道理。就商业经营领域而言,明代中叶以降,各种刊印发行的日用类书,大都录有各类经营的格式化议约合同。诸如"雇船夫契""雇脚夫契"与"合伙契"等,以合伙经营议约为例,明吕希绍编纂的《新刻徽郡补释士民便读通考》收录的格式化合伙议约文本,其文字如下:

> 立合约人　　窃见财从伴生,事在人为。是以两同商议,合本求利,凭中　　,各出本银若干,同心揭胆,营谋生意。所得利钱,每年面算明白,量分家用,仍留资本,以为渊源不竭之计。至于私己用度,各人自备,不得支动店银,混乱帐目。故特歃血定盟,务宜苦乐均受,不得匿私己肥。如犯此议者,神人共殛。今欲有凭,立此合约一样两纸,存后照用。①

上述格式化的合同议约,被广泛应用于明清徽商的经营活动之中。订立合同议约,明确经营者或合伙当事人的责任、权利,已成为明清时期商业经营领域一项约定俗成的规则。有的合伙合同议约甚至还附录了合同当事人共同遵守的规章,如《清光绪三十年六月黟县怡和堂等立集资合设瑞和布匹生理合同议墨》,其全文如下:

> 立合同议墨同乡人怡和堂、顺生和、万瑞庭、倪锡章,缘我等意气相投,谊慕管鲍高风;集资经营,希冀陶朱致富。今在九江府西关外正街合设瑞和布匹生理,公议四皓同心,妥入各股资本,怡和堂入正本曹平二四纹伍佰两正,顺生和入正本曹平二四纹陆佰两正,万瑞庭入正本曹平二四纹伍佰两正,倪锡章入正本曹平二四纹肆佰两正,共计合成正本曹平二四纹贰仟两正。自今之后,我等同仁毋得各怀己见,亦无闲言异说,必须竭力而办。《店规章程》列左,永为定议。每逢岁首,眼同清盘,利照本瓜分。如绌,照本公派。但愿生意日升月恒,子孙世守基业,则我等大有厚望荣光焉。恐口无凭,立此合同议墨壹样四张,各执壹张,永远存据。

---

① 吕希绍:《新刻徽郡补释士民便读通考》,傅衣凌编《明代社会经济史料选编》下册,福州:福建人民出版社,1981年,第275页。

光绪三十年六月初八日,立合同议墨人怡和堂　押

顺生和　押

万瑞庭　押

倪锡章　押

公议规章列左:

一、议各股本银,周年壹分官利。每逢岁首,分入各账,听凭拨用,不准年内预支。

一、议各股同仁,不准在本店移借悬拖。倘有此情,即由经手赔偿,并无徇情。

一、议每年清盘,赢余除二人提红酬劳,诸伙照辛俸公分,以励众志。余利必须候至三年后总结,以拾叁股折账两股,作为堆金,壹股酬劳经手,永为定章。余利分入各股,任凭拨支。如若存店,周年作壹分式厘行息,此例。

一、议公立执事人以专责成,所有伙工人等,无论亲疏内外,任凭量才授职。不称职者,听便斥退,同股毋得异说。

以上四条,公同妥议,以期杜弊兴利,各宜遵守。违者,即行斥退,毋得徇情。①

显然,作为出入商业经营的学徒,学会掌握和利用合同议约,当是从事任何一门行业经营的最基本技能之一。

第五,要努力学习并掌握所从事行业经营领域的专业技能。徽商经营领域广泛、活动范围辽阔,"今之所谓都会者,则大之而为两京,江、浙、闽、广诸省,次之而苏、松、淮、扬诸府,临清、济宁诸州,仪真、芜湖诸县,瓜州、景德诸镇。……故(歙)邑之贾,岂惟如上所称大都会皆有之,即山陬海堧、孤村僻壤,亦不无吾邑之人,但云大贾则必据都会耳"②。总之,崛起于明代中叶

---

① 《清光绪三十年六月黟县怡和堂等立集资合设瑞和布匹生理合同议墨》,封越健主编《中国社会科学院经济研究所藏徽州文书类编·散件文书》第 3 册,北京:社会科学文献出版社,2017 年,第 42 页。

② 万历《歙志》卷十《货殖传》,明万历三十七年(1609)刻本。

的徽商,"其货无所不居,其地无所不至,其时无所不鹜,起算无所不精,其利无所不专,其权无所不握"①。其所经营的领域尽管极为广泛,但"盐、茶、木、质铺为大宗,茶叶六县皆产,木则婺源为盛,质铺几遍郡国,而盐商咸萃于淮、浙"②。粮食、棉布和丝绸等也是徽商经营的大宗领域。不同的经营行业对商人的专业技能要求自然不一。即如棉布,一位佚名的徽商在《布经》中对经营棉布业的专业技能进行了总结,诸如《看白布诀》《指明东路铁锭木锭诀》《门庄买布要诀》《指明布中一切条款》《字号看白布总论》《看白布总诀》《认刷纱病处木锭铁锭分解》《指明浆纱水纱二布分解》《收门庄要诀》《看毛头大略总要》《青蓝布看法》《看翠兰月白秘言》《看法条例》《染坊总诀》《染各样杂色每百匹该用颜料数目》《门市染标寇颜色染价每百匹照码六折》《江西出靛道路地名》《各路靛》《看光布总论》《看光布秘言》《各样退法》《看光布歌诀》《石上端布法》《看手端手及碛子石头四事总诀》和《五逆生意》,③几乎囊落了棉布字号、染坊等所有的知识与技能。如何方能取胜,《布经》云:"端坐正容,澄心静念。按四时而取用,由学习以精明。当知清晨精气充足,谨防午后眼力昏迷。察坐处之明晦,知移步之改行。"④《生意手册》从颗粒大小、糠之细粗、皮之厚薄、开手软硬和谷嘴有无等诸多方面,专门就稻米经营的专业知识和技能进行了叙述,云:"先看稻米大小,次看糠之细粗,皮之厚薄,开手软硬,谷嘴有无。稻之饱瘪,便看桩头,辊打者稻光而有米,斛掼者稻生而无桩。糯米肥圆而多酒,粉皮红间而多糟。所贱者,阴花尖细无浆。小麦沟深皮厚者面少,粗壮子实者面多。晒堆须要伏天,若经秋风多蛀。豆中所贵者,圆大肥明、精神干净、皮薄白嘴,可堪作腐;所贱者,土珠死损、虫口潮湿、楷箕发白,正可作油入榨。若置芝麻与菜子,须询油价何如。只怕盦而不怕陈,不嫌淄而只嫌土:陈者不堪作糖,土者不宜入榨。晴风开斛不折,阴风折耗却多。要试新陈,皮包洗擦。菜子,长江不及河南,上者老

---

① 万历《歙志》卷十《货殖传》。
② 陈去病:《五石脂》,《丹午笔记 吴城日记 五石脂》,南京:江苏古籍出版社,1999 年,第326 页。
③ 《布经》不分卷,清抄本,安徽省图书馆藏。
④ 《配布总论》,《布经》不分卷。

干净润,下者嫩瘟。瓜棱要知好驺,探筒滑顺,到底者必干,界久一堆两辨。木樨黄者为上。棉花一朵八子、九子者,四两多衣,五六子者,三两之外,白净老者为佳。"①程春宇在《士商类要》中特别强调,"如贩粮食,要察天时;既走江湖,须知丰歉。水田最怕秋干,旱地却嫌秋水。上江地方春布种而夏收成,江北、江南夏布种而秋收割。若逢旱涝荒歉之源,冬月凝寒,暮春雨水,菜子有伤;残夏初秋,狂风苦雨,花麻定损。小满前后风雨,白蜡不收;立夏之后雨多,蚕丝有损。北地麦收三月雨,南方麦熟要天晴。水荒犹可,大旱难当。荒年艺物贱,丰年米粮迟。黑稻种可备水荒,荞麦种可防夏旱。堆垛粮食须在收割之时,换买布匹莫向农忙之际。须识迟中有快,当穷好处藏低紧慢,决断不可狐疑,有断则生,无断则死。"②显然,从事稻米等粮食经营者,必须掌握以上专业知识和技能。

　　总之,明清时代徽商,随着市场规模的不断扩大,市场形势变化莫测,只有掌握了一定的专业知识、恪守技能规则,并将其熟练地运用于经营之中,审时度势,采取灵活机动的策略,才能使自己立于不败之地。明清时期徽商之所以能在竞争激烈的市场中驾轻驭熟,独执商界之牛耳,与其经营的专业知识和熟练的行业技能规则是分不开的。

余　论

　　从以《生意手册》为中心的明清徽州众多商业书的文字叙述中,我们不难发现,正是得力于上述职业道德准则和职业技能规则的教育,徽商才能够在做人与经商方面取得成功,并代代相传,形成明清时期徽商初学者必须遵循的基本规范。

　　明清时期,徽商职业道德准则和行业技能规则的教育与培养,并不是在教室或课堂进行的,而是在真实的经商实践中学习、领会和掌握的。"子弟投师学贸易,先分尊卑称呼。行铺正主为师,并有总管及正店官带徒者,此

---

① 《稻米》,《生意手册》不分卷。
② 程春宇:《士商类要》卷二《客商规略》,杨正泰《明代驿站考(增订本)》附录三,第357页。

皆专管专教之师,本称老师。同事中有年长过我二十以上者,均当以老师老伯称之;年长十岁以上者,以老叔称之;数岁及先后学徒年长者,皆以老兄称之;惟后来年小于我者,方可以老弟呼之。"①尽管在店铺中,学徒与东家、主人、伙计之间上下尊卑等级秩序森严,但对于学徒而言,尊师重教则是最基本的准则。只有手脚勤快、眼耳并用,"脚勤口紧"②"启眼洞烛"③,才能在实践中学习和掌握经商的真经,《生意手册》中《学做生意要语》之第一要语"勤苦",正集中体现了这一要求。

无论是《生意手册》《客商规略》,还是《士商类要》,抑或《商贾格言》,明清时代徽州所有的商业书都有其自身显著的特点,那就是通俗易懂,注重实际,不尚空谈。《生意手册》就明确道明该书"斯言浅易,无非开启迷蒙;意义少文,惟在近情通俗"④。《一统路程图记》则全然系作者黄汴一生经商经验的总结,诚如黄汴在明隆庆四年(1570)为《一统路程图记》所撰写的序言中所云:"余家徽郡,万山之中,不通行旅,不谙图籍,土狭人稠,业多为商。汴弱冠随父兄自洪都至长沙,览洞庭之胜,泛大江,溯淮、扬,薄戾燕都。是年,河水彻底,乃就陆行,自兖至徐,归心迫切。前路渺茫,苦于询问,乃惕然兴感,恐天下之人如余之厄于歧路者多也。后侨居吴会,与二京十三省暨边方商贾贸易,得程图数家,于是穷其闻见,考其异同,反复校勘,积二十七年,始成帙,分为八卷,卷有所属,俾一展册,而道路之远近、山川之险夷,及风波盗贼之有无,靡不洞其纤悉,九州地域在指掌间矣。"⑤

值得注意的是,徽商不仅在教育和培养学徒恪守职业道德准则、行业技能规则时要求严格,而且在任用经营人才时也注意扬长避短,注重发挥人才的长处,所谓"合伙开行,择能者是从;分头管事,以直者托付。一行若有数人合伙经纪,我当择其忠厚者付之以本"⑥。明代歙县潭渡商人黄谊,择人而

---

① 吴中孚:《商贾便览》卷一《工商切要》。
② 程春宇:《士商类要》卷二《为客十要》,杨正泰《明代驿站考(增订本)》附录三,第359页。
③ 《学做生意要语》,《生意手册》不分卷。
④ 《机关》,《生意手册》不分卷。
⑤ 黄汴:《一统路程图记》卷首《一统路程图记序》,杨正泰《明代驿站考(增订本)》附录三,第299页。
⑥ 吴中孚:《商贾便览》卷一《江湖必读原书》。

任,盐典并举,"基之以勤俭,参之以筹划,将之以果敢"①,以奇制胜,终获成功。而休宁县西门汪福光则于经营中"学陶朱公师,研乘心算,贾盐于江淮间,艘至千只,率子弟贸易往来,如履平地。择人任时,恒得上算,用是资至巨万"②,迅速致富。

徽商谆谆告诫自己的子弟,要守法经营,合法致富,恪守规则和约定,在所从事的行业经营领域中,不掺杂使假,不见利忘义,杜绝坑蒙拐骗,要善于择地趋时,努力开拓进取,如此才能获得商业上的成功。明代婺源盐商李大皓在传授自己的经验给伙计时说:"财自道生,利缘义取。"③闻者无不为之折服。明代歙县徽商许秩"南讫闽广,北抵兖冀"④,善于捕捉商机,能够任人趋时,积累十余年,便成富商巨贾。这些都是徽商成功的宝贵经验。

当然,正如榆山居士在为谢光燧《商贾格言》所作的《序》中所云:"商贾为四民之一,其中之大成事业者固多,而倾败贻讥者亦复不少。"⑤徽商因用人不善而遭致失败甚至倾家荡产者,也不乏其例。明崇祯六年(1633),在江宁开设典当铺的歙县商人王竹,因用人不慎,被所雇用的掌管业务的谢尚念"盗卷衣饰货物计银叁百余两遁走,不知去向"⑥,不得不关门大吉,恳求江宁知县颁行告示,沿途缉捕监守自盗的案犯谢尚念。王竹的经历,从反面证明了吴中孚所云"行铺事繁,用人比多。授执合宜,诸凡妥帖。贤愚倒置,事必乖张"⑦的深刻道理。

徽商用人正、反两个方面的例子告诉我们,在培养和衡量经商人才时,专业技能与经营水平固然重要,但人才的职业道德和行为操守更为重要,两者相辅相承,缺一不可。如果缺乏熟练的知识技能规则和良好的职业道德准则,明清时期徽商的经营也许不会成功。就此而言,《生意手册》看似绩溪

---

① 《黄东泉处士行状》,雍正《潭渡黄氏族谱》卷九,清雍正九年(1731)刻本。

② 《益府典膳福光公暨配金孺人墓志铭》,顺治《休宁西门汪氏宗谱》卷六,清顺治十年(1653)刻本。

③ 《环田明处士李公行状》,万历《三田李氏统宗谱》,明万历刻本。

④ 《平山许公行状》,嘉靖《新安许氏统宗世谱》,明嘉靖十八年(1539)家刻本。

⑤ 谢光燧:《商贾格言》不分卷《序》。

⑥ 《明崇祯六年七月廿六日江宁县缉捕谢尚念告示》,安徽省图书馆藏。

⑦ 吴中孚:《商贾便览》卷一《工商切要》。

县上庄一地某位茶商的教子之道,但因其精心汇辑了大量具有普遍意义的学徒经商的职业道德准则、行业专业知识和技能规则要领,以致在某种程度上说,它也是明清时代整个徽州商人群体必须恪守的职业道德与知识技能规范。

给宋代乡村社会论注入新的活力*

［日］伊藤正彦　撰

（日本熊本大学大学院人文社会科学研究部）

杨　缨　译

（日本熊本大学大学院人文社会科学研究部

附属国际人文社会科学研究中心）

摘　要：本文梳理了战后日本中国史学界争议最多、成果无数的研究领域——"宋代乡村社会论"的研究动向。"宋代乡村社会论"为我们认识和理解宋元社会和国家的结构特点及其历史特征提供了重要论述，但20世纪80年代以后，随着地主佃户关系论战的终结以及中国封建制论被日本中国史学界抛弃，加之学界关注焦点和研究方法的转变，该研究在90年代迅速式微。本文认为，宋元乡村社会史研究还有很多问题亟待解决，中国有关明代徽州文书的研究不仅表明，对宋元时期的乡村行政组织进行研究极有必要，也为这一研究提供了重要的线索。

关键词：战后日本；世界历史的基本规律；地域社会论；徽州文书研究

前　言

　　"宋代乡村社会论"是一种旨在从构成社会基础的乡村入手，揭示中国宋代社会、国家的结构特点及其历史特征的研究。众所周知，这一研究与时

---

* 为保持脚注简洁，本文脚注所列收入学者专著的论文，只标明首发期刊的年份，省略期刊名称，若期刊论文收入学者专著时，篇名发生变动，则以修订后的标题为准。

代划分有着密切的关系,是战后日本中国史研究最具争议,同时也是成就最多的研究领域,可是,现在人们对宋代乡村社会研究的兴趣大为减弱。本文梳理了战后日本学界宋代乡村社会史研究的发展和现状,希望有助于激发该研究新的活力。

由于篇幅的关系,文章中只列举了一些具有代表性的研究者的著作,无法囊括宋代乡村社会史研究的所有成果,[1]希望大家谅解。

一、宋代乡村社会论的发展

战后,日本学者诚挚地接受了日本战败和中华人民共和国成立的现实,克服与批判"亚洲社会停滞论"成为日本中国史研究的重要课题,推动这一研究展开的正是 1949 年提出的"世界史基本规律"(以下简称"基本规律")理论。[2] 该理论认为,人类社会普遍经历了原始共同体、奴隶制、封建制、资本主义、社会主义等依次递进的几个发展阶段。在这个理论构想中,中国史研究起到了关键的作用。因为除了西欧、日本以外,如果中国历史上也存在奴隶社会、封建社会,那么就能证明这些社会形态是人类社会普遍的发展阶段;而从中国史研究方面来看,如果中国历史也能按发展阶段论来划分的话,就可以证明中国社会并非停滞不前。下面,就先来看一下从"基本规律"理论提出到 20 世纪 70 年代前半期,宋代乡村社会史研究的概况。

将宋以后作为研究对象的有关封建制的论述,20 世纪 50 年代争论的焦点在于宋代大土地所有下,地主与佃户究竟是一种什么样的关系。周藤吉之通过实证认为,宋代地主和佃户之间存在着较强的支配与依附关系;[3]以此为线索,仁井田陞认为,地主与佃户之间有"主仆之分",并且地租极高,所

---

① 有关宋代乡村社会史的研究,参阅[日]宫泽知之《宋代农村社会史研究の展开》([日]谷川道雄编《战后日本の中国史论争》,名古屋:河合文化教育研究所,1993 年),该文对 20 世纪 80 年代之前的论文进行了细致的整理。

② [日]历史学研究会编:《世界史の基本法则》,东京:岩波书店,1949 年;《国家权力の诸段阶》,东京:岩波书店,1950 年。

③ [日]周藤吉之:《中国土地制度史研究》,东京:东洋文化研究所,1954 年。

以佃农的性质是农奴,既然"地主支配农民"是封建社会的界定标准,因此,宋代以后的中国属于封建社会。① 对此,宫崎市定则指出,除了一些新开垦的土地,大土地所有呈现分散、零碎的状态,在这种情况下,很难产生封建性质的主从关系,地主佃户关系是自由人之间纯粹的经济契约关系。② 仁井田与宫崎二人围绕宋代以后究竟是中世还是近世这个问题产生了尖锐的对立,后来分别形成史学界两大重要学说,其中,土地对佃户的束缚、刑法上地主和佃户之间的不平等规定、大土地所有形态等,都是学者们探讨的重点问题。

60 年代至 70 年代,宋代地主制研究的中心人物是草野靖,他基本上支持宫崎的观点,对地主经营的类型、佃权和划佃、顽佃抗租与佃户的法律身份等问题展开了探讨,③也引起了一系列论争。

另外,60 年代至 70 年代前半期,宋代乡村社会史的研究范围扩展到中小土地所有、宋朝国家对农民的支配、共同体等问题上,这些都是 50 年代被忽视的问题。柳田节子考察了宋代乡村广泛存在的下等户(四、五等户),指出均田制分化后,宋朝国家通过征收两税,对包括地主在内的土地所有者作为主户加以控制,并将他们分为 5 个等级(五等户制),征收赋役,保障再生产。柳田把宋朝国家对农民的这种支配体制称为"户等制支配",并指出宋朝地主自身并不具有独立的支配能力。④ 在共同体研究方面,佐竹靖彦认为,宋代农民维持再生产最小的场所是"乡",主户客户制、户等制、乡村建制都是地主主导的一种社会秩序,宋朝初期一乡置一里正、数村置一耆长的乡

---

① [日]仁井田陞:《中国社会の"封建"とフューダリズム》(1951 年;后收入《中国法制史研究　奴隶农奴法・家族村落法》,东京:东京大学出版会,1962 年);《中国の农奴・雇佣人身分の法的身分の形成と变质—主仆の分について—》(1956 年;后收入前著书)。

② [日]宫崎市定:《宋代以后の土地所有形体》(1952 年;后收入《宫崎市定全集》第 11 册《宋・元》,东京:岩波书店,1992 年);《部曲から佃户へ—唐宋间社会变革の一面—》(1971 年;后收入前著书)。

③ 《中国の地主经济—分种制—》(东京:汲古书院,1985 年)与《中国近世の寄生地主制—田面惯行—》(东京:汲古书院,1989 年)两部著作是草野靖地主制研究的集大成之作。

④ [日]柳田节子:《宋代乡村の下等户について》(1957 年;后收入《宋元乡村制の研究》,东京:创文社,1986 年);《宋代中央集权的文臣官僚支配の成立をめぐって》(《历史学研究》第 288 号,1964 年);《中国前近代社会における专制支配と农民运动》(《历史评论》第 300 号,1975 年)。

村建制是地主主导的村落自治制度化的产物。① 另外,柳田还指出,从自然
"村"的形成,水利设施的用水、修筑等习惯,以及共同劳动的存在、饥荒时维
持再生产的组织——社仓的设立与运营等现象来看,南宋都保制下的村落
是由地主、自耕农、佃户组成的具有"自律性、地缘性的共同体",这种自下而
上的关系被纳入自上而下的行政组织,从而形成了都保制。②

　　宋代乡村社会史研究范围的扩大与当时秦汉古代史以及明清史研究方
面取得的新成果密不可分。在古代史研究方面,滨口重国指出,比起大土地
所有下的奴隶和佃农,广泛存在的一般农民层(庶民)与国家之间的关系才
是基本的生产关系。③ 受此影响,学界放弃了"基本规律"提出时"父权奴隶
制"的观点,西嶋定生提出了秦汉时期的皇帝对一般农民实行"个别人身支
配"说,④后来,堀敏一又将西嶋的"个别人身支配"说扩展到唐代前半期。⑤
而在明清史研究方面,提出新的学术理论的是小山正明和重田德两位学者,
他们认为,封建社会不是在宋代而是在明末清初形成的。小山将封建自耕
农的形成作为封建制确立的指标,他认为,直到明朝中期,作为直接生产者
的农民(奴仆、雇工、佃户、自耕农)还不能独立经营,地主阶层也因此无法建
立起代表自身利益的权力机构;明代后期,由于商品经济的发展,直接生产
者的独立再生产成为可能,"乡绅土地所有"和与之对抗的"农民土地所有"
才得以确立。⑥ 重田德则将私人对公共领域的支配(不仅对佃农,对自耕农
等其他诸阶层也有所谓不基于土地所有的支配)看作封建制度的指标,而明

① [日]佐竹靖彦:《宋代乡村制度の形成过程》(1966 年;后收入《唐宋变革の地域的研究》,
京都:同朋舍出版,1990 年)《宋初乡制论》(1980 年;后收入前著书)。
② [日]柳田节子:《乡村制の展开》(1970 年;后收入《宋元乡村制の研究》,东京:创文社,
1986 年)。
③ [日]滨口重国:《中国史上の古代社会问题に关する觉书》(1953 年;后收入《唐王朝の贱
人制度》,京都:东洋史研究会,1966 年)。
④ [日]西嶋定生:《中国古代帝国の形成と构造》,东京:东京大学出版会,1961 年。
⑤ [日]堀敏一:《均田制の研究—中国古代国家の土地政策と土地所有制—》,东京:岩波书
店,1975 年。
⑥ [日]小山正明:《明末清初の大土地所有—とくに江南デルタ地带を中心にして—》
(1957、1958 年;后收入《明清社会经济史研究》,东京:东京大学出版会,1992 年)《アジア
の封建制—中国封建制の问题—》(1974 年;后收入前著书)。

末以后的"乡绅支配"正是属于这一性质,清代的地丁银制度是这种支配在制度上的体现。①

古代史研究提出的"个别人身支配"体制论让学者们不得不面临这样一些问题:宋代以后,专制国家是否仍然存在? 其存在的基础又是什么? 如果封建社会形成于明末清初,那么如何界定宋代到明末这段时期的社会性质? 柳田的"户等制支配"论正是对这些问题所作的一个回应。②

综上所述,宋代乡村社会史的研究范围在 20 世纪 60 年代至 70 年代前半期不断扩展,虽然学界对地主佃户关系究竟属于支配依附关系还是经济契约关系存在分歧,但都把地主佃户关系看作宋代以后的基本生产关系,把中小土地所有者视为宋朝国家存续基础的柳田也持这种观点。另外,学者们更倾向于把专制国家看作封建社会在中国或亚洲的一种特殊表现形式,这一方面是受 60 年代亚非拉民族解放运动的影响,另一方面也是为了回击"近代化论"③阵营对战后民主历史学派的批判。

需要特别指出的是,在上述研究中,研究对象最为广泛的当推周藤吉之,除了地主和佃户的关系,他的研究还包括了宋代乡村社会的农业技术、水利田开发、水利组织、社会政策、职役、乡村建制以及社会组织等问题。④

二、研究的到达点与方法的转变

20 世纪 80 年代,战后日本的中国史研究在所关注的问题和研究方法上

---

① [日] 重田德:《乡绅支配の成立と构造》(1971 年;后收入《清代社会经济史研究》,东京:岩波书店,1975 年)。

② [日] 小山正明:《明代における税粮の科征と户则の关系》(1965 年;后收入《明清社会经济史研究》);《宋代以后の国家の农民支配》(1975 年;后收入前著书)。[日] 重田德:《一条鞭法と地丁银の间》(1967 年;后收入《清代社会经济史研究》);《清朝农民支配の历史的特质—地丁银成立のいみするもの—》(1967 年;后收入前著书)。小山和重田认为,宋至明末,中国处于从按人丁纳税的"个别人身支配"体制向按田亩纳税的封建体制过渡时期,这一时期,国家通过"户"这一中介对人民进行统治。

③ [美] 埃德温·赖肖尔:《日本近代の新しい见方》,东京:讲谈社现代新书,1965 年。

④ 参阅周藤吉之以下著作中的论文:《宋代经济史研究》,东京:东京大学出版会,1962 年;《唐宋社会经济史研究》,东京:东京大学出版会,1965 年;《宋代史研究》,东京:东洋文库,1969 年。

都发生了重大变化。就宋代史而言,70 年代后期至 80 年代前期的研究解决了之前遗留下来的主要问题,提出了系统阐释中国前近代史发展的有效理论,但之后研究并没有朝着深化的方向发展,而是发生了转变,这也是宋史研究的一大特点。下面,我们就来回顾一下这段时期宋史研究的成果。

其中,首推高桥芳郎的研究,他从身份法的角度对宋元时期大土地所有制下的奴婢、奴仆和佃户进行了考察,指出只有犯罪后没收入官之人以及俘虏才是法律意义上的奴婢,这些奴婢并未流入民间,因此史料中出现的奴婢、奴仆等名称,并不是法律意义上的奴婢,而是对被雇佣者的一种蔑称,研究中应该把佃户中的佃仆、地客(对同一种人的两种称谓)与佃客区分开来。佃仆、地客与家人一起从事农业生产,向主家缴租,与主家之间属于雇佣契约关系,在法律上与奴婢、奴仆一样都是被雇佣者,受"主仆之分"的制约。而佃客与主家之间签订租佃契约,受相关法律保护,但也受"主佃之分"的制约。佃仆、地客对主家具有较强的人身依附关系,佃客则能自由迁徙,对主家的依附关系也很薄弱。[①] 高桥通过将佃户区分为两种类型,结束了长期以来地主佃户关系究竟属于人身依附关系还是经济契约关系的对立,使地主佃户关系的研究得到深化与发展。

其次是两税法、主户客户制以及户等制等有关宋朝国家是如何对农民进行统治的问题。以往,学界常把主户客户制与农村的地主佃户关系混淆在一起,岛居一康考察了加藤繁以来各位先学的学说,指出主户和客户是根据税产(征税产业)的有无来划分,它是国家为了征科赋役而设的一种制度,与地主佃户这种农村当地的生产关系属于不同层次的问题。[②] 另外,高桥芳郎还证实,宋代征收赋役的基本册籍五等丁产簿上有户名记载的都是拥有税产的主户,有税产的为主户,无税产的为客户。[③] 而对于两税法的课税原

[①] 〔日〕高桥芳郎:《宋元代の奴婢・雇佣人・佃仆の身分》(1978 年;后收入《宋—清身分法の研究》,札幌:北海道大学图书刊行会,2001 年);《宋元代の佃客身分》(1978 年;后收入前著书)。

[②] 〔日〕岛居一康:《宋代の佃户と主客户制》,《东洋史研究》第 30 卷第 4 号,1972 年。

[③] 〔日〕高桥芳郎:《宋代主客户制と户名—户籍法上の取扱いを中心に—》(1974 年;后收入《宋代中国の法制と社会》,东京:汲古书院,2002 年)。

则,岛居一康指出,它并不是以人户各种财产为征税对象而征收的综合财产税,而是按照人户土地的多少来征税。① 户等制问题上,岛居一康考察了宋代五等户制的划分标准及其功能,指出户等是依据两税的纳税户,也就是主户的税额多寡来划分,两税税额与纳税方法的调整、附加税的征收、职役差充等均以户等为依据;②柳田节子也对宋元时期户等制的功能以及制度演变作了细致的分析。③ 这些研究表明,宋代以后的赋税征收建立于农民土地所有的基础上,也就是说,两税是以农民所有的土地为征税对象,再以税产的有无划分主户和客户,按两税税额的多寡将主户分为五等,并以此作为各种赋役征收的依据。这表明,与明末清初封建说有着密切关系的"户等制支配"论难以成立,这种理论认为宋代到明末国家是通过"户"这一媒介对农民进行统治的。

第三是足立启二对在战后日本的中国史研究中占据主导地位的中国封建制论所作的批判。足立认为,组织和执行社会公共事务中产生的公共支配权力是否为私人所分割,才是界定封建制的重要指标。通过对第一节提到的仁井田陞、小山正明、重田德等人的封建制论的考察,足立指出,仁井田学说有意识地剔出具有政治色彩的上层建筑部分,将依附关系("地主对农民的支配")作为界定封建制的标准;从小山主张"封建统治是一种经国家集中再编制后的制度,而不是个别的地主关系",重田认为乡绅统治的体制化"不是将私人统治进行到底的一种结果,而是国家对私人统治扬弃后的产物"来看,二人的学说均未对公共支配的私人化作出论证。在此基础上,足立认为,可以把前近代的中国等级社会概括为专制国家社会,其与西欧、日本这样典型的封建社会具有本质的区别。④

另外,岛居一康认为,结合专制体制始终贯穿于中国历史这一结构特

---

① [日]岛居一康:《宋代两税の课税基准》(1983 年;后收入《宋代税政史研究》,东京: 汲古书院,1993 年)。

② [日]岛居一康:《户等の定立とその机能》(1980 年;后收入《宋代税政史研究》)。

③ [日]柳田节子:《宋代乡村の户等制》,《宋元乡村制の研究》;《元代乡村の户等制》(1977年;后收入前著书);《宋元乡村户等制补论》(1981 年;后收入前著书)。

④ [日]足立启二:《中国前近代史研究と封建制》(1983 年;后收入《明清中国の经济构造》,东京: 汲古书院,2012 年);《中国封建制论の批判的检讨》(1983 年;后收入前著书)。

征,中村哲从马克思、恩格斯的历史理论出发所重建的国家奴隶制和国家农奴制概念可以更好地阐释中国前近代社会的发展。①

　　在上述理论阐释与实证考据的基础上,渡边信一郎对宋代乡村的社会分层进行了探讨,提出了如下论点:后汉到唐代前期,乡村社会由富豪与贫家两个阶层组成,随着一牛一具、耕地一顷、两至三个劳动力为单位的小规模大农法的出现,形成了中户和中产阶层;长镵、踏犁、大锄等小型农具的使用大大提高了耕地的利用效率,在小农业发展的基础上,贫家阶层也开始自立,由此形成了宋代乡村社会中豪势与富家、中户与中产、贫家三个阶层。高桥对佃户两种类型的划分中,佃仆、地客就是由唐代富家阶层的私属奴婢发展而来,佃客则大多拥有自己的土地,为了维持生计而租种地主的土地,属于半自耕农,他们是宋代国家控制的税户中的下等主户。以中户和中产阶层为中心,所有负担赋役的拥有土地的人户与国家之间的关系是宋代基本的生产关系,"唐宋变革"是小农从国家开始自立并确立其对土地所有权的一次社会变革,换言之,这是从国家奴隶制向国家农奴制过渡的一次变革。②

　　另外,有关宋代江南农业生产力的研究还表明,在围田、圩田等水利田得到广泛开发的浙西三角洲地区,水稻还停留在于低洼地上种植的粗放经营水平;而在以浙东为代表的河谷平原、冲积扇、山间小盆地地区,则利用高超的重力灌溉技术,重视施肥、积肥与中耕除草,采用先进的集约经营方式进行水稻生产。③ 在这些研究的基础上,宫泽知之对农民的阶层结构与生产力的关系进行了分析,指出宋代浙西三角洲的农村社会由极少数进行开发的大地主和大多数半自耕农两个阶层组成,浙东地区呈现出小地主、自耕

① ［日］岛居一康:《"国家的奴隶制""国家的农奴制"概念の中国前近代史への适用をめぐって》,《日本史研究》第163号,1976年。
② ［日］渡边信一郎:《富豪层论—八,九世纪を中心に—》,《中国古代社会论》,东京:青木书店,1986年;《唐宋变革期における农业构造の发展と下级官人层—白居易の惭愧—》(1984年;后收入前著书)。
③ ［日］大泽正昭:《宋代"江南"の生产力评价をめぐって》(1985年;后收入《唐宋变革期农业社会史研究》,东京:汲古书院,1996年)。［日］足立启二:《宋代两浙における水稻作の生产力水准》(1985年;后收入《明清中国の经济构造》)。

农、半自耕农的金字塔式分布;浙西三角洲发达的租佃关系并非当时先进的
生产关系,而是受开发最前沿地区生产力水平制约的一种生产关系;适合宋
代五等户制的,是以浙东为代表的、分布于江南地区河谷平原、冲积扇、山间
小盆地的阶层结构。①

　　如上所述,到 20 世纪 80 年代中期,学者们一改以往把均田农民分化后
形成的地主佃户关系作为宋代基本的生产关系,开始注意到小农自立后宋
代乡村的社会分层以及佃户的具体存在形式,提出了国家与拥有土地的人
户之间的关系才是基本生产关系的观点。而以往的研究认为,国家农民关
系是基本关系的情况只延续到唐代,这样的认识对唐代前后的历史理解是
割裂的;新的观点解决了中国前近代史研究中的前后断裂问题,代表了战后
日本学界宋代乡村社会论的最高水平。

　　就这样,在宋代乡村社会与"唐宋变革"等问题上,日本学者提出了新的
见解。与此同时,日本的中国史研究却呈现出研究分散化的趋势,在方法论
上也发生了明显的变化。最能体现这种变化的当属明清史研究提出了"地
域社会论"这一理论。众所周知,1981 年,名古屋大学东洋史学研究室举办
了"从地域社会角度看地域社会及其领导者"的专题学术研讨会,森正夫在
大会基调报告中首次提出了这一理论。森氏所谓的地域社会,是一种以综
合分析人们生存的基本场所(生命生产和再生产的场所,广义是指再生产的
场所)为目标的方法论。他认为,人与人的社会关系,即社会秩序,对于生活
在该场所的人们的意识整合不可或缺,社会秩序是每个人在领导者的指导
下自觉形成的,在社会秩序的形成过程中,要注重个人主观意识所发挥的
作用。②

　　森正夫之所以提出"地域社会论",是为了解决战后日本的中国史研究
所面临的危机与困境。他认为危机主要表现在两个方面:一是"阶级分析
法"以及作为其补充的共同体论都存在方法论方面的局限性,二是现代人与

---

① [日] 宫泽知之:《宋代先进地带的阶层构成》,《鹰陵史学》第 10 号,1985 年。

② [日] 森正夫:《中国前近代史研究における地域社会の视点—中国史シンポジウム"地域
　社会の视点—地域社会とリーダー"基调报告》(1982 年;后收入《森正夫明清史论集》第 3
　卷《地域社会・研究方法》,东京: 汲古书院,2006 年)。

中国前近代史研究之间的隔阂越来越大。但是，森正夫所提倡的方法与认知是在对奴变、抗租等群众运动的研究以及重田德"乡绅统治论"的批判性考察中产生的，这说明，危机与困境的实质，一方面在于斯大林历史唯物主义的错误史观，它忽视或轻视了上层建筑具有的独特性与继承性以及"领域"这一无法为经济基础与上层建筑所反映的要素的存在；另一方面是将中国史研究的实证成果放到发展阶段论中解释是根本行不通的，所谓"世界史的基本规律"不适用于中国史。[①] 正因为"地域社会论"可以帮助我们克服危机与困境，1981 年提出时虽遭遇多方质疑，但也逐渐形成了新的学术潮流，有人评价它是 20 世纪 80 年代明清史研究方法开始转变的标志。[②] 对于明清史研究领域提出的"地域社会论"，宋史研究也作出了积极的回应。

三、转变后的情况与现状

森正夫提出的"地域社会论"实质上是一种社会秩序论，践行这一理论的研究主要从社会团体和组织，以及移民两个方面展开。有关社会团体和组织的研究，旨在发现无法用阶级关系解释的其独特的结合与组织原理，父系亲属结合体的宗族、城市工商业者的同业组织行会、士大夫和地方官参与下建立的乡约制度以及乡里中订立的规约（禁约）、执行社会福祉功能的慈善团体及其设施善会善堂、乡绅等都是明清史研究的对象，[③]而在宋史领域，

---

① ［日］伊藤正彦：《中国史研究の"地域社会论"—方法的特质と意义—》（1998 年；后收入《宋元乡村社会史论—明初里甲制体制の形成过程—》，东京：汲古书院，2010 年）。
② ［日］岸本美绪：《明清期の社会组织と社会变容》，［日］社会经济史学会编《社会经济史学の课题と展望》，东京：有斐阁，1992 年。
③ ［日］井上彻：《宗族の历史的特质に关する再考察》（1987 年；后收入《中国の宗族と国家の礼制—宗法主义の视点からの分析—》，东京：研文出版，2000 年）。［日］新宫学：《明代南京における铺户の役とその改革—"行"をめぐる诸问题—》（1985 年；后收入《明代都市商业史の研究》，东京：汲古书院，2017 年）。［日］寺田浩明：《明清法秩序における"约"の性格》，《アジアから考える》第 4 卷《社会と国家》，东京：东京大学出版会，1994 年。［日］夫马进：《中国善会善堂史研究》，京都：同朋舍出版，1997 年。［日］岸本美绪：《明末清初の地方社会と"世论"》（1987 年；后收入《明清交替と江南社会—17 世纪中国の秩序问题—》，东京：东京大学出版会，1999 年）；《明清时代の乡绅》（1990 年；后收入前著书）。

除了宗族和行会,还对乡村为备荒而设的社仓、为解决职役负担问题而设立的义役组织、南宋日益壮大的豪民势力等进行了深入的研究,①结果发现,以往将这些团体与组织看作地主的统治工具、共同体以及自治组织的认知都是不正确的。

另一方面,移民史研究探讨了从秩序的真空状态到地域社会秩序,再到国家秩序的构建过程,明清史对浙江山区(浙东)的移民开发及其宗族的发展过程,四川、湖北、陕西三省交界山区秩序的构建过程,广西壮族自治区汉族和客家移民以及壮族汉化等问题展开了研究;②宋史方面则对徽州的移民开发与宗族的形成发展进行了探讨。③

这些研究表明,宋代以来的中国社会具有高度的流动性与竞争性,除了那些国家编制的具有他律性质的行会以外,在这个社会中形成的各种社会团体和组织,都是人们为了寻求自我保护和地位提升,根据不同情况自愿选择而联合起来的,它们与共同体和自律性团体不同,没有固定性、封闭性和永久性。

来源于"地域社会论"的这种认识,否定了宋代以来中国社会中共同体的存在。传统的共同体论认为,共同体既是劳动力再生产的保障,也是维持

---

① [日]远藤隆俊:《范氏义庄の诸位・掌管人・文正位について—宋代における宗族结合の特质—》,《集刊东洋学》第 60 号,1988 年。[日]小林义广:《宋代における宗族と乡村社会の秩序—累世同居を手がかりに—》,《东海大学纪要文学部》第 52 号,1990 年。[日]宫泽知之:《宋代の商工业者の组织化—行—》(1994 年;后收入《宋代中国の国家と经济—财政・市场・货币—》,东京:创文社,1998 年)。[日]户田裕司:《黄震の广德军社仓改革—南宋社仓制度の再检讨—》,《史林》第 73 卷第 1 号,1990 年;[日]伊藤正彦:《"义役"—南宋期における社会的结合の一形态—》(1992 年;后收入《宋元乡村社会史论—明初里甲制体制の形成过程—》,东京:汲古书院,2010 年)。[日]大泽正昭:《中国社会史研究と〈清明集〉》(1991 年;后收入《南宋地方官の主张》,东京:汲古书院,2015 年)。

② [日]上田信:《地域の履历—浙江省奉化县忠义乡—》,《社会经济史学》第 49 卷第 2 号,1983 年;《地域と宗族—浙江省山间部—》,《东洋文化研究所纪要》第 94 号,1984 年。[日]山田贤:《移住民の秩序—清代四川地域社会史研究—》,名古屋:名古屋大学出版会,1995 年。[日]菊池秀明:《广西移民社会と太平天国》,东京:风响社,1998 年。

③ [日]小松惠子:《宋代以降の徽州地域发达と宗族社会》,《史学研究》第 201 号,1993 年。[日]山根直生:《唐宋间の徽州における同族结合の诸形态》,《历史学研究》第 804 号,2005 年。

劳动力再生产的团体,但是这些认识都是基于先验的一种假设。① 高桥芳郎的研究表明,宋代浙西三角洲塘浦、圩岸的修筑("照田出资""业食佃力")并非出于自律行为,而是由国家提案并付诸实施的。他还指出,宋代的乡村社会"缺乏以地缘关系为基础的共同体关系"②,"地域社会论"的成果表明,中国的社会团体和组织在结合原理(如何结合在一起)上也与共同体有着本质的区别。

　　这些研究解决了中国封建制论被否定后遗留下的一个重要问题——如果说前近代的中国社会是一个本质不同于封建制的专制社会,那么,为什么专制制度可以存在如此之久? 领主制在日本和印度中世形成的一个重要因素在于大土地所有者是村落共同体内公共权力的代表,在领地内拥有统治权;就日本而言,领主本身也通过组建共同团体来强化封建制度。③ 由此可见,缺乏村落共同体和具有公共约束力的自律团体,是前近代中国不能形成封建制度的重要因素。

　　受"地域社会论"思潮的影响,在宋史研究领域,学者们注意到"人与人之间联系"的重要性,不仅从社会团体与组织,而且从政治、法制、流通和思想各个方面对社会的结构特征展开了全方位的探讨,提出了"社会网络"理论,④并在士大夫和宗族结合研究上涌现出不少新的观点。与明清史研究中趋向于封建制论的乡绅研究不同,宋代士大夫研究注重探讨士大夫阶层的具体情况,其影响及于欧美,催生出郝若贝(Robert Hartwell)、韩明士(Robert P. Hymes)二人的研究成果。⑤ 郝、韩二人通过分析士大夫的嫁娶情况以及社会活动,指

---

① [日]佐竹靖彦:《宋代乡村制度的形成过程》。[日]柳田节子:《乡村制的展开》。

② [日]高桥芳郎:《宋代浙西デルタ地带における水利惯行》(1981 年;后收入《宋代中国の法制と社会》)。

③ [日]大山乔平:《日本中世农村史の研究》,东京:岩波书店,1978 年。[日]小谷汪之:《インドの中世社会—村・カースト・领主—》,东京:岩波书店,1989 年。[日]胜俣镇夫:《战国法成立史论》,东京:东京大学出版会,1979 年。

④ [日]宋代史研究会编:《宋代社会のネットワーク》,东京:汲古书院,1998 年。

⑤ Robert Hartwell, "Demographic Political and Transformations of China.750 – 1550", *Harvard Journal of Asiatic Studies*, Vol.42, No.2, 1982; Robert P. Hymes, *Statesmen and Gentlemen: The Elite of Fu-chou Chianghsi, in Northern and Southern Sung*, Cambridge: Cambridge University Press, 1986.

出两宋交替之际士大夫的志向与心态发生了极大的变化——北宋的士大夫
志在出仕中央,南宋士大夫多扎根地方,由此主张划出北宋与南宋之间的分
野。受郝-韩学说的影响,通过士大夫、士人阶层的婚姻、学缘等关系探讨社
会结合方式的研究层出不穷。① 2003 年,宋史和明清史一起召开了"中国宋
明时期的宗族"研讨会,②会议指出,虽然宋代已经出现了族谱、祠堂和族产,
但宋元时期这三项条件都完备的宗族数量极少;与 16 世纪以后相比,宋元时
期更多是通过撰修族谱和墓地祭祖的方式来维系宗族,其规模一般较小。③

这种对社会团体与组织并进一步对社会关系的研究,本应对乡村社会
史研究多有助益,然而,自 20 世纪 90 年代后半期"社会网络"论提出后,人们
对乡村社会的兴趣迅速消退。在整理 80 年代以来日本宋史研究状况的综述
中,乡村社会的论文被地域社会所取代就很能说明问题。④ 现在,就连"乡村
社会"一词也被说成是"老词语"了。⑤ 但是,即使是"盛行"一时的宋代地域
社会研究,其发展也不是一帆风顺,尽管森正夫呼吁大家注意他所说的地域
社会只是一个方法论概念,⑥但遗憾的是,宋代地域研究的成果并没被用来
探讨中国社会的结构特征和秩序形成原理,而是按地域(路、府、州)对研究
对象进行分析概括。⑦

---

① 较有代表性的有[日]冈元司《宋代沿海地域社会史研究—ネットワークと地域文化—》
  (东京:汲古书院,2012 年)。
② 井上徹、远藤隆俊二人所编《宋—明宗族の研究》(东京:汲古书院,2005 年)为该研讨会的
  成果。
③ [日]中岛乐章:《元朝统治と宗族形成—东南山间部の坟墓问题をめぐって—》,[日]井
  上徹、[日]远藤隆俊编《宋—明宗族の研究》;《累世同居から宗族形成へ—宋代徽州の地
  域开发と同族结合—》,[日]平田茂树、[日]远藤隆俊、[日]冈元司编《宋代社会の空间
  とコミュニケーション》,东京:汲古书院,2006 年。
④ [日]远藤隆俊、[日]平田茂树、[日]浅见洋二编:《日本宋史研究の现状と课题—
  —一九八〇年代以降を中心に—》,东京:汲古书院,2010 年。
⑤ [日]远藤隆俊:《总论—宋元の部—》,[日]井上徹、[日]远藤隆俊编《宋—明宗族の研究》。
⑥ [日]冈元司、[日]胜山稔、[日]小岛毅、[日]须江隆、[日]早坂俊广:《相互性と日常空
  间—"地域"という起点から—》,[日]宋代史研究会编《宋代人の认识—相互性と日常空
  间—》,东京:汲古书院,2001 年。
⑦ [日]冈元司:《地域社会史研究》(2010 年;后收入《宋代沿海地域社会史研究—ネットワー
  クと地域文化—》)。

随着乡村社会研究热情的消退,学术界是如何看待宋代乡村社会性质这一问题的呢? 前已提及,渡边信一郎和宫泽知之关于土地所有人户与国家之间的关系才是最基本的生产关系之主张代表了战后日本的宋代乡村社会论的最高水平,不过,二人从理论和实证层面展开的研究,并未成为学界的共识。在宋史研究中形成共识的是高桥芳郎关于水利习惯、抗租与士人身份的论述。高桥认为,宋代的基本生产关系是地主与佃户的关系,但由于佃户小经营的不稳定与共同体性质关系的薄弱或不成熟,宋代地主无法建立个人的领地统治;在某些情况下,宋代地主可以通过经济力量和人身暴力(如豢养奴仆、无赖,设置私牢、刑具等)来实现其对地方的统治,但即便如此,也需要在专制国家机构中取得官僚或士人(举人、生员)的地位,以确保其统治的正当性。①

尽管在地主佃户关系、宋代国家对农民的统治体制、共同体存在与否的问题上,渡边、宫泽二人与高桥的认识相同,他们之间产生分歧的根本原因在于是否承认经济所有权的存在。渡边、宫泽二人认为,一般来说,小经营生产方式具有生产资料分散化的特性,因此,直接再生产过程之外的社会再生产所必需的业务,即社会公共事务的组织、执行,必须委托给第三方处理,而第三方则在组织和执行社会公共事务的过程中,通过超经济强制从小农经营那里收取剩余劳动。这种由第三方收取剩余劳动的方式在经济上表现为上级所有权,收取的剩余劳动就是"地租"。在中国前近代社会,专制国家是凭借组织和执行社会公共事务从农民手中收取剩余劳动的第三方,收取农民剩余劳动的是国家,因而是国家土地所有,国家与农民之间的关系是基本的生产关系。② 渡边、宫泽二人的主张之所以未能在学界获得共识,是因为一般只承认法律意义上的土地所有权,这也是造成渡边、宫泽二人与高桥

---

① [日]高桥芳郎:《宋代浙西デルタ地带における水利慣行》;《宋代の抗租と公権力》(1983年;后收入《宋代中国の法制と社会》);《宋代の士人身分》(1986年;后收入《宋—清身分法の研究》)。《宋代の士人身分》一文还论述了未任官的读书人的社会和法律身份,从实证的角度来看,该研究对士大夫和地域社会研究的影响极大。
② [日]渡边信一郎:《中国前近代史研究の課題と小経営生産様式》,[日]中国史研究会编《中国史像の再構成—国家と農民—》,京都: 文理閣,1983年。

产生分歧的原因所在。柳田节子强调自耕农的重要性,认为自耕农是宋朝国家存在的基础,但她不承认国家与农民之间的生产关系,而把地主佃户关系视为基本的生产关系,大概也是基于此因。

不管怎样,现在一般还是认为地主制是宋代社会的基本生产关系,依然有研究将社会阶层的严重分化视为宋元时期江南地区的主要发展趋势。[①]也就是说,至今还没有一个共识,把由专制国家组织和执行社会公共事务以及收取剩余劳动这一不可回避的事实纳入相关理论中。近来,有学者提出"豪民论",将判词中出现的豪民(有豪富、豪横、豪强、哗徒、奸民、顽户等各种称谓)视为社会的中间层,并认为他们是维持"基层社会"再生产必不可少的存在。[②]但是,"豪民"等词是在法庭上给对方贴标签用的,又或者是国家为了便于取缔而使用的,将这样的用语与公共社会的中间层等同起来是不合适的。另外,在笔者看来,"豪民论"与剔除了封建论要素的"乡绅统治"论似乎无甚区别;与高桥的认识相比,"豪民论"甚至可以说是研究上的倒退。

在这种背景下,笔者从宋、明时期的乡村建制(南宋的都保制、明朝的里甲制)入手,揭示了这些乡村制度的性质并不是村落共同体、村落自治组织或地主政权,而是国家向人民征调无偿劳动,即职役时所进行的统一编制;在此基础上,还分析了南宋、元朝义役的结合原理及其历史演变,以及明初里甲制的形成过程。南宋和元代的义役是依靠特定某人的存在与活动而集结在一起的,受此结合原理的影响,义役这一组织十分脆弱,存续时间也很短暂,因而无法成为社会的基层组织形式,它所担负的乡村一级的徭役造册登记与职役划分、减轻职役负担等功能,为随后的里甲制度所继承。另外,明初的里甲制是在拥有自己土地的小农经营广泛形成的基础上建立起来的,这是两税法实施后,第一次把职役作为拥有土地的所有人户的普遍义务(职役的"正役"化),具有划时代的意义。[③]笔者的研究是对"个别人身支配"论和明末清初封建制度确立说所作的新的回应,对于近年欧美流行的

---

① [日]远藤隆俊:《总论—宋元の部—》。

② [日]大泽正昭:《南宋判语にみる在地有力者、豪民》(2014年;后收入《南宋地方官の主张》,东京:汲古书院,2015年)。

③ [日]伊藤正彦:《宋元乡村社会史论—明初里甲制体制の形成过程—》。

"宋元明过渡期"说①也具有很重要的参考意义。

结语：徽州文书研究的启示

丧失对社会基础进行研究的兴趣，导致了当前的历史认识危机。上一节最后提到的"宋元明过渡期"说，有在国家主导的"自上而下秩序化"（state activism）与地方精英主导的"自下而上秩序化"（elite activism）之间循环论证之嫌。之所以如此，应该也与这种认识危机有关。

回顾战后日本的中国史研究，笔者深切地感受到，以往的一些真知卓见都是从中国以及日本所面临的问题出发，为了回应其他时代研究提出的问题，建立中国历史完整的认识体系，学界同仁通力合作的结果。为了让宋代乡村社会史研究重新获得活力，当下我们需要做的是对其他时代的研究作出积极的回应。近年来，明代徽州文书的重要发现，为我们重新审视宋元时期的乡村制度提供了契机。

作为明代乡村行政组织的里甲制，一般被认为"在一定程度上拥有具体的地域范围"，也就是说，里甲制是一种具有领域性（以地域为界）的乡村行政区划。② 然而，明代的里图并非从一开始就具有乡村行政区划的性质。中国社会科学院历史研究所藏《弘治九年抄录鱼鳞归户号簿》③，将明初洪武清丈时攒造的徽州府休宁县十二都一保鱼鳞册所载各号田土（按田、地、山、塘分类汇总，并含各丘面积、地号与土名）分类归户，按户头为序登录在册，形成归户册。栾成显先生通过对该文书的分析指出，从南宋的土地经界到明初的洪武清丈，土地丈量与地籍编纂都是以保（大保）为单位，各都之下所属各里图，是按一定人户（110 户+ α 户）为标准而编制的；而都之下所属各保，乃系鱼鳞图册的经界区划，都图与都保并存。④ 直到明朝末年张居正推行土

① ［日］中岛乐章：《宋元明移行期论をめぐって》，《中国—社会と文化—》第 20 号，2005 年。
② ［日］森正夫：《中国前近代史研究における地域社会の视点—中国史シンポジウム"地域社会の视点—地域社会とリーダー"基调报告》。
③ 收录于《徽州千年契约文书（宋·元·明编）》第 11 卷，石家庄：花山文艺出版社，1991 年。
④ 栾成显：《弘治 9 年抄录鱼鳞归户号簿》，《明史研究》第 1 辑，1991 年；《黄册制度的几个基本问题》，《明代黄册研究（增订本）》，北京：中国社会科学出版社，2007 年。

地清丈后，里图才代替保成为土地丈量和地籍攒造的单位，里图也才具有了乡村行政区划的性质。

　　原本以户数为原则编制的乡村行政组织，变为土地清丈与地籍攒造的单位，从而具有了乡村行政区划的性质，这一演变对我们研究宋元乡村制度的发展也颇有启发。众所周知，都保制起源于王安石新法中的保甲法，南宋绍兴年间经界法实施后，逐渐成为乡村基层建制。①　但现有的研究并未对经界法实施与都保制建立之间的演变逻辑作出充分的探讨，而明代徽州文书的研究则表明，经界法实施时，土地清丈和地籍攒造都是以都保制中的保为单位来进行的。另外，南宋都保制编制的基本原则是 250 户为 1 都，但实际所置户数却不相同，有的在 500 户以上，有的多达 1 000 户以上。②　其根本原因，就是因为原本以人户划分为主的保，在成为土地清丈与地籍攒造的单位后，具有了乡村行政区划的性质。

　　这里只是对南宋时期的都保制作了一些简要说明，从绍兴以及南宋各地的经界到元代延祐经理，再到元末各地的役法改革，乡村基层建制的历史演变情况无疑是一个重要的研究课题。③　宋代乡村社会史研究还有很多问题等着我们去解答。

---

① ［日］周藤吉之：《南宋乡都の税制と土地所有》（1955 年；后收入《宋代经济史研究》）。
② ［日］周藤吉之：《宋代乡村制の变迁过程》（1963 年；后收入《唐宋社会经济史研究》）。
　　［日］伊藤正彦：《宋元乡村社会史论—明初里甲制体制の形成过程—》。
③ 笔者在《宋元乡村社会史论—明初里甲制体制の形成过程—》中尝试探讨了宋至明初乡村建制的演变过程，但将重点置于社会组织和役法问题，忽略了实施土地清丈政策的意涵。

明清徽州赋役征收中的
图甲自催与图差追比*

刘道胜

（安徽师范大学历史学院）

摘　要： 明代后期,徽州基层赋役征收形成图甲自催和图差追比相互配合的新格局。入清以降,基于自封投柜和滚单催征的赋役征收实践,甲催、图差两者相互配合,构成徽州基层钱粮催征的常态做法。有明以来,传统门户里役的承值逐渐演变为对"自立甲催"的充任,承充职责亦侧重于催征花户依限投纳。明清徽州基层催征之弊,主要体现于图差巧立名目的勒索和浮收,清代中期以后,种种差役之扰渐成积弊,积重难返。

关键词： 明清;徽州;甲催;图差;追比

有清一代,基层赋役运作主要以图甲组织为基础,钱粮征收形成图甲自催和图差追比相互配合的格局。清代徽州文书中,适应图甲自催而存在的甲催、催头、经催等职役屡屡可征,官方因催征而委派的图差、粮差亦颇多见载。自催和追征作为清代钱粮征收体制,是学术界在考察明清赋役制度史的应有话题,颇受关注。近年来,有关图甲催征在基层社会的实际运作,引起不少学者的重视。如周健系统考察清代中后期田赋征收中的书差包征,揭示基层里书、甲催等各色书差在田赋征收中的实态。[①] 胡铁球则深入探究

---

　* 本文曾发表于《安徽史学》2021 年第 3 期。

① 周健:《清代中后期田赋征收中的书差包征》,常建华主编《中国社会历史评论》第 13 卷,天津:天津古籍出版社,2012 年。

了明代中期出现的与赋役催征密切相关的"比限"制度。① 黄忠鑫对清代中叶徽州顺庄滚催的实践作了具体考察。② 舒满君专题探讨了明清图差追征制度的演变，特别是利用徽州文书，揭示清代徽州图差在滚单催征中仍然在发挥作用。③ 侯鹏在讨论清代浙江顺庄法实践中，深入剖析了清前期浙江"均田均役"下的顺庄落甲催征，指出：清代浙江州县的田赋催征模式从均田编审下按田轮役过渡到落甲催征，最终发展到顺庄法全面推行，其控制手段则从原有里甲户名与田土转变为人户事实居住的村落。④ 诚然，对由明至清逐步产生的图甲自催与图差追比机制的考察，攸关明清基层赋役的实际运作。具体就徽州而言，依据丰富的徽州相关文书资料对此作进一步讨论仍有必要。本文在既有研究基础上，以徽州文书资料为中心，对明清徽州赋役征收中的图甲自催与图差追比诸问题再作一探讨，敬请批评指正。

一、从征解到催征

图甲自催和图差追比的形成与明代中后期里甲制度衰落以及赋役制度改革密切相关。如众所知，明代大力实施里甲制度，依据户籍户等编制里排，推行"配户当差"，按照一里十排轮役，借以"催征钱粮，勾摄公事"。里甲制下以粮长、里长为中心的赋役征解体制原本在制度设计上体现为"上户承役""巨室当差"。然而，从徽州文书记载看，随着土地、人口流动等社会实际的变动，早在明代弘治间，黄册造报和里役充任难以适应现实变化已初现端倪。如：

文书 1

拾西都排年里甲李本宏等，承奉上司明文，为清理田山事。今蒙本府委官同知大人甘，案临催并解切。缘图下各户田土坐落各处，都保星

---

① 胡铁球：《新解张居正改革——以考成法为中心的讨论》，《社会科学》2013 年第 5 期。
② 黄忠鑫：《清代中叶徽州的顺庄滚催法探析》，《中国农史》2015 年第 1 期。
③ 舒满君：《明清图差追征制度的演变及地方实践》，《史学月刊》2017 年第 2 期。
④ 侯鹏：《清代浙江顺庄法研究》，《中国经济史研究》2017 年第 4 期。

散,一时难以查考,只得虚提字号、条段、亩步,四至朦胧。选官造册,答应回申。中间字号、四至多有差错。或语报他人字号、四至者有之,或捏故冒占愚懦小民者有之,或开报未尽者有之。思得此册,实为民患……日后排年里甲人等各户事产,只照清册经理为准,不以此册为拘。(下略)

　　弘治四年四月初八日议立合同人李本宏[等]①

文书2

　　三四都凌友宗,今因家中屋宇狭窄,人众难以住歇,前往本府婺源县迁居。今本家系应门户官差捕户浩大繁多,兄侄不从。自情愿将承祖开垦得荒田……拨与胜宗侄文敬等名下前去耕种收租管业,供解门户差役税粮等项。(下略)

　　弘治十六年十月初七日立此文约人凌友宗[等]②

上引文书1可见,早在弘治间,祁门县"为清理田山"而催解黄册,十西都各排年因田产变动不居,"四至朦胧""难以查考",只能"虚提字号、条段、亩步",虚应其事,从而采取因循旧册予以"回申",并发出"思得此册,实为民患"的无奈之叹。文书2涉及弘治年间祁门县三四都凌氏记载,凌友宗因家中人众、屋宇狭窄,从祁门县迁居婺源县,遇到的困难是,受到门户之役的牵制而"兄侄不从";他通过处理原居地祖业,借以应付"供解门户差役税粮等项"。深入地看,由明至清,随着丁产不断变动,这种现象的出现是此后黄册丁产编造因循其旧、迁居人户试图脱役等现象之萌芽,明代黄册里甲制度在社会实际变动下日渐衰落。与此相关的是,"画地为牢"的静态化的里排征解逐渐难以适应社会实际变化,明初以来"配户当差"的钱粮征解弊窦日现,由微而显,如殷实之家长期把持里长、垄断里役,出现在黄册攒造、赋役征解中盘剥小民之弊。明正德间,徽州汪循即曾指出:

---

① 《明弘治四年(1491)祁门县李本宏等立排年里甲合同》,张传玺主编《中国历代契约粹编》中册,北京:北京大学出版社,2014年,第986页。

② 《嘉庆祁门凌氏誊契簿》,《徽州千年契约文书(清·民国编)》第11卷,石家庄:花山文艺出版社,1993年,第480—481页。

上年黄册向用该年里长监造。比至秋冬，里长同书手三人，家至户到，取其首状，每小民一户，或出银一两，或五钱、三钱，里长得其一，书手各得其一，谓之"首状钱"。至明年四五月，册将草成，赴局关会，人户推付产税者，书手执会簿，里长执关防，比对契合，勒银若干，谓之"打印钱"。或不满其意者，执吝关防，书手不敢推收，务取盈焉。书手力役，一年兼笔札支费固所宜，然里长所获倍于书手，实为无谓。故自来监造，里长俱是豪猾大户，众皆畏之，多为钳制，此成积久之弊也。①

可见，早在明代中期，徽州即存在里长在编造黄册、推收钱粮中索取"首状钱""打印钱"等规费，以及里书作弊"成积久之弊"的现象；充任里长的殷实之家被民间视为"豪猾大户，众皆畏之，多为钳制"。随着里甲制度的衰落，明代中后期，原来由粮长、里长负责征解税粮的体制日趋瓦解。一条鞭法改革后，赋役征解出现自封投柜和比限追征的新形式。

具体来说，明代后期赋役改革中，为克服里长、书差垄断钱粮征收之弊，实施自封投柜新举措。所谓"自条鞭法行，州县派征钱粮，俱令花户自行纳柜，里书排年无所容其奸，法至善也"②，即花户不再经由里甲征解，而通过"自封投柜"完纳钱粮。为配合投柜缴纳，传统里排征解逐步演变为书差催征，即基层赋役征收形成图甲自催和图差追比相互配合的新格局。③ 这里所谓的"追比"是指在图甲自催基础上，为达到"赋役完欠"，而利用官差针对"积欠之家"予以追征的新举措。④ 从徽州看，自封投柜以及图甲自催和图差追比在明代后期已经存在，如下例：

① 汪循：《汪仁峰先生文集》卷四《书·与熊太守》，《四库全书存目丛书》集部第47册，济南：齐鲁书社，1997年，第232页。
② 《明神宗实录》卷五七六"万历四十六年十一月丁亥"。
③ 图差是明代中后期州县设置的与比限制度紧密结合的追征差役，多由皂隶充任，主要职能是保证按时按限押催乡里赋税征收责任人以及欠户应比。参见舒满君《明清图差追征制度的演变及地方实践》，《史学月刊》2017年第2期。
④ "追比"（比限）制度产生于明代中期，与一条鞭法改革有关，其具体做法是：官府根据赋役册籍查核完欠，对于所欠部分进行"追征"，"追征"方式通常包括锁拿、杖打、囚禁等各种手段，以此来强迫各纳税者及相关责任人在规定的期限内完纳赋役直至垫赔。参见胡铁球《新解张居正改革——以考成法为中心的讨论》，《社会科学》2013年第5期。

　　三十都汪廷元、汪文魁同侄汪尚贤、汪盛时、汪应凤、汪随时等。承祖三房共充本图三甲里长,历系三房轮流充当,周而复始,合同存证……近奉上司明文,新行条编事例,钱粮关系恐致推挨误事。为此,三房议立合同……如遇清军查盘及管粮使用盘费,俱是存众出办支用无词。不许推挨及往外稽延,以致临期误事。务要亲自经历,毋得违误。如违执此理论无词。如差人勾摄下乡,存众吃用,算还口食,每经催科各排年钱粮,必由走乡眼同封包,投县交纳贮帐,直书某人名经手,庶免偏累。(下略)

　　　　万历十二年五月初一日立合同人汪廷元〔等〕①

从这份万历十二年(1584)休宁县三十都汪氏所立合同可见,汪氏本有"承祖共充三甲里长"之役,按照"新行条编事例",该家族所承里役仍负责"清军查盘"和"管粮"。有所变化的是,"管粮"主要体现于贯彻"新行条编事例",即为适应自封投柜而采取图甲自催,所谓"每经催科各排年钱粮,必由走乡眼同封包,投县交纳贮帐"。文中所谓"差人勾摄下乡"系官府遣派"追比"的图差。

　　综上,明代中后期,图甲钱粮征收呈现先经各甲自催花户投柜缴纳,进而官府遣派官差予以勾欠的运作模式。从徽州看,这种自封投柜以及适应投柜缴纳的图甲自催、图差追比的催征模式在明代后期已经得以实施,并延续至清代。

二、清代徽州图甲的钱粮催征

　　入清以降,作为清承明制之一的重要体现,赋役征收仍旧强调官收官解而大力推行自封投柜。顺治十八年(1661),覆准"州县官不许私室秤兑,各置木柜,排列公廨门首,令纳户眼同投柜"。康熙以后,诸如"令民遵照部例,自封投柜""民间输纳钱粮,用自封投柜法""令纳户包封自投入柜""例应民

---

① 《万历十二年(1584)休宁县汪廷元等立合同》,张传玺主编《中国历代契约粹编》中册,第954页。

间自封投柜"等,频繁见载于清代典章。① 可见,自封投柜是有清一代赋役征
收的定制。自明代以来,实施自封投柜本是为了减少赋役征收的中间环节,
克服吏胥、里长高下其手以及包征之弊,缓解传统里排应役困累而推行的。
因此,在自封投柜实践中,需要在官府与星散民户之间建立直接而有效的联
系。从清代典章记载看,顺治朝的"截票之法",康熙朝的"滚单之法""三联
印票之法",均属适应投柜征纳这一"便民之道"的产物。② 其中,关于推行
滚单,康熙三十九年(1700)题准:

> 征粮设立滚单,于纳户名下注明田亩若干,该银米若干,春应完若
> 干,秋应完若干,分作十限,每限应完若干,给发甲内首名,挨次滚
> 催……一限若完,二限挨次滚催。如有一户沉单,不完不缴,查出
> 究处。③

《清史稿·食货》亦涉及类似记载:

> 每里之中,或五户或十户一单,于某名下注明田地若干,银米若干,
> 春秋应完若干,分为十限,发与甲首,以次滚催,自封投柜。④

依据官方规定,推行的滚单文书,其核心内容包括:一是强调"纳户名下
注明田亩若干,该银米若干"。因此,在实践中无疑要求"印票""滚单"的行
用必须建立在"务将花名缮造粮册,使纳户细数与一甲总数相符,易于摘
催"⑤的基础之上。故而,滚单一般详细开列各纳户需要依限缴纳的钱粮数
额。二是"比限",即"按限投纳"。所谓"比""限"本与传统对限期执行公务
的考成及其惩戒有关,"比限"的要求和实施,反映到徽州文书记载中,诸如
"按限""照限""比限""卯比""补比""比较""应比""赴比""追比""带比"
"拘比"之类的说法十分常见。而关于赋役催征的"限",上引官方规定为"春

---

① 《钦定大清会典事例》卷一七一《户部·田赋·催科》,《续修四库全书》第 800 册,上海:上
　海古籍出版社,2002 年,第 742—744 页。
② 《钦定大清会典事例》卷一七一《户部·田赋·催科》,《续修四库全书》第 800 册,第 742 页。
③ 《钦定大清会典事例》卷一七一《户部·田赋·催科》,《续修四库全书》第 800 册,第 742 页。
④ 《清史稿》卷一二一《食货志》。
⑤ 《钦定大清会典事例》卷一七一《户部·田赋·催科》,《续修四库全书》第 800 册,第 742 页。

秋应完若干,分为十限";实际上,由于各区域差异,"限"的具体要求当亦有所不同。如徽州文书记载中有:

> 每一户钱粮分为五限,每限六日,以单到起限日为始。如有逾期不完,定即差拿。违一限罚完二分,违二限罚完四分,违三限该差缴单带比。①

另外,按照清代官方规定,滚单文书以"五户或十户一单",旨在督促纳户依限完纳,彼此制约。从徽州文书看,"五名滚单""十名滚单"迄今均有遗存,滚单形式大体与官颁格式和要求基本一致。如下例:

文书 3

祁门县正堂朱为征收钱粮事。照得钱粮关系国帑,祁邑节[接]年抗顽,殊属不法。今特立十名滚单之法。每十名为一单,第一名照单开欠数完纳,即亲交与第二名;第二名照单开欠数完纳,即亲交与第三名。务期一限之内滚至第十名,第十名照单完纳,即亲交与经催缴单。如单到抗顽不纳,许图差带比,决不轻恕。须至单者。②

文书 4

江南徽州府祁门县为设立滚单以免差催事。照得丁地钱粮定例四月完半,九月全完。现今六月已过,完数寥寥,合再滚催。为此,单仰各粮户知悉,单到即按限完纳,毋得刻迟干咎。须至单者。③

文书 5

歙县正堂加五级纪录二次王,为滚单催粮以省差扰事。照得钱粮例应四月完半,九月纳完,不容拖欠。兹届开征,合行给单滚催,以副解给。为此,单内后开各户,一经滚到,务于五日内将本名下应完钱粮,查

---

① 《雍正十二年(1734)祁门县便民滚单》,《徽州千年契约文书(清·民国编)》第 1 卷,第 265 页。

② 《雍正六年(1728)祁门县十名滚单》,《徽州千年契约文书(清·民国编)》第 1 卷,第 246 页。按:内开祁门县十东都一图四甲"张天喜户"下"张锁隆"等 10 人钱粮信息。

③ 《雍正十二年(1734)祁门县便民滚单》,《徽州千年契约文书(清·民国编)》第 1 卷,第 265 页。按:内开祁门县二十一都一图二甲"天爵、喜玲、天从、福保、天候"5 人欠银信息。

照单开数目,亲即〔各〕自赴柜交纳,随即领串,送署听候验明。滚到之户如有违限不完,及卧单不滚,定即分别拘比,仍押罚催。违单决不稍贷。至于钱粮,不得私交差保、册书、催头人等,致被侵用。①

从以上文书 3 记载看,要求"照单完纳"后,尚需"亲交与经催缴单,如单到抗顽不纳,许图差带比"。并且,文书中钤盖的方形印章有"九月十二日以后完纳者,带票呈验,前原不欠,或欠数不符,并带经催面质"字样。可见,滚催"缴单"是图甲"经催"职责,一旦验票不符,经催与纳户须一起接受图差"面质"。文书 4、5 中均强调"违限该差缴单带比""卧单不滚,定即分别拘比",显然,执行"带比""拘比"的是图差。这种图甲自催和图差追比在有清一代不但得以继承,而且长期延续下来,徽州也是如此。再看以下记载:

文书 6

立议合文康镇琮、之傑。今当丙午年五甲正役,二人该充三股之一,所有投柜、应比、催征、折封等项并一切费用均系照股均出。(下略)

康熙五年正月十五日立议合文康镇琮〔等〕②

文书 7

立议合墨十一都五图人等,原奉宪草各图自立甲催,以给国课。后复奉宪草,去甲催,示花户自行投柜交纳。惟我图内沿行至今,迭年甲催理粮,以致欠粮者多,差役使费浩大。但此欠课非干甲催之责,而反累甲催之重费,并兼空课尚犯律例。今众合议,嗣后花户钱粮各宜早行交纳,以免差役来扰。如有拖欠粮者,该图正引差向花户出费锁绑追逼,毋容徇情。(下略)

乾隆四十六年十一月　日立议合墨人十一都五图众(下略)③

---

① 《乾隆二十六年(1761)歙县二十五都五图滚单》,《徽州千年契约文书(清·民国编)》第 1 卷,第 335 页。按:内开歙县二十五都五图八甲粮户"吴伯川、吴继承、吴正有、吴正贤、吴梁"5 户钱粮信息。

② 安徽师范大学图书馆藏。

③ 《徽州社会经济史资料丛编》第 1 集,北京:中国社会科学出版社,1988 年,第 570 页。

文书 8

立议齐心合同文约康大祥户户丁拱一祠、拱二祠二公秩下人等。原因税粮一事,国以税为本,民以食为先。户内税粮一事积欠不纳,官中差人更易需索更甚。是以通户人等俱各自愿立起文约,合众相商,自本年为始,通户日后粮米分厘之票,一并上年春季开期,俱各早办,上官纳楚。如违户内但有一人春季拖欠分厘不纳,其年费用等项一并是拖欠之人管理,毋得异言。亦不得累及值年甲催之人费用,或甲催领差到积欠之家、积欠之人,毋得生端异言。(下略)

乾隆五十五年新正月初二日   立议齐心合同文约康大祥户(下略)①

上引文书 6 涉及承祖里役,随着投柜催征实施,里役职责逐步演变为"投柜、应比、催征、折封等项"。文书 7、8 反映的是清代徽州乾隆年间事例,所载"花户钱粮各宜早行交纳""通户日后粮米分厘之票,一并上年春季开期,俱各早办,上官纳楚",均属依据滚单而要求纳户自行缴纳钱粮。从文书 7、8记载看,承值甲催"差役浩大",实属无奈,一旦图甲发生"欠课""反累甲催之重费""累及值年甲催之人费用"。而图差主要职责是在里排自催之后,发挥追征"拖欠粮者"作用。一般由图正、甲催引领至积欠之家,采取"锁绑追逼"等手段予以追征,民间避之唯恐不及,视之为"需索更甚""差役来扰"。

在清代徽州图甲自催实践中,以一图为单位的传统里排征解方式,逐步演变为侧重落甲自催,如下例:

文书 9

立议合同十都四图十排人等,今轮遵奉县主蒋大老爷示谕颁行。为图甲赋役不均,各甲钱粮多寡不一,无如每甲择粮多之户,点一名为甲催,各催各甲之粮……是以通图会集,立议成规,其各甲承充应催之年,凡催办米豆、上号落号,供应一年等项事例,俱系现年应催承当料理,不得贻累众甲。其递年粮编,俱系各甲催率各户之粮,照依官限赴县上纳,不得贻累现年应催。自今议立之后,各甲遵依点定甲催,齐赴

---

① 《康义祠置产簿》,南京大学历史学院资料室藏。

县报明,投递承认,各催各甲之粮,悉照官限完纳。(下略)

康熙四十九年腊月初三日立议合同十甲人名(下略)①

从记载可见,随着有明以来赋役征收体制变革,到了清代,传统里甲制下涉及一图事务的"里役"仍由现年"承当料理,不得赊累众甲",而钱粮催征在实践上更加强调以甲为单位,即"每甲择粮多之户,点一名为甲催,各催各甲之粮"。关于各甲设置催征之役的记载,又如:

例1

今议本村六甲,各举甲催一人,每年三月先向各户催完上年陈粮,一概扫数。②

例2

遵依现行规例,合集各甲甲催,申明功令,各甲各户务期遵照滚单依期自纳。③

可见各甲自设催征者多称"甲催",而从"无非图差取之于排年应甲催,应甲催取之于户"④的记载看,所谓的"排年应甲催",反映甲催之役多由传统里役中"排年"转化而来。如顺治十三年(1656)徽州某县二十五都五图八甲吴氏三大房,有"承祖八甲里长",面临清初"催征比较"而订立合同,规定"长房轮当顺治十四年里役一年,接管排年十年;二房接后轮里役一年,排年十年;三房照前经管,周而复始"。⑤ 可见,每房轮当一年"里役"、十年"排年",这里的"里役"当涉传统一图公务的管理,而"排年"主要负责"催征比较",具有催征本甲钱粮的甲催性质。

---

① 《康熙四十九年(1710)婺源县十都四图十排人等立合同抄白》,《入清源约出晓起约叙记》,安徽师范大学图书馆藏。

② 齐彦槐:《梅麓文钞》卷七《敦彝堂祠规》,清道光二十五年(1845)刻本,上海图书馆藏。转引自黄忠鑫《清代中叶徽州的顺庄滚催法探析》,《中国农史》2015年第1期。

③ 《清乾隆二十八年(1763)婺源县立议纳税规条》,黄山市地方税务局、徽州税文化博物馆藏。转引自黄忠鑫《清代中叶徽州的顺庄滚催法探析》,《中国农史》2015年第1期。

④ 俞云耕、潘继善等修纂:乾隆《婺源县志》卷一一《食货志·公赋》,《中国方志丛书》华中地方第677号,台北:成文出版社,1985年,第884—885页。

⑤ 《顺治十三年(1656)二十五都五图八甲吴士大等立里役合同》,安徽师范大学图书馆藏。

随着清代"各催各甲"的实施,甲催设置较为普遍,在徽州文书中颇多见载。如"原奉宪草各图自立甲催,以给国课"①;"不得累及值年甲催之人费用,或甲催领差到积欠之家、积欠之人,毋得生端异言"②;等等。另外,承充图内催征者又有"催头""经催"等称。如"身系八甲旧轮催头,向催前租"③;"幸旧八甲催头俞煌达轮催地租,始知盗厝毕露"④;"今众议遵石碑严禁……并不许册书及本年催头,敛派民间一文"⑤;"缘身一图七甲王永盛户,向立经催,六股收租膳差催纳钱粮"⑥;等等。在图甲自催下,设置甲催、催头、经催是普遍做法,而这些俨然成为里役承充者的代名词。从"本年催头""值年甲催"的类似记载看,甲催、催头、经催多由图内轮充,系由传统里役排年演化而来。

另外,在清代徽州,图差追征亦长期存在,如下表:

表1　徽州文书所见图差追征记载

时　间	记载内容摘要	资　料　出　处
顺治十四年(1657)	催征各甲钱粮,差人酒食,出卯打发,尽是管月支应。	《朱时登等立承里役合同》,南京大学历史学院资料室藏
雍正六年(1728)	如单到抗顽不纳,许图差带比,决不轻恕。	《徽州千年契约文书(清·民国编)》第1卷,第246页
乾隆二十九年(1764)	追差催数次,无奈孙仍实贫无措。	《中国历代契约粹编》中册,第1141—1142页
乾隆五十三年(1788)	递年贴做甲催之人收,以为供膳、图差季钱、册房费用。	《康义祠置产簿》,南京大学历史学院资料室藏
嘉庆二十五年(1820)	收租膳差,催纳钱粮。	《祁门县历溪王启芫等立合同》,安徽师范大学图书馆藏

---

① 《徽州社会经济史资料丛编》第1集,第570页。
② 《康义祠置产簿》。
③ 《清代婺源县俞董玉立禀状》,安徽师范大学皖南历史文化研究中心藏。
④ 《清代婺源县胡祖英等立具呈》,安徽师范大学皖南历史文化研究中心藏。
⑤ 《清代婺源士绅具禀汇抄》,安徽师范大学皖南历史文化研究中心藏。
⑥ 《嘉庆二十五年祁门二十二都一图王启芫等立完钱粮合同》,安徽师范大学图书馆藏。

（续表）

时　　间	记载内容摘要	资　料　出　处
道光十一年 （1831）	种种弊情不一,致**图差**每年迭来需索,不惟花户受亏,而甲催、缮书尤多骚扰。	《婺源十六都四图十全会簿》,上海交通大学地方文献研究中心藏①
光绪 七 年 （1881）	所是进册并**图差**、客差往来费用,俱是身一人料理,不干五甲人等之事。	《光绪七年李品超立承作缮书文约》,黄山市档案馆藏
光绪十三年 （1887）	各照名按限完纳,即宪聪临催,**粮差**追迫,亦不惊心。	《明清社会经济资料丛编》第1集,第579页

可见,从清初顺治到清末,徽州基层赋役征收均存在官差催征。除了上表所引事例外,有关官府遣差追征的具体记载,如下例:

文书10

正堂何为严饬追比事。案据该差余荣、潘超禀称:"七都社长胡叙伦本是胡姓堂名社务,通族门户系胡通益任事经理。无如通益已故,所亏变谷石此系皇粮,奉追严急,伊等不能代为变偿,且系通族众务,率集支丁公议以伊志如等非经理之人,又非于中挪噬,无辜为族累。从中论其家事者摊赔,即族支丁俱皆无诿,公可早还"等语。役查所摊谷数,支丁俱称各皆情愿赔偿,惟遵宪批传,知不敢抗违,各等语合,将支丁名目并论家事分赔谷数开单禀叩等情。据此,除批示外,合行饬缴。为此,票仰原差余荣、潘超,查照单开摊派谷石,饬令汇齐赴案呈缴,以凭报解现奉委员坐提之项。倘胡叙伦堂各支丁不遵该差,立即逐一锁带赴县,以凭比追去役,毋得徇纵刻延,致于重处不贷,速速。

乾隆五十年三月十五日遣余荣、潘超②

① 转引自舒满君《明清图差追征制度的演变及地方实践》,《史学月刊》2017年第2期。
② 《徽州千年契约文书(清·民国编)》第2卷,第40页。

文书 11

(道光)六年分钱粮抗欠甚多,叠奉大宪严檄催提,扫数批解,业经前署县晓谕征收在案。今本县莅任,查完数尚属寥寥,殊属抗延,合亟饬催。为此,仰催役协保立押该图粮税书、催头,速将各名下承管各户抗欠该年分钱粮,迅速照欠领催全完。如再抗顽不完,即锁提粮税书、催头,并带欠户的名赴县,以凭比追究办去役。如敢徇延,一并究革不贷。速速。①

文书 12

火签。署理休宁县正堂刘,仰头差仝催役协保立即押令后开抗不完纳本年分钱粮南米之抗户,勒令即日内扫数清完。如敢逾限抗延,准该役锁带赴县,以凭比追,立待转解该役等,毋得徇庇迟延,致干提比不贷。火速,火速。

计开,二十九都五图(下略)

右差何顺,准此

光绪二十五年七月初八日签②

文书 10 所涉的胡叙伦堂系"通祖门户",因任事胡通益已故,造成通族门户亏欠皇粮,该县正堂委派图差余荣、潘超稽查催征,如若"不遵该差,立即逐一锁拿赴县"。文书 11 中的"催役协保",即图差、地保,系官府催差之职。对于"抗延"者,要求图差、地保"锁提"图甲税书、催头并欠户一同赴县。文书 12 亦强调"逾限抗延,准该役锁带赴县,以凭比追"。三份文书分别涉及乾隆、道光、光绪间的记载,均属反映遣派图差追比的下行文书,可见,有清一代,这种追征在徽州当始终存在。

总之,有清一代,基于自封投柜和滚单催征的赋役征收实践,"自立甲催"在图甲滚催中发挥重要作用,一旦滚催"沉单",官府随即祭出"图差追

---

① 《徽州千年契约文书(清·民国编)》第 2 卷,第 360 页。

② 《光绪二十五年(1899)休宁县催征"火签"》,安徽省博物院藏。转引自刘和惠、汪庆元《徽州土地关系》卷首图版,合肥:安徽人民出版社,2005 年。按:计开涉及"朱寿里"等 17 户所欠税银数目。

比"机制。甲催、图差作为催征之役,是清代滚催顺利实施的保障,两者相互配合的催征方式构成徽州基层赋役征收的常态做法;从而传统"门户里役"演变为对图甲"甲催"的充任,承值职责侧重于催征花户依限投纳。

三、清代中后期徽州的催征陋规

如上所述,由明至清,实施自封投柜和滚单催征,其目的是在官府与星散民户之间建立直接而有效的联系,旨在减少赋役征收的中间环节,克服吏胥、里长高下其手以及包征之弊,缓解传统里排应役困累。然而,清代以降,随着赋役征收体制的改革,地方性征收由官府科派的杂泛差役转变为书役勒索陋规的产物。① 在自封投柜实施过程中,新的弊端难以克服。

一般来说,投柜纳粮有"县柜""乡柜"之别,即在县署大堂设立"县征";另外,为了便于乡民完纳钱粮,出现在县之下乡地分设"乡柜"的做法。据学者考察,"县柜"对于为零星钱粮进城投纳的乡居小户来说,不仅"旷时废业",且"饮食川资"所费甚多;设置乡柜,又增加花户的费用负担,造成征价通常略高于城柜。总体而言,由于自封投柜在技术、效率方面的缺陷,无论是县署柜征,抑或设置乡柜,其在征收中的实际作用恐怕不能作太高的估计。② 为克服自封投柜遇到的实际困弊,雍正年间即规定:

> 但偶有短少之处,令其增补,每致多索,其数浮于所少之外,理应将原银发还,仍于原封内照数补足交纳,庶可免多索之弊。此虽细事,督抚大吏亦不可不留心体察,严饬有司以除民害……直省州县小民钱粮,数在一两以下,住址去县远者,照小户零星米麦凑数附纳之例,将钱粮交与数多之户,附带投纳。于纳户印票内注明。如数在一两以上,及为数虽少而情愿自行交纳者,仍遵例自封投柜。③

---

① ［日］山本进:《清代社会经济史》,李继锋等译,济南:山东画报出版社,2012 年,第 115 页。
② 参见周健《清代中后期田赋征收中的书差包征》,常建华主编《中国社会历史评论》第 13 卷。
③ 《钦定大清会典事例》卷一七一《户部·田赋·催科》,《续修四库全书》第 800 册,第 743—744 页。

官方典制记载中,这种因"短少"而"每致多索",以及小户因零星钱粮"附带投纳"的现象当属普遍存在。因此,图甲自催和图差追比中,甲催、里书与图差具有上下其手的权力和方便,极易滋生浮收勒索、包收包解等弊。如雍正间,婺源县知县吴之珽曾针对催征陋规颁布禁革法令:

> 窃照婺邑僻处山陬,碛多田少,贫民输纳维艰,胥役陋弊丛积,钱粮拖欠,积累数载,侵蚀勒追,监毙无完……查婺邑向来陋规,各图馈送图差则有拜见礼、季酒钱、月钱、帮工钱,比较则有带比钱、签钱、酒钱,贴应催则有听比盘费银、在城馈送铺陈银、乡收官役饭食银,经承则有拜见礼、红簿礼、上号钱以及结算礼。种种陋规,无非图差取之于排年应甲催,应甲催取之于户,以致浮费急于正供,输将漏于中饱。①

上引记载可见,甲催、图差舞弊和滋扰一定程度上在徽州同样存在。不过,从徽州看,由明至清,图甲之内聚居大姓多是"祖遗里役"的实际承担者,面临明清以来持续不断的赋役改革,无论承值里长抑或承充甲催,主要采取轮房承值、津贴朋充等,从而特定宗族和家族以组织化的形式予以灵活应对。如:

文书 13

> 二十五都五图立合同人吴士大、应麒、士登等。承祖八甲里长三大房轮流充当,经今三百余年,周而复始,屡有合同,至今无异。明年夏至轮该长房支下吴天伦、吴继初承役,勾摄、应卯、审图及各行杂费,役年催征事务繁难,支撑不易,今聚族公议,照丁粮每两贴出银六钱正,以帮承役使费。所有勾摄、不测飞差并催征比较各项杂差等费,俱系应役者承当,不涉二、三房支下之事……其贴役照依长房为例,不致推委,有误公事。倘日后有异议不遵合同者,公议罚银一十两入众支用。(下略)
> 顺治十三年九月 日立合同人吴之大〔等〕②

---

① 俞云耕、潘继善等修纂:乾隆《婺源县志》卷一一《食货志·公赋》,《中国方志丛书》华中地方第 677 号,第 884—885 页。
② 安徽师范大学图书馆藏。

文书 14

　　立议合文康镇琮、之傑。今当丙午年五甲正役,二人该充三股之一,所有投柜、应比、催征、折封等项并一切费用均系照股均出……所有费用二人朋充料理均出……甲下贴费俱要眼同,事仝一体,利益共享,毋得假公借私。倘各失事,自行管理,毋遗累众。事系重务,勿视泛常,自合之后,各无反悔。如违甘罚白银十两,仍行理论。

　　康熙五年正月十五日立议合文康镇琮〔等〕①

因此,受到宗族的约束和津贴朋充的牵制,充任甲催者假公济私很难一帆风顺,当不是主流,兹不赘述。相比较而言,有清一代,搜诸徽州文献和文书记载,人们对诸如"粮差追迫""致图差每年迭来需索""贴图差钱""图差季钱""粮差催粮使费""图差往来费用"之类的记载印象深刻。如婺源西乡冲田齐氏所立规约中,有反映清代催科严苛的记载:

　　近因岁事不登,稍有逋欠,国家功令森严,催科限迫。民未投柜,官已临乡。胥役多人,排家骚扰。粮户典衣质器,医挖肉之疮。乡约鬻子卖妾,救燃眉之火。况于祠内银铛拖曳,鞭朴横施,祖宗在上,能无恻乎? 且交早交迟,总难逃追。与其迟交而加倍受累,何如早纳而高枕无忧!②

　　在徽州文献中,有关图差催征之扰所在多见,致使民户乃至甲催穷于应付。徽州民间卖田鬻产契约中,关于出卖原因常见诸如"图内各排钱粮任催违限,充贩无措"③的类似记载,从一个侧面可以印证清代催征的实态和影响。徽州图差扰索尤以清代中期以后为甚,兹以清代同治间休宁县情况作一考察,以窥一斑。

　　同治九年(1870),休宁县以参加乡试生员汪开培等为代表,联名具禀两江总督,反映该县粮差催征积弊:

---

① 安徽师范大学图书馆藏。

② 齐彦槐:《梅麓文钞》卷七《敦彝堂祠规》。

③ 《康熙四年休宁县九都一图四甲陈阿刘立卖产契》,《康熙休宁县陈氏置产簿》(1 册),清抄本,南京大学历史学院资料室藏。

现充粮役共有六十名,一人名下,或用帮役二三人,或四五人,统计不下二百余人。以二百余人赴甲催粮,每日食用,咸取给于甲催,甲催力难独支,不得不派各甲之花户……至咸丰十年催〔征〕更甚,十室九毁,人百一存。同治八年……有历事数门之门丁杨胖子,住近署民家,与差朋比,百弊丛生,遂致有本户钱粮已完,而同甲同姓异户未完之钱粮勒令代纳。或有本户钱粮已纳,而同甲不同姓户之钱粮查系母党岳戚,亦令外孙婿家代完,名曰"洗甲"。更可骇者,有旧欠一二分或一二钱未完之粮,索取贴费十余洋之多……四乡中受粮役之累,竟有不惜轻生及鬻女卖子者。种种新弊,不胜枚举。现充粮役者,类多大厦华衣,出不徒行……狡猾成性,肆行无忌。休邑自道光年间遵行板串花户由单,每一张取钱三文,今则递加至十文一张。如完纳粮银在一两以上者,尚不见多。其完纳在一二厘者,亦取钱十文,未免子大于母。而一经粮差代领,又复索加钱文。每年上下两忙,县主下乡亲征,官虽供给自备,而随书差役与夫杂项科派费用,均由本管粮役令地保、甲催派出,休邑总计二百余保,所需甚巨。①

上引汪开培等人的联名具禀,引起了两江总督的重视,随即督抚、布政司、徽州府不断层层下颁谕令,要求确查禁革。与上引记载相关的是,今存有同治十三年(1874)徽州府颁发的《禁革粮差陋规十二条》,从中可以更加具体地看出清末粮差催征积弊之实态,具体记载如下:②

一禁革"洗甲"陋规。据该县附贡生汪开培等禀称,休邑有本户钱粮已完,而同甲同姓异户之钱粮勒令代纳;或有本户钱粮已纳,而同甲不同姓户之钱粮亦勒扫完。又有不同甲不同户之钱粮,查系母党岳戚,亦令外孙、婿家代完。名曰"洗甲"。本府查钱粮应按户征收,何得苛勒

① 《休宁县应试生员汪开培等上书呈文》,清同治抄本,安徽省博物院藏。转引自刘和惠、汪庆元《徽州土地关系》,第298—299页。
② 《清代徽州府饬令禁革粮差催征陋规十二条》,倪清华主编《中国徽州文化博物馆馆藏文物集·徽州文书卷》,西泠印社出版社,2013年,第68页。按:所引资料集仅见载其中6条禁革内容。

不同户并不同姓不同甲者扫完？实出情理之外，粮差索费，此条最毒。嗣后永禁"洗甲"名目规费，毋得复犯，违者提究。

一禁革"现年"贴费。据该贡生等禀称，粮差索费有十年一大贴、五年一小贴之名，而贴费多寡视甲粮多寡为衡。或十取倍，或十取半，其数不一，名曰"现年"。本府查征收钱粮应按照正则，何得另取贴费？且查该差需索贴费，有十余元至数十元，十余千至数十千之多。百姓既要完粮，又要许多贴费，稍不遂欲，锁押难堪。嗣后永禁贴费，违者提究。

一禁革欠粮少而索费多。据该贡生等禀称，有旧欠或一二分，或一二钱未完之粮，而索费至十余洋之多。本府查民间所欠钱粮甚微，而需索甚多，不但民力不足，并且民心不服，实系借端讹诈，为害闾阎。嗣后永禁粮少费多，违者提究。

一禁革垫纳揹索。据该贡生等禀称，有旧欠未完，差代垫纳，持串诈索，非给至十余倍，揹串不付，若向理论，则呈串禀追。本府查钱粮应花户自行投纳，何得违例代完，借开讹诈之端？且多索数倍至十余倍，不给则揹串不付，此巧于诈索，致百姓难堪，殊失法纪。嗣后永禁垫纳揹索，违者提究。

一禁革绅民归里粮差探知坐索。据该贡生等禀称，有在客外归完积粮者，甫及抵里，该管粮差访知，则坐索贴费。其费视所欠粮数大□□等，又名曰"买枢钱"。稍不如愿，即以抗粮禀县，押追其差费使用。又非倍徙不能脱身。本府查绅民归而完粮自□□□□，有国课何得视为奇货？一访知某某回归，即往坐索积年重费，绅民带归银钱，料不能多，完得钱粮，则无从措办差费；先付差费，免受目前□虚，竟至不能完粮。闻休俗竟有因钱粮费重而逃出外者，亦有在外实不敢归来者。稍有人心，谁不痛恨。嗣后永禁绅民归里清粮，粮差探知索费，违者提究。

一禁革私收绝户租谷入己。据该贡生等禀称，以绝户之租私收而钱粮不问，本府查兵燹之后，民有绝户，然户绝而田尚在，仍旧佃户耕种。该差访知佃名，即以完粮为由，吓诈收租，实则私收，并未完粮。或甲催、册书、地保通同一气，而粮差肥己最多。国课终归无着，嗣后永禁私收租谷肥己灭公，违者提究。

对比以上汪开培等的联名具禀和徽州府颁发的禁革谕令,两者记载内容相互关联,真实反映了清末休宁县粮差催征种种积弊。从中可见,作为官方雇用的催征粮差,清末休宁县这一群体即达两百余人,他们仰承官府鼻息,仆仆奔走于民间,祭出花样名目,在民间肆行科派、揸勒、巧取、浮收之能事。诸如"食用咸取于甲催","代领由单,索加钱文",勒令代纳以"洗甲",勒索"排年"规费,索取欠户贴费,"垫纳揸索",坐索客外归里者,"私收绝户租谷,肥己灭公",等等,不一而足。以上记载颇为典型和翔实,可以从一个侧面大体了解清代中后期徽州基层钱粮追征存在的弊端。

　　综上所述,由明至清,在国家与社会之间,官方赋役征解与基层钱粮运作的理想模式是"身使之臂,臂使之指"。基于此,从粮长、里长负责征解制度,到一条鞭法后出现的自封投柜和比限追征,以及清代大力推行的滚单催征,均与社会实际变化促使国家为完善钱粮征收体制而不断推行赋役改革有关。在徽州,明代中后期,图甲钱粮征收即出现先经各甲自催花户投柜缴纳,进而官府遣派官差予以勾欠的运作模式;入清以降,基于自封投柜和滚单催征的赋役征收实践,"自立甲催"在图甲滚催中发挥重要作用,一旦投柜"抗延"、滚催"沉单",官府随即遣派图差予以"追欠"。甲催、图差作为催征之役,是清代投柜和滚催顺利实施的保障,两者相互配合的催征方式实属有清一代徽州基层赋役征收的常态做法,从而传统"门户里役"演变为对图甲"甲催"的充任,承值职责亦侧重于催征花户依限投纳。在清代徽州,基层催征之弊主要体现在差役名目不一的勒索和浮收上;清代中期以后,种种差役之扰渐成积弊,积重难返。

清代中期歙南的商业村落与乡儒心态

——以《磻溪纪事》和《澹斋文集》为中心 *

王赟琪

（上海交通大学人文学院）

章　毅

（上海交通大学人文学院）

摘　要：本文利用新出清代徽州史料《磻溪纪事》和《澹斋文集》，探讨了歙南商业村落磻溪的历史。明代中后期至清代乾隆时期，随着磻溪商人的崛起，宗族社会逐渐形成壮大，商业资本对于社会生活的道德要求也进一步加强。清代中期磻溪史志的村落历史书写，明显有着"道德化"和"审美化"的倾向。这反映了主持编务的乡儒对商业村落持有的矛盾心态，他们既欣喜于贸易为村落带来的繁荣，也犹疑于商业行为本身的正当性。这不仅体现了乡儒们自身的知识特点和价值倾向，也见证了他们在商业发展过程中日渐边缘化的心态。

关键词：清代；磻溪；商业；乡儒；心态

序　论

清代乡镇史志作为了解基层社会的重要史料，一直受到学界的关

* 本文曾发表于《徽学》第 13 辑，北京：社会科学文献出版社，2020 年。本文为教育部人文社会科学研究规划基金资助项目"宋明时期的徽州社会与制度变迁研究"（18YJA770025）以及中国历史研究院"朱鸿林工作室"研究项目的阶段性成果。

注。① 它们通常由基层士绅创制,与相对定式化的府州县志相比,体例和撰述方面,往往更具个性,也更有地方性特点。因此,除了史志所载具体史实之外,这些文本的形成过程、编者的观察视角以及体例的取舍标准等,也都是值得深入探究的方面。近期研究显示,这些方面不仅蕴含了比较丰富的历史信息,本身也是地方社会变迁的考察指标之一。② 如果将史志与相关的文集资料相互匹配,历史考察的空间可以进一步扩大,精细化程度也可以进一步提高。徽州一直是清代社会史研究的热点区域,也是最有条件对村落历史、史志编纂乃至编者心态进行精细化研究的重要区域之一。近期复旦大学出版的大型资料集《徽州民间珍稀文献集成》,则又为这种研究提供了新的可能。

一、村志与文集

《徽州民间珍稀文献集成》(以下简称《文献集成》)共计 30 册,以影印的方式收录了数百种珍稀徽州文书(文献)。该书由复旦大学王振忠教授担任主编,多位黄山市地方史志工作者和民间文书收藏者共同编纂完成,2018 年由复旦大学出版社出版。《文献集成》的第 6 册和第 30 册收录了有关同一个歙南村落(磻溪)的 4 种史料,相互之间可以匹配关联,颇具研究价值。史料 1《磻溪纪事》2 卷,存上卷,方城、方庆辑,清嘉庆六年(1801)稿本。史料 2《下磻溪纪事集律诗四十八景》,不分卷,方庆辑,嘉庆六年稿本。史料 3《澹

① 褚赣生:《明清乡镇志发展原因初探》,《文献》1990 年第 2 期;沈渭滨:《乡镇志是研究上海人文历史的重要文献——以〈蒲溪小志〉为例》,《学术月刊》2002 年第 5 期;唐力行、申浩:《地方记忆与江南社会生活图景——评〈上海乡镇旧志丛书〉》,《社会科学》2006 年第 1 期;王振忠:《徽州村落文书的形成——以〈新安上溪源程氏乡局记〉抄本二种为例》,《社会科学》2008 年第 3 期;周致元:《徽州乡镇志中所见明清民间救荒措施》,《安徽大学学报(哲学社会科学版)》2008 年第 1 期;陈凯:《清代乡镇志书研究二题:以〈上海乡镇旧志丛书〉为例》,《史林》2011 年第 1 期。
② 潘高升:《明清以来江南乡镇志编修与地方认同:以〈乌青镇志〉为例》,《江苏地方志》2013 年第 6 期;曾文杰:《苏州乡镇志中地方名人家族与地方认同的构建——以(道光)〈里睦小志〉为例》,《江苏地方志》2017 年第 1 期。

斋文集》8 卷,存 6 卷,方庆撰,嘉庆二十四年(1819)稿本。史料 4《詹斋集稿》2 卷,方庆撰,清同治五年(1866)方华安抄本。其中第 2、3 种收录于《文献集成》第 6 册,由吴敏分任编纂,第 1、4 种收录于《文献集成》第 30 册,由翟屯建、陈政分任编纂。① 通览 4 种史料,实际上史料 2 可以与史料 1 拼合,而史料 4 与史料 3 也可以相互配补。

据史料 1 收录的《磻溪纪事集目次》,该史料应分上、下卷,上卷为《人物考》,分“宦业”“笃行”“理学”“节概”“孝友”“儒林”“隐逸”“技艺”“列女”9 类,登载南宋以来的磻溪人物共计 85 人;下卷为《诗律》,以 48 篇七言律诗(另加 1 首七言绝句)描写磻溪村的 48 处景致。史料 1 的开头收录有嘉庆六年方城所写《磻溪纪事集序》,该序称书中除收录 9 篇人物传记和《诗律》之外,末尾还“附之以《土风》”②。该序之后还有《磻溪纪事集〈诗律〉〈土风〉总论》(以下简称《总论》)一文,也将《诗律》和《土风》两篇并提。③ 以此来看,完整的史料 1 似乎应该包含 9 篇人物传、1 篇《诗律》和 1 篇《土风》。但目前所见的史料 1,实际上只有 3 篇人物传(“宦业”“笃行”“理学”),似乎残缺较多。

史料 2 开头同样收录了《总论》一文,内容与史料 1 基本一致,但篇名为“下磻溪纪事集《律诗》《土风》总论”,文字小有出入。两者比较,“下磻溪”可以看成“磻溪”的别名,而“律诗”则应该是“诗律”的讹误,因此史料 1 的称谓更为准确。史料 2 也记载了“四十八景目次”,与史料 1 所载“目次”完全相同。由此可知,单行的史料 2 虽然与史料 1 题名不同、书体有别,但应该就是史料 1 残佚的下卷的别本,即描写磻溪四十八景的《诗律》。至于史料 1

---

① 方城、方庆辑:《磻溪纪事》,影印清嘉庆六年(1801)稿本,见王振忠主编,翟屯建、陈政分编《徽州民间珍稀文献集成》第 30 册,上海:复旦大学出版社,2018 年(后文引用简称《纪事》);方庆辑:《下磻溪纪事集律诗四十八景》,影印清嘉庆六年稿本,见王振忠主编,吴敏分编《徽州民间珍稀文献集成》第 6 册(后文引用简称《诗律》);方庆:《澹斋文集》,影印清嘉庆二十四年(1819)稿本,见王振忠主编,吴敏分编《徽州民间珍稀文献集成》第 6 册(后文引用简称《文集》);方庆:《詹斋集稿》,影印清同治五年(1866)方华安抄本,见王振忠主编、翟屯建、陈政分编《徽州民间珍稀文献集成》第 30 册(后文引用简称《集稿》)。

② 方城:《磻溪纪事集序》,《纪事》,第 11 页。

③ 方庆:《磻溪纪事集〈诗律〉〈土风〉总论》,《纪事》,第 14—16 页。

所提及的《土风》一篇,并未见于史料 2 之中,怀疑该篇实际上并非与《诗律》并列的单篇,而只是对《诗律》性质的说明而已。史料 2 的编者方庆在《总论》中说:"诗岂小哉? 人事之臧否,风土之淳浇,皆于此乎见。"又说:"(磻溪)自明季以来,……辞赋为风雅之变,俚语出性情之真,故并搜辑之,为他日八乡问俗之一助。"①均明确表达了搜集诗篇用以见证"风俗"之意。此外,史料 2 末尾清代乡宦程祖洛曾于嘉庆六年撰写《纪事集后序》,他认为完整的《磻溪纪事》"始自《宦业》,终以《诗律》,汇分十类,厘为二卷"②。也就是说,他所目睹的文本也并不包含《土风》篇。这可以证明我们上述推测应属可信。

合并史料 1 与史料 2,即可以拼合出一部相对完整的《磻溪纪事》,在其所应包含的 9 篇人物传和 1 篇诗律当中,除 6 篇人物传遗佚之外,其余目前仍大体保存。如果以篇幅(页数)来计,则留存者约占全书的四分之三。另外,关于《磻溪纪事》的题名,也值得稍加讨论。史料 1、2 自身均无明确的封面信息,因此该题名应为《文献集成》第 6 册整理者所拟。但对照史料 1 开头的《序》、《总论》、凡例和目次,其中自称题名均为"磻溪纪事集",史料 2 末尾程祖洛的《后序》也称该书题为"纪事集",因此怀疑"磻溪纪事集"的名称可能更符合原书编者的本意。不过,程祖洛在《纪事集后序》中称赞编者的贡献时,也曾使用过"磻溪纪事"一名:"赞之萃成一家,言其表见于世,自是《磻溪纪事》又出焉。上下数百载,博采详撮,论正得失,皆有依据。"③因此"磻溪纪事"可能也是"磻溪纪事集"的一个简便名称。

史料 3 保存了较为完整的原始封面题签——"澹斋文集",显示"澹斋文集"即是该史料比较准确的题名。但翻检该史料的内页,每卷的开头均标识有"澹斋集稿"之名,显示出该史料应该还曾有"澹斋集稿"的别名。这也就解释了为何史料 4 的封面题签会是"詹斋集稿",其中"詹斋"二字估计是"澹斋"的讹写。比较史料 3 和史料 4,两者显然是同一史料的不同版本。史料 3

---

① 方庆:《磻溪纪事集〈诗律〉〈土风〉总论》,《纪事》,第 14—16 页。
② 程祖洛:《纪事集后序》,《诗律》,第 244 页。
③ 程祖洛:《纪事集后序》,《诗律》,第 244 页。

《澹斋文集》成书于嘉庆二十四年,书体隽秀、笔迹工整,卷次清晰,共收录了清代中期磻溪乡儒方庆的诗文共计 130 篇。史料 4《詹斋集稿》抄录于同治五年,书体粗疏、笔迹稚嫩,全书仅在卷六、七、八部分有卷名标识,其余只分上、下卷,共收录诗文 102 篇。两者相比,史料 3 成书时间早,形制精良,内容相对完整,明显优于史料 4。但史料 3 也并非没有缺点。据该史料自带的目录,该书应共有 8 卷,但我们目前所见的这个文本只存有 6 卷,卷六和卷八均已残佚。所幸这部分残缺的内容还可以在史料 4 中找到配补。两相匹配,即可以得到比较完整的《澹斋文集》。全本《文集》总共 8 卷,收录各类诗文、传赞等共计 160 篇,另加序、跋各 1 篇,是一部内容比较丰富的文集。

统合言之,《磻溪纪事》和《澹斋文集》均成书于清代中期的嘉庆时期,均以歙南磻溪村作为记述重心,均由当地乡儒编纂而成。两者相比,《磻溪纪事》具有更明显的“村志”性质,以人物和景观作为观察视角,分别以散文和韵文的形式,记述磻溪村落的历史和环境。《纪事》的“凡例”之八记载:“(《纪事》)原本乃天启间碧崖公所纂。垂二百余稔,残篇断简,腐蠹不全。不佞(按:指方城)惓惓念切,于是旁求远采,踵而修之。质诸澹斋(按:指方庆),而澹斋不辞烦,参详考订,遂克完帙。”①由此可知,《磻溪纪事》早在明代天启时期就有初编文本,到清代嘉庆时期,先后经过方城、方庆两人的增辑和考订,才最终成书。《澹斋文集》则是一部典型的诗文集,按照诗、词、赞、略、序、祭文、阄书、联匾等 8 类,收录磻溪乡儒方庆的诗文作品,其中抒情成分居多,但也有不少篇什反映了人物的社会网络和乡村的社会生活。对读两部史料,可以明显增强我们对于清代中期歙南乡村的认识和理解。

二、现场与历史

两部史料均产生于歙南的磻溪村,史料所述也以该村为地理重心。磻溪位于歙县南乡的山区,新安江支流昌源河的上游,今邻近杭徽高速公路。在行政区划上,今日磻溪隶属于杞梓里镇,20 世纪 80 年代曾隶属于苏村乡,

① 《凡例八则》,《纪事》,第 21 页。

目前居民大约400户,人口约1 200余人,以方氏为主。村内经济发展程度不高,历史建筑的遗留也不算丰富,并未被列入"传统村落"名录,可以说磻溪只是歙县为数众多的普通山村之一。但根据我们2019年8月的实地探访,该村仍有着比较浓郁的历史感,将其历史追溯至明清时期并不困难。①

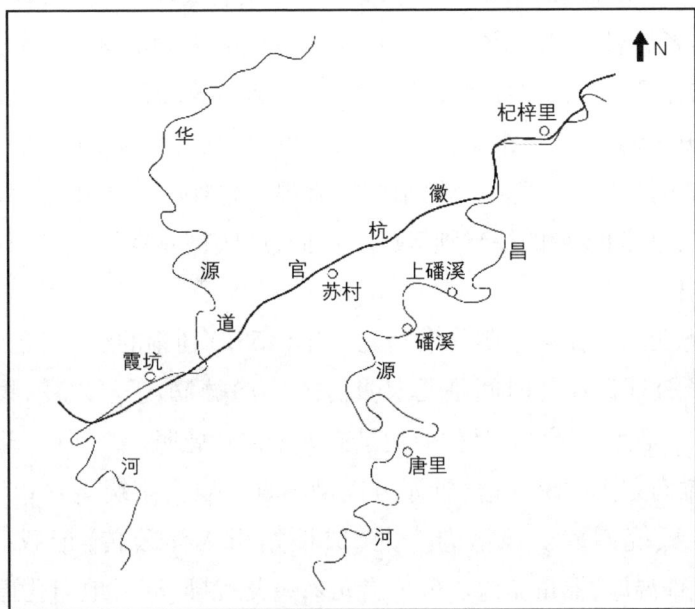

图1　清代歙南磻溪地理环境示意图

从地理形势来看,磻溪村在昌源河的西岸,由北往南沿004乡道分布,绵延大约0.5千米。站在沿河的乡道旁,仍能看到一些外表装饰精美、内里衰败残破的清代老宅,暗示该村曾经有过的繁荣。据村内老人口述,昌源河对岸原本还有颇为可观的建筑群,但在太平天国战争中被劫掠焚毁,始终未再重建。晚清同治元年(1862)四月,曾国藩曾给前任治皖要员张芾写信通报战况:"徽州情形,去冬被围月余,元旦解围。……皖南得以稍安。月初淳安之贼,又由威坪窜至歙南昌溪、岔口等处,已饬朱镇派队截剿。"②昌溪位于昌

① 章毅、王赟琪、黄一彪:《第三次歙南田野考察笔记》,未刊稿,2019年8月31日。
② 曾国藩:《复张芾》(同治元年四月十二日),《曾国藩全集》第25册《书信》245,长沙:岳麓书社,2011年,第206页。

源河下游,北距磻溪不过 30 里,可见在太平天国战争期间,歙南地区曾经有过激烈战事,足证老人口述颇为可信。

村内主街位于村庄的中心位置,与村外昌源河平行,同样呈南北向。主街中心是外观高大威严的方氏宗祠以及祠堂前的"坦场"。进入祠门,即可见宽阔的庭院和轩敞的享堂。享堂墙壁上粘贴着磻溪村"耆老宴"(七十岁以上)参与者的名单,显示该堂目前已是村内公共活动的场所。后进的寝堂已经完全被拆除,今天在原址上存留的是磻溪小学的校舍。祠堂内也未发现任何历史碑刻。不过,根据我们之前在浙南的研究经验,祠堂的柱础仍是比较重要的断代依据。那些马蹄形的柱础提示这座祠堂的始建年份应该是在明代,而那些圆鼓形的柱础则又提示我们,这座祠堂在清代应当又经过了重新的修缮。①

磻溪方氏宗族见载于明代嘉靖三十年(1551)刊刻的《新安名族志》,该志记载方氏迁居磻溪的时间是元末明初:"(方)德润,壬辰之变,集义保障,乡里赖之,于是始迁磻溪。"②类似记录亦见于清代乾隆十八年(1753)编纂的有关整个歙南方氏的统宗谱《歙淳方氏柳山真应庙会宗统谱》(以下引用简称乾隆《方氏统谱》)。该谱卷一九《成性始祖天泽公传》记载:"公字德润,……赋性温厚,器量弘深。……当元末兵戈扰攘,苏村地当孔道,乃避居磻溪,创业贻谋,繁衍硕大。厥后以成性名其祠,是为磻溪成性派始祖。"③由此可知磻溪村内方氏宗族最主要的支派即是以成性祠为中心的成性派。乾隆《方氏统谱》中所记载的成性派世系信息显示,大约发展到第六代,成性派方氏出现了人口的高峰,这一代的谱录人口已经占到方氏成性派谱录总人口的一半以上。按照时间推算,此时距离明初方氏始迁磻溪大约不到两百年,即在明代后期的嘉靖、隆庆之间,此时的磻溪方氏宗族应已比较兴盛壮大。如果以上推算大体准确,那就不难解释为何磻溪方氏可以在万历时期的地方事务中扮演比较活跃的角色。乾隆《方氏统谱》收录了一份《歙南柳亭山真应

①　章毅、王媛:《第二次松阳县板桥畲族乡田野考察笔记》,未刊稿,2010 年 1 月 27 日。
②　戴廷明、程尚宽等编纂:《新安名族志》,合肥:黄山书社,2004 年,第 120 页。
③　方善祖等编:《歙淳方氏柳山真应庙会宗统谱》卷一九《家传》,清乾隆十八年(1753)刻本,上海图书馆藏,第 8b—9a 页。(后文引用简称乾隆《方氏统谱》)

庙纪事》,该文献记载了万历中期围绕柳亭山真应庙庙产的诉讼,①磻溪方氏是参与诉讼的"十派"方氏之一,也是负责"每年收取(庙产)租息"的主要支派。值得注意的是,在"十派"方氏共同开立的"轮司祀事"的合同之中,磻溪派的代表人物是"方成性",②这显然是一个用来代替实际人名的祠堂名号。这也从侧面显示出,万历时期的方氏"成性祠"已是一个成熟的宗族组织。

对照以上文献分析,我们推断,今天在磻溪村仍能看到的方氏大宗祠,颇有可能就是历史上的方氏"成性祠",祠中那些能够提示明代特征的建筑构件,与史籍中的历史信息是可以互相匹配的。

在方氏大宗祠的坦场旁边,还有一座小巧精致的祠堂"永思堂"。从外观来看,该堂也是一座历史建筑,但内部进行了比较细致的修缮,目前是有关明代中后期徽州名宦胡宗宪的纪念堂。据《明史》本传,胡宗宪,字汝贞,绩溪人,嘉靖十七年(1538)进士。嘉靖三十三年(1554)以监察御史"出按浙江",后以平倭军功升任右都御史,节制东南诸省军事,在嘉靖后期的政坛颇为显赫。③《明史》本传显示胡宗宪籍贯绩溪,并非歙县,似乎与歙南磻溪距离颇远。但今存乾隆《方氏统谱》收录了"嘉靖三十九年中秋后三日"胡宗宪写于浙江军中的《磻溪成性堂记》一文,文中叙述:"磻溪方氏,予母族也。诸舅氏经营祖庙堂寝落成,颜曰'成性'。函书远抵和门,属予为之记。"可知磻溪方氏为胡宗宪之母族,两者有密切的姻亲关系。只是在《磻溪成性堂记》中,胡宗宪认为"舅家"使用"成性"来命名祠堂,有过当之嫌。"成性之名"太高,而磻溪方氏并不具备相应的"成性之实",因此最终胡宗宪只题写了"永思"二字作为堂名。④ 可见今天磻溪村兴建胡宗宪纪念堂,以"永思"为名,亦属有据。

但更值得注意的是,这座"永思堂"大门的青石门楣上刻有"方氏忠节祠"的匾额,且有"圣旨"的敕文,这提示我们这座祠堂原先的用途,很可能与

① 有关该诉讼案的研究,参见[韩]朴元熇《明清徽州方氏宗族个案研究》第一章《明代徽州宗族组织扩大的契机——以歙县柳山方氏为中心》的第二、三节。(合肥:黄山书社,2013年)
② 乾隆《方氏统谱》卷一八《歙南柳亭山真应庙纪事》,第32a页。
③ 张廷玉等:《明史》卷二〇五《胡宗宪传》,北京:中华书局,1974年,第5410—5415页。
④ 胡宗宪:《磻溪成性堂记》,乾隆《方氏统谱》卷一八,第16a—17a页。

"旌表"方氏宗族的"忠节"人物有关。但磻溪并非名宦辈出之地,乾隆《歙县志》所载明清磻溪人物的科举功名最高不过乡试武举。[①] 道光《歙县志》载明代磻溪仕宦人物 11 人,清代道光之前仕宦人物 5 人,最高官职均不过知县。[②] 在这些人物当中,能够有资格凭借"忠义"而为朝廷表彰者难得一见。但乾隆和道光两版《歙县志》中记载的磻溪列女却颇为可观,两志累计共载列女约 70 人,其中至少有 8 人得到了朝廷明确的旌表。因此,"方氏忠节祠"所表彰和纪念的对象,"列女"应该是主体。实际上,从建筑形制来看,这座"忠节祠"位居方氏大宗祠的侧旁,开间收敛,体制精巧,用作以女性为主体的纪念堂似更为合理。

表 1　清代歙县方志中的磻溪列女举例

编号	列女	配偶	丧偶年龄	守节起时	持续年限	旌表时间	抚育情况	资料来源
1	仰氏	方深明	25	1686	47	1733	抚孤	QLSXZ/15:102b
2	曹氏	方源明	27	1704	57	1761	抚孤	QLSXZ/15:106a
3	汪氏	方复孙	29	1721	50	不详	继嗣	QLSXZ/15:106a
4	柯氏	方元麟	27	1721	40	1761	抚孤	QLSXZ/15:106b
5	潘氏	方宏易	21	1726	45	不详	继嗣	QLSXZ/15:106a
6	潘氏	方 灿	24	1729	32	1761	无子	QLSXZ/15:106a
7	吴氏	方为烈	21	1731	31	1762	抚孤	QLSXZ/15:106a
8	周氏	方兆熹	29	1733	38	1771	无子	QLSXZ/15:107a
9	张氏	方嘉贞	28	1737	34	不详	抚孤	QLSXZ/15:50a
10	张氏	方汝略	29	1738	33	不详	抚孤	QLSXZ/15:50a

[①] 张佩芳修、刘大櫆纂:《歙县志》卷九《选举志》,《中国方志丛书》影印清乾隆二十六年(1761)刻本,台北:成文出版社,1975 年,第 10b—12b 页。(以下引用简称乾隆《歙县志》)

[②] 劳逢源修、沈伯棠等纂:《歙县志》卷七之三《选举志》,清道光八年(1828)刻本,上海图书馆藏,第 5a—11a 页;卷七之四《选举志》,第 15a—18b 页。(以下引用简称道光《歙县志》)

编号	列女	配偶	丧偶年龄	守节起时	持续年限	旌表时间	抚育情况	资料来源
11	汪氏	方文焯	21	1740	31	1771	继嗣	QLSXZ/15:106b
12	吴氏	方家褒	30	1743	28	不详	抚孤	QLSXZ/15:50a
13	吴氏	方成均	21	1770	30	1800	抚孤	DGSXZ/8L1:57a—58a
14	洪氏	方鉴琯	27	1803	25	不详	抚孤	DGSXZ/8L4:23a
15	汪氏	方孟坚	27	1803	25	不详	抚孤	DGSXZ/8L4:23b
	平均值		26		36			

注：QLSXZ 代指乾隆《歙县志》；DGSXZ 代指道光《歙县志》，L1 代指"列女一"，L4 代指"列女四"。

　　我们梳理了 2 部清代《歙县志》中所载的磻溪列女，将时间信息比较完整者勾稽列表如上（表 1）。表 1 所列 15 名列女，守节时的平均年龄不过 26岁，但守节的平均时间却长达 36 年，如果考虑到其中 5 人（编号 9、10、12、14、15）在方志编纂时仍然健在，那么这些"列女"的实际守节时间应该更长。这些"列女"的"守节"现象，起始于康熙二十五年（1686），延续至方志编纂前不久的嘉庆八年（1803），延续 100 余年，显然已是磻溪村重要的社会传统。

　　众多"列女"的存在，与明代后期以来日渐发达的磻溪宗族社会是匹配的。"列女"的"守节"，满足了父系血缘延续的道德要求，但与此同时，宗族组织也需要为之提供相应的社会保障。实际上，这些嫁入磻溪的异姓女子，在青年丧偶之后，之所以能够长期孑身抚孤，除了价值观的因素之外，其夫家的家庭和家族网络恐怕也颇为重要。而更进一步说，无论是"宗族"还是"列女"，支撑这些社会组织和现象的最终因素，则是从明代中期以来，磻溪社会中日渐兴盛的商业化趋势以及不断增强的商人群体。

三、磻溪商人

　　有关明清磻溪商人的信息相当零散，但他们的存在和影响力却不难从史料中捕捉。乾隆《歙县志》卷一五《人物志》"列女":"方时圣妻吴氏,磻溪人。完婚五月,夫佣贾京师,六载而死。氏闻讣,绝粒以殉,时年三十一。"这就明确指出"节妇"吴氏之夫,是"佣贾京师"的商人。同卷又有记述:"方希德继妻王氏,磻溪人。年二十七,夫客死,竭力移柩归里,孝事舅姑,生养死葬,抚教遗孤成立,守节四十一年而卒。"又载:"方殿柱未婚妻吴氏,磻溪人。年十八于归,而殿柱在京,未婚,即于是年客死。氏孝养姑嫜,女工度日,守节三十二年而卒。"①两位"列女"的丈夫均"客死"异乡,其中一人的"为客"之地也是京师。这里的"客"应该并非指单纯的"旅行",而是"客商"的省称,由此可知,这两位在家苦节自守的"列女",其丈夫均应是商人。

磻溪商人大约兴起于明代中期的 15 世纪下半叶,最早的记录见于新史料《磻溪纪事》上卷《人物考》的"笃行"篇。文载:

> 正惠公少艰窘,见贫者悯之欲周,而力未逮。中年服贾小贩,得资置山田若干,致殷实,遂勇于为善。凡族党中无衣无食者,随时予之。孤寡废疾者,倍之。有贷者,不责偿。石甃龙门道,木驾船埠桥。且教以为长训。里中士大夫请诸邑侯高公题其间曰:范蔡流光。至今子孙遵而勿替。②

这篇人物传记的本意是表彰"正惠公"的"善举",称赞他"勇于为善",不仅周济贫困族人,而且热心为地方社会修路架桥,由此得到当地知县的表彰。这篇传记也透露出,这位"正惠公"正是因为"中年服贾小贩",才能够积累财富,购置田产,进而行善乡里。至于"正惠公"的活动时间,另一份新史料《澹斋文集》中《重整船埠桥会序》一文可以提供进一步的线索。该文记载:"吾党船埠头,古曰船渡之济,徒涉维艰,输资立会,禁木修桥,以便行人,洵为盛事。……世祖讳正惠公者,原于正德年间独为己任,更训子孙立规成宪,敬承恪守。"③由此可知,正惠公修建桥梁、创立桥会是在"正德年间",而其从事商业经营活动则应该在此之前,颇有可能即在 15 世纪下半叶的成化、弘治

---

① 乾隆《歙县志》卷一五《人物志·列女》,第 106a—108a 页。
② 《纪事》卷上《人物考·笃行二》,第 32 页。
③ 《文集》卷五《重整船埠桥会序》,第 152 页。

时期。

到了嘉靖时代，磻溪商人的实力明显有所提升，已经开始在县域范围内产生影响，嘉靖后期歙县城墙的修筑，即有磻溪商人的参与。《磻溪纪事》"笃行"篇记载了另一个人物"俊公"。"俊公，号近仁，有识操，兼通六艺。时城歙，以公为书记兼督功。刺史以劳上其事，授官朝议大夫。未几，谢病归，作清隐斋以乐天年。"①歙县筑城之议，因嘉靖倭寇入袭而起："（嘉靖）三十四年，倭寇略境，知县史桂芳倡筑县城之议，询谋佥同。爰经始于是年十月，迄翌冬而落成。周七里许，计千丈，高三丈，上宽一丈有五，下宽二丈。"②"俊公"并非仕宦人物，亦无功名，能在筑城之议中"为书记兼督功"，且竣工后能得到朝廷的荣誉职衔，其身份应不限于吏役庶务，很可能也分担了筑城的实际任务，因此其真实身份颇有可能为商人。

在晚明的万历时期，磻溪商人的影响力进一步增强。不仅能在张居正执政时期推行的"清丈"活动中，在歙县当地发挥调整田赋的作用，而且能参与地方的粮食市场，发挥平抑物价的功能。《磻溪纪事》"笃行"篇记载："瑗公，……性质朴，多大度。自为儿时，父兄有事，能肩承巨艰，一无所诎。虽不习经生言，而手不释卷。解人纷，周人急，邑侯以民隐访之，得公甚快意。……万历间新丈，摊则不均。公以条陈上，竟赖之递年得蠲金若干，乡人德之。"③这位"瑗公"之所以能在万历"清丈"中发挥作用，应是缘于他平素就有"肩承巨艰""解人纷，周人急"的性格和习惯，这也显示出他对田赋等经济事务颇为熟悉。另一个人物"财祐公"也有类似特点："财祐公，存心坦夷，不立崖岸，不设城府。见人之善，若己有之。济人之厄，犹恐不及。独于赈周一节，至晚不衰。万历末，连岁大侵，市人闭糴，以为居奇。公忧之，遂鸣于官。价既平，一方庆幸。"④这位"财祐公"并非官员，能够在荒年"闭糴"之时平抑粮价，当然不会仅仅依靠"鸣于官"的虚词。依照一般经济通则，他需

① 《纪事》卷上《人物考·笃行二》，第32—33页。
② 石国柱修、许承尧纂：民国《歙县志》卷二《营建志·城池》，《中国地方志集成·安徽府县志辑》第51册，南京：江苏古籍出版社，1998年，第2a页。
③ 《纪事》卷上《人物考·笃行二》，第33页。
④ 《纪事》卷上《人物考·笃行二》，第33—34页。

要设法向市场投入平价粮食才能做到这一点,就此而言,他也显然具有商人的背景。因此,《磻溪纪事》"笃行"篇的这两则传记,虽然都在强调传主"急公好义"、乐于"赈周"的慈善行为,但实际上也透露了他们具有相当的经济实力。而在磻溪这个僻处歙南的山乡,他们如果不是负贩经营的成功者,当然也就不会拥有这样的能力。

明代磻溪商人的成功,在万历时期一位名叫方桂宇的商人身上似乎达到了顶点。《磻溪纪事》"笃行"篇记载:

> 玄明公,字子亮,号桂宇。性朴纯,好施予,焚卷[券]周之,义闻乡曲。万历中,街口舟楫不通,行旅皆由陆地自威坪入始新源,抵坝岭以进。公乃建茶亭于坝上,立观音殿,输产延僧住持,施茶汤,行人德之。有司闻,举乡饮。①

这位方桂宇的作为——"好施予,焚卷[券]周之,义闻乡曲"——也明显呈现出商人的特征。而他之所以要把"茶亭"和"观音殿"建在"坝岭"之上,除了慈善目的之外,也是出于对维护交通路线的客观需要。上述引文中的"街口",位于徽浙边界,是明清商旅沿新安江从浙江进入徽州的要津,驻有巡检司。如果此处"舟楫不通",则徽浙之间的交通,需要从新安江水路向北翻越群山,转换至陆路的徽杭官道,水陆转换的起点即是淳安县境内的"威坪"。"始新源"是威坪所在的新安江支流,沿始新源向西北逆行大约100里,可到达昌源河的分水岭"坝岭",经由坝岭穿越昌源河,再北行约30里,即可从苏村(见图1)进入徽杭官道。这一路山深道险,并非明清时期商旅常用的交通路线,在明代通行的徽州商书《一统路程图记》中已无记载。② 但对于以磻溪为中心的方氏商人来说,这一路线却有着重要的商业价值,值得用力维护。

或许正因为商业的成功,方桂宇除了能维护当地的交通网络,还能出资

---

① 《纪事》卷上《人物考·笃行二》,第34页。
② 黄汴纂:《一统路程图记》卷七《江南水路》,杨正泰《明代驿站考(增订本)》附录二,上海:上海古籍出版社,2006年,第273、278页;卷八《江南陆路》,杨正泰《明代驿站考(增订本)》,第285、286页。

大兴庙宇,在磻溪营造了一处名为南溟寺(又名云山庵)的佛教胜境。新史料《下磻溪纪事集律诗四十八景》收录了一首题为"南溟题壁"的七律,该诗的小引记述:"南溟古号云山,形如釜,势若飞凤,天造也。中有佛寺,回廊翼旋,殿阁云寨,为磻溪一方之胜景。时万历庚子,里中大宾方桂宇所捐。"①万历庚子即万历二十八年(1600),此时正是明代徽州商人最为活跃的时期,磻溪商人的活动与宏观历史的趋势正相吻合。

明清易代对磻溪的社会经济状况似有明显的打击。《磻溪纪事》"笃行"篇记载:"惟钟公,字懋华,……在外三十余年,及还乡井,……值鼎革时,遭兵燹之变,家庙已尽。公乃会诸族人,告诸父老,卜地于磻阳。殚精竭虑,积数十年而宗宇成、先灵妥、谱牒新。"②由此可知,在明清鼎革之时,磻溪方氏宗祠也曾被焚毁,经过了"数十年"才得以重建。从具体时间来看,可能要到17世纪末期,磻溪社会才逐渐恢复元气。这一进程可以从同篇所载的另一则传记中得到印证:

> 承寿公,字仁先。读书敦厚,性刚果,尚气节,居恒见义必为。……里西上崇山峻岭,往来由径,行人每苦羊肠,嗟同蜀道。公慨然捐金,出为领袖,伐山石以甃之,遂成康庄。又东北三四里许,厥名庄谷口,亦云要津。每遇淫雨,则万壑争泻,亦尝倡首建石梁,倾资不吝。其笃行如此。乾隆中,偕登八秩,四世一堂。朝廷以耆德恩赐八品,享年八十有奇。

传记的本意同样是为了表彰传主"承寿公""慨然捐金"的慈善行为,但行善之先须有财富的积累,而积财的途径,则离不开商业。虽然从以上传记中,我们还难以判断这位"承寿公"本人是否参与了商业活动,但其他的旁证材料显示,他所在的家庭确有浓郁的商业背景。据《澹斋文集》卷三《敬题三代图像赞》,"承寿公"之兄"经营四方,善继善述,丕承丕创",无疑是名商人。而所谓"善继善述,丕承丕创",又暗示"承寿公"之兄是继承并开

---

① 《南溟题壁》,《诗律》,第229—230页。
② 《纪事》卷上《人物考·笃行二》,第34—35页。

拓了祖业,这也就意味着,"承寿公"之父也有商业经营的基础。同篇《像赞》还简略记载了"承寿公"五个儿子的情况,其中三子"仲公""行达家邦,奋志湖海,历遍风霜";五子"俅公""廓基恢绪,弥炽弥臧",显然都是颇为成功的商人。①

由此也可以大致推断,正是到了"承寿公"这一辈,磻溪方氏的商业经营活动重新活跃,社会财富的积累也日渐丰富。从引文中"乾隆中偕登八秩"的记述来看,"承寿公"的活跃时期应当在康雍之间。又据《磻溪文集》卷四《承寿公行状》,可知"承寿公"为本节第一段引文中所提及的"正惠公"的七世孙,②而"正惠公"的活跃期在明朝15世纪末至16世纪初的弘治、正德时代,按照平均1世30年推算,7世而下约计200年,即谓"承寿公"的活跃期应在清朝17世纪末至18世纪初的康熙中后期。两条史源可以互相匹配。

如果说康熙中后期是磻溪商人复兴的时期,那么乾隆时代则迎来了磻溪商人活跃的高峰期。这从磻溪村旁另一座重要寺庙"山旁寺"的历史可以看出端倪。《下磻溪纪事集律诗四十八景》记录了磻溪48处最为"风雅"的景致,其中第十三景为"疏林晚钟",诗前小引记载:

> 茅山中抱一小山,其山四面浮互,故名浮山。其像梅花,又名梅山。山中有古刹名宇。宋宝祐三年,中堂程元凤奏请敕建山旁寺。明嘉靖中,乡缙绅方瑄,领袖重修绀殿,另塑金光三大佛,⋯⋯并建观音阁,复输田若干亩。⋯⋯其佛宇历久倾圮。乾隆岁,山之僧如铭偕徒碧云,不惮勤劬,邀里中处士方嘉棋,出为倡首,朝夕恪勤,以敦匠事,不二年,梵宫告竣。③

由引文可知,山旁寺始建于南宋末期,庙貌齐整于晚明的嘉靖时期,在经历

---

① 《文集》卷三《敬题三代图像赞》,第116—117页。
② 按:据《承寿公行状》作者方庆所述,"承寿公"为方庆曾祖,而"正惠公"为方庆十一世祖,世系相减,可知"承寿公"为"正惠公"七世孙。见《文集》卷四《承寿公行状》,第126—127页。
③ 《疏林晚钟》,《诗律》,第203—204页。

了很长时间的"倾圮"之后,到清代的乾隆时期,由"里中处士方嘉棋,出为倡首",山旁寺得以复原重兴。

方嘉棋其人的行事经历不详,《磻溪纪事》上卷《人物考》"孝友"篇的最后一则传记的传主为"嘉祺",①虽名字有微异,但应该是同一人。只是现存《人物考》仅仅比较完整地保留了"宦业""笃行"篇,其余六篇的内容均已残佚。不过从现存的"笃行"篇材料来看,其中传主多为商人,因此虽然其余"孝友""隐逸"两篇史料已难见其真,但怀疑其中亦不乏商人。方嘉祺能够"倡首"重修山旁寺,至少说明其人颇饶于资产。

如果说用山旁寺的复兴来说明乾隆时期磻溪商人的活跃,在证据方面尚有缺憾,那么清代北京歙县会馆的捐款记录,则提供了更为有力的证据。明清两代,北京均设有歙县会馆,该馆创建于明嘉靖四十二年(1563),②新建于清乾隆六年(1741),③原初目的是为入京参加科举考试的歙县士子提供住所,但客观上也为在京歙县籍客商提供便利,因此长期以来不断得到歙籍商人的捐输。尤其是会馆所附设的"义庄",因为能为旅京商人提供简便的丧葬之所,相关的捐款更为踊跃。这些捐款记录大体完好地保存于道光版《重续歙县会馆录》中。若以乾隆四十年(1775)为例,可以看出,当年针对"义庄"的捐款共计 132 笔,总计捐款 203.42 两,其中具名茶商 93人,捐款 108.82 两。在这当中,来自磻溪的茶商有 22 人,共捐款 23.45 两(见表2)。不论是人数还是捐款量,磻溪商人在茶商中的占比均超过了20%。这不仅说明乾隆时期的磻溪商人已经非常活跃,而且明确显示,磻溪商人所从事的主要项目就是茶叶贸易。这也进一步提示我们,虽然今天的磻溪只是歙县南乡一个不太起眼的山村,但在盛清的乾隆时期,它曾经孕育了颇具规模的商人群体,有着相当活跃的远程贸易,当然也有条件聚集可观的商业财富。

① 《磻溪纪事集目次》,《纪事》,第 23 页。
② 许国:《碑记》,见徐上镛辑《重续歙县会馆录》续修会馆录节存原编记序,《中国会馆志资料集成》第 1 辑影印清道光十四年(1834)刻本,厦门:厦门大学出版社,2010 年,第 1a 页。
③ 凌如焕:《新建歙县会馆记》,《重续歙县会馆录》续录后集,第 1b—2a 页。

表2 乾隆四十年(1775)北京歙县会馆义庄磻溪商人捐输记录

(单位:两)

编号	捐输人	身份	输银	编号	捐输人	身份	输银
1	方殿臣	茶铺	3.4	12	方锡纶	茶铺	0.4
2	方承熙	茶铺	1.6	13	方松友	茶商	2.36
3	方令仪	茶铺	1.2	14	方辅周	茶商	1.94
4	方紫田	茶铺	1.2	15	方聚友	茶商	1.8
5	方又迁	茶铺	0.86	16	方念邠	茶商	0.15
6	方廷锡	茶铺	0.8	17	方素封	茶商	0.74
7	方景皋	茶铺	0.8	18	方问宣	茶商	0.85
8	方敏中	茶铺	0.6	19	方若千	茶商	0.85
9	方树三	茶铺	1.4	20	方侣文	茶商	0.7
10	方尊五	茶铺	0.4	21	方舜河	茶商	0.5
11	方日章	茶铺	0.4	22	方占六	茶商	0.5
累　　计				23.45			

资料来源:徐上铺辑《重续歙县会馆录》,《续录义庄后集》,第30a—32b页。

四、历史的书写

　　现存有关磻溪社会的主要史料《磻溪纪事》成书于清嘉庆六年,正处于商业氛围浓郁的时代。作为一部具有村志性质的史集,集中若有关于磻溪商人和商业活动的丰富记载,似乎正在情理之中。但让人颇感意外的是,无论是《磻溪纪事》的上卷《人物志》,还是下卷《诗律》,其中有关商人的记载却颇为疏略,以致于我们在第三节的引证当中,不得不加入诸多旁证,甚至需要进行迂回推断,才能逐渐还原磻溪作为一个商业村落的历史。

　　细究《磻溪纪事》,其上卷《人物考》为磻溪人物的传记,目前仅存"宦业"和"笃行"2篇,但根据《磻溪纪事集目次》可知,原书共记人物85名,并按照9个类型进行了分类(见表3)。分类标准应该主要是"职业(业绩)"和"道德"。其中职业特征明显者有4类:"宦业""理学""儒林"和"技艺",可以分别对应官僚、学者、教师和工匠,共计33人,占比39%,我们姑且称之为A组。另有道德属性强烈者2类:"节概"和"列女",共14人,占比16%。从称谓来看,这些人物应多具有"舍生取义"的事迹,我们可以称之为B组。在这2组之外,还有3类人物:"笃行""孝友"和"隐逸",构成了C组,合计38人,约占比45%。从分类名称来看,C组人物显然也具有一定的道德特征,但程度上比较温和,只是代表了一种良好的德行,并没有如B组人物那样有强烈的"殉道感"。同时C组人物的职业特征似乎也并不明显,至少没有像A组人物那样清晰。不过,面目比较模糊的C组却占了全部磻溪人物的近一半比重,实际颇值得重视。

表3　《磻溪纪事》所载人物类型表

编号	类别	人　　物					统计	比例%
1	宦业	汝舟	瑄	昇	仲良	良淮	6	7
		庆松	—					
2	笃行	以纯	正惠	俊	瑗	财祐	10	12
		玄明	惟钟	承寿	志钧	启俊		
3	理学	世辑	德操	乔	若龙	旭	7	8
		恒基	伯时	—				
4	节概	元端	应华	惟镜	德裕	承铉	6	7
		亦泉	—					
5	孝友	以纲	珑	应文	仲皋	应虹	17	20
		德智	德扬	德擢	庆楣	志儋		
		承经	简	启凤	启鸾	启鹗		
		嘉礼	嘉祺	—				

（续表）

编号	类别	人物					统计	比例%
6	儒林	永逊	浩	国阶	庆桓	士近	11	13
		启庭	可镗	得美	可正	得瑛		
		义兴	—	—	—	—		
7	隐逸	以德	正祐	元槐	文瑛	国福	11	13
		可铎	启傂	荣贵	得珍	得琮		
		美璜	—	—	—	—		
8	技艺	子全	以绽	国龄	初宏	世辐	9	11
		德授	志梅	存朴	嘉满	—		
9	列女	张氏	吴氏	朱氏	周氏	洪氏	8	9
		吴氏	纫兰姑	桂英姑	—	—		
总　　　计							85	100

资料来源:《磻溪纪事》之《磻溪纪事集目次》,第22—24页。

　　从今天仍保存完好的"笃行"类人物的情况来看,他们多数具有商人的身份(详见本文第三节),但《磻溪纪事》在记载这类人物的时候,却明显淡化了他们的商业活动,而凸显了他们的慈善行为和社会贡献。也就是说,《纪事》采用了"重义轻利"的记述策略,即一种"道德化"的原则。所谓"笃行",从字面的含义来说是指传主的行为"忠厚朴实",但从传记中的记载来看,传主无不具备"乐善好施"的特点,也就是说,"笃行"篇表彰的其实是传主的"慷慨"而不是"忠厚"。对传主的行为进行适度的文辞修饰,使之符合"道德化"的标准,正是《磻溪纪事》的一个明显特点。

　　至于"孝友"和"隐逸"2类,从篇名本身来看,前者应当是要表彰传主"孝顺尊亲""友于兄弟"的品德,后者则应当表彰传主"不乐仕进"的"淡泊之风",不过因为《纪事》中的相关文本已经散佚,文中人物的实际行事已难知其详,因此也无法判断传主的行迹与篇名是否匹配。但有关"隐逸"这一名称,却颇有值得深究之处。表3显示,《磻溪纪事》上卷《人物考》所载85

人中,符合"隐逸"标准者有 11 人,占比 13%,在 9 类人物中仅次于"孝友",与"儒林"并列第二,数量比"宦业"类人物(6 人)几乎高出 1 倍。虽然我们还不能判断这些"隐逸"的人物中有多少商人,但如果单就"不乐仕进"这一点而言,商人是完全符合标准的:复杂的长途贸易、专业的茶叶经营,都会使得茶商们无暇他顾。或许也正因为如此,商人众多的磻溪,似乎进一步将"隐逸"作为村落整体性的文化符号,因为"磻溪"这一名词,在古代历史中本身就意味着"隐居"。

"磻溪"最早的词源,应指商周之际"姜子牙"(吕尚)的隐居之所,也指周文王与姜子牙的相遇之地。这一典故虽然不被正史所接纳,但在通俗文化中却源远流长。先秦史籍《竹书纪年》早有记载:"磻溪之水,吕尚钓于涯。〔文〕王下趋拜曰:'望公七年乃今见。'"①汉代接续了先秦的传统,刘向《列仙传》称:"吕尚者,冀州人也。生而内智,预见存亡。避纣之乱,隐于辽东四十年,西适周,匿于南山,钓于磻溪……文王梦得圣人,闻尚,遂载而归。"②从这段历史掌故开始,到了唐宋时代,磻溪逐渐形成"隐居"的象征意义,同时也标志了士人在入仕之前的"待访"状态。唐代方干《玄英集》中有诗:"我来拟学磻溪叟,白首钓璜非陆沉。"③宋代戴昺《东野农歌集》中诗称:"瘦如颗饭逢工部,老似磻溪卧子牙。"④均可为证。进入元明时代,磻溪的"隐居"意味进一步增强,文人们更倾向于把垂钓磻溪当作一种淡泊名利的象征。元代高文秀杂剧,"垂钓在渭水滨,独坐在磻溪岸,至如我学吕望,无福可遇文王"⑤;明代薛论道散曲,"名利两相忘,六尘尽付水云乡。七里滩别光武,磻溪岸远文王"⑥,都表达了类似含义。因此从这个角度来说,"磻溪"作为村

① 洪颐煊:《校正竹书纪年》卷下,《平津馆丛书》第 3 册,南京:凤凰出版社,2010 年,第 2a 页。
② 刘向:《列仙传》卷上,《道藏》第 5 册,北京:文物出版社等,1988 年,第 5a—5b 页。
③ 方干:《玄英集》卷七《陆山人画水》,《影印文渊阁四库全书》第 1084 册,上海:上海古籍出版社,1987 年,第 2a 页。
④ 戴昺:《东野农歌集》卷四《次韵东渠兄观梅》,《影印文渊阁四库全书》第 1178 册,第 4a 页。
⑤ 高文秀:《须贾大夫谇范叔杂剧》,《古本戏曲丛刊四集》,北京:国家图书馆出版社,2016 年,第 11b 页。
⑥ 薛论道:《林石逸兴》卷八《傍妆台·清兴》,《续修四库全书》第 1739 册,上海:上海古籍出版社,1995 年,第 6b 页。

名,其中"隐逸不仕"的寓意是颇为明显的。

只是值得进一步留意的是,磻溪村的村名,似乎是明代中后期才出现的,之前的名称应该是"旁溪"。据万历《歙志》之《邑屋表》,宋元时期的歙县共16乡80里,其中南乡有5乡25里;磻溪所在的区域属于"东南长乐下乡",包含5里,分别为"长乐、龙潭、旁溪、铜山、杨干",①其中"旁溪"显然是"磻溪"的同音词源。虽然"旁溪"从何时转变为"磻溪"还难以确证,但因为明嘉靖《新安名族志》已有关于"磻溪方氏"的记载,因此可以推断,"磻溪"村名最晚在明中叶的嘉靖时期已形成。而在万历《歙志》所载歙县37都282图当中,磻溪属于33都,计有4图,涵括"蛇坑、崇程、苏村、石潭、磻溪"5个村落,②可见此时"磻溪"之名已非常确定。根据以上信息可知,从"旁溪"到"磻溪",村名的改变与商人的兴起在时间上基本是同步的,而其后的背景,正是商业村落名称的"道德化"趋势。

村名的由"俗"变"雅",除了"道德"含义增强之外,"审美"意味也有明显的提升。实际上,这也是《磻溪纪事》这部"村志"的另一个鲜明特点。按照《纪事》下卷"磻溪四十八景"的顺序,我们依次抽取了排在前列的十二"景"来进行内涵分析(见表4)。从名称来看,这些"景"实际上并非"客观的"外在景物,而是明显带有观察者审美趣味的、"美学化"的景物,这是"四十八景"的核心特征。也正因为如此,如果通览表4所列举的12篇诗作即不难发现,不论这些诗篇所描述的对象有着怎样不同的情形,诗篇的着眼点却具有共性,即着眼于写作者在观景过程中所获得的愉悦感和美感。相比之下,景物本身的差异和个性反而退居次要的位置了。如果仅从文学审美的角度来看,这种注重主观性的视角当然无可厚非,但如果从史志纂述的角度来说,写作者的这种心态却会产生不少重要的信息遗漏,尤其是针对那些人工形成的景观,则更为明显。我们根据上述12篇诗作的小引,重新梳理了12篇作品的描述对象。从表4不难看出,12处景观当中,只有4处是自然山水,其余8处均为人造物,既包括桥梁、堤坝等水利工程,也包括祠庙、书堂等

---

① 张涛修、谢陞纂:《歙志》志八《邑屋表》,合肥:黄山书社,2014年,第122页。
② 张涛修、谢陞纂:《歙志》志八《邑屋表》,第123页。

地面建筑。除了小引中的简单介绍,关于这些形态各异的人工景观,已不易在统一的"审美化"的描述中找到更详尽的信息。

表 4　清代歙南"磻溪四十八景"举例

编　号	名　称	景　点	性　质
1	龙门峭壁	观音洞	祠庙
2	云潭返照	东营潭	水景
3	东浦鸳栖	争奇滩	水景
4	江滩牧笛	江滩	水景
5	双桥锁月	船埠桥、狮口桥	桥梁
6	两塌沧浪	前溪塌、狮口塌	堤坝
7	断桥鱼雁	跳石桥	桥梁
8	东营三辅	东管庙	祠庙
9	石壁辣林	保障山	山景
10	磻谷洞天	汪王田	田畴
11	梅冈毓秀	梅冈书屋	书堂
12	云门垂钓	真武宫放生池	祠庙

资料来源:《下磻溪纪事集律诗四十八景》,第 191—202 页。

《磻溪纪事》的上卷《人物志》和下卷《诗律》分别编成于乡儒方城和方庆之手,虽然其中内容也有着前代乡儒(如"碧崖公")的早期积累,未必全由他们自撰,但《纪事》上、下卷的基本形态以及书中所持有的"道德化"和"审美化"的叙述基调,却应该也是两位编者心态的真实反映。

五、乡儒的心态

有关方城(笠亭)的信息我们所知有限。其本人留存的文字仅有收录于

《磻溪纪事》篇首的《磻溪纪事集序》和《凡例八则》。在《序》中，方城阐明了编纂《磻溪纪事》的宗旨：

> 彼书史有八书、十表、列传，而纲总目分，磻溪纪其仿之矣。征往俟来，使人有所观，且有所兴，非若簿领荟萃之编，作乡党侈观之具也。他日乌聊考风，问政采俗，成书已就，试以进之邑大夫、邑广文、邑缙绅先生，俾按牍而求，则磻之情形、磻之掌故，麟麟炳炳，若列眉而洞观火矣。将与通都争灵秀，而为百世之树风也。……嘉庆六年岁在辛酉，春三月上浣，里人笠亭氏方城，谨书于磻溪梅冈书屋。①

由《序》可知，方城编纂《磻溪纪事》，参照了正史的体例，基本意图一方面是保存风俗掌故，使乡人能够感兴触动，另一方面也预备为本县官绅提供行政治理的参考。反映在编纂实践中，"风化"成为重要的关注点，即如《凡例八则》第一条所说："无关风化者不录。"由此当然就不难理解《磻溪纪事》中贯穿始终的"道德化"意味。

就方城的身份而言，从引文中"试以进之邑大夫、邑广文、邑缙绅先生"的语句来看，他本人似乎还不具备这三种身份的任何一种。所谓"邑大夫"即指县级地方官，"邑缙绅"是指拥有中级功名（贡生、监生及以上）的士绅或者致仕的官员，而"邑广文"则指仅有初级功名（生员）的士绅。因此，方城可能还只是虽拥有一定学识但并无功名的"乡儒"。不过，与《磻溪纪事》的另一名编者方庆相比，方城的资望似乎还是要更高一些。他不仅在《磻溪纪事》的编纂中承担了更为重要的统筹工作，而且在当时当地还有着"通儒"之誉。清代嘉庆时期的歙县显宦程祖洛在为《纪事》所写的《后序》中说："笠亭通儒，澹斋淹雅，……故论载甚悉，而叙事深得立言之旨。"②显然"通儒"是比"淹雅"更"高级"的赞誉。另外，方庆寄赠方城的诗歌也显示出，虽然同样从事"教书"工作，但后者更长于科举教育，并能够在梅冈书屋中执掌教席。方庆《己巳岁过梅冈书屋阅诸贤辈庠后试草》的"小引"称："昨阅试草俱获完

① 方城：《磻溪纪事集序》，《纪事》，第 11—12 页。
② 程祖洛：《纪事集后序》，《诗律》，第 244 页。

篇,不独诸贤庆幸,抑且吾乡庆幸。是则先生大有造于诸子,更与磻湄生色也。"并有赞词:"传经幸得明师席,作器忻从大冶场。"①诗及其小引表达了方庆对于方城的赞美,同时也显示梅冈书屋不仅是方城编纂《磻溪纪事》之所,更是他教育乡里子弟准备科举考试的书堂。

与方城相比,方庆显得资望稍浅,在编纂《磻溪纪事》的工作中,"风俗教化"的意识似乎也不如方城,但因为方庆本人对于词赋的偏好与擅长,因此《磻溪纪事》的下卷《诗律》几乎全出自他的编纂,明显加强了《纪事》中的"审美化"面向。但无论是"道德化"还是"审美化",《磻溪纪事》的历史书写方式,却反映了主持其事的乡儒们对磻溪这个商业村落所持有的矛盾态度。一方面,他们欣喜于商业贸易为村落所带来的繁荣,赞美自然环境的优良、公共设施的完善,也赞叹于各类人物的涌现。但另一方面,他们对商业本身似乎又秉持着某种"疏离"的姿态:在《纪事》中很少正面提及商业活动,对于商人行迹也只是在表彰其行善之时才有所介绍,也绝少主动涉及他们的营商行为。

对于商人和商业的这种矛盾心态,当然与乡儒们自身的知识面和价值观有关联,毕竟他们所接受的是以文学为中心的人文教育,这使得他们对商业活动可能缺少足够的知识储备,与此同时,儒家经典中"重义轻利"的价值倾向,也使得他们不易确认商业行为本身的道德正当性。但除了这些清代儒者的共性认识之外,对于磻溪村的乡儒来说,还有一些个性化的因素值得进一步关注,即他们在磻溪的商业发展中似乎并非受益者,反而在社会分化的趋势下处于边缘化的状态。这对他们心态的影响,恐怕也不可低估。

方庆生年不详,卒年则不晚于嘉庆二十四年。据其门生方闻当年六月为《澹斋文集》所写之序,方庆之子方珪将其文稿收集之后不久,方庆即因病而逝。方闻《序》称:"吾叔之子珪,知(文稿)金重而储之。何图未几,而叔之玉楼命迫,致凤穿肠,作古人矣。"②查检《澹斋文集》,所有诗文当中有准确年份者大约 22 篇,最早的一篇写于乾隆五十九年甲寅(1794),最晚者写于

①《文集》卷一《己巳岁过梅冈书屋阅诸贤辈庠后试草并引》,第 60 页。
② 方闻:《序》,《文集》,第 52 页。

嘉庆二十一年丙子（1816），因此方庆病逝的时间应在嘉庆二十二年至二十四年（1817—1819）之间。据方闻《序》中"玉楼命迫"之语，可知方庆去世时并非高寿，应仍在壮年或者初老之时。《文集》中收录有方庆本人所写的《丰和社会账籍弁言》，据此可知方庆曾于嘉庆二年（1797）与"堂兄尔达、从弟翊成"醵金结社（丰和社），以应对日用之需。① 《文集》中另有一篇《丰和社会序》，记述在该社"多历年所"之后，聚社三人约定，"租利"与"账籍"悉付与三人之子掌管。其时年龄最大的"尔达"已届六十。② 《丰和社会序》的准确写作时间不易断定，但该文既然是在丰和社"多历年所"之后而写，且为传承后人而作，因此其写作时间距离该社的初创时间（嘉庆二年）不会很近，又因为《文集》成书之年为嘉庆二十四年，显然该文也不会晚于此年写成。我们估计，《丰和社会序》的成文时间距离创社应该在 20 年左右。如果就以嘉庆二十四年作为此文的写作时间，则聚社三人中年龄最长的"尔达"当年 60 岁，方庆应稍为年轻。考虑到《文集》中有准确纪年的篇什最晚产生于嘉庆二十一年，如果将《丰和社会序》的写作时间推定于此时，则当时"尔达"年已63 岁，方庆年龄应比之略小。换而言之，按照比较宽松的标准推算，方庆应生于乾隆二十二年丁丑（1757），卒于嘉庆二十四年己卯，年寿 63 岁。如果标准收紧，则方庆年寿应减 3 岁，生年可推定在乾隆二十五年庚辰（1760）。不过，无论哪一个年龄，基本都可以符合方闻《序》中所谓"玉楼命迫"的评语。

　　由以上推算可知，方庆壮年之日，也正是磻溪商人最为活跃之时。实际上，方庆所在的家族也有很深的经商传统。正如本文第三节所论，方庆高祖在康熙时期即已开始营商，从曾伯祖到伯祖、叔祖，五服之内，代不乏人。其中叔祖"俅公""器宇超常，廓基恢绪，弥炽弥臧"③，显然比较成功。叔祖之子也有良好的发展，"嗣君克肖，讳曰伯松。……相机而举，以营什一。详审低昂，始终鲜失"④。不过即便如此，方庆本人的直系家庭似乎却没有参与商

---

① 《文集》卷五《丰和社会账籍弁言》，第 150—151 页。
② 《文集》卷五《丰和社会序》，第 153—154 页。
③ 《文集》卷三《敬题三代图像赞》，第 117 页。
④ 《文集》卷三《可煐公两代图像赞》，第 115 页。

业。祖父惠公守本务农，"吾祖惠公，性禀淳庞，乐耕亩畎，乃积乃仓"①。方庆之父的情况不明，《澹斋文集》中未见相关文字。但《文集》中有一篇《祭母文》，特别强调母亲"振兴"家庭的辛劳："襄内职于无荒兮，惟勤谨之是操。振厥家以维新兮，大有造于儿孙。"②因此怀疑方庆之父亡故较早。

　　至于方庆本人，从《文集》中的诸多信息推断，应基本以教书为业，而且主要在富裕家庭中担任塾师。嘉庆十二年（1807）丁卯，方庆在一篇酬和诗的小引中说："丁卯春，予馆谷于本里之阳，蒙文学含书先生偕赐璜叔、允让弟，过斋谒余。"③所谓"馆谷于本里之阳"，即指在磻溪本村任教。又据方庆在为族叔方伯瞵所写的寿序中自称："余忝居家塾，景行有年，愿进冈陵之颂祝。"④显然方庆曾在方伯瞵的家塾中任教多年。而在另一篇方庆为方伯瞵贺寿的词作《采桑子》中，方庆赞美他"屏迹鱼盐，适意林泉，皓首朱颜陆地仙"⑤，可知这位方伯瞵是曾经经营"鱼盐"生意的退休商人。我们梳理了《文集》中写作时间比较明确的22篇诗文，其中18篇写于磻溪，可见磻溪本村是方庆最主要的活动地点。不过《文集》也显示，方庆有时会外出到别村任教。在《步和唐川汪荇太亲翁咏菊花原韵五绝》一诗的小引中，他说："昨步素问斋头，展阅荇翁咏菊佳吟。"⑥可知"唐川"也曾是他任教之处。"唐川"即是"唐里"，与磻溪同属三十三都，位于昌源河下游，北距磻溪大约10里，路程不远。而从七律《旅馆绍川病愈思感石川吴瑞芳先生一律》则可以看出，"绍川"亦曾是他任教的场所。⑦"绍川"即为"绍村"，属歙县二十九都，虽仍属歙县南乡，但位于新安江南岸山区，距离磻溪将近100里，颇为遥远。在当时的交通条件下，步行需2天，即便借道水路，也至少需要一整天。⑧

———————————

① 《文集》卷三《敬题三代图像赞》，第116页。
② 《集稿》卷下《祭母文》，第278页。
③ 《文集》卷一《索江含书先生偕赐璜叔允让弟酬和并引》，第68页。
④ 《集稿》卷下《伯瞵尊叔七秩寿序》，第262页。
⑤ 《文集》卷二《采桑子·伯瞵尊叔七十荣庆序后之词》，第98页。
⑥ 《文集》卷一《步和唐川汪荇太亲翁咏菊花原韵五绝》，第79页。
⑦ 《文集》卷一《旅馆绍川病愈思感石川吴瑞芳先生一律》，第62页。
⑧ 有关清代山区的交通状况，参见章毅《故乡已远：清代瓯江上游闽汀移民的原乡认同》，《社会科学》2017年第12期，第158—167页。

　　村居任教,收入不高,生活不易,如果辗转外地,还需忍受寂寞之苦,方庆在《文集》中多有感慨。在七律《幽坐荒斋极甚无聊索同人酬和》中,他曾感叹:"乡来多病瘵如鹄,此际无家拙似鸠。孤馆梦中魂欲断,百樽席上醉还愁。"①在《索诸贤酬和并引》中,他也曾哀叹:"三旬谁惜九食贫,嗟予恰似风前烛。"②在去世前不久为诸子分家所准备的阄书中,方庆更曾坦白自述:"岁己巳室庐遭火,财物荡涤,而百年之基业一旦举为灰埃,……顾我今兹分析,愧无南亩西畴翼孙燕子,故不劳亲戚、不烦弟兄,自以微产三股平分。"③既无田产,亦无室庐,方庆的晚境似颇为惨淡。这种局面或许与他在嘉庆十四年"岁己巳"(1809)遭遇的一次火灾有关:"丧乱皆当罪比邻,一炬已成千古痛。"④按照我们之前的推算,当年方庆年届五旬,已达知命之年,却遭逢大灾,当然不易振作。不过在此偶然因素之外,方庆对于"馆谷"人生可能遇到的物质困境,似乎早有预感。早年与友朋的诗赋唱和,方庆即表达了"闲来惟问花开落,不计人间瘦与肥"⑤的想法。在《自题小照》诗中,方庆以"悠悠白云"自比,认为自己"不羡声华,何知金紫",同时"悯彼世人,滔滔皆是",⑥表达了一种散淡自适的人生态度。晚年遭遇火灾之后,他更写诗自我解嘲:"只求新韵舒怀闷,不计清贫彻骨寒。"⑦

　　不论是缘于偶然的灾害变故,还是长期的职业环境,从实际情况来看,方庆似乎并没有机会分享磻溪村曾经拥有的经济繁荣。那些远途负贩的成功商人,虽然可能成为他的东主,成为他需要代之润笔的客户,却不是他的同路人。在《文集》中,方庆为各色商人撰写了各类"赞词":他赞美石潭的吴氏商人吴天樨"伟才小试陶朱绩,胜筹可赢端木贤"⑧,吴在标"良贾

---

① 《文集》卷一《幽坐荒斋极甚无聊索同人酬和》,第64页。
② 《文集》卷一《索诸贤酬和并引》,第65页。
③ 《文集》卷七《恬养居阄书遗言》,第166—167页。
④ 《文集》卷一《索诸贤酬和并引》,第65页。
⑤ 《文集》卷一《过董邻贤姪园中即景偶赋一绝》,第74页。
⑥ 《文集》卷一《自题小照》,第84页。
⑦ 《文集》卷一《辛未之秋惊见妖星在天之西冲入河汉古今罕见必有妖孽之叹不觉意有所感云云》,第87页。
⑧ 《文集》卷一《恭挽石川吴天樨亲翁仙游》,第63页。

深藏不露奇”①；赞美本村的同宗商人方忠传“牵车服贾，鞅掌风尘。拓基恢绪，秉裕来叶”②，方日轩“鱼盐托迹超凡等”，其子方鸿远继承父业“父作子述宏燕翼”③。但是，最终能与方庆长久唱和者，却是一些不甚起眼的边缘人物。

《文集》中收录方庆所写诗歌共计 68 篇，其中有 7 篇缘于和一位名为“董邻贤侄”的年轻人的互动，比例远高于其他唱和之作。而且与其他唱和之作不同，这些诗多为“步和”，很少“索酬”，显示方庆在与这位年轻人的互动时颇为积极，很少勉强的色彩。关于这位“董邻贤侄”，我们所知甚少，但方庆《步和董邻贤姪赋檀花原韵即景》诗首句为“磻湄自昔檀芳华”④，因此这位“董邻”无疑居住在磻溪村内。另外《步和董邻贤姪咏桂花原韵》一诗的“小引”记载：“乙囗之春，存养斋头牡丹盛放。适予他出未及忻赏，时有未之、董邻、卫泉三英花前酬倡，亦里中之韵事也。”⑤引文中的“未之”也见于《澹斋文集》之《序》，该序的落款为“时嘉庆念四年，岁次已卯，仲夏月上浣，受业侄虚堂闻未之甫，谨书于录经堂。”⑥显然，“未之”即是方庆门生方闻，而“董邻”与之交好，则也应是方庆的晚辈后学。而引文中的“存养斋”，则是磻溪村内与梅冈书屋齐名的一处书堂，由同时代邑庠生方乔所建。方乔本人因长于“理学”而见载于《磻溪纪事》卷上《人物考》；而存养斋则列名“磻溪四十八景”之一。⑦ 这位“董邻”在存养斋活动，且擅于诗赋，颇有可能是业儒之士，而在磻溪这个方氏宗族颇为强大的村落，“董氏”明显是一个外来的姓氏。几个信息拼合起来，这位“董邻”颇有可能是一位来自异乡但在村内任教的“塾师”。如果我们的推测合理，则方庆与董邻的频繁唱和即不难解释。

---

① 《文集》卷一《步和吴在标先生原韵》，第 89 页。
② 《文集》卷三《忠传尊兄字耀先暨配吴孺人偕老图赞》，第 104 页。
③ 《文集》卷三《两世图像赞》，第 106 页。
④ 《文集》卷一《步和董邻贤姪赋檀花原韵即景》，第 77 页。
⑤ 《文集》卷一《步和董邻贤姪咏桂花原韵》，第 71 页。
⑥ 方闻：《序》，《文集》，第 53 页。
⑦ 方城：《磻溪纪事集序》，《纪事》，第 7 页；《纪事》卷上《人物考·理学三·乔公》，第 39 页；《存养夜读》，《诗律》，第 219 页。

　　除了这位"董邻",与方庆互动较多者还有一类人物,即村落附近的寺院僧人。《文集》中收录的相关诗文约11篇,集中体现了方庆与梅山庵和云山庵两寺僧人的交往。梅山庵应即山旁寺(见本文第三节),是磻溪村附近最重要的寺庙,初建于南宋末,肇兴于明代中叶,至方庆所在的清代嘉庆时期,已传续近300年。方庆为该寺第十世主持撰写了《智芳禅师字时修公十世图法像赞》,印证了该寺悠久的历史。① 他赞美梅山庵的庙貌庄严,"悠悠香刹媲金仙",也称赞僧人的成果显著,如钟法师"卓锡梅山数十秋"②,隐修禅师"色相自雍穆"③,认为这些禅师最终会"胜因从此辉金界,育德心山树菩提"④。

　　与梅山庵的祥和景象相比,方庆与云山庵的关联则带上了一层悲情的色彩。云山庵应即南滇寺(见本文第三节),距离磻溪村稍远,由晚明磻溪方氏商人捐建。据《磻溪纪事》下卷《诗律》记载,该寺"回廊翼旋,殿阁云寨",亦为"磻溪一方之胜景"。方庆与寺僧关系良好,嘉庆十一年丙寅(1806),方庆为云山庵殿宇的重建撰写过募捐启示。在《丙寅之冬募化重造云山庵殿宇疏》中,方庆写道:

　　　　矧兹云山庵者,法戒庄严,胜占灞源之坞;经藏宝录,灵标铁釜之炉。峰峦秀而环合如屏,石柱高而支撑作界。金涂彩饰,在昔焕其光仪;岁异时迁,迨兹沿为荒圮。痛寐难忘于彼岸,施舍惟杖于檀那。借众力以经营,异良缘之辐辏。灵祇感格,必贻景贶之休;善果滋培,同受涅盘[槃]之庆。⑤

方庆赞美云山庵有着显赫的历史,也有着优良的地利,认为虽然佛寺当前有所"荒圮",但如果能得到信众的捐献支持,则一定能重新焕发光彩,成为灵修福地。

---

① 《文集》卷三《智芳禅师字时修公十世图法像赞》,第107页。
② 《文集》卷一《如钟上人小照》,第81页。
③ 《文集》卷三《隐修大禅师暨诸上人像赞》,第108页。
④ 《文集》卷一《访僧不遇羡其誉著郡城偶赋一绝》,第88页。
⑤ 《文集》卷四《丙寅之冬募化重造云山庵殿宇疏》,第130页。

　　不过,方庆和寺僧的美好愿望显然没有实现,在 4 年之后的嘉庆十五年(1810),云山庵陷入了与歙南最重要的商业宗族昌溪吴氏的诉讼之中,最终惨淡败亡。诉讼详情不易得知,但从方庆替云山庵寺僧所写的《陈冤募化疏》来看,其中的重点似乎是吴氏宗族强力驱赶了寺僧,最终将云山庵改造成吴氏宗祠。在这篇募化告示中,方庆语词激烈地描述了此事。所谓"扫砍数百株之祇树,洗屠十二所之梵堂",是指寺庙遭到了严重的毁损;所谓"丧廉鲜耻,捏祖冒宗",则是指控吴氏宗族将佛堂变为宗祠的"伪冒"行为。从方庆所述可以看出,虽然僧人不断申诉,"衲等嚎府而嚎县,……亟诉院以诉司",但在县(知县)、府(知府)、司(按察司)、院(巡抚)四级诉讼中,他们却均告失败,"奈何弊重冤沉,徒叹山高法远"。①

　　明清时期徽州宗族与寺庙之间的冲突颇为常见,因商业而兴盛的宗族往往会对周边的一些传统庙宇发起"改造",将之变为联宗的祠堂,以巩固宗族支派之间的关联。实际上歙南的方氏宗族本身就曾经对附近的真应庙进行过类似的改造。② 不过,对于方庆来说,此时他的同情已完全放在僧人一边,他不仅感叹于僧人遭遇的凄凉——"沿门乞食非蒲馔,随路为居异梵堂";同时也指责吴氏商人恃强凌弱的可恶——"始恨绅豪施大恶,终教贫衲受奇殃"③。

　　方庆与寺僧频繁交游,乃至为佛寺热切代言,当然反映了他本人对于佛教的偏好;而他与擅长诗赋的年轻人"董邻"不断唱和,体现了他的文学趣味。不过需要留意的是,不论是来自异乡的"董邻",还是在寺院中修行的僧人,他们在以方氏宗族为主体的磻溪村,无疑都是远离宗族社会的边缘人物,而方庆的这种社交偏向,正暗示了他对于这种宗族与商业紧密绾合的村落生活保持了一种颇为疏离的心态。

---

① 《文集》卷四《陈冤募化疏》,第 131—132 页。
② 有关方氏宗族与真应庙的改造,参见[韩]朴元熇《明清时代徽州真应庙之统宗祠转化与宗族组织——以歙县柳山方氏为中心》,《中国史研究》1998 年第 3 期。相关研究亦可参见田艺、章毅《万历吕侍郎祠诉讼案与晚明徽州的社会竞争》,《明史研究》第 16 辑,合肥:黄山书社,2018 年,第 169—194 页。
③ 《文集》卷一《庚午岁云山庵被昌川太湖屠灭在城候审寓开化寺有感之作》,第 74 页。

余　论

　　清代徽州是东南地区著名的商贾之乡,歙县南乡则以茶叶贸易远近知名,磻溪正是位于歙南昌源河畔的一个茶商辈出的商业村落。囿于史料的匮乏,我们之前对村落的历史形态和商业活动所知甚少,即便从不同史源能得到零星信息,也难以拼合出比较完整的社会历史图景。新史料《磻溪纪事》和《澹斋文集》的影印出版,为相关的微观历史研究提供了便利的条件。由新史料出发,整合多方历史资源,并辅之以必要的田野考察,我们已能逐渐勾勒出磻溪从明代中叶到清代中期的发展脉络。

　　磻溪商人崛起于明代中期,在嘉靖后期开始在歙县县域内产生影响,在万历后期达到第一个发展高峰。以方氏族群为主体的磻溪宗族社会在此时逐渐形成,以“成性祠”为代表的方氏宗祠在歙南地区开始知名,成性派方氏族群已有资格参与歙南方氏十派的联派统宗,并可以在围绕“真应庙”的诉讼中发挥影响。与此同时,磻溪村落的人文景观也逐渐出现,道路、桥梁、堤坝等公共工程不断完善,宗祠、庙宇、书堂等地面建筑不断兴起,后代文人所艳称的“磻溪四十八景”在此时也初现端倪。

　　明末清初的易代动乱对磻溪社会有明显的冲击,建筑毁损,社会凋敝。直到康熙时期的中后期,新一代磻溪商人重新崛起,并在乾隆时期达到新的高峰。远在华北的京师成为他们重要的聚集地,北京歙县会馆中不断更新的捐款表,见证了磻溪茶商的活跃度和颇为可观的经济实力。与此同时,在磻溪社会内部,宗族力量也在进一步增强,康熙时期的歙南方氏统宗已经扩展到十二个支派,磻溪方氏正是其中重要的一支。从康熙后期开始,磻溪村内出现了越来越多抱贞守节的“列女”,以至于在同时代的歙县方志中,她们也占据了相当的篇幅。她们多为茶商的眷属,商业资本的累积为她们长达数十年的“节烈”人生提供了物质的支持;但反过来,商业资本对她们也提出了苛刻的道德要求。

　　作为一部具有村志性质的史集,《磻溪纪事》正产生于这种商业与道德相互缠绕的社会环境之中。《磻溪纪事》上卷以人物为中心,分9类登载了

85 位磻溪人物的传记,"职业"(业绩)和"道德"是平行的两大筛选标准。不过,"商业"的成功似乎并不能算是"业绩",因此"商人"也无法成为独立的传记类别,有关他们的事迹只能以"道德"的口径被记载,而能够与之匹配的类别是"笃行""孝友"和"隐逸"。除了将商业行为进行"道德化",《磻溪纪事》对村落环境的记述则采用了"审美化"的原则。不论是自然景观、公共工程还是人文建筑,《纪事》均以诗律的形式将之编入"磻溪四十八景"之中。与村落环境的客观情形相比,这些文辞优美的韵文,往往更在意人们在观景时的体验与感受。

商业行为的"道德化"与村落环境的"审美化",虽然可能是明清乡镇志编纂的共性特点,却也反映了主持编务的磻溪乡儒对商业村落所持有的矛盾心态。他们一方面欣喜于商业贸易为村落带来的繁荣,赞美自然环境的优良、公共设施的完善以及各类人物的涌现。但另一方面,他们对商业活动又抱有着某种"疏离"的姿态,他们乐于表彰商人的善举,却刻意淡化营商的过程,即便对商业行为本身的正当性,也存在着明显的犹疑。这种情形固然与乡儒们本身的知识储备和价值倾向有关,但其中也存在着不可忽视的外部因素,即磻溪商业的发展和经济的繁荣,并没有为乡儒们提供参与和分享的机会,在商业资本的繁盛之中,他们反而处于日渐边缘化的状态。《磻溪纪事》的历史书写方式,正是这一社会趋势的文化表现之一。

清代图甲户籍运作机制的分异与趋同

——以徽州文书《祁门修改城垣簿》为中心*

黄忠鑫

（暨南大学历史地理研究中心）

摘　要：清代乾隆年间的《祁门修改城垣簿》不仅是修城的账本记录，也是全县图甲信息的汇总，具有户籍名册的性质。重修城垣的捐输数额体现了一次临时性赋税摊派的实际状态，可以窥见图甲组织的运作机制。由士绅、宗族控制的图甲组织，已经形成了稳定的包揽运作机制，往往存在一定的税收欠额，子户的具体情形也呈现得颇为模糊。官府为了直接掌握赋税土地额度，尝试对图甲格局进行调整，暂时取得了较好的效果，但始终无法遏制中间包揽的趋势。

关键词：清代；徽州；图甲；赋税；户籍

清代乡村的赋税征派组织存在较大地域差异。在图甲占据主导地位的区域，官府和民间都十分重视户名的记录，出现了诸多汇集图甲户名的文献。具有官方色彩之地方志中的"里甲表""图甲表"，主要记录了一县总户名和赋税额度；还有相当数量的民间文献存世，包括族谱的局部记录，以及涵盖全县的图甲册、花户册等民间抄本。既有成果讨论了此类文献产生的历史背景和功用。如，广东南海、顺德等县方志"图甲表"是赋税改革的重要

---

* 本文曾发表于《中华文史论丛》2020年第2期。本文为国家社会科学基金重大项目"中国古代户籍制度研究及数据库建设"（17ZDA174）的阶段性成果。

环节,用于确定图甲税粮额、去除不正当负担;①而江西万载、萍乡等地发现的一批图甲户名册籍则是当地激烈土客矛盾的产物。② 更多学者将方志与族谱进行对照,论述各个区域户籍赋税登记情况以及地方社会变动等问题。③

较为完整的图甲名录,还具备了数值统计的条件,呈现出地方赋税格局的丰富形态。本文讨论的徽州文书《祁门修改城垣簿》(以下简称《城垣簿》)是一部关于修筑城墙的公文汇录和收支账本,④主要记载图甲组织的钱款捐输情况,从而登载了整个祁门县图甲户名,能够弥补方志对户名、捐输数额等内容的缺载。结合该县各类民间文书,有助于我们深入理解清代图甲赋税结构与运行机制。

一、官绅合作与博弈:《城垣簿》的产生背景

根据《城垣簿·修改城垣始末》记载,祁门县在宋代筑有土城,"周五里二百四十七步"。明初城墙倾圮,仅存四个城门。嘉靖乙丑,即嘉靖四十四年(1565),刚上任的知县桂天祥因为"浙矿贼扰婺源",形势将危及邻县祁门,虽"不欲役民",但必须筑城防御。次年六月开工,仅耗时五个月便得竣工。新筑城墙"循石山岭,跨龙冈,绕朴墅,并溪而上,至荷嘉坞与石山会,逶迤千六十丈(一说千八十丈)",城门增至九个。尽管工期短,百姓负担较轻,但直至清初,仍有人认为将城墙筑在山上并不妥当,导致了"侯峰被压,龙脉

① [日]片山刚:《清末广东省珠江デルタの图甲表とそれをめぐる诸问题:税粮·户籍·同族》,《史学杂志》第 91 编第 4 号,1982 年;[日]片山刚:《清末珠江三角洲地区图甲表与宗族组织的改组》,叶显恩主编《清代区域社会经济研究》上册,北京:中华书局,1992 年,第498—509 页。

② 郑锐达:《移民、户籍与宗族:清代至民国期间江西袁州府地区研究》,北京:生活·读书·新知三联书店,2009 年,第 85—102 页;谢宏维:《和而不同:清代及民国时期江西万载县的移民、土著与国家》,经济日报出版社,2009 年,第 102—104 页。

③ 杨国安:《明清两湖地区基层组织与乡村社会研究》,武汉:武汉大学出版社,2004 年,第87—97 页;谢湜:《"以屯易民":明清南岭卫所军屯的演变与社会建构》,《文史》2014 年第4 辑;徐斌:《明清鄂东宗族与地方社会》,武汉:武汉大学出版社,2010 年,第 80—101 页。

④ 《祁门修改城垣簿》(1 册),清乾隆三十六年(1771)刻本,上海图书馆藏,线普 485679 号。

有伤"。乾隆初年,知县张振义一度建议迁改,却未获上宪批准。

乾隆二十七年(1762),皇帝巡视江南,见各县城垣倾颓,谕令修治。"安徽共计三十四城,祈[祁]在檄修之内。"时任祁门知县吴嘉善趁机将县城从侯峰山改至较为平坦的称锤山冈,并买胡家塘田拓展城基。《城垣簿》便是此次修城记录,主要包括以下几个部分:卷首为吴嘉善所作之序以及《捐修县城碑记》与《修改城垣始末》,交待乾隆壬午至丁亥年间(1762—1767)祁门县重修城墙的大致经过;此后依次为《董事姓名》《开工告神文》《酬谢城隍弄账散福祭文并焚开工原立誓章》及呈文、批文等相关文件;最后是《城垣簿》的主体,包括"图甲乐输银数""杂项乐输银"以及"支账"项,是为全部收支账目汇总。

迁改县治是一件大事,不仅需费庞大,且工程浩繁,牵涉省、道、府各上级衙门、本县乡绅及普通民众。本着"自捐自修,不能济人,亦不能望人济"的原则,祁门县于乾隆二十八年(1763)七月初一日"开局征输",八月二十九日开工修筑。吴嘉善亲自签点城乡首人共计 120 名,"于中特举总理四人,则洪承庆、陈秉忠、汪宗泗、吴升香是也。全具盟词致祭城隍,分班董事"。

正当筑城工作如火如荼地进行时,吴嘉善却在同年冬天被罢官。原来,徽州知府王尚湄"禀称徽郡愿捐金十八万,扒济他邑城工,科派祈[祁]捐二万",为了响应皇帝的御旨,竟然自告奋勇给其他地区捐款修城,并向府内六县摊派。吴嘉善齐集士民商议,认为"祈[祁]地瘠民贫,实难捐解,只可照旧捐修本邑城垣",不能协助他县,于是直接向省禀报,推掉了捐派。此举无疑得罪了直属上司,在本年冬的"计典"考核中,王知府以"才力不及"对其作出弹劾,"士民愤欲上诉,嘉善力阻之,遂去"。①

继任知县周万宁接替修城重任并立即清查修城经费。据他称:"捡查卑县城工卷案,计原估银二万五百两有零,而捐输簿内只有一万二千数百余金。卑职采访舆情,虽民捐民修,具见好义急公,无如地瘠山多,其中饶裕之

---

① 周溶修、汪韵珊纂:同治《祁门县志》卷二一《职官志·名宦》,《中国地方志集成·安徽府县志辑》第 55 册,南京:江苏古籍出版社,1998 年,第 217 页上。

户比徽郡他邑较少。卑职随督同董事人等逐加履勘核算,现在修筑工费约计一万三千余金可以告竣。"并将实情禀告省、府衙门。乾隆二十九年(1764)二月二十九日,安徽布政使司命徽州知府李嵩、安徽城工总局史鲁璠、黟县知县孙维龙一同亲临祁门县勘估会详;三月,李、史、孙等人"勘过祁门县城工减定需银一万三千一百四十二两零,并无浮捏缘由"。修城的经费由此确定。

同年四月,周万宁去职,刘宸赞接任,继续督工修城。上级要求在本年内完工,刘宸赞督促工匠加紧修筑,于乾隆二十九年十一月二十七日竣工。"一应应修城垣、城垛、城身、阶级以及门楼等项,俱经如式一律修整完固",主体工作已经如期完成。但是,"现在批捐者尚欠一千五百余两,致海礁未完",再加上"各匠加工趱修,欠缺工食,曾赊各店货物数百两……至前所领常平仓谷五百四十六石垫发工匠,亦需收输买偿",因此还有不少拖欠经费需要解决。此外尚有各种报销册籍、实用保固甘结和各级部门的验收册结都需要继续赶办,"一切修筑杂务"拖延至次年才停工。

按照常例,各班工匠在工程结束之后都需出具保固五年的甘结。十二班工匠于二十九年十二月即出具保固甘结,"限内倘有坍塌,各匠承筑之处,愿自修补,不敢违误",修城之事本应就此结束。可在次年三月,县衙要求督工的董事也出具甘结。董事们十分不满并上书表达了意见:"生等董事收输,有串票可稽,支给工匠及各杂费有细帐可查,经理实用,颇与报销册结照……无庸出具,惟将串票帐簿呈案申送",且"保固之责实在各匠,生等曾据伊原承约给清工价,设限内倘有坍塌,惟执切结拘伊重修,于生等何尤?保固之结亦无庸具"。县衙执意要求董事们出具甘结,认为"该生等董事三载,一切收支动用,既俱有帐据可稽,又何难具此一纸结耶?且本县取结之故,盖因定例应然,并非有所揣疑而故为勒取也……如偏执过虑,徒烦驳饬,终于公事无益"。于是,董事们只得遵令出具。由乾隆三十年(1765)七月的《徽州李正堂为遵旨议奏事》一文得知:"今安庆府、庐州府捐输,董事各绅士业经本部院行令,置备戏筵,延集公所,令府县坐于主席,使人人欢饮,以酬其好善乐输之意。"徽州府各绅士虽"将来汇册报部,自有应得奖励之典",但是按照惯例举行的"肆延设席"却以"独以隔远"为由,不了了之,当与之前的甘结风波有关，官绅之间的隔阂已经产生。

乾隆三十年七月二十八日，"奉抚宪委分巡李道台验收，李转委署分府董世明二太尊确勘出结，详覆题销"，官府的验收通过。乾隆三十二年（1767）十月二十六日，祁门知县李奉纶"齐集董事，酬告城隍，并焚誓章，清算收支各账"，宣告完工。至此，修城工作才算正式告终。但士绅与官府之间的裂痕并未愈合。在刊印《城垣簿》时，士绅们邀请前任知县吴嘉善作序，而仅仅象征性地抄录了现任知县的碑序而已。

此次修城，历时达4年，经历6任县官，共费13 142两3钱5分8厘。绝大多数经费来自图甲组织的捐输。《城垣簿》的"图甲乐输银数"部分就是全县图甲户名的汇总以及各户的捐输金额。同书《修改城垣始末》称，捐输人群包括"阖邑里户、绅士、商贾人等"。该簿的编修体例也指出，"各士民已输附本甲内"，即士绅以及其他民众的个人捐输，按照所属图甲附注在"图甲乐输银数"项下，同样可以视为图甲捐输的组成部分。而"杂项乐输银"所载，大多为城内商铺名称，仅2 000余两。据此可知，修城经费最重要的来源是覆盖全县22个都的图甲组织，包括"各士民"在内的图甲共捐出11 000余两，占总数的85%。

由吴嘉善挑选的120名董事的姓氏、名号和来源，按照"在城"、东、南、西、北五乡划分（见表1），①全部记载在《城垣簿》的"董事姓名"条目之下，为首的4位"总理"分别来自"在城"（洪承庆、陈秉忠）和西乡（汪宗泗、吴升香）。但是在董事的密度分布层面上，西乡的地位与"在城"却不是等量齐观的。其中，董事"在城"有27人、东乡24人、西乡27人、南乡17人、北乡25

---

① 李家骧：《祁门县乡土地理志》（1册）第一章第五节"区划"，1944年油印本，中国国家图书馆藏，第1a—2b页。该书称："本境区划仍明旧制，为六乡二十二都……然此名已不常用，今所同称者惟城、东、南、西、北五乡之名而已，现在创办警察分全境为六区，城东北三乡各为一区，南乡分为二区，西乡分为三区。"结合《城垣簿》的记载，说明祁门地方社会至少自清代开始就已流行以方位划分"五乡"之说法，但一直没有明确的划分标准和依据。现根据1942年成书、胡樵碧纂《祁门县志·艺文考》所载《祁门诗人姓氏爵里》（祁门县地方志办公室整理点校本，内部印刷出版，2009年）记载，如"王舜举，南乡平里人""光文谟，北乡三都人"，基本覆盖全县的信息；结合村落、都图，可以发现"五乡"基本依据"都"为单位划分，只有五都较为特殊，樟墅等部分村落属于东乡，大部分属于北乡。本文表1权且以"都"界示意五乡的大致范围。

人。"在城"的城都和一都达到每都 13 名董事之密度,是官府最为倚重的士绅力量。至于北乡只有 4 个都,平均每都 6 名董事;东乡只有 3 个都,平均每都 8 名董事,亦属主要支持力量。相较之下,西乡和南乡平均每都仅有 3 人。

表 1　祁门县五乡划分

五乡	都
"在城"	城都、一都
东乡	九都、十东都、十一都
南乡	三四都、十西都、十二都、十三都、十五都
西乡	二都、十四都、十六都、十七都、十八都、十九都、廿都、廿一都、廿二都
北乡	五都、六都、七都、八都

士绅们的职责,除了督修城墙之外,主要是向五乡各都图甲的民众征收钱款。虽名为"乐输",但整个运行过程可谓一次临时的赋税摊派。执行费用征收的是各乡都之董事,而非衙门胥吏。名列四大"总理"的西乡十九都南源村汪宗泗(字天叙)传记称:"吾邑举大事必群吁经首。乾隆二十八年,邑侯吴奉檄修城,天叙应召总局董理,凡经营度支,以身任之,无丝毫苟且,众大推服。"[1]而在更早的乾隆十三年(1748)间,"举行图总,胥吏因缘为奸,害将无穷,府君(即汪宗泗)慨然念斯害之被及一邑也,爰率二三同志,力为告脱,其事遂寝"[2]。可见,这批董事便是地域社会中的能人精英,具有很强的组织能力,能够有效地完成经费收支,并以集体力量有力抵制了胥吏对地方税务的干预。另一方面,士绅对于赋役的插手,只以保障地方利益为目的,并没有站在国家的对立面。在嘉庆二年(1797),"邑有加增应试儒童之

---

[1] 王启兰:《太学宗泗公传略》,《南源汪氏支谱》卷九,民国二十二年(1933)木活字本,上海图书馆藏,第 30 页。南源又名南溪,今名伦坑。同治《祁门县志》卷三〇《人物志·义行》亦载:"乾隆壬午,诏安徽各属修城,知县吴嘉善举为总理,殚心竭虑,年余告竣。"(第 344 页上)

[2] 谢文涛:《太学宗泗公传略》,《南源汪氏支谱》卷九,第 32a 页。

议"，南源汪氏随之相应设立八甲文会。① 从称谓来看，便是以自身所在的十九都一图八甲名义，兴立文会应对科考，获取功名身份。

尽管续任的知县继续使用这批士绅，不信任感却油然而生，以例行公事之姿态强制士绅签订甘结，确保账目清白。如此做法，实际上体现出清代前期官府打击士绅包揽钱粮的一贯态度，自然引起了官绅间的不谐。汪宗泗亦与地方官府发生直接冲突："岁己卯（即乾隆二十四年），乡有滞讼，狱在于郡，波及府君。维时郡守不仁，欲以府君为根而株连不已，府君默识其意，直理状气，激昂动天，竟令毒无所施，事遂得已。此一役也，保全无辜，不知凡几。"②面对府级官员的打压，以汪宗泗为首的地方士绅能够有效反制，自我保全。《城垣簿》作为士绅正式编纂、刊印的总结性文献，同样毫不避讳地表达出对当前官府的不满。此重要的背景因素，是我们解读该文献所载图甲捐输之格式和内容时必须注意的。

二、《城垣簿》对图甲户籍的记载

清代祁门图甲组织源于明代里甲制度下的人户编排。明初，遵循"务不出本都"的原则，对祁门县乡都进行调整，并在此基础上编立里甲。具体调整措施是："乡因之，都削其名"，将宋元旧制之和光都、日新都等更名为一都、二都等；又将三、四两都合并为一，名曰"三四都"；十都析分为二，为"十东都"和"十西都"。通县共计22个都，编为51里。③ 此后，里的数量一度减少为46个。万历元年（1573），"知县廖希元以城及一都、七都户口众多，各增一里，为四十九里，里即图"④。至此，"里"与"图"的互称正式得到地方官府的确认，里甲蜕变为图甲，即"总户—子户"结构之确立。

① 《八甲文会》，《南源汪氏支谱》卷九，第3a页。
② 谢文涛：《太学宗泗公传略》，《南源汪氏支谱》卷九，第32a页。
③ 蒋俊修、黄汝济纂：永乐《祁阊志》卷一《乡都》，祁门县地方志编纂委员会办公室整理本，2009年，第21—22页。
④ 余士奇修、谢存仁纂：万历《祁门县志》卷四《人事志·乡市》，合肥：合肥古籍书店复制本，1961年。

作为以图甲为基本单位捐输建城的登记账本,《城垣簿》详细登载了各都的图甲户名及其捐输金额,其记录形式可以三四都一图为例:

三四都一图

一甲饶联登户 四两(收三两三钱三分五厘)
　　　凌添进 二两五钱(收讫) 汪道佑 一两(收讫)

二甲方元茂户 二十两(收十九两二钱二分五厘)
　　　胡太枝 一两二钱(收讫) 汪立川 八钱(未收)
　　　胡尚义 七钱(收三钱五分)

三甲汪文聘 三两(收讫) 方应二两四钱(收讫)
　　　余世有 一两五钱(收讫) 余大成 一两二钱(收讫)
　　　汪大起 一两六钱(收讫) 汪富兴 五钱(收讫)
　　　汪以功 二钱(收讫)

四甲汪复初户 十五两(收七两) 谢振祖 一两(收讫)
　　　谢应让 四钱(未收)

五甲康永新户 十三两(收讫) 方应明 三两(收讫)
　　　詹添 三两八钱(收三两六钱三分五厘)

六甲余安序户 十三两(收讫) 余任翔 三两(收讫)
　　　余克恒 一两(收讫)

七甲王文明户 十两(收讫) 余大兴 三两(收讫)
　　　余昭德 七钱(收讫) 谢瑞 三钱(收讫)

八甲余嘉训户 十两(收讫) 余万一 一两(收讫)
　　　方祖 三两(收讫) 潘时 四钱(收讫)

九甲汪俊泰二十三两、汪俊彰二十三两(收讫) 汪世昆 五十两(收讫)
　　　汪泰 二十两(收讫) 汪明杰、汪之瑶、汪之斑 三十两(收讫)
　　　汪焖 十两(收讫) 汪起康 十两(收讫) 汪炳 五两(收讫)
　　　汪起玟 五两(收讫) 汪起璟、汪起凤 八两(收讫) 汪辉 三两(收讫)
　　　谢登俊 二十两(收讫) 谢良田、谢登俊 五两(收讫)
　　　谢正发 二两(收讫) 詹大兴 二两二钱(收讫)

　　　　江永茂 八钱(收讫)

　十甲王大用户 十四两(收十两一钱一分二厘)

　　　　程德胜 三两(收讫) 黄发隆 二两五钱(收讫)

　　　　王立 一两(收讫) 汪正儒 八钱(收讫)

《城垣簿》按照22个都的顺序,列出各图各甲的户名。每甲通常有一个户头,以"户"字标示,如一甲的"饶联登户",即为图甲体制下的总户名,属于拟制户名,并非实在人名。按照《城垣簿》的体例叙说,每个总户之后似乎应是"输附本甲内"的士民姓名。

　　其他民间文书与《城垣簿》的同类信息相似,可以相互印证和辅助解读。三四都汪家坦黄氏文书中的"保长记事手册"(以下简称"手册")就记录了"计开三四都一二图里长名目"。① 仅将与前文《城垣簿》相关的三四都一图信息抄录如下:

　　一图一甲 饶联登

　　　　二甲 方良茂 王罗星

　　　　三甲 汪文聘 郭家坦户名余大成、余世有、汪大起、汪富兴、汪以功

　　　　四甲 汪复初

　　　　五甲 康永新

　　　　六甲 余安序

　　　　七甲 王文明

　　　　八甲 余嘉训

　　　　九甲 汪俊彰(新:泰) 谢百秀父子户名正发、占大兴、江永茂

　　　　十甲 王大用

　　　　寄户:汪正儒、程得胜、占有伦、王应期、王顺户、王立户、胡世当、黄发龙

　　对比《城垣簿》与民间"手册",可以发现双方记载的异同。

---

① 《祁门三四都汪家坦黄氏文书》,刘伯山编《徽州文书》第4辑第1册,桂林:广西师范大学出版社,2011年,第381页。整理者将其命名为"保长记事手册",但整册文书涵盖了图甲户名、税额、编审计账、田亩钱粮税则等内容,绝大多数都属于图甲体系的管理内容,其记录时段是乾隆中叶,与《城垣簿》大体同时。

一方面,两份文献所载总户名可以相互印证,也略有出入。如九甲为两户共同承担,《城垣簿》同时记录汪俊泰和汪俊彰两个户名,而"手册"则指出新户为汪俊泰,旧户为汪俊彰。至于三甲,《城垣簿》记录总户为"汪文聘",但没有带上"户"字。而"手册"除了记录"汪文聘"外,还指出郭家坦另有五个户名。这五个户名恰好皆为《城垣簿》所载的个人捐输的名字。可见,三甲总户应该是由汪文聘户和郭家坦诸户共同负责。因此,民间文书的记载可以印证《城垣簿》的信息是准确的。稍有差别的是二甲,《城垣簿》为"方元茂",而"手册"载为"方良茂",这或许是读音相近导致记录略有差别,两者应为同一户。

另一方面,"手册"明确标注十甲王大用户下存在八个寄户,其中四个寄户姓名又出现在《城垣簿》之中。这说明《城垣簿》中载于各总户之后的士民姓名,绝大部分其实是子户(寄户),亦属拟制户名,而不完全是士绅、民众的实在名字。

《城垣簿》中对图甲总户的记录,有一个明显标准,即是否有"户"的标注。如有,则说明该甲属于常规的"总户—子户"结构。如无,则有以下三种情况。

其一是存在并列的朋户,即势力相当的若干群体共同朋充一个总户。如九都二图一甲的户名是方益祀、汪永达、汪余庆并列,或说明该甲并无占据完全主导地位的家族。又如城都一图二甲是方日洪、方文焕朋充,十东都一图六甲是李时善、李允恭朋充,表明该甲虽有主导的族姓,但内部力量整合尚未完成。

其二便是康熙三十年(1691)的三个新图。它们是集中增立的图甲,将先前的附户、子户直接提出而设立的,在短期内尚未整合为"总户—子户"式的依附结构,各户之间相对平等,仍具有显著的朋充色彩。以十一都三图为例:

> 一甲方江源 十五两(收讫) 江迪富 五钱(收讫)
>
> 　　江珊友 五钱(收讫) 江义和 五钱(收讫)
>
> 二甲吴项 六两七钱(收讫)

　　　　三甲叶林汪　二十四两（收讫）

　　　　四甲□崇怀　十八两（收讫）

　　　　五甲李秋　十一两四钱（收讫）

　　　　六甲朱德泽　二十两（收讫）朱文　二两五钱（收讫）

　　　　七甲黄胡儒　八两五钱（收讫）

　　　　八甲胡本兴　七两六钱（收讫）胡本清　四两（收讫）

　　　　　　胡振孙　四两（收讫）胡兴　二两（收讫）

　　　　九甲王大程　四两五钱（收讫）方时用　二两（收讫）

　　　　十甲胡徐邵　十三两（收讫）

相比于老图甲首户名后往往有"户"字样作为标识，新增的三个图则完全没有这样的形式。尽管从三甲"叶林汪"、十甲"胡徐邵"等户名来看，已经具有一般图甲的拟制户名之特征，但是在《城垣簿》的编集者看来，新图甲不过都是重新组合的朋户，无法与老图甲总户相提并论。同时，较之权势大族，新图各甲户的丁亩较少，力量弱小，也需要以两人或多人共同承当一个户籍单位。

　　其三是绝户。十三都二图七甲、十九都一图三甲的户名都是空缺无载，多为户绝无人承继的情况。

　　无论如何，《城垣簿》详细而系统地记载了全县52图各甲总户、子户的基本情况，弥补了地方志没有详细记录、民间文书亦不完整系统的缺陷，可谓是一份清代中叶祁门县图甲户籍名录（参见附录），有助于我们全面分析图甲内部的结构及其差异。

三、捐输额度与图甲格局

　　各个图甲的钱款是根据经济实力，以摊派或认捐的形式进行征收的。直到祁门县城修筑完毕，仍有一定数目的钱款拖欠。《城垣簿》以"收讫""未收"以及收取部分钱款分别标注出来。根据原定与实际收取的数额，将祁门县各都的图甲捐输情况列表如下：

表 2　祁门各都捐输情况一览表

都别	图数（甲数）	原定捐输额度（两）		实际捐输额度（两）		差额比率（%）
		总额	甲均	总额	甲均	
城	4(40)	863.43	21.585 8	744.588	18.614 7	13.764
一	3(30)	534.9	17.83	486.494	16.216 5	9.050
二	2(20)	403.29	20.164 5	382.73	19.136 5	5.098
三四	2(20)	532.95	26.647 5	509.98	25.499	4.310
五	1(10)	717.78	71.778	641.576	64.157 6	10.617
六	2(20)	533	26.65	471.98	23.599	11.448
七	2(20)	444.8	22.24	390.733	19.536 7	12.155
八	3(30)	886.04	29.534 7	884.884	29.494 8	0.013
九	2(20)	650.321	32.516 1	606.594	30.329 7	6.724
十东	2(20)	1 102.153	55.107 7	1 068.199	53.409 9	3.081
十西	1(10)	222.2	22.22	196.805	19.680 5	11.429
十一	3(30)	910.28	30.342 7	839.745	27.991 5	7.749
十二	3(30)	745.916	24.863 9	686.483	22.882 8	7.968
十三	2(19)	251.25	13.223 7	227.66	11.982 1	9.389
十四	2(20)	332	16.6	319.594	15.979 7	3.737
十五	3(30)	567.6	18.92	539.38	17.979 3	4.971
十六	2(20)	299.5	14.975	299.5	14.975	0
十七	2(20)	320.02	16.001	309.834	15.491 7	3.183
十八	2(20)	300	15.0	269.505	13.475 3	10.165
十九	3(29)	473	16.310 3	440.895	15.203 3	6.788

（续表）

都别	图数（甲数）	原定捐输额度（两）		实际捐输额度（两）		差额比率（%）
		总额	甲均	总额	甲均	
二十	2(20)	300	15.0	232.351	11.617 6	22.550
廿一	2(20)	300	15.0	212.036	10.601 8	29.321
廿二	2(20)	300.31	15.015 5	293.365	14.668 3	2.313
总计	52(508)	11 990.74	23.603 8	11 054.911	21.761 6	7.805

　　从表2中可以清楚看到,各都实际捐输的总数额并不均衡,最少的是十西都,未及200两;最多的是十东都,达到1 000余两,相差4倍。各都所辖图甲数量不一,最多的城都有4个图40个甲,五都和十西都则仅有1图10个甲,相差3倍。所辖图甲数量多的都,捐输总额相对较多一些。但是,捐输差距主要表现在甲一级的层面。五都平均每甲捐输达到60两以上,二十一都每甲仅10两,相差超过5倍之多。因此,五都的图甲规模虽小,但是全都和甲均捐输总额均为全县之首。由此,各都、图、甲捐输的空间格局分析,在甲的平均额度层面上最为准确,也更能表现出各都参与修城的密切程度。

　　以地理区位空间看(参表1),以县城(城都)为中心的阊江沿线,是捐输数额最集中的部分,分布在祁门县的东、北乡。其中,五都和十东都超过50两,遥遥领先;与之相邻的八、九、十一3个都次之,接近或达到30两。南乡稍少,以距离县城最近的三四都为首,达到25两以上;而距离最远的十三都最少,仅11两余。西乡情况与南乡类似,而且表现得更为突出。除了邻近的二都以外,其余8个都均在每甲16两以下,呈现出几乎截然相反的场景。根据甲均层面的空间分析,东、北两乡主要通过流域水路交通的联络,与县城的紧密度高。南、西二乡捐输相对较多的都,也大都靠近县城。因此,与县城的空间距离是造成各都捐输差异的重要因素。

　　各都原定与实际捐输的差额也能反映出不同图甲实际执行状态。总体上看,整体差额并不太大,有900多两,占总额的7.805%。与总额分布相比,各都捐输的差额比率分布并没有存在明显的东西差别。共有13个都低于差额比率的平均数,达到全县范围的一半以上,这一意味着大部分都图能够较好地完成捐输。其中,仅十六都全部按额完成任务,八都、二十二都的差额也十分微小。二十都和二十一都则有超过两成的捐输没有达到,尤其是二十一都有约三分之一的欠额。十六都和二十一都地域相邻,都位于西乡,距离县城较远,却表现出相反的捐输状态。还有许多超过差额平均水平的都,分布在北乡和南乡。五都的捐输总额虽多,但欠额比例也不小,达到10%以上。

由此观之,东乡在捐输总额和差额比例上最为均衡,支持修筑城垣积极性最高。其次是北乡、南乡。与前述知县依赖西乡和"在城"士绅群体相比,这两地在图甲捐输层面的表现反而不尽人意。"在城"的捐输总额和差额均在全县平均水平之下。西乡捐输总额最少,执行状态两极分化,整体表现极不均衡。

表3　总户与子户实际捐输额度的比较(不含新增图)

都别	总户			子户			总户与子户的差额	
	总额	户数	户均	总额	户数	户均	总额	户均
城	388.564	40	9.714	356.042	75	4.747	32.522	4.967
一	149.858	30	4.995	336.636	66	5.101	−186.778	−0.106
二	204.05	20	10.203	178.68	67	2.667	25.37	7.536
三四	210.382	20	10.519	299.598	91	3.292	−89.216	7.227
五	163.796	10	16.380	477.78	37	12.913	−313.984	3.467
六	197.6	20	9.88	274.38	87	3.153	−76.78	6.727
七	145.266	20	7.263	245.467	50	4.909	−100.201	2.354
八	353.345	20	17.667	306.899	48	6.394	46.446	11.273

（续表）

都别	总　户			子　户			总户与子户的差额	
	总额	户数	户均	总额	户数	户均	总额	户均
九	382.853	20	19.143	223.741	63	3.551	159.112	15.592
十东	578.049	20	28.902	490.15	46	10.655	87.899	18.247
十西	155.405	10	15.541	41.4	4	10.35	114.005	5.191
十一	360.445	20	18.022	331.2	30	11.04	29.245	6.982
十二	461.59	30	15.386	224.893	66	3.407	236.697	11.979
十三	136.31	10	13.631	33.2	17	1.953	103.11	11.678
十四	318.294	20	15.914	1.3	1	1.3	316.994	14.614
十五	472.88	30	15.763	66.5	24	2.771	406.38	12.992
十六	299.5	20	14.975	0	0	0	299.5	14.975
十七	289.834	20	14.492	20	1	20	269.834	−5.508
十八	269.505	20	13.475	0	0	0	269.505	13.475
十九	440.895	29	15.203	3	1	3	437.895	12.203
二十	232.351	20	11.618	0	0	0	232.351	11.618
廿一	212.036	20	10.602	0	0	0	212.036	10.602
廿二	293.365	20	14.668	0	0	0	293.365	14.668
总计	6 716.892	479	14.023	4 447.866	774	5.747	2 269.026	8.276

更为重要的是，子户数量的记载极大影响到了各图甲的整体捐输情况。表3显示，在不计3个新增图的前提下，无论是捐输总额，还是户均额度方面，祁门全县的总户都远超子户。具体到各都，情况则有所不同。一都、三四都、五都、六都、七都5个都的总户捐输都少于子户，一都子户捐输总数是

总户的 2 倍,五都甚至达到将近 3 倍。在户均额度层面,仅有一都和十七都两个都的子户略多于总户,而十七都仅有一个子户捐输 20 两的情况下多于总户,属于特殊个例。因此,就全县范围而言,总户在整体财力上胜于子户当无疑义。但是,子户的缺载却是造成总户和子户差距的一个不可忽视之重要因素。

通过参照各类文献,可以确认《城垣簿》中的子户捐输部分存在一定的缺载。如康熙《鲍氏家谱》所载"记保公"的传略称:"元朝末时(原文为"明朝初时",有改动)迁十五都,土名蓝溪,招陈祐之女为妻,系身承当本都一图五甲。充当后,至代余,人微财寡,不能充当五甲,系将五甲排年送入本都查弯汪姓充当。"[1]鲍氏始迁祖经过元末明初的移民定居后,正式编入里甲户籍,经过一代(一般为 30 年)后又将户头转让他姓。该故事具体时间、过程未必准确可信,但可以明确的是,至清初时,居住于十五都的鲍姓是没有总户的,一图五甲总户应为汪姓。查《城垣簿》十五都一图五甲户名,确为汪姓的"汪万钧户"。从族谱记载来看,鲍姓一直在当地生活,但《城垣簿》的十四都、十五都却完全没有记录。再如,黄图于康熙五十四年(1715)任祁门知县,五十八年(1719)离任,由于"贫不能归,子孙遂家祁门,入籍城都三图九甲"[2]。而该甲在《城垣簿》中载为叶姓,没有任何黄姓子户的记录。这类缺载的情形,较大的可能是因为该子户没有参与捐输。

再从空间上观察,东、北乡记录的子户数量较多,最多的是六都,有 87个;南乡三四都的子户数量为全县最多,达到 91 个。西乡子户的记载几乎一片空白,如十六、十八、二十都等,皆无子户记录;十四、十九等都也仅有 1 个。这给人造成祁门西乡没有子户的假象。但实际上,西乡的图甲子户数量众多。例如,在实征册的登记中,二十二都二图四甲王鼎盛户下的子户最少时为 137 个(雍正十年、十一年,1732、1733),最多达到 188 个(咸丰元年,1851)[3]。因而我们可以肯定的是,《城垣簿》对图甲户名的登录,最为准确的

---

[1]《祁门十四都十保鲍氏文书》,刘伯山编《徽州文书》第 4 辑第 6 册,第 4 页。

[2] 王让修、桂超万纂:道光《祁门县志》卷二〇《职官表》,清道光七年(1827)刻本,中国国家图书馆藏,第 21a 页。

[3] 马勇虎、李琳琦:《清代祁门县王鼎盛户实征册研究》,《中国经济史研究》2017 年第 2 期。

当属总户,其下的子户定有相当数量的缺失。

上述分析可以发现互相矛盾的表象:一方面,主持修城的董事能够将参与捐输的"士民"清楚地归入相应的图甲;另一方面,《城垣簿》中的子户缺载绝非一两例个案,而是大面积的普遍现象。以十九都一图八甲(即总理汪宗泗所在之图甲)为例,总户汪仕周户捐输 17 两,虽已全部收讫,但总数只是略高于本都 15.203 3 两的平均水平,低于全县平均的 21.761 6 两的额度,也未见个人的大额捐输和任何子户的记录。又以北乡董事、七都大坦村的汪有修为例,县志对其称赞有加:"乾隆二十七年修城,乐输多金,全力经营,阖邑德之。"①七都一图六甲汪良进总户捐输 40 两,其下有汪宗舆捐 200 两,远高于平均水平,确实可以印证县志所载。但是该甲之后的其余 5 个汪姓子户均标为"未收",总数为 14 两。也就是说,总户和首事以大额捐输掩盖了子户欠缴的事实,还赢得了众人的赞誉。上述这些现象显然代表了为首士绅董事的态度和做法,也折射出祁门县图甲运行机制的若干问题。

四、图甲运行机制的差异

捐输重修城垣费用,从面向全县图甲征派的意义上讲,更像是一次临时性的赋税征收,有助于我们了解图甲组织运行的某些重要层面。表4能更为全面地反映出图甲"总户—子户"的表现。

表4 总户、子户的捐输情况差异(不含康熙新增图)

都别	总　户						子　户					
	总数(个)	未迄(个)	占比(%)	总额(两)	欠额(两)	占比(%)	总数(个)	未迄(个)	占比(%)	总额(两)	欠额(两)	占比(%)
城	40	21	52.5	446.86	58.296	13.05	75	19	25.3	416.57	60.528	14.53
一	30	17	56.7	186	36.142	19.43	66	13	19.7	348.9	12.264	3.52

① 同治《祁门县志》卷三〇《人物志·义行》,第 344 页。

（续表）

都别	总 户						子 户					
	总数（个）	未迄（个）	占比（%）	总额（两）	欠额（两）	占比（%）	总数（个）	未迄（个）	占比（%）	总额（两）	欠额（两）	占比（%）
二	20	4	20.0	212.12	8.07	3.80	67	14	20.9	191.17	12.49	6.53
三四	20	9	22.5	228.5	18.118	7.93	91	15	16.5	304.45	4.852	1.59
五	10	6	60.0	184	20.204	10.98	37	8	21.6	533.78	56	10.49
六	20	7	35.0	242	44.4	18.35	87	10	11.5	280	5.62	2.01
七	20	12	60.0	177.6	32.334	18.21	50	16	32.0	267.2	21.733	8.13
八	20	1	5.0	354	0.655	0.02	48	2	4.2	307.44	0.541	0.18
九	20	8	40.0	421	38.147	9.06	63	8	12.7	229.321	5.58	2.43
十东	20	8	40.0	607.953	29.904	4.92	46	4	8.7	494.2	4.05	0.82
十西	10	8	80.0	180	24.595	13.66	4	1	25.0	42.2	0.8	1.90
十一	20	10	50.0	406.6	46.155	11.35	30	9	30.0	355.58	24.38	6.86
十二	30	5	16.67	480.4	18.81	3.92	66	20	30.3	265.516	40.623	15.30
十三	10	5	50.0	159.8	23.49	14.70	17	0	0	33.2	0	0
十四	20	4	20.0	330.7	12.406	3.75	1	0	0	1.3	0	0
十五	20	9	45.0	491	18.12	3.69	24	10	41.7	76.6	10.1	13.19
十六	20	0	0	299.5	0	0	0	0	0	0	0	0
十七	20	5	25.0	300.02	9.646	3.22	1	0	0	20	0	0
十八	20	9	45.0	300	30.496	10.17	0	0	0	0	0	0
十九	29	9	31.0	470	29.105	6.19	1	1	100	3	3	100
二十	20	7	35.0	300	67.649	22.55	0	0	0	0	0	0

（续表）

都别	总户						子户					
	总数(个)	未讫(个)	占比(%)	总额(两)	欠额(两)	占比(%)	总数(个)	未讫(个)	占比(%)	总额(两)	欠额(两)	占比(%)
廿一	20	7	35.0	300	87.964	29.32	0	0	0	0	0	0
廿二	20	5	25.0	300.31	6.945	2.31	0	0	0	0	0	0
总计	479	176	36.7	7 378.543	661.651	8.97	774	150	19.38	4 170.427	262.561	6.30

首先,捐款拖欠现象普遍存在于图甲之中。在未能完成捐纳的户数方面,总户所占比例极高,达到36.7%,如十西都仅有2个总户完成全额,其他8个均有拖欠。子户数量多于总户,却只有不到20%的数量拖欠。其次,总户的捐输总额规模庞大,达到7 000多两,子户则只有4 000余两,两者相差将近1倍。但总户拖欠额度的比例较高,将近9%,子户略少,为6.3%。再次,西乡有好几个都摊派给每个总户的捐输额度是15两,整甲捐输总额为150两左右。如十七都二图、十八都一图、十九都二图、二十一都二图等,虽然各甲数量不同,但是加总以后均为每图150两;而十八都二图、二十都一图与二图、二十一都二图等,各甲原定额度都是清一色的15两。在排除子户和个人捐输因素之外,可推知每个都、图、甲皆有一定的摊派限额。但它们大部分都没有完成,最少的仅收讫2两。可见,在子户记载或参与极少的西乡,总户的完成度是很低的。如将此次捐输视作一次临时性的税收,祁门各乡都图的表现可以折射出日常赋税征派运行功能的若干特点。

从明代中叶以来,官府曾长期努力塑造以总户为主导的征派税收体制,主要是按照家族进行归并的尝试。祁门东乡十一都赤桥方氏在嘉靖三十一年(1552)订立合同称:"今奉上司明文,凡遇民户各居兄弟人丁数多者,许令于本甲下补充正管甲首。今同弟侄嫡议,具告本县,蒙准,着令户丁方让编作本排下正管甲首,将今次黄册新收税粮推入方让户内。"①由此

---

① 《方氏分家合同》(1册),明代抄本,上海图书馆藏,第4b页。

可见,至迟在嘉靖末期,里甲运作方式已经开始向家族组织靠近。甲首户的递补不再纯粹按照丁粮多寡的标准,也需要考虑家族成员在图甲之内的完整性。允许在本甲之下补充族人作为正管甲首户,可以由家族内部自行约束本族成员的税粮缴纳和徭役摊派,降低地方官府的行政运作成本,也能扩大正管甲首户的来源,避免绝户,维持里甲赋役编排的完整。

众所周知,康熙三十年(1691)前后的"粮户归宗"措施,是福建、广东一带施行的一项重要赋役改革。① 不过,闽粤以外地区同时期也有类似的改革措施。祁门的"并户"也属于"粮户归宗"的范畴。康熙三十一年(1692)十一月一都一图的合户合同称:"今遵新例,奉宪明示,便民并户当差。……于康熙三十年编审,有谢沾癸、谢世茂二户,今归入五甲租[祖]户谢圣耕户,合名'圣茂'户头。又有吴世高、吴上奇、吴应试三户归入六甲祖户吴光裕户。蒙县主祝老爷批,准册报户部在案,照例轮流充当花户,今入本图公会。"②清代五年一度的人丁编审是合户的重要契机。这一时间节点,与福建的粮户归宗措施完全一致。③ 作为地方官府的"新例""新政",合户的基本程序是民间自行合议,确定合户,编造赋役册籍之后,上报知县批准。谢圣茂户便是由先前的圣耕户和世茂等户合并而成。而《城垣簿》中,该图十个总户的姓氏是没有变化的,谢圣茂和吴光裕两户户名也是完全吻合的。不过,一甲为谢日升户、三甲为汪昭贤、九甲为谢大壮,均与合同所列总户名有一字之差,而十甲则从康熙年间的谢永丰户演变为谢宪祀户。

总户姓氏的变更也由此显得尤为重要,其意义超出了"户名不变"的现象。④ 这是因为,姓氏不变而总户名变动,只能反映某一家族组织内部的变

---

① 刘志伟:《在国家与社会之间——明清广东地区里甲赋役制度与乡村社会》,北京:中国人民大学出版社,2009年,第208—209页;郑振满:《明清福建家族组织与社会变迁》,北京:中国人民大学出版社,2009年,第144—151、192—193页;刘永华、郑榕:《清初中国东南地区的粮户归宗改革——来自闽南的例证》,《中国经济史研究》2008年第4期。

② 《康熙三十一年谢日源等立入会合同文》,祁门县博物馆藏散件文书。

③ 刘永华、郑榕:《清初中国东南地区的粮户归宗改革——来自闽南的例证》,《中国经济史研究》2008年第4期。

④ [日]片山刚:《清末珠江三角洲地区图甲表与宗族组织的改组》,载叶显恩主编《清代区域社会经济研究》上册。

化;总户姓氏的更换,则能较为明确地显示出当地社会力量的更替。如清道光年间,祁门五都一图十甲谢至正户绝之后,许多异姓承顶该户却中途退出,便因户名姓氏无法更改,他人不愿"做谢姓之裔"。后来黄姓承顶更名为黄成德户,便较为稳定地存在于地方社会了。[①]　可见,图甲格局确立以后,徽州地方宗族颇为注重更改总户姓氏,显示对该户头的所有权。

《城垣簿》中捐输较多的图甲就有强宗大族势力的影响。如五都三甲总户和子户均为洪姓,捐输达到468两;十东都二图五甲李姓总户捐款124.05两,是全县之首,加上其13个子户捐款,共达到316.55两。仅这2个甲的数额就比许多都的捐输总额都要多。至于一都一图十甲的总、子户均为谢姓,总捐款为138两;三四都一图九甲汪姓总户及14个同姓子户捐款总数为171两;九都一图七甲许姓总户及其17个同姓子户捐款总数为167.7两;十东都一图九甲谢姓总、子户捐款总额为210两;十一都二图六甲吴姓总、子户捐款总额是185.39两,等等,也是大族主导图甲的表现。

强宗大族与图甲结合,有助于赋税征派的完成。如康熙二年(1663)十一月祁门洪氏家族制订的津贴五都三甲里长合同,就规定了六大房共同承役的津贴、轮充、征收等实际运作详细内容:

> 立合同寿公六大房贞兆、大有、贞齐、贞沧、应基、应廷等,原承祖五都三甲里长,今于康熙三年轮该充役,与相公均当。所有里役在官费用,悉照众祠文书照粮均出。仍有九年排年,悉照旧例,寿公匣每年贴银四两八钱,以为排年出身幸力。其银逐年排年照粮征收。有粮之家,务要照比应期兑粮,付排年上官,不得恃顽执拗。如有恃顽不兑者,听排役出身之人赍文理论,出身之人亦不得生端外取。其排役照前例,六大房拈阄轮当,两房充当一年。所有□柜、补征、加派,仍系某年经手排年,即征某年分加派完纳,不得推辞下手之人。[②]

尽管官府努力将家族与图甲归并整合,尤其是将各甲之下的子户归宗,

① 黄忠鑫:《明清徽州图甲绝户承继与宗族发展》,《安徽史学》2014年第6期。
② 南京大学历史学院资料室藏散件文书。又见[韩]洪性鸠《明末清初の徽州における宗族と徭役分担公议:祁门县五都桃源洪氏を中心に》,《东洋史研究》第61卷第4号,2003年。

但从乾隆年间的断面来看,图甲总户之下的构成依然复杂多样,并不是所有图甲都彻底实行了同姓归户。综观《城垣簿》,总户名之下仍有大量的异姓子户名存在,全县 52 个图中,除十三都二图八甲和十九都一图三甲绝户缺载外,共计 508 个甲,有 258 甲记载有子户,超过半数,其中有 119 个甲存在与总户不同姓氏的子户,约占总数的 23%。这说明约有四分之一的总户之下存在异姓子户。如果考虑到西乡的多数图甲的子户没有记录在内,这一比例还会更高。

个别子户捐输额度颇大。如一都一图十甲之下的谢衍一人就捐出 120 两,颇为引人注目。但此例可能是个人在同姓总户之下的捐输行为。总户之下的异姓子户在捐输中的表现更值得注意。虽然异姓子户尚未有捐款超过 50 两的特例,但至少有 8 例的异姓子户捐输是超过总户和同姓子户的总数的。(表 5)

表 5　部分异姓子户的捐输情况

都、图、甲	总　户		同姓子户		异姓子户		倍数
	姓氏	捐款	数量	捐款	姓氏(数量)	捐款	
城都三图二甲	王	2.5	0	0	谢(4)程(1)	36	14.4
一都二图八甲	汪	1.7	0	0	桂(2)陈(1)	12.5	7.35
一都三图二甲	李	0	0	0	徐(1)吴(1)	10.4	10.4
一都三图五甲	谢	1	0	0	胡(1)吴(1)僧(1)	10	10
二都二图二甲	廖	1	0	0	郑(1)李(1)胡(1)陈(1)	18	18
三四都一图三甲	汪	3	3	2.3	方(1)余(2)	23.1	4.36
六都二图十甲	程	0	0	0	汪(2)胡(1)方(3)何(1)周(1)	25.12	25.12
八都二图六甲	余	12	0	0	刘(2)	27.737	2.31

表5说明,异姓子户并非都是图甲中的弱势群体,在特定的地域范围内,其经济实力可能是超过总户的。而异姓子户的持续存在,具有民间社会的逻辑考虑。康熙二年十二月,祁门十一都吴、程两氏订立合同称:

> 立议合同人程永昌、吴彦五。今吴有田二十七亩六厘一毛四丝三忽,有地八亩七分四厘四毛四丝二忽,塘九厘八毛一丝三忽,因彦五支下人繁,恐生情弊,兹两相情愿,归入二图七甲程永昌户,递年代纳供解所有税粮,议定递年按照比应付完官,不致迟误。其十年正役,每石米贴银二两五钱算,自议之后,两无悔说,今恐无凭,立此合文二纸,各执为照。如彦五日后倘有新收,听入无词,再批。①

查《城垣簿》中十一都二图七甲,确有程盛总户以及吴登裕子户 1 个。吴姓甘心成为子户的理由就是田地有 35 亩之多,人口繁多,成为子户似乎有利于隐蔽其丁粮众多的事实,规避"情弊"风险。因此,子户反映了基层社会极为复杂的一面,数量变动不居,官府几乎无法准确掌握。

五、新增图甲与基层控制模式变化

几乎在推行"并户"的同时,祁门县也在进行"增图"。其目的与"粮户归宗"类似,旨在遵循税粮征收的自封投柜原则,革除里长户的中间包揽,建立官府与粮户的直接联系。权仁溶对祁门的"增图"问题较早展开研究。他利用安徽省图书馆藏康熙年间的"增图"词卷梳理了祁门县"增图"的过程以及限制条件,旨在证明当时里甲制度尚有实用性。② 康熙"增图"案卷与《城垣簿》结合,仍有不少细节值得深入挖掘。

康熙三十年(1691),祁门县增设八都三图、十一都三图和十三都二图 3 个图。十三都江自东等人禀状称:"身等各家内,有族丁、祀田,粮附入别户,不能归一;亦有丁少粮寡,独力难支。既奉增图,理应归并一户,使民依近就

---

① 《五祠租簿及十王寺租合同》,清代抄本,上海图书馆藏,第 24b 页。
② [韩]权仁溶:《清初徽州的里编制和增图》,《上海师范大学学报(哲学社会科学版)》2007 年第 3 期。

便,尽一造册,不致遗患。"①可见,当时归并粮户的潮流中,除了"粮户归宗"的名义之外,还有相当一部分是因为丁少粮寡进行合户,进而要求增立图甲,独立缴纳税粮,摆脱老图甲的束缚。

据康熙二十九年(1690)十一月初五日的十一都胡(维)祯、李天龙等人连名状称:"身等甲户,向辖里下,屡遭苛诈,贫弱含冤。"可以得知这些新图成员皆为寄户、子户。此后,胡、李等人订立了合约:

> 立合墨。奉上出甲增立十一都三图头首胡维祯、李天龙、方喜春、朱之英、吴福九、林胜宣、黄得顺、徐子茂、江时俊、王大俊等,身等原系甲户,今奉上宪檄、府县老爷檄,催出甲增图。身等遵奉,相邀同志,共五十余户禀控,县主金批出户,造具花名税亩细册,增立十一都三图,转详各宪施行。诚恐户众人繁,心志不一,兼有造册事务,纸张、经承、差提等项公私费用,若不举择忠诚练达能干公直之人任事经管,必致虚劳功鲜者也。为此,众议身等十人头首,身等十人,议立合同,所有银两收支,必要眼同一二人记账明白,毋得徇私肥橐。所有公务差遣及出官往上,必要公众听其一二人约束差使,毋得推委退缩。或有棍豪借端生波骗害,违宪阻扰,必要齐心控告府县各上宪究理,毋得袖手傍观、畏惧不前。其余人等亦不得妏[招]忌生心、听唆造谤、起人争端,如有此等情弊,鸣攻共罚,天神交谴。今又有凭议,立合墨一样十张,每人各执一张存炤[照]。
>
> 　康熙二十九年十一月十八日立合议人胡维祯、李天龙、方春喜、朱之英、吴福九、王大俊、林胜宣、黄得顺、徐子茂、江时俊,见议亲胡君华、胡浺和②

增立图甲(即增图、生图、开图等)而缔结的合约在徽州时有发现。一份康熙二十九年徽州某县增立四图的合约记载,该图 10 户分别来自"本都八户,同十都二户,共成十甲"③。可见,新图甲的成员往往居地分散,尤其需要

---

① 《清康熙时状词和批示汇抄》,清代抄本,安徽省图书馆藏,第 7b 页。
② 《清康熙时状词和批示汇抄》,第 4b—5a 页。
③ 俞江、陈云朝:《论清代合同的类型——基于徽州合同文书的实证分析》,《法学》2014 年第 6 期。

合约来约束、引导集体行动。十一都三图共 50 余户，"粮附十一都、十东都、九都三处都图供解"，同样是散居形态。他们选出 10 位"头首"，便是按照 1 图 10 甲的形式进行呈报官府。

新图甲面临三个方面的问题：编造人丁税粮册籍及其钱粮管理、应对官府各色差役以及"棍豪"的阻扰。这些理由都在同姓并户合同中提出过。老图甲组织往往是一两个家族组织在甲内发挥主导作用。因此，所谓的"欺凌"或"归宗""合户"，本质上是民众寻求降低税粮缴纳成本的努力，由此派生出里长户贪得无厌、肆意欺凌小户（甲户）的形象。

对此，官府的态度逐渐转变为酌量增加图甲，对新图甲提出若干特定条件。十一都订立增图合约的次日，知县畅兆泰即出批文，除"速将前项丁粮细册，依限送核，以便申详"外，"另立都图顷亩细册，转详各宪"。这些自行编造的土地钱粮册籍，将作为是否批准"增图"的依据。随后，畅兆泰又进一步明确了相关标准：

> 原以禁包揽诡寄，有田纳粮，有丁当差，勿得辖轹凌害也。今一田或百余亩，或数十亩，果一人之业乎？抑数人共业乎？数人共业，当分注某户自己业几多。仍总一户，不犹诡影包纳乎？成丁或十数口，或数口，当分注某丁某名，一丁另注一页，或有田几多，或无田。如仍有总数无的名，不几大里户又分为小里户乎？立法之后，利害不清，何以永久仰户房、图差押催？蒋文才等速行清编，有田各分为户，有丁各分为户，勿得总捏朦混，庶便造报批允，方可造实征册，另图纳钱粮。三十年钱粮开卯，即当征比，稍迟即无及矣。

由此可以体味出官府目的：利用增图的契机，试图尽可能详细地掌握图甲粮户、丁亩数额。在调整图甲之前，各个总户（即所谓"大里户"）之下的立户凭据已经难以逐一弄清，故需要甲户自行呈报，尤其是数人共业的田亩，需要标清己业数量，以及人丁与田亩的对应关系（有丁有田或有丁无田等情况）。这是引发赋税征收困难的关节点。如果放任自流，则会出现总户之下又有总户（"小里户"），每个层次的税粮模糊不清，不得不依赖包揽人的情况。通过设立新图甲，以减轻甲户税粮负担的名义，将各户详细丁亩数据载入实征册,使其成为官府掌握的可靠记录。如此一来,便可禁革"包揽诡寄",重建"有田纳粮,有丁当差"的秩序。因此,十一都三图奉命将相应数据呈报,"计开十一都三图总实在成丁一百零四丁,共折实田五百一十亩二分九厘九毫九丝三忽,其各户丁田另具细册"。这仅仅是诉讼案卷中的总数额,至于"细册"内容,并未收录。

对于掌握总户、册书等职役的社会群体(如宗族)而言,在定额缴纳税粮的同时,便可以避开官府,"私相过割",在内部税粮征派、土地买卖等活动中获取利益。因此,图甲内部矛盾在清初颇为尖锐。一些子户以宗族名义得以归并,减轻了依附外姓总户的成本;还有一部分附户、子户则在官府引导下,独立设立图甲。他们需要向官府提交详细的粮户丁亩数额清册,证明自身具备增图的条件。官府由此掌握了一部分子户的可靠信息,在少数图甲实现了较为彻底的自封投柜。因此,当这些新增图甲继续向旧图甲的柜书缴纳税粮时,遭到后者拒绝和阻扰,这很大程度上是因为他们的税粮信息已经被官府掌握,后者无法从中渔利。

最终的协调结果却是为三个新图专门独立设置一柜,即词卷中的新增第八柜,从而便于新图甲独立缴纳税粮。前述"保长手册·计开本县都图分"便展示了祁门县"自封投柜"下的区划:

> 一柜:城都一二三四图、一都一二三图
> 二柜:二都一二图、三四都一二图、五都一图、六都一二图
> 三柜:七都一二图、八都一二图、九都一二图、东都一图
> 四柜:东都二图、西都一图、十一都一二图、十二都一二三图
> 五柜:十三都一图、十四都一二图、十五都一二三图、十六都一图
> 六柜:十六都二图、十七都一二图、十八都一二图、十九都一二图
> 七柜:十九都三图、二十都一二图、廿一都一二图、廿二都一二图
> 八柜:八都三图、十一都三图、十三都二图

第一柜至第七柜,皆包含 7 个图,这些都图都是康熙朝之前即已存在的,说明当时"自封投柜"是按照"图"的数量平均划分"柜"的收纳范围。只有第八柜仅有 3 个图,显然是单独设置,说明新增图甲虽然是在官府主

导下成立的,却始终受到老图甲成员、胥吏的排挤,从而在纳税程序上单列出来。

制度上的差别还造成新增图甲与老图甲的心理隔阂。他们原先作为附户,在向老图甲缴纳一定的寄附费用的同时,还往往被歧视为下户、小姓。与乾隆年间修改城垣同时,八都就因为新增图众的身份认同,发生了灵泉寺匾额纠纷,亦留下案卷汇编1册。① 灵泉寺据说是八都一、二图众的祖先于唐代捐建的,是"都人香火祈福禳寿之区"。于是,该寺就被新增的三图图众认为"系通都共建,并非一二图私业",他们自然"有份"。乾隆二十八年(1763)六月,灵泉寺进行修葺募捐。十二月完工,三图张光大等人向知县吴嘉善申请"灵泉古刹"四字匾额一幅。他们考虑到"一、二图已立有扁,所以不去知会",自行将匾额悬挂。而一、二图发现新匾落款为"三图十排年众立"字样,极为不满。一、二图图众认为,"祖立公扁,原为开山始事建立,今仅修造",三图却擅自悬匾,填入知县为三图十排年众立字样,有取而代之的趋向,极为不妥。因此,他们将三图字样铲去,引发了双方的争论。作为八都民众精神寄托的灵泉寺,仅仅因为匾额出现"图"的差别,就成为争端焦点。由于先前的佃户、寄户人群结合为新"图",使得当地社会矛盾演变为以"图"为单位的不同社会群体之利益争端。

再从《城垣簿》的捐输记录来看,新增3个图的捐输数量并不大。八都三图为224.6两,十一都三图为148.1两,十三都二图应捐仅58.25两,实际捐纳58.15两,共计430.85两,平均每甲14.86两。3图甲共计79户,户均5.45两。总体而言,3个新图甲的捐输额度位于全县平均水平(根据表2统计,每甲21两)之下,也在一定程度上反映了新图甲的经济实力确实难以与老图甲抗衡,与前述表3统计的子户平均捐输额度(5.7两)大体相当。也就是说,从名义的地位上看,各户相对平等,几乎皆可视为总户,但实际经济实力只是子户的规模。

---

① 此案卷收藏在安徽师范大学图书馆。原无题名,笔者将其命名为"乾隆朝祁门八都灵泉寺诉讼案卷",见第1a—2a页。据案卷称:"此时吴主已于廿二日卸事,周主署事。"此时恰为祁门修改城垣,道光《祁门县志》卷二○《职官表》载,"吴主"即吴嘉善,乾隆二十二年至二十八年十二月二十二日任祁门知县;继任者为周万宁,"试用知县,二十八年署,二十九去"。

　　新图甲预定和实际缴纳的钱两总额只有 0.1 两的差额,几乎可以忽视,完成度达到 99.9%以上;而老图甲却有不少"未讫"的记录,子户的平均完成度也只有 93%。如果结合图甲户名的不同运作方式,我们可以想见,新图甲实际上是官府能够准确控制钱粮征收的一小部分,而老图甲仍旧按照"总户—子户(附户)"的运作方式,官府对其了解与控制有限,从而导致了两者在县城城垣捐输过程中展现出不同的面貌。

　　可见,从康熙三十年以后,祁门县的图甲格局出现了分异,并在乾隆中叶的《城垣簿》中反映出来:新增图甲直接向官府汇报钱粮,回应自封投柜、积极缴纳税银的号召;而大部分图甲仍在"总户—子户"结构下,通过依附、揽纳等方式缴纳税粮。但是,自封投柜存在制度上不可避免的困境,从行政成本和小农生活实际考虑,都是无法实现的理想的直接交纳方式,并导致了默许地方势力包揽钱粮的结局。新图甲尽管暂时有利于官府掌握税粮信息,但付出的代价不小,亦在创设之初就投靠了包揽势力。① 实际上,图甲形制的调整,并不能完全转变税粮包揽的痼弊,最终仅局限于在有限的规模之内实现对税粮准确而直接的控制。老图甲应当更具稳定性和可操作性,新图甲存在与之趋同的趋势。

结　　论

　　随着长期的演变,祁门县图甲格局基本确定,成为乾隆朝摊派修城经费的运作依据。《城垣簿》也因此具备了图甲户籍册的特征,成为我们把握全县图甲状况的基本依据。《城垣簿》中总户详尽而子户较为疏略的情形,恰恰反映了官府对图甲运作的掌控——以图甲总户为中心的社会控制方式。这一方式是明代中叶以来在赋役户籍体制的不断变化过程中逐渐

---

① 在前引"增图"案卷《清康熙时状词和批示汇抄》中,就有黟县人舒时行包揽新图甲税粮事务的合同,其内容称:"立议约祁邑十一都新图胡国祥、李德孚等,今欠到舒名解册上台督、抚二院及藩司并本府本县各项衙门差费使用、归户清册、洪簿印票、勒碑审图一切等事,尽托舒时行承去经理,三面议定九色银一百二十两正。其官中事务一切等事,尽行尽舒时行包管,不累胡国祥之事。"(第 13b 页)。

形成的。

　　官府对图甲的控制主要限于总户部分，借助民间社会"合族均赔"与自行运作，实现较为有效地征收税粮。图甲总户在很长的时期内都较为稳定地保持着嘉靖、万历以来的格局亦源于此。《城垣簿》所记录的图甲格局也是主要形成于这一阶段。

　　然而，官府对子户、附户的认识则十分模糊，往往依赖于一些中间阶层。民间"手册"中有十甲历年税额、编审用费账、田亩钱粮营米则等内容，便表明了该簿册为民间征收税粮的主要凭据，是总户控制子户的重要依据。在修改城垣这一具体情景中，由士绅、宗族控制的图甲总户并没有完整地向官府呈报子户，将个人乐捐与子户帮贴混为一谈，又将西乡为代表的数量众多之子户隐去。由此推知日常的赋税征解，亦当有此类情形，无怪乎续任的知县对于这批董事持有戒心。

　　有学者判断，除非总户无法缴纳税粮而成为绝户，"官府（国家）未必打算掌握实际的土地所有者"。至迟在雍正年间，官府试图越过总户，直接掌握土地所有者，但未奏其效。[①]　而本文表明，早在康熙三十年（1691），祁门县新增立的图甲就直接向官府提供准确的税粮信息，摆脱了对图甲总户的依附关系，暂时实现了钱粮的有效缴纳，是取得了一定成效的。由此，图甲格局的新旧之分，反映出官府对于钱粮征收的程度差别。但新图甲从康熙中期初创时寻求包揽，再到乾隆中期拟制户名出现，都说明其发展逐渐趋同于老图甲。因此，从长期演变情况来看，官府对于图甲组织的干预调整及其所倡导的自封投柜，都无法改变地方势力包揽赋税的总体趋势。

---

① ［日］片山刚：《清代广东珠江三角洲的图甲制——税粮、户籍、同族》，刘俊文主编《日本中青年学者论中国史（宋元明清卷）》，上海：上海古籍出版社，1995 年，第 548 页。

附录

乾隆年间祁门县图甲总户一览表

都	图	甲									
		一	二	三	四	五	六	七	八	九	十
城	一	孙仁寿	方日洪 方文焕	汪昌祺	黄永昌	方绍仁	谢世德	叶际泰	汪致祥	胡公铭	马怡忠
	二	周光祀	胡必富	周恒裕	马瑞光	汪添忠	马得禄	饶世亨	叶茂顺	汪茂盛	张德源
	三	王孟善	王复泰	周国华	谢文昌祀	汪泰来	王光启	陈致善	方成大	叶恒成	胡大本
	四	汪起圣	饶大顺	张永顺	马符端	廖鼎新	陈世祥	方大成	方兆义	方鼎春	叶德兴
一	一	谢日升	汪世有	汪昭贤	谢永裕	谢圣茂	吴光裕	汪崇礼	汪政伦	谢大壮	谢宪祀
	二	李德泰	于顺泰	谢景和	谢恒兴	谢鼎盛	谢振有	汪永祀	汪明芳	谢茂盛	胡添辅
	三	叶肇椿	李永茂	谢光锡	廖敦义	谢世昌	汪永忠	方东旭	汪世义	胡文玑	黄日生
二	一	陈汪荣	廖得禄	陈恰丰	陈杨明	汪胜祖	汪本良	汪正清	陈大兴	廖永茂	张永盛
	二	陈永亭	廖永振	廖永宁	廖永盛	程茂兴	廖大盛	陈嘉大	陈大盛	廖永泰	张永隆
三四	一	饶联登	方元茂	汪文聘	汪复初	康永新	余安序	王文明	余嘉训	汪俊泰 汪俊彰	王大用
	二	汪有功 汪应寿	汪树德	汪裕魁	汪德彰	汪元琼	汪时有	邵永昌	谢廷光	方士美	谢汝善
五	一	徐添祥	仰复义	洪仁友	汪尚忠	仰文亨	陈德祥	仰文德	光日章	汪文明	谢至正

（续表）

都	图	甲一	二	三	四	五	六	七	八	九	十
六	一	程起鹏	程景辉	程永华	程廷芳	方成茂	汪世禄	方永茂	程承祖	方伯宗	余安国
六	二	许光达	胡兆高	程茂柏	林方盛	陈上进	方良盛	程复进	程德新	陈永进	程永兴
七	一	仰中和	林端秀	黄佰茂	黄永拱	郑大义	汪良进	郑日华	黄有万	仰光启	汪顺全
七	二	郑复兴	张日新	蒋万兴	胡重全	谢奇胜	胡荣俊	林尚礼	张义茂	许宗盛	仰至善
八	一	蒋大旺	蒋大振	许文嘉	汪友仁	许大成	程启盛	程承盛	程显旺	蒋永昌	程安邦
八	二	蒋大兴	蒋大起	胡士昌 胡瑞光	程有光	蒋日新	余尚义	程上达	程虹光	黄大茂	程日高
八	三	蒋文才	陈富麒	胡　斌 胡胜元	江胜旺 江天良	邱启明 邱又盛	程尚义 程永旺	郑胡宁	余志旺 黄永昌	黄　忠 黄　贵	叶张汪
九	一	许廷光	黄永兴	许正兴	黄本道	许张盛	黄正和	许绍光	许廷用	黄天锡	吴宗仁
九	二	方益祀 汪承达 汪余庆	黄世昌	黄全泰	许茂盛	黄善茂	谢云锦	吴先春	朱永兴	吴又兴	许世兴
十东	一	江永昌	张天喜	李时茂	胡宁甫	张永达	李时善 李允恭	张敦义	洪继太	许起顺	洪积立 洪阳生
十东	二	李时乘	洪添祥	江敦义	胡明德	张世茂	李时昌	胡希圣	李时旸	张愈盛	张添荣

（续表）

都	图	甲									
		一	二	三	四	五	六	七	八	九	十
十西	一	谢胜茂 谢有贵	谢同仁	谢震新	谢茂盛	谢永达	谢复初	李邦宁	谢禄永	李德茂	谢富有
十一	一	胡期发	方元盛	吴自祥	方 陛	李诚禄	汪浩隆	吴自应	吴元登	李昌义	李春元
	二	黄 禄	程士芳	张园仁	吴弘茂	李光禄	吴胜祖	程 盛	方良益	孙瞻云	吴世显
	三	方江源	吴 项	叶林汪	江崇怀	李 秋	朱德泽	黄胡儒	胡本兴	王大程	胡徐部
十二	一	胡大振	胡德昌	胡崇本	胡万亨	章鼎新	胡永兴	胡文远	章新祥	胡有光	章世发
	二	胡至顺	胡至明	胡至祥	胡永大	胡至善	胡永宁	胡至德	胡大有	胡正明	胡德荣
	三	王重宝	章文盛	陈明进	方永当	李乐善	胡义和	胡祯祥	胡信禄	章旭升	章树志
十三	一	凌云志	陈世荣	胡振先	方 应	汪积善	康世泰	陈允达	戴永春	陈嘉泰	康明盛
	二	江天长	方大荣	汪 尚	李振英	汪时荣	胡永昌	余积善	—	邱时丰	胡大兴
	三	胡福寿	汪荣祖	李开运	李开泰	胡起祥	王万泰	胡隆盛	胡继盛	王安泰	王永良
十四	一	吴尚兴	汪大茂	王光大	汪世禄	倪时通	倪新祈	王正茂	郑光裕	谢致和	汪万钟
	二	郑德光	郑世昌	郑永芳	康其正	汪万钧	胡尔顺	郑世荣	郑宗兴	康光绪	汪元正
十五	一	康正兴	郑明隆	郑士俊	汪世荣	郑日升	康其仁	康大祥	康正礼	康永兴	郑良裕
	二	胡世昌	康益美	郑宗发		周正升	汪世明	汪正茂	胡明盛	胡明伦	汪永盛

（续表）

甲

都	图	一	二	三	四	五	六	七	八	九	十
十六	一	郑起福	汪世昌	倪永旺	倪愈丰	倪复旺	倪永盛	倪必显	倪世兴	谈倪振	汪世盛
	二	倪永兴	胡日升	倪进禄	汪世兴	郑德远	倪祥庆	吴奕丰	曹大成	汪世隆	倪德懋
十七	一	王正巳	汪世传	王同兆	王家盛	程祖荣	汪继良	王永盛	王大有	吴光裕	汪仕隆
	二	王升昌	汪道礼	汪添进	程永义	王嘉泰	程鉎盛	汪香荜	汪永良	汪添孙	汪茂盛
十八	一	冯永义	叶时顺	黄时泰	黄永泰	冯成震	曹正有	叶鼎泰	曹嘉良	叶永丰	叶发秀
	二	黄仕秀	叶兴祥	叶时旺	吴良兴	许大旺	吴佰有	江云龙	冯龙旺	冯光发	叶生龙
十九	一	王可用	汪胜兴	—	叶荣福	陈元泰	汪元泰	王起泰	汪仕周	王新昌	陈永兴
	二	汪起泰	汪元昌	叶元昌	胡大成	王天禄	王承德	王祯祥	汪应昌	邹永兴	王本昌
	三	汪圣兴	叶永义	叶永盛	曹永昌	汪永茂	汪复兴	王国重	汪永兴	汪正义	汪道立
二十	一	陈敬兴	陈永兴	陈永福	郑大康	陈永奎	王大来	陈文大	陈茂顺	陈德兴	陈世锡
	二	陈维新	陈茂璋	陈文超	陈良茂	陈振立	陈伟业	陈光裕	郭时忠	陈启新	陈德和
廿一	一	陈永茂	陈绍德	陈圣义	陈恒茂	陈绍荣	陈可大	陈继盛	陈正兴	陈时大	陈启大
	二	陈元魁	陈大经	陈生新	陈廷光	陈有	陈启芳	陈大茂	陈兆茂	陈绍中	陈尚义
廿二	一	王永盛	王际盛	赵永兴	汪惟大	汪德盛	金复盛	王光土	陈宗虞	王都	金大进
	二	王发祥	王鼎新	王道新	王鼎盛	洪显邦	金德辉	金万钟	王道成	王思学	王大成

何以传信：祖先户籍与明代私修家谱*

祝　虻

（安徽师范大学历史学院）

摘　要：明代家谱主要是由私人修成的,其中祖先与世系是这类家谱的核心,部分家谱编修者对此内容的书写较为审慎,确立了明确的书写原则与记载内容。户籍是传统中国为赋役征派等原因而进行的人口登记,其中内含户主所在家庭的多样信息,在制度运行中,这些登记凭证能够流传至个人之手。由于户籍信息真实有效,故而明代家谱编修者在撰述祖先与世系时对此多有利用。采用户籍信息编修家谱能够直接影响谱牒的真实性,也说明了史源是衡量家谱价值的重要参考。

关键词：户籍;明代;家谱

就编纂者身份而言,中国谱牒可以被分为官修与私修两大类。五代以前,官修谱牒大行于世,其主要原因在于这类文献被官府用作官员选拔的参考文件。此后,随着科举选官日渐重要,私修谱牒成为社会的主流,仅有皇室与孔府等特殊家族的谱牒仍由官修。对于那些不经官府之手的谱牒,史家向来多有批评,大多认为其中内容多不可信,唐代史学家颜师古就有言:"私谱之文,出于闾巷,家自为说,事非经典,苟引先贤,妄相假托,无所取信,宁足据乎。"①这种态度在正史撰述者当中同样也有体现,谱牒被归于传统

---

* 本文为安徽省社会科学创新发展研究课题"明代徽州族谱修撰与社会变迁研究"(2021CX176)的阶段性成果。

① 班固:《汉书》卷七五《眭弘传》,北京:中华书局,1962 年,第 3154 页。

中国书籍四部分类法中的史部，尽管随着朝代的递进，私修家谱数量增加导致谱牒编修规模日趋扩大，但正史艺文志史部内收录的谱牒数量却表现出了相反的趋势。① 这些人物的主要攻击标靶就是谱牒中的祖先与世系，而这些内容恰恰是宋以后私修家谱的核心所在。这些士人并非无的放矢，特别是在明代，从时人婚丧嫁娶的风俗来看，私修谱牒中伪冒、攀附的内容已然十分普遍："言王必琅琊，言李必陇西，言张必清河，言刘必彭城，言周必汝南，言顾必武陵，言朱必沛国，其所祖何人，迁徙何自，则概置弗问。"②正因此，明末大儒黄宗羲才会直接将这类谱牒视为天下最不可信之书的一种。③通过分析现存的明代谱牒资料，当下学者已经将这种机械重复的情况定性为谱牒编修者的主观构建，并对这种行为的特定社会背景和后续作用有所论及。④ 实际上，明代谱牒编纂者并非完全忽视这种批评，其中亦有部分尝试编出令人信赖的家谱，他们使用的重要方法之一就是审慎选择祖先与世系书写的史料。其中祖先户籍就是一种相当典型的材料，对于这个问题，当下学界中仅有吴滔有所阐述，⑤因此，笔者利用现存明代谱牒史料，通过分析谱牒修纂者对祖先户籍资料的利用，以丰富学界对于明代私修家谱的认识，

---

① 仅《中国家谱总目》就收录有现存家谱 52 401 种/部，其中大量是明清家谱，明代私修家谱保守估计有近 2 000 种/部，而《明史·艺文志》只收录谱牒 38 部 504 卷（张廷玉等：《明史》，北京：中华书局，1974 年，第 2419—2420 页）。反观前朝之记载，可以明显看出清代正史编修者对私修家谱的不认可，《隋书·经籍志》记有谱牒 41 部 360 卷（魏征等：《隋书》，北京：中华书局，1973 年，第 989—990 页），《旧唐书·经籍志》收有谱牒 55 部 1 691 卷（刘昫等：《旧唐书》，北京：中华书局，1975 年，第 2012—2013 页），《新唐书·经籍志》录有谱牒 39 部 1 617 卷（欧阳修、宋祁：《新唐书》，北京：中华书局，1975 年，第 1499—1502 页），《宋史·艺文志》收录谱牒 110 部 437 卷（脱脱等：《宋史》，北京：中华书局，1977 年，第 5148—5152 页），郑樵《通志》则统计出宋代与宋代之前家谱共 170 部 2 411 卷（郑樵撰、王树民点校：《通志二十略·艺文略第四》，北京：中华书局，1995 年，第 1586—1591 页）。
② 钱大昕：《十驾斋养新录》卷一二《郡望》，上海：上海书店，1983 年，第 227 页。
③ 黄宗羲著、陈乃乾编：《黄梨洲文集》"序类"《淮安戴氏家谱序》，北京：中华书局，2009 年，第 325 页。
④ 刘志伟：《祖先谱系的重构及其意义——珠江三角洲一个宗族的个案分析》，《中国社会经济研究史》1992 年第 4 期；刘志伟：《明清族谱中的远代世系》，《学术研究》2012 年第 1 期。
⑤ 参见吴滔《百姓日用而不知：明洪武十四年后户帖的流传》，《历史教学（下半月刊）》2010 年第 6 期。

祈请方家指正。①

一、明代私修家谱中的祖先与世系

　　宋儒在私修本家家谱时,秉承宗法制度原则,认为家谱的存在目的乃是尊祖联宗,特别是本支始祖,欧阳修曾有言:"余惟族谱之作,所以推本支、联其支,而尊尊亲亲之道存焉。"②故而祖先与世系是谱牒内容的核心,此时的私修家谱也只有这两个部分。至元代,家谱所载内容已有所扩大,但单部家谱的规模依然较为简单。明代私修家谱的内容则大为丰富,特别是到了明中后期,私修家谱的体例完全成熟,谱牒也逐渐成为反映宗族历史与现实的"百科全书"。③ 尽管明代单部私修家谱涵盖了多方面的内容,但在明代士人眼中,祖先与世系依旧是家谱的核心组成。这种认识持续存在的直接原因在于他们沿袭宋代谱学,对此,现存明人所撰谱序中有着明确的表现,只是表述方式略有不同。在明中期以前,他们或直接引述欧阳修的言论,成化时人何乔新在《吉水王氏族谱序》中即是如此;④或对"尊尊亲亲之道"进行扩展,例如明初时苏伯衡说:"使人重其本之所自出,而尊尊之义明,详其支之所由分,而亲亲之道立,则为未尝不同也。尊尊亲亲,而谱法尽矣。"⑤更多的情况则是在话语中包含尊祖联宗之义,明初陈谟称:"夫自仁率亲而知爱,自义率祖而知敬,自礼率分而知不越,若斯谱之作,其为世道计也深矣。"⑥永乐宣德间黄福则有言:"大抵族谱之作,本以纪世系,序昭穆,别亲疏,虽世代

---

① 本文的讨论对象并不涉及明代东南等地出现的合族家谱,这类家谱大都为异姓家族或同姓异派的合族共修,而这种合族本身就是为了应对明代官府的户籍编造,其过程较为复杂,属于当时家谱的特例。相关情况可参见陈支平《明代前期福建户籍的民间重构》,《明清论丛》2002 年。

② 欧阳修撰、李之亮笺注:《欧阳修集编年笺注》卷一《衡阳渔溪王氏谱序》,成都:巴蜀书社,2007 年,第 342 页。

③ 常建华:《宗族志》,上海:上海人民出版社,1998 年,第 289—292 页。

④ 何乔新:《椒邱文集》卷一二《吉水王氏族谱序》,《文渊阁四库全书》第 1249 册,台北:台湾商务印书馆,1986 年,第 199 页。

⑤ 苏伯衡:《苏平仲文集》卷四《谭氏家谱序》,《文渊阁四库全书》第 1228 册,第 589 页。

⑥ 陈谟:《海桑集》卷五《栗阳刘氏族谱序》,《文渊阁四库全书》第 1232 册,第 608 页。

远,族类众,子孙一览,燎然在目。"①此后,随着宗族组织化的加强,士人则大多直接将尊祖合族与家谱编修联系起来,譬如嘉靖间严嵩直言:"夫谱,辨世次,序昭穆,纪先德,尊祖合族,疏戚不紊。"②万历年间浮梁曹天佑说得更为细致:"夫礼莫大于尊祖,义莫重于合宗,尊祖者本其始之所自来,合宗者辨其宗之所由异,上下数百年间,恐其远而不可知也,故谱所由作。"③

对于祖先与世系的书写原则,明代士人并未有明确的专门讨论,但综合他们对于家谱的看法以及当时的修谱实践,不难看出,"信以传信,疑以传疑"是当时公认的重要书写原则。在明代士人看来,私家修谱者往往会在祖先与世系书写中攀附贵胄,进而造成混乱,而这实际上是不孝:"族之有谱,所以纪所自出,实则为尊祖,伪则为诬其先而乱其类,不孝莫甚焉。近世之士不察乎此,多务华而炫博,或妄为字名加于千载以上不可知之人,或援它郡异族之贵显者以为观美,其心非不以为智,卒陷于至愚而弗悟也。"④为此,他们认为家谱编修者当以"传信"为原则,严谨撰写自身祖先与世系,具体来说,就是以自身所知为判断标准来判断内容的真实性:"故著其所可知而阙其不可知,所以传信也。"⑤并且,明代士人会觉得如此方可统合族人、传至后人:"今观泽州侯氏之谱……惟录其所知,不强附其所不知,无攀援之谬,得传信之真,诚足以统族人而垂裕后裔。"⑥就现存明代家谱编修凡例而言,相当一部分家谱对此原则有所践行,如弘治间《休宁陪郭叶氏世谱》:"尤以下事迹,并得诸旧谍,间采之他谱。其间字行不详,代纪疏略,因沿不敢妄入毫发,所以传信。"⑦嘉靖年间浙江慈溪、嵊州、龙游三地合修尹氏族谱做得更为严格:"书名称,旧于三一、常一、昇一皆称教谕,仍三、与一称解元,伦一称学录,伦二、伦三、伦四、昇三称宣教,此不过如徽人相尊称曰朝奉也,似非正称,

① 黄福:《黄忠宣公文集》卷六《傅御史族谱》,《四库全书存目丛书》集部第27册,济南:齐鲁书社,1996年,第293页。
② 严嵩:《钤山堂集》卷二一《龚氏谱序》,《四库全书存目丛书》集部第56册,第186页。
③ 曹浩、曹嗣轩等:《休宁曹氏统宗谱》卷首《浮梁本宗谱序》,明万历四十年(1612)刻本。
④ 宋濂:《文宪集》卷一二《题寿昌胡氏谱后》,《文渊阁四库全书》第1223册,第623页。
⑤ 王直:《抑庵文后集》卷八《全椒陈氏宗谱序》,《文渊阁四库全书》第1241册,第494页。
⑥ 罗亨信:《觉非集》卷二《泽州侯氏族谱序》,《四库全书存目丛书》集部第29册,第514页。
⑦ 叶志道:《休宁陪郭叶氏世谱》卷首"凡例",明弘治十一年(1498)刻本。

今皆削去,惟准老苏谱例,本支称讳,旁支称名,以谱吾作尊吾之所自出也。先世名不可考者,书其第行,亦为传其实焉。"①

　　既然私修家谱有着明确的祖先与世系书写原则,那么确定真实的始祖信息就大有必要了。实际上,明代之前的谱牒编修者早有探索。早在两晋时期,姓氏由来已然混乱,此后家族的得姓始祖也就难以确认。② 如此情形下,士族群体引入"始祖"的概念以为辨识符号。但唐宋间,中国人口流动频繁,同时五代之后,士族谱系紊乱,始祖所具备的这种基础性辨识作用也日渐衰弱。③ 此外,若严格宗法制度,唯有天子与诸侯具备确定"始祖"的权力。在这多种因素的共同作用下,宋代士人不得不再度对自身祖先进行选择,并以他们为首书写自身的家族世系。从时人修谱具体情形来看,他们部分选择自知之人为始祖,例如欧阳修选择欧阳颜为始祖;部分则是引入居址信息,确立始迁祖,典型的例子就是苏洵以唐眉州长史苏味道为祖。这两种选择方式被明代士人吸收,按照明初乐安人萧仪的观察,当时其家乡的谱牒所录各族祖先的上限仅有两种:"有断自可知者,有首自始迁者。"④之后随着宗族发展,血缘界限进一步得到强调,始迁祖在宗族中的地位愈发重要,并且在礼法上得到广泛的认可。⑤ 同时,引入迁徙内容后,祖先的真实性也得到加强。受此影响,始迁祖在家谱记载中显得越来越重要,大部分明人所撰谱牒序跋对于谱牒中祖先内容的摘录,都是以始迁祖为节点,分别叙述宗族此前的迁徙和后续的繁衍。⑥ 这样一来,宗族始迁祖之前的信息在大多数家谱中或缺或少,而始迁祖及其以下的世系则十分详细。现存明代家谱凡例也显示出这种状况,在笔者所见两百余种明代家谱凡例当中,开宗明义的第一句多是强调谱牒以始迁祖为首开始书写或详细书写自身家族世系,例如正

① 尹坛:《会修尹氏宗谱》卷首"凡例",明抄本。
② 杜佑:《通典》卷六〇《礼二十·同姓婚议》,北京:中华书局,1988 年,第 1701—1702 页。
③ 顾炎武:《日知录》卷二三《氏族》,上海:上海古籍出版社,2011 年,第 878—881 页。
④ 萧仪:《重刻袜线集》卷五《罗溪陈氏族谱序》,《四库全书存目丛书》集部第 31 册,第 433 页。
⑤ 这一点可以从宗祠祭祀中看出来,参见常建华《明代宗族祠庙祭祖礼制及其演变》,《南开学报》2001 年第 3 期。
⑥ 依据吴宣德、宗韵所辑四库所收明人别集中的 1595 篇谱牒的序跋,共有超过六成的篇章是这样的。(参见吴宣德、宗韵《明人谱牒序跋辑略》,上海:上海古籍出版社,2013 年)

德间歙县呈坎罗氏家谱:"罗本祝融之后,乃颛帝之孙,其源流最远,支派莫详。文昌公自五季时由洪都而迁呈坎,坟茔支派历历可考,故断自文昌公而始者,所以示信也。"①又如万历鄞州栎溪杨氏家谱:"世系起自宋从政郎黄岩府君为始祖,盖自越迁鄞宗,见闻也。"②

　　从现存明代家谱凡例来看,明代士人大都继承宋儒思路,在记载祖先时会包含名字、职官、行事、婚配、生卒日期、葬地等信息,并有所扩大。例如弘治年间徽州黄氏所撰家谱中规定人物还需加上婚姻状况,③万历间吉安董裕观看横塘郭氏所修族谱后,还能发现迁徙、居址、事迹、承继等信息。④ 此外,由于始迁祖的地位愈发重要,自然需要相应的迁徙内容。从明代徽州程氏家谱所录始迁祖程元谭的例子来看,这部分内容甚至包含迁徙缘由、时间和定居位置。景泰年间程孟有言:"迁江南而居新安者,又由元谭公始。东晋大兴二年,公由广平太守假节守新安,有德于民,及代,假道请留,卒不得,发诏褒嘉之,赐第于新安之歙邑,子孙家焉。"⑤之后程敏政在纂修《新安程氏统宗谱》时又进行了补充:"元谭,居建康,东晋初使持节,民请留,诏褒嘉之,赐田宅于郡之篁墩。永昌六年卒,赐葬郡西二十三都十牌,见墓图,子孙遂迁新安歙篁墩。"⑥综上所述,明代家谱中的祖先记述会包括个人姓名、生卒、家庭、葬地等基本信息,以及职业、迁徙、居址等相关内容。至于世系,明代家谱都是以谱图的方式对祖先以下族人姓名按照辈分顺序进行排列,只是每页的排列规则上有所不同,故而辈分与姓名乃是世系体现的主要信息。

二、户籍制度与户籍文书

　　对于明代宗族族人而言,那些存活于宋元甚至更早时期的先世祖先

① 罗汝声:《罗氏宗谱》卷首"凡例",明正德二年(1507)刻本
② 杨应鹏、杨如钯:《四明栎溪杨氏宗谱》卷首"凡例",明万历间刻本。
③ 黄云苏等:《黄氏会通谱》卷首"凡例",明弘治十四年(1501)刻本。
④ 董裕:《董司寇文集》卷二《横塘郭氏重修族谱序》,《四库未收书辑刊》第5辑第22册,北京:北京出版社,2000年,第562页。
⑤ 程孟纂修:《新安程氏诸谱会通》卷首《程氏会通谱序》,清初抄明景泰二年(1451)本。
⑥ 程敏政:《新安程氏统宗世谱》卷一《江东派》,明成化十八年(1482)刻本。

的信息并不能清晰长久地存在于记忆当中，家谱编纂者在编写这方面内容时，只能依靠之前的文献或实物，就文献而言，因户籍制度而产生的各类文书档案在记录内容与真实性上都是极佳的史料。中国古代的户籍制度是王朝国家控制人口、征收赋役的基本手段，先秦时期即已有萌芽，直至近代方才出现根本性变化。随着国家机器与技术手段的发展，户籍制度在长期存在的同时，也经历着纷繁复杂的演化过程。长时段看来，这个演化过程主要表现在编户规则、著录内容、编造与管理这几个方面。就编户规则而言，秦汉时代定下的身份区分与等级差序被后世所继承，只是在细节上有所变化。前者是编户中的横向区分，相应的变化趋势是编户群体在不断扩大，平民以下的"贱民"阶层逐渐突破户籍登记限制，其中部分人群在不同时期取得了单独立户的资格，不过部分地区仍有一些人被排除在立户之外。后者有着专有名称——户等，它可被视为编户的纵向区隔。这方面的规则随着时间的推移，变得日渐细致。具体来说，宋以后的编户规则在身份上由注重门第转向注重资产，户等的区分则被添加了居址、职业与民族等因素。在著录内容上，从现存户籍登记的原件与法律规定来看，尽管历朝户籍著录的范围并不固定，但未经历分家的家庭信息一直存在于这些著录内容中。至于编造与管理方面，定期编造乃是历朝常态，并有相应的法律制度作为保障，仅有元代等寥寥数朝并非如此。户籍的编造过程是一个家庭信息由社会进入国家的历程，历朝政权所掌握的户籍材料都是由各户自行填写后，通过乡里官府或自治组织汇总交于地方官府，最终分别收于中央与地方相关部门之手。户籍的管理工作则主要是官府在收到各式户籍文书之后对其进行查验、审核，并随着时间推移对原有信息进行变更。

从这些不变的制度规定来看，至迟到秦汉时期，不同时期的该项制度都会产生明确格式的户籍文书。户籍文书包含家庭内大部分人口与财产的信息，并且它们会流传于官府和社会当中，是公开性质的公文书种类。这样一来，存在于私人手中的文书也会具有官府背书的法律意涵，进而拥有相当程度的公信力。同时，随着简纸变更，户籍文书的制造与运输变得更为容易，相应而来的是文书数量、种类的扩张，以及管理权限的上移。① 户籍文书的这种特点,则使得中国血缘组织具备保留它们的动机与可能,在保存状况良好的情况下,它们可以以原件或抄本的形式存在相当长的时间。这些文书提供了更为全面和可信的户籍信息,从现存明代家谱内容来看,此时的谱牒编修者至少能够看元、明两朝自身祖先的户籍文书,其中常见的就是户帖。通过学者对现存元明户帖的考察可以发现,元明两朝户帖皆有户头、计家人口和事产这三方面主要内容。② 其中户头部分会包括家庭居址和民、儒、军等职役信息,人口包括家人性别与年龄,事产部分则包含家庭可能拥有的各种财产。在制度规定中,户帖文书的编造过程颇为严谨。元代时,百姓先自行填写手状,其中包括自家人口、事产等信息,为官府攒造户籍册之用;当户籍册编好后,官府便会颁发户帖给于百姓,形成"籍藏于部,帖给之民"的分工模式。这种分工模式对于保证户帖信息的真实性有着相当的作用,并被沿用至明初,只不过户帖的产生过程略有不同:明初百姓是直接在官府印刷好的户帖上填写信息,然后官府将户帖骑缝裁开并收执一边,另一边交于百姓。百姓在申报户籍的过程中,要保证信息的真实性,元代手状会有保证属实的结语,明初编造户帖时则由军队介入比对,一旦填写不实便会被编入军户。在这种情况下,符合制度规范编造的户帖自然就具有相当程度的真实性。

三、户籍与明代家谱中的祖先与世系书写

从宋以后的户籍制度运行过程可知,明代家谱编修者显然有可能获得官府搜集的户籍资料,并且这些户籍资料能够在相当程度上满足家谱中的祖先和世系书写。时人与当下看到的谱牒内容无不显示出这些谱牒编修者已然认识到户籍资料的重要性,并对它们多加利用,进而影响到整部家谱的

① 张荣强:《中国古代书写载体与户籍制度的演变》,《武汉大学学报(哲学社会科学版)》2019年3期。
② 郑旭东:《元代户籍文书系统再检讨——以新发现元湖州路户籍文书为中心》,《中国史研究》2018年第3期;陈学文:《明初户帖制度的建立和户帖格式》,《中国经济史研究》2005年第4期。

编修与宗族历史的建构。

　　由于传统中国户籍制度设计初衷是为了服务于国家的赋役征收，故而户籍信息的存在意味着居民已经获得地方官府承认的居住权利和财产占有，这就使得户籍信息能够成为宗族选择始迁祖的重要佐证。这类例子在明代家谱中屡见不鲜，如浙江崇德赵氏家谱："崇德赵氏，盖宋太宗之系，自金紫光禄大夫讳善某，生朝散大夫、知临安府汝能，以赘居崇德，因占籍焉。朝散府君之十世孙珪作为世谱，而谓之《崇德赵氏世谱》者，非举其本原也，盖本其枝派占籍之地而识之也。"①又如辽东富庶高氏家谱："予阅(谱——引者注)之……迨亚参之三世祖元东平路管民总管揆与其弟总帅拯、总领括，以父元帅左监军显与金将刘铁鞭战于枣阳，阵亡，稿葬于彼，莫知其所，乃于金乡别业阳山之原卜地，按礼以衣冠招魂葬焉。子孙遂依墓而居，占籍金乡，此金乡之有高氏也。"②此外，也有家谱以户籍为证，说明本族在此地的长期存在："乡彦张君天善自言其先世在赵宋时为凤翔郿邑人，后随高宗南迁，寓居高昌乡，于是有松江之籍。元至元间，析高昌诸乡建上海县，遂为上海人。其徙居龙浦之东，则莫测何时也。虽父老相传，谓茔傍道院为张府遗迹，然始迁之祖暨相传世次与迁徙兴废之详，皆茫然无可征矣。"③崇祯间苏州吴县吴氏所修家谱中，则收有元人所撰名为"世谱通考"的文字，其中描述了吴氏为防范新移民的竞争，昭示自身在太湖畔长期经营，在元代向官府申请立户之事；④将户籍产生过程的信息录入家谱，在达到标示土地产权目的的同时，也可以反映宗族长期生存于苏州地区。单纯记述户籍的证据效力仍较为薄弱，在明代士人看来，洪武年间的户籍文书最能证明宗族的始迁祖或宗族的长期存在。万历间张世伟在观看顾氏家谱后有言："余反覆庄诵之，见其有图、有表、有考，卷首标高皇帝户帖，定籍昆山。溯前两世为始祖，

---

① 徐一夔：《始丰稿》卷八《崇德赵氏世谱序》，《文渊阁四库全书》第1229册，第260页。
② 魏骥：《南齐先生魏文靖公摘稿》卷五《金乡高氏族谱序》，《四库全书存目丛书》集部第30册，第385页。
③ 唐锦：《龙江集》卷四《张氏宗谱序》，《续修四库全书》第1334册，上海：上海古籍出版社，2002年，第534页。
④ 吴嘉誉：《武峰吴氏家谱》卷首《世谱通考》，明崇祯七年(1634)刻本。

尽洗郭崇韬推宗汾阳之陋。"①显然在他看来,这份户帖能直接证明顾氏始迁祖选择的正当性。类似的例子还可见于嘉靖间娄枢的笔下,山东曹县张世臣在向其展示了家藏户帖后,娄枢自然认可了谱中张氏祖先在曹县的活动:

> 吾读曹乘《孝义传》,见元季兵燹,有张氏兄弟,假箕为舆,捧母避难,而盗贼感化。因询诸别驾翁曰:"若人后裔,尚有足征乎?"翁曰:"是我祖也。今祠诸乡贤。"究极履历,则曰:"茔有石栏,刻朝列大夫张公祖茔,字亦不知为何代。"因出家藏,中有洪武三年户口勘合,乃述其先人之言曰:"田野愚民,将何以报皇王? 存此帖,世世无避征徭耳。"夫城野数万家,能存洪武间故纸之故家有几?②

为满足王朝的人口身份控制和徭役征发需要,元明时期,国家在户籍统计中会标示儒户、军户、匠户、民户等职业信息,并且这个信息带有明确的继承特性。因此,当家谱编修者利用这个信息时,不仅能够明确标示自身宗族祖先的身份,还可以影响到之前祖先历史的叙述。现存明代谱牒编修史料中,家谱编修者表述了多种不同职业的户籍信息,并且由此展现了其族祖先的职业传承,其中军户信息的标示则多与军官世袭有关。如山东沂州武进伯朱冕家族谱中有言:"先子奋迹于民,入隶戎籍,荷列圣眷遇之隆,由卒长历至左军都督,扈跸剿灭残□,进升伯爵,镇于辽左,没而封侯。仆菲薄无似,忝承世勋,复统重兵出御北塞,此皆先世积累所致。乃上世谱系既失其传,不可复考,高曾而下,咸被恩典褒荣。"③儒户、匠户记录则显出职业传承有自:"谨按唐氏谱……汝淳以宋淳熙三年授绩溪教授,因家焉,遂为绩溪唐氏……太祖高皇帝命民间各以其所习为户,而仲德籍为儒户。然则孟实氏之秀而能文,其所授固有自也夫。"④"徐为衢族之望,有居开化之富阳者,上

① 张世伟:《张翼度先生自广斋集》卷四《昆山顾氏族谱序》,《四库禁毁书丛刊》集部第162册,北京:北京出版社,1997年,第228页。
② 娄枢:《娄子静文集》卷二《曹南张氏家谱序》,《四库全书存目丛书》集部第85册,第525页。
③ 罗亨信:《觉非集》卷二《沂阳朱氏族谱序》,《四库全书存目丛书》集部第29册,第502页。
④ 程通:《贞白遗稿》卷2《城北唐氏族谱序》,《文渊阁四库全书》第1235册,第737页。

世以组织文绮为业,精艺甲一郡。洪武间兄弟十数人,虽同一室居,各分财异爨。越三十年,其名籍隶工局,岁课率计丁输官。"①

在这类户籍之中,儒户的地位尤为特殊,其原因在于这个职业身份更为契合士、农、工、商中士的阶层,在家谱中记录这个信息能够为祖先的官员身份提供印证。宣德、弘治间的耿九畴、耿裕父子所在家族之家谱就是一个例子,耿裕的同僚吴宽曾看过耿九畴收藏的户帖原件:"吏部公(指耿裕——引者注)检诸故箧,得其大父当时所给户帖及乡试公据,曰:'此吾家故物,不可弃也。'饰成巨卷,而谨藏之。以宽在寮末,公暇出以相示。"②同侪李东阳也有机会得窥此帖,依据其人叙述可知,该户帖是颁给耿九畴之父耿汝明户的,当时该户居住在山西平定县,后耿汝明于永乐中任卢氏县教谕,卒于官,遂迁居河南卢氏,同时,李东阳还透露耿氏"为儒籍,盖因元之旧",并宣称其族"以儒起家"。③ 而在耿氏家谱当中,其族不仅世代为儒,还曾在前代有过官身:"自金历元,累叶仕宦,虽不甚显,而未尝弃儒为业。及皇明有天下,始定户版,耿氏犹以儒系籍。"④而休宁刘氏家谱则是另一个例子,嘉靖三十六年(1557)修成的《休邑敉宁刘氏本支谱》卷首收有"儒户帖文"一件,其中内容显示,通过休宁县儒学、徽州路儒学、徽州路总管府三级机构的确认后,休宁县儒人刘文新继承了其父刘福龙县学斋谕与儒户的身份。⑤ 据于磊考证,斋谕是元代学校内的职事人员,不属于正式的学官。⑥ 而在家谱人物传记中,刘福龙则是徽州路学教授,刘文新为休宁县学教谕。⑦ 并且修谱时,这个说法已然是当时休宁县刘氏乃至休宁社会的通行认识,嘉靖三十七年(1558)修成的《休宁邑前刘氏族谱》中有言:"高祖讳福龙,曾祖讳文新,父子

---

① 金实:《觉非斋文集》卷一六《徐氏家范序》,《续修四库全书》第 1327 册,第 133 页。

② 吴宽:《家藏集》卷五三《跋巨鹿耿氏公牒后》,《文渊阁四库全书》第 1255 册,第 490 页。

③ 李东阳撰,周寅宾、钱振民点校:《李东阳集》卷二一《书耿氏家藏公牒后》,长沙:岳麓书社,2008 年,第 673 页。

④ 吴宽:《家藏集》卷五三《跋巨鹿耿氏公牒后》。

⑤ 参见于磊《新见元代徽州儒户帖文及其相关问题研究》,《安徽史学》2018 年第 5 期。

⑥ 参见于磊《新见元代徽州儒户帖文及其相关问题研究》,《安徽史学》2018 年第 5 期。

⑦ 刘灏:《休邑敉宁刘氏本支谱》卷二《十一世刘福龙小传》《十二世刘文新小传》,明嘉靖三十六年(1557)刻本。

教谕路、邑,著籍儒户。"①《休宁名族志》也有同样的记载:"十一传曰福龙,
徽州路教授,始居秋居坊。子曰文新,国初本学教谕,习父儒教。"②但这种说
法实际上未见于记载元代徽州历史的重要乡邦文献《新安文献志》与弘治
《徽州府志》,可见家谱编修者已然在祖先历史书写中利用了该件户籍文书,
并施加了部分改造。

　　由于户籍中还会包含家庭子女的人口信息,故而明代家谱编修者在利
用户籍资料时,还会影响到自身宗族世系的书写,并且主要表现在宗族祖先
别居分户后的世系书写上,其中缘由在于,此时的户籍已经成为宗族判断支
派归属的重要依据。例如嘉万间丹阳姜氏所修族谱,就明确标明自身祖先
分户后的户籍所在,并以此划定自身宗族的范围:"今谱亦断自安十公始,而
公之前类阙焉。安十公生志三、志四二公,因所居之东、西,遂为东、西二姜。
姜籍本都之四图,予宝为西姜子孙,籍七图。东姜子孙由志三公以来⋯⋯凡
九世,见在共七十一人。我西姜由志四公以来⋯⋯凡十世,见在共五百三十
人。其资产之厚博姑勿论,所论七十一人者总为惠三公支派,五百三十人者
总为惠四公支派,而两公支派又总之则皆安十公子孙也。"③当然户籍资料也
会成为修谱者排斥宗派的重要依据,嘉靖间绩溪葛氏所修族谱中收有"国朝
户由"一件,即是洪武四年(1371)官府颁给葛贤、葛善兄弟的户帖;围绕此
帖,修谱者葛文简重新排列了族谱世系,并对同地同姓者加以排斥。嘉靖之
前,葛氏宗族内部存在一个较为粗糙的谱系设定,但户帖却与之多有抵牾,
葛氏不得不对自身世系进行再次制作。对此,家谱编纂者葛文简说得十分
明白,先论及相悖之处:

　　　今考崇道公(宝庆谱编者——引者注)所编,惟录本支,余未之详者
　　也⋯⋯又按洪武供报④,据葛贤、葛善所开祖子源,原系宁国二十五都

_____

① 刘显富:《休宁邑前刘氏族谱》卷四《明故处士炉峰刘公墓志铭》,《中国珍稀家谱丛刊·明
　代家谱》影印明嘉靖三十七年(1558)本,南京:凤凰出版社,2013年,第2963页。
② 曹嗣轩:《休宁名族志》卷三,合肥:黄山书社,2007年,第605页。
③ 姜宝:《姜凤阿文集》卷一七《姜氏族谱序》,《四库全书存目丛书》集部第127册,第741页。
④ 由于明初户籍登记是户主直接在户帖上填写信息,当不存在户籍登记前的呈报环节,故而此
　处的供报指的应该就是户帖。

人，任桐庐知县，因家杨溪，与宝庆谱所载不同。岂武道公始迁杨溪，后裔或迁居宁国，至子源公仕宦于浙，心怀故土之思，而复家杨溪欤？……又按洪武供报凡三张，葛贤、葛善系坊市供报，葛原达系一都供报，开述来历皆祖子源公，盖原达公皆系六二公遗胤，留居杨溪而未迁者，故供报皆同？①

至于为何要说明这一点，谱中亦有表述：

予修宗谱，客有过予者问曰："葛之在绩溪，有所谓泉塘者，亦同宗欤？"曰："是不同。吾家先居杨溪，地名庄基者，其遗址也，而泉塘无与焉。吾先派葬在一都者凡七世，而泉塘无与焉。使泉塘为吾之同宗也，则坟墓、基址宁无一处分吾家青毡之半者哉？"②

显然，对于绩溪积庆坊葛氏而言，若无户籍信息，之前同姓者与之合族的状况便成为定式，难以更改，也正因此，葛文简对宗族世系进行了修正，直接将葛贤、葛善定为始迁祖之后的七世祖，并将之前的世系定为外集，以示存疑。

结　语

管窥明代士人对待私修家谱的态度不难发现，时人普遍认为祖先与世系乃是此类家谱的核心所在，尽管攀附显贵、雅化祖先与世系能够为宗族历史增添光彩，并给宗族发展带来实际助力，但这种行为同样会在宗族祭祀时造成问题，且极易招致士绅的攻击。正因为此，严谨的家谱编修者就确立了"信以传信，疑以传疑"的书写原则，以图撰写出可信的祖先与世系内容。如何实现这种书写原则，编谱者不得不在史料选择上下功夫。在传统中国史学体系中，一般情况下的正史等官修史书的可信度高于私人修史，而各类敕、诏、表、章等由官府运行而产生的文书则是官府所修史书的

① 葛文简：《绩溪积庆坊葛氏族谱》卷首《族谱考异》，明嘉靖四十四年（1565）刻本。
② 葛文简：《绩溪积庆坊葛氏族谱》卷首《谱辨》。

史源,这一点在《明实录》的纂修中表现得尤为明显,①并且明代士人对此也有着清晰的认识。② 虽然户籍资料并不是在中央官府层面产生的文书,但它依然属于广义上的官方文书,并且内容的真实性有保障。同时户籍资料中的内容能够为家谱编修所用,如此,家谱编修者利用户籍资料就不足为奇了。从史料反映的户籍资料之具体利用方式来看,这些家谱编修者会不同流俗,审慎撰写自身宗族的祖先与世系。鉴于这两部分内容在明代家谱中的核心地位,可以说,户籍信息已然影响到明代中国家谱。但也可以发现,户籍并没有得到所有家谱编修者的采纳,并且编修者们的具体利用过程也并非完全客观,其中既有户籍文书流传不广、宗族历史认同等现实原因,也与编谱者自身的史源认识有关。还要看到,户籍资料本身有着制假的空间,而宗族恰恰是制假的主要来源。所以说,倘若从祖先与世系书写出发对待明代私修家谱,应承认其中有着明确的主观构造,也部分反映了历史事实,不应全盘否定谱中相关内容的真实性,而应从编谱者的史料选择方式出发,对私修家谱中此类内容进行更为科学的判断。更为重要的是,明代士人与史家将祖先、世系内容与谱牒全文完全画等号的态度并不严谨,并较少研究其书写方式与编纂理念,其对于家谱整体的判断结果自然就更为夸张。当下谱牒利用者与研究者当跳出此种思维,在全面阅读现存明代家谱史料的基础上,认识、利用规模宏大的明代私修家谱。

---

① 谢贵安:《明实录研究》,上海:上海古籍出版社,2013 年,第 54—59 页。
② 黄佐:《翰林记》卷一—《视草》,北京:中华书局,1985 年,第 138 页。

明清徽州地区家庭老人赡养问题研究

——以徽州文书为中心*

张 绪

（安徽大学徽学研究中心）

摘 要： 作为孝道最基本的体现，赡养老人是中国民众家庭生活一个极为重要的方面。现存徽州文书中，记载着不少有关明清时期当地老人赡养情况的历史信息。通过研读这类文书可以发现，在明清徽州地区，一些无嗣老人以族内过继、招婿入赘等方式，解决其"尽孝"与"养老"问题；在分家析产时，老人赡养的安排是一项重要内容，或公存田亩，以备养老口食之需，或结派奉养，由各房共同承担奉养义务；因养老困难，部分老人鬻产、典产以及加价绝卖产业的现象也比较普遍。这反映了明清时期中国社会老人赡养的一些真实面相。

关键词： 明清；徽州；养老；过继；鬻产

在明清史研究领域中，有关老人问题的讨论并不是一个陌生的话题。从现有研究成果来看，其研究内容涉及社会史、法制史、文化史等诸多层面，解读问题的视角也有宏观与微观之分。① 其中，老人的赡养又是一个重要的

---

* 本文曾发表于《人文论丛》2014 年第 2 辑，北京：中国社会科学出版社，2015 年。

① 相关的研究成果有：王跃生《清代老年人口政策》，《历史档案》1989 年第 4 期；刘桂林《千叟宴》，《故宫博物院院刊》1981 年第 2 期；王彦章《清代尊老优老礼制述论》，《历史档案》2006 年第 4 期；王洪兵《清代顺天府乡饮酒礼考释》，《历史教学》2009 年第 6 期；刘亚中、李康月《"乡饮酒礼"在明清的变化》，《孔子研究》2009 年第 5 期；朱虎、陈瑞来《发展与困局：清代律例规制下的孤贫老人福利研究》，《青岛农业大学学报（社会科学版）》2010 年第（转下页）

论题,它不仅与国家的法律与制度密切相关,也是民众日常家庭生活中的一项重要内容,是我们认识明清制度文化以及了解中国传统家庭文化的一个重要视角。就笔者管见所及,在以往的研究中,学界对此问题的探讨多是从孝道文化、法律实施、社会保障等角度予以关注,对于地方社会中家庭老人赡养的真实状态,却未能给予更多的研究,运用的史料也多是档案、方志、政书等,而较少利用家谱、文书等民间文献资料。因此,关于该问题的研究尚有进一步讨论的余地。本文主要利用从徽州文书中搜集到的一些有关老人赡养的资料,来展现明清时期徽州地区家庭生活中老人赡养的一些具体情况。不当之处,祈请方家指正。

一

　　在明清时期,徽州是一个典型的宗族社会,其宗族组织的发展比较完善,有所谓"千家之冢,不动一抔;千丁之族,未尝散处;千载之谱系,丝毫不紊"①之说。从其宗族文化来看,徽州地区的宗族建设主要是以传统儒家思想文化为指导,在这一思想文化的深刻影响下,徽州地区的宗族在其族规家法中十分强调孝道,以孝立家、以孝传家成为引导和规范每个家庭成员行为的一个基本伦理准则,并构成徽州家族文化的一项重要内容。

　　在中国人的传统家庭观念中,素有"不孝有三,无后为大"这一说法。因此,子嗣的延续历来被看得很重,这在宗族文化发达、孝悌观念厚浓的明清徽州地区,更是如此。在当地,有些家庭是没有子嗣的老人家庭,对于这些膝下无子的老人而言,他们不仅要承受"不孝"这种精神上的压力,还面临着一个很现实的问题,即如何养老。在这种情况下,族内过继便成了他们经常

(接上页)2 期;张留见《清代尊老敬老问题探究》,《郑州大学学报(哲学社会科学版)》2013 年第 3 期;李华丽《晚清华北地区女儿养老研究》,《中州学刊》2013 年第 2 期;周祖文《清代存留养亲与农村家庭养老》,《近代史研究》2012 年第 2 期;刘宗志《浅析清前期的养济院制度》,《河南师范大学学报(哲学社会科学版)》2008 年第 4 期;等等。

① 赵吉士辑撰,周晓光、刘道胜点校:《寄园寄所寄》卷一一《泛叶寄》,合肥:黄山书社,2008 年,第 872 页。

选择的一种两全方式,因为这样做不仅可以使他们坚守"孝道",还有助于解决他们所面临的养老问题。下面来看一份有关族内过继的徽州文书。

道光五年黄泰晨立承继文书

立承继文书人黄泰晨曾因年老六旬有二,娶妻有三,尚未育子,古云"不孝有三,无后为大",是以托凭亲族商议,弟泰发二子永丰继与身名下为嗣,但愿子孙繁茂,孝思不忘。所有身名下田地、屋宇、山场、地坦、菜园各物等项,一并永丰承管,身名下粮税、门户差役,亦永丰管理,无异。自立承继之后,永无悔异,今恐无凭,立此承继文书,永远存据。

  道光五年八月二十八日 立承继文书人 黄泰晨

           族中 时璒 泰谆 永万

             永寿

           代笔 亲倪天彰[①]

从这份文书中可以得知,黄泰晨立此承继文书的原因是由于自己一直没有子嗣,这在他看来,是一种很大的"不孝"。同时,他还考虑到自己的年龄越来越大,养老成了他必须面对的一个现实问题。为了尽守孝道,也为了解决自己的后顾之忧,所以他决定与族亲商议,订立一份承继文约,将弟弟泰发的第二个儿子永丰过继到自己的门下,以为子嗣。此外,他还将自己名下的财产悉数交与永丰承管,并由永丰来负责粮税交纳、应役当差等事。此举对于黄泰晨而言,无疑是一种两全之策,因为这一方面可以实现他尽孝的愿望,另一方面又能够保证自己的晚年生活有人照应,直到终老。

这里还有一份承继文书,反映的内容也是关于一个无嗣老人家庭如何通过族内过继这一方式,来解决他们"尽孝"与"养老"两难的问题。不过,与前份文书有所不同的是,这份文书是从承继人的角度来订立的,其具体内容如下:

道光二年黄可灌立承继文约

立承绍继文黄可灌缘房伯父浩科夫妇年迈六旬,生子未育,难以支

---

① 王钰欣、周绍泉主编:《徽州千年契约文书(清·民国编)》第2卷,石家庄:花山文艺出版社,1993年,第331页。

持家务,愿向族并身亲母、伯叔、兄弟,又兼友邻亲眷向身商议,身夫妻自愿过家侍奉伯父夫妇过老,伯父愿将承祖并自己买受各项产业等物,概交身一并受理,伯父各项门户差役、钱粮等事,俱系是身一并受理。伯父夫妻在日,供膳、柴炭、茶汤、荤菜、家务并亲朋来往,不得空缺,必要恳勤,毋得将言抵触、懈怠等事。日后归没,奠七安葬并祖茔一切拜扫,身受,无得忘恩负义等情。如违,听凭伯父经族众理论债[责]罚,以准不孝论。自承绍之后,遵依此文为准,今欲有凭,立此承绍继,永远存照。

     道光贰年十一月念二日　　立承绍继 黄可灌

          见　房伯浩晴

            胞兄可满

          见　岳父胡日康

            弟可藁

            房兄可汉

            族老文秦　浩用　浩进　浩元

              可落　可财

        中见　亲胡海如　胡积成　凌绍武

        代笔　汪云高①

与前份文书相比,这份承继文书的内容显得更为翔实,里面对承继者与受赠养者之间的权利与义务作了详细规定。具体来讲,受赠养者黄浩科夫妇需要将他们名下的财产转让与承继者,即他们的侄子与侄媳黄可灌夫妇。而作为承继者,黄可灌夫妇也需要尽到自己的义务,即承担黄浩科夫妇门下差役、钱粮等事,对他们尽到必要且周道的奉养义务,这些奉养义务既包括黄浩科夫妇生前的生活照应,比如供膳、柴炭、茶汤、荤菜、家务以及亲朋来往等,也包括他们身后诸事的安排,诸如奠七安葬、祖茔祭拜等。如果发生抵触、懈怠等事,受赡养人黄浩科夫妇可以通过族众,以"不孝"之名对承继人

----

① 王钰欣、周绍泉主编:《徽州千年契约文书(清·民国编)》第2卷,第299—300页。

黄可灌夫妇进行惩处。

　　同样因为年迈乏嗣,进行族内过继以为奉养的家庭,还有李枝鷬夫妇。下面所引的一段文字就是这对夫妇所立的一份嘱书,现将全文抄录如下:

乾隆二十五年李枝鷬立嘱书

　　立嘱书李枝鷬年迈乏嗣,原配严氏早卒,继娶方氏,俱无子息。今夫妇二人俱已年迈,又兼患病,自情愿收长兄枝腸次子小凤,承绍所有父遗,关分内田地、山塘、器皿、屋宇并己受产业等项,一尽嘱与侄李小凤管业,住歇耕种。其奉养并葬祭等件,俱系小凤承值,不得唐突推诿。倘有此情,鸣族以作不孝之论。自嘱之后,本家叔侄毋得争论。其田地、屋宇、器皿等项,开列于左。此照。

　　其原父分关与侄小凤收管,此炤[照]。

　　乾隆二十五年六月　日　立嘱书　李枝鷬仝妻方氏

　　　　　　　　　　　　凭　　胞弟枝鹑　枝鴒

　　　　　　　　　　　　　　侄超林　光林　贤林　达林

　　　　　　　　　　　　　　亲方穉珑

　　　　　　　　　　　依口代书　方子引笔①

这份文书虽然名曰"嘱书",但实际上也是一份承继文书,因为在内容上,它与第二份文书有着许多相似之处。从这份文书中可以得知,由于李枝鷬夫妇年老乏嗣,其身体状况又不好,如何养老成了摆在他们面前的一个很现实的问题。为了解决养老之忧,他们决定让其长兄枝腸的次子李小凤来承继他们名下的所有财产。作为承继条件,李小凤不仅要负责奉养李枝鷬夫妇,而且承诺在李枝鷬夫妇百年之后,要尽心尽力地为他们办理安葬、祭祀等事,不得唐突推诿。否则,族众就会以"不孝"之名对其进行论处。

　　以上三份文书的订立都是因为一些老人年迈乏嗣,他们为了秉承"孝道",同时也为了解决自己日后的养老之忧,所以采取了族内过继这一方式,以实现其尽孝与养老的双重目的。可以说,在徽州这样一个宗族组织发达、

---

① 王钰欣、周绍泉主编:《徽州千年契约文书(清·民国编)》第1卷,第332—333页。

孝悌观念浓厚的地区,族内过继成了一些无嗣老人家庭的一种理性选择。

在明清徽州地区,招婿入赘是一种非常态婚姻模式,对于一些没有子嗣的老人家庭而言,这也是他们延续宗嗣、遵循孝道以及保障自身养老的一种方式。下面引用一份文书,来作具体说明:

乾隆四年王百孙立供认奉养文约

立供认奉养文书男王百孙,命蒙母亲谢氏生养成人,今因岳父程连发年老乏嗣,昔年客地凭媒,亲立婚约,将次女许与身为配,以承程姓宗祀。今始过门,二兄在主家服役,母老无人奉养,岳父不忍坐视,每年自愿出饭米之资一半,以为养老,俟天年终。身生男女,择一回宗,始终其事。凭两相情愿,无得异说。恐口无凭,立以为照。

乾隆四年十二月　日　立供约　男王百孙

主盟　岳父程连发

依口代书　表叔张胜①

从这份奉养文约中可以得知,立约人王百孙先是因为其岳父程连发年老乏嗣,自愿入赘程氏门下,"以承程姓宗祀",并负责为程连发养老送终。但不巧的是,由于他的两位兄长一直在主家服役,所以造成家中的老母亲无人奉养。在这种情况下,王百孙出于尽孝之心,加上其岳父也于心不忍,因此,他和自己的母亲谢氏订立了奉养文约,愿意出一半的口食费用,以供母亲养老之需。此外,王百孙还答应,以后会让自己的一个子女回到自己的家族中去。可见,这份文书是王百孙在特殊情况下和自己的母亲订立的一份奉养文约。这其中,作为立约人的王百孙其实要承担两种赡养义务,一方面,他要对自己的母亲尽奉养之责,另一方面,他作为入赘女婿,对自己的岳父程连发也有奉养的义务,而这种赡养关系的存在又可以说明,在明清徽州地区,招婿入赘也是一些乏嗣老人为了摆脱"不孝"之名以及解决自身养老问题所采取的一种应对方式。

其实,无论是族内过继,还是招婿入赘,它们都是中国古人传统孝道观

---

① 王钰欣、周绍泉主编:《徽州千年契约文书(清·民国编)》第 1 卷,第 286 页。

念的一种折射。因为在当时人看来,生男才能实现家族"香火"的延续,无子便是"无后","无后"则是人生最大的"不孝"。在这种文化观念的影响下,延续宗嗣、遵循孝道便成了中国传统家庭文化中一个极为重要的伦理要求。同时,我们也应该看到,对于无嗣老人家庭而言,这些承继方式其实也是他们为解决自身养老这一现实问题而作出的一个理性选择。

二

在明清时期,徽州社会是一种典型的大宗族小家庭社会形态,分家立户、析产分业也是当时徽州家庭生活中一种十分常见的社会现象。当父母一辈上了年纪,没有足够的精力去管理家庭事务时,他们便会将由祖上承继下来的产业以及本身所积累的家产按房进行拈阄分析,以便各管各业。这样一来,原来的家庭就"裂变"出几个新的家庭。

值得注意的是,在分家析产时,有关家庭老人赡养的安排也通常会在分家阄书中有所体现。如在《乾隆黟县胡氏阄书汇录》中留存有一份胡可佳户的分单,从这份分单可以得知,由于户主胡可佳离世比较早,该户的分家析产是在他的夫人胡阿张的主持下完成的。这份分单这样写道:"因身年登大衍以外,又属女流,家务繁剧,难以统理,是以请凭亲族,将夫所遗田租逐一肥瘦,眼同品搭均分,二男各照阄书管业,毋得悔异。"因为上了年纪,胡阿张觉得自己对于家务的管理越来越力不从心,于是在族人的见证下,进行了这场分家活动,分别让两个儿子继承了丈夫所留下的田租产业。另外还规定,要公存口食田租共四十九砠二十一斤半,以作胡阿张养老之需,"俟身百年之后",再由兄弟二人均分。① 这表明,胡可佳户的这场分家活动对家庭老人胡阿张的赡养问题也作了具体安排,主要是通过公存口食田租这一形式,来保证胡阿张日后的养老所需。

另外,还有一份嘱书,内容也涉及一个家庭在分家析产之后,如何安排老人赡养的问题,抄录全文如下:

① 王钰欣、周绍泉主编:《徽州千年契约文书(清·民国编)》第 8 卷,第 335 页。

清道光二十九年五月罗母谢氏复立遗嘱

　　道光廿九年五月廿五日,复立遗嘱。罗母谢氏,原夫早殁,所生三子,自道光廿四年谨立关书分居。氏原带幼子,身傍口食田贰叚,其口食不扶原有旧债,氏身央托族人等,兄弟同心,三面允定再议,将口食一二股均分。又议谢氏养年,言与兄弟三人,结派出钱米,各人定派出户米壹石贰斗,又派出钱贰千文,倘交水米者,每斗加一升,其钱米定要径中人手交数清白,其钱米如若推却不付者,将原本得口食田取回料理,供养谢氏事。其柴舍并菜园地,言议母在之日,兄弟三人便用,母亲百年之后,将柴舍、菜园地当中,作银贰拾肆两,言恃母亲殡葬费用。言债项照前关书为凭,各人料理,还人清白,日后不得反悔;将枫树林早田半亩,又水口晚田皮骨壹亩,照原补贴天养名下,无异;将清明会次三人均轮,其灯会、正戏会递年分来钱内,俱众付与谢氏母亲食用;将椅棹、板凳、朱杞作银壹两六钱,又将东山下荒坦壹片,其坦边枫木补凑,当中言定,俱以补贴天养名下;装房一间,言其菜园地便与序足名下种菜,候后俱众。

　　口食条坦
　　圆丘田皮壹亩,计贰丘,并田塍茶丛,便与序万在受。
　　竹塝皮骨半亩,田塍茶丛均随里边黾分,序烈得。
　　竹塝皮骨半亩,田塍茶丛均随外边黾分,序足得。

　　道光廿九年五月廿五日　　立遗嘱书人　　罗母谢氏
　　　　　　　　　　　　　　　房叔　　允铭
　　　　　　　　　　　　　　　侄　　序兴　序彝　序义
　　　　　　　　　　　　　　　眷老　程仁祚　程观时
　　　　　　　　　　　　　　　　　　胡辅廷
　　　　　　　　　　　　　　　代笔　集高①

　　这份由谢氏所立的嘱书是继道光二十五年(1845)订立分关书之后,因谢氏

---

①　刘伯山编著:《徽州文书》第 3 辑第 9 册,桂林:广西师范大学出版社,2009 年,第 306—307 页。

"口食不扶原有旧债",围绕其养老等问题再次议定的一个文本。不过,在这次所立嘱书中,有关谢氏的养老安排有所变化,即原先为谢氏留存的口食田产由三子均分,三个儿子则结派出钱米,向母亲谢氏尽各自的赡养义务,规定每户出米一石二斗,出钱两千文。如果出的是水米,那么每斗还要额外多加一升。所出钱米要通过中间人之手"交数清白",如果不交钱米,那么就"将原本得口食田取回料理"作为供养之费。另外,三个儿子每年从"会"中分出来的钱也要交给谢氏,作为其食用之费。至于谢氏在百年之后的殡葬所需,这份嘱书也作了安排,即将其生前由三个儿子共用的柴舍、菜园地典当,拿出二十四两典当银以作支用。

　　为了使老人的赡养费用有所保障,一些家庭在分家析产时也经常会以预先提留的方式,将一部分家产作为家庭老人日后养老的经济保障,这种现象在明清徽州地区的分家阄书中是比较常见的。如在《雍正五年休宁黄楷等立阄书》中就有这样的记载:"……今遵叔祖、叔等命,将祖所遗田租二百拾伍砠零拾四斤、父遗田租二百拾捌砠半、新置田租壹千伍百柒拾三砠零七斤,总共租贰仟零柒砠零六斤,亦当分析,以便各人管业,办纳国课。今议以壹百零四砠存众,以为岁时祭祀之费,各房轮收;以壹百柒拾捌砠半与金母孺人,为养膳之需,俟天年之后,亦作祀租;余壹仟柒百二十四砠二十一斤,四股均分,眼同三面,拈阄管业……"①很显然,休宁黄氏在分家析产时,就专门为母亲金氏预先提留出一百七十八砠半的田租,以保障其养老食膳所需。

　　再如光绪二年杨星所立的分关书:

光绪二年杨星立关书

　　立关书字人杨星,照情早年家资艰难,佣工度日。至道光年间,佃田耕种,朝夕勤俭。娶妻李氏,所生三子,子又生孙,长子先正,次子先捷、先德,长、次二子均以教读婚配。因三子未娶,去秋母别,年将七十,自迈衰颓,家事不便,人口烦言,难以撑持,只得请凭戚、友、族,将家事

---

① 王钰欣、周绍泉主编:《徽州千年契约文书(清·民国编)》第6卷,第115页。

品派。所进规银壹百陆十七两正,父存膳银壹百两正,提满子娶费银贰拾两正,提长孙谷拾壹石正,其余银以作三股品分,谷米、猪牛、什物以作三股,天、地、仁三个字号,阄拈为定。自分之后,各愿撑持,毋生觊觎之心,守分安命,仍敦和好,克勤克俭,俾炽俾昌,光前裕后,永绍箕裘。今恐无凭,立此阄书三纸,凭众钳合,各收一纸,互相收执为据。

计批地、天、仁字号各派银拾玖两整,此批。计批父存膳银内取去银拾两整,此批。

凭　友刘万兴、刘文贤

戚李文富

族杨申远　系代笔

廷魁　建勋　听思　启秀

光绪二年九月初八日①

在这份分关书中,杨星也为自己预留了养老费用,他将一百六十七两规银分成若干部分,从中提取一百两膳银,作为自己今后口食之需。

作为徽商"孕育"之地,徽州境内有很多以经商为业的商人家庭。对于这些家庭而言,如何赡养老人同样是一个十分重要的家庭问题。不过,他们在处理这个问题时,又有自己独特的方式。一般来说,这些家庭在分家析产时,通常会从家庭的生意利润中提留出部分资产,作为老人的赡养费用,以满足老人晚年养老所需。如休宁县有一位商人,名叫汪承尔,壮年时他曾经营婺邑,开了一家长发店,在三个儿子的协助下,生意也越来越好,并陆续置办了一些田产。后来,因为自身年过八旬,加上生意淡泊,家庭人口又多,于是他决定分家,在其所立的分家阄书里这样写道:"其店屋三所,并店内家伙,每年租息四拾两;又现银贰百两,长二两房领去生息,每年加利银贰拾伍两。此在该店交纳,予为支给之需,不可轻费者也。"②这样看来,引文中所提到的店屋租息银加上利息银,共计六十五两,应该是汪承尔留给自己的养老费用。下面再来看一个例子。据一份文书资料记载,休宁县十八都四图由

---

① 王钰欣、周绍泉主编:《徽州千年契约文书(清·民国编)》第3卷,第80页。

② 王钰欣、周绍泉主编:《徽州千年契约文书(清·民国编)》第7卷,第463页。

山乡忠义里的鲍元甫也是一位生意人,经过长年在外打拼,他渐渐积累了一些家业。后来,因为自己"古稀力弱,不能经营",便决定"谢事以养余年"。于是,他敬邀族中尊长亲戚,"将祖父所遗及自己续增田亩、屋宇、地基、山场,从公均分",店里的生意也由两个儿子均管。与此同时,他还为自己日后的养老做了打算,如在康熙三十二年(1693)八月订立的《乾字号阄书》中,就专门开列了用于养老口食所需的田产:"一门前大丘田肆亩,分该八砠存众,口食养老。……后秧田陆砠,口食养老。……大路上田陆砠,口食养老。"除此之外,阄书里还提到,每年另从在江西浮梁县景德镇开办的店业中抽出一部分银利,作为夫妇俩的养老费用,文书这样写道:"兄弟二人每管店贰年,值事者每年交利银贰拾肆两,父母二亲养老支用。"①可见,在鲍氏夫妇的养老费用中,有一部分费用是从商业利润里提留出来的。以上两个例子表明,在明清徽州地区,一些商人家庭在分家析产时,通常会从他们的商业经营收入中提留出部分利润,作为家庭老人养老所需的费用,这也是商人家庭养老方式的一个特点。

三

在明清徽州地区,土地、房屋等产业的买卖十分频繁,鬻产的原因也各不相同,诸如日食难度、应役无措、娶亲乏用等。其中,因为养老困难而鬻产的现象也比较常见。为了说明问题,现引录一份文书如下:

清康熙二十一年八月王文显立卖山契抄白

立卖契人王文显,今因年老无措,自情愿托中将承祖买受山壹号,坐落土名云字四保大旱充坞西培,东至田,西至降,南至坞头高尖,北至坞口田,四至内,本身该得六股之一;又壹号,土名小旱充坞,东至降,西至二坞田,南至坞头,北至坞口;又壹号,土名沙根坵,东至田,西至降,南至项家坞口,北至坞口田;又壹号,土名项家坞,东至田,西至降,南

---

① 王钰欣、周绍泉主编:《徽州千年契约文书(清·民国编)》第4卷,第395—403页。

地,北至山;又壹号,土名小儿坞,东至坎坎,西至佛龛,南至藕塘口,北
至程振山;又壹号,土名仝处,东至地,西至地,南至地,北至降;又壹号,
土名程家弯,东至方山,西化龙山,北至山,南地;又壹号,土名茶培坞,
东至坞以降,西至方十山,南比茶坞口;共计捌号,本身该得六大股之
一,尽数立契出卖与在城族人为业,三面议定时值价纹银壹两伍钱正,
其契价当日两明。未卖之先,即无重复交易。来历不明,卖人承当,不
干买人之事。自成之后,二各无悔,如悔者,甘罚白银五钱。今恐无凭,
立此出卖契存照。

　　康熙贰拾壹年八月十二日　　立卖契人　　王文显押

　　　　　　　　　　　　　　　中见　　谢汝贞押

　　　　　　　　　　　　　　　　　　王振武押

　　　　　　　　　　依口代笔　　谢郁文押①

这是一份卖山契约文书,立卖契人王文显因为"年老无措",遂将自己所承祖
业,共八号山产,以纹银一两五钱的价格,尽数卖给了居住在城里的族人。
除了这份文书以外,还有一份有关王文显出卖山产的契约文书,其订立时间
为康熙三十四年(1695)十一月。这次他出卖山产的原因,依然是"因年老,
日食无措"②。从内容上来看,此件契约文书与前件大致相同,这里不再赘述。

　　其实,现存的徽州文书中还有很多类似的情况,为了进一步说明问题,
现利用有关文书资料制成表1。

表1　明清徽州地区老人家庭鬻产情况

出卖人	受买人	鬻产缘由	资料出处
盛士达 同弟士道	黄姓	年老乏嗣无倚	《清乾隆二十一年四月盛士达同弟士道立绝卖山契抄白二》,刘伯山主编《徽州文书》第4辑第1册,广西师范大学出版社,2011年,第230页

---

① 刘伯山主编:《徽州文书》第4辑第1册,桂林:广西师范大学出版社,2011年,第128页。

② 刘伯山主编:《徽州文书》第4辑第1册,第133页。

（续表）

出卖人	受买人	鬻产缘由	资料出处
盛正先 同弟友先		钱粮无措，年老日食难度	《清乾隆二十一年九月盛正先同弟友先立卖山赤契》《清乾隆二十一年十月盛正先同弟友先立卖山赤契》，刘伯山主编《徽州文书》第 4 辑第 1 册，第 235、237 页
盛永乞夫妇	王赞	年老无子，日食难度	《明成化十五年九月至嘉靖二十四年五月契产抄录二》，刘伯山主编《徽州文书》第 4 辑第 1 册，第 88 页
妇盛阿凌	同都谢宪申	今因年老，病卧在床，日食难，棺椁衣衾无措	《清顺治八年三月盛阿凌立卖屋基地赤契》，刘伯山主编《徽州文书》第 4 辑第 1 册，第 116 页
朱胜圯	房弟朱胜良	无子年老，衣棺无办，衣食欠缺	《顺治休宁朱氏〈祖遗契录〉之二一》，王钰欣、周绍泉主编《徽州千年契约文书（清·民国编）》第 4 卷，花山文艺出版社，1993 年，第 211 页
程世法	本都二图朱良	年老疾病，缺少使用	《顺治休宁朱氏〈祖遗契录〉之一一四》，王钰欣、周绍泉主编《徽州千年契约文书（清·民国编）》第 4 卷，第 304—305 页
妇徐阿汪		年老，日食难度	《康熙祁门徐氏抄契簿之五七》，王钰欣、周绍泉主编《徽州千年契约文书（清·民国编）》第 4 卷，第 465 页
李邦衡、李邦卫兄弟	弟李邦徕、衍	父故，母胡氏年老，衣食无所取	《康熙黟县李氏抄契簿之四二》，王钰欣、周绍泉主编《徽州千年契约文书（清·民国编）》第 5 卷，第 44 页
李邦衡	弟李邦徕、衍	年老有病，衣食不足	《康熙黟县李氏抄契簿之四八》，王钰欣、周绍泉主编《徽州千年契约文书（清·民国编）》第 5 卷，第 50 页
李邦卫	弟李邦徕、衍	身老，衣食无措	《康熙黟县李氏抄契簿之二七八》，王钰欣、周绍泉主编《徽州千年契约文书（清·民国编）》第 5 卷，第 280 页

(续表)

出卖人	受买人	鬻产缘由	资料出处
张文高	程惟新	年老	《雍正休宁程氏置产簿之二七》,王钰欣、周绍泉主编《徽州千年契约文书(清·民国编)》第6卷,第167页
叶志铭		年老,无钱使用	《明弘治十一年正月二十八(十八都)叶志铭卖山契约》,周向华编《安徽师范大学馆藏徽州文书》,安徽人民出版社,2009年,第66页
谢阿胡	十二都婿胡福应	今阿胡心思年老送终,衣衾俱缺	《明永乐十八年正月二十五日祁门谢阿胡出卖山地契约》,周向华编《安徽师范大学馆藏徽州文书》,第25页
妇胡阿郑同男叁一	房叔祖有辉	年老病久,日食衣衾无措	《乾隆黟县胡氏阄书汇录之七三》,王钰欣、周绍泉主编《徽州千年契约文书(清·民国编)》第8卷,第343页
汪阿谢同男为罗	族人	年老患病,棺木无措	《清乾隆八年十二月汪阿谢同男为罗立卖山赤契》,刘伯山主编《徽州文书》第4辑第1册,第53页
汪学鳌	张联璧	年老,正用不便	《清光绪元年三月汪学鳌等立杜断绝卖屋赤契》,刘伯山主编《徽州文书》第2辑第10册,广西师范大学出版社,2006年,第445页

　　从此表我们可以得知,在明清时期的徽州地区,因为养老困难而鬻产的现象还是比较普遍的。鬻产方,有的是老人自己,有的是老人的子女;而受买人,有的是宗族以外的异姓,有的则是自己宗族的族人。从鬻产的具体原因来看,有些是因为年老乏嗣,生活困难;有些是因为年老多病,"棺椁、衣衾无措"。在这些情况下,鬻产就成了一些家庭解决老人养老问题的一种重要方式。

　　此外,当一些老人在养老问题上遇到了难处,他们又会在鬻产或者典产之后,以"年老日食艰难"等理由要求加价,此类现象在徽州文书中也不少见。这里有两份契约文书，反映的就是这方面的问题。

契　一

立情恳字人张玉林，今凭证情恳到陈名下，因上年所卖房屋，杜卖、杜加并掇数次，因年迈，又兼孤寡病重，难以度日，棺木全无，浼托邻证向恳情掇大钱捌千文正。自情掇之后，倘有异说，尽在伊外甥李邦杰一力承管。今恐人心难凭，立此情恳字为据。

立情恳字人　张玉林　押

立承管人　李邦杰　押

凭证　陆云山　李志英　朱灿杨

黄芝山　仝见

道光元年十月十九日①

契　二

立加约人胡廷仪，今因年老岁荒，将前典出客租田拾五砠，正价外，央中又加到万名下九九典钱叁阡［千］文正，其钱当日收足。其田原期满外，再加五年，听凭原价取赎，日后断不复加分文，即我夫妇两年老，亦不许小儿等复加分文。恐口无凭，立此加约存照，再批。小儿必庆十八年加借贰千文，另首字据，日后照数缓清，原字一并收回，又批。

立加约人　胡廷仪

中见人　吴必好　万兆权　金佛济

胡万氏（妻媳）

道光念壹年拾壹月　日立②

这是两份加价契约文书，前者是卖契加价，后者为典契加价。尽管这两份文书属于不同的契约类型，但是它们所反映的社会现象是相同的，即立约人张玉林、胡廷仪都为年迈的老人，他们在卖产或者典产之后又都请求加价，其理由也都是因为他们在养老生活上遇到了困难。

① 周向华编：《安徽师范大学馆藏徽州文书》，合肥：安徽人民出版社，2009 年，第 198 页。

② 刘伯山主编：《徽州文书》第 2 辑第 9 册，桂林：广西师范大学出版社，2006 年，第 17 页。

另外，在明清徽州地区，还存在一些老人家庭因为年老乏用而请求加价、绝卖产业的现象。下面是一份有关雷氏妇人请求加价、绝卖田产的契约文书，全文内容如下：

清乾隆二十三年八月妇雷氏立加价绝卖田契

立加绝约妇雷氏，为夫年老林中，棺椁无错[措]，先年出典与程姓，典价银十两正。自身年老，同男韩关龙衣身无度，不能供养母，自情愿将父修置田乙处，土名乌珠林，田一坉[丘]，计客租十三租，请托中加到程名下，九三色价银叁两正，其银当日收足，其田即听受主耕种交租。自加之后，无得声情异说，亦不得复加赎取，再有韩关龙子孙永远不得赎回。今欲有凭，立加绝约存照。

乾隆二十三年捌月　日　立加绝约人　妇雷氏

奉书　男韩关龙

中见　傅长才　胡时通①

从这份文书中我们可以得知，老妇人雷氏先前由于丈夫年老去逝，缺乏安葬费用，曾经将一份田产出典与程姓。后来，因为自身年迈，家庭经济生活也比较困难，"同男韩关龙衣身无度，不能供养母"，于是不得不向受典人程姓请求加价，将前次典出的田产进行绝卖。

赡养老人是中国民众日常家庭生活中一个极为重要的内容，也是孝道最基本、最直接的体现。历史上，徽州素有"东南邹鲁"之称，儒家文化向为昌盛，在儒家"孝悌"文化的影响下，坚守"孝道"成了当地一种重要的家庭伦理文化。对于一些无嗣老人家庭而言，族内过继、招婿入赘等承继方式，不仅实现了他们延续宗嗣、遵循"孝道"的目的，还解决了其自身的养老之忧，不失为一种两全之举。它们既折射出中国古人传统的"孝道"观念，也反映了对养老这一现实问题的考量。明清时期的徽州属于一种大宗族小家庭的社会形态，分家析产是一种常见的家庭现象，在这个过程中，会对家庭老人的赡养作出具体安排，或公存田亩，以备养老口食所需；或结派奉养，由各房

---

① 刘伯山主编：《徽州文书》第2辑第10册，第307页。

共同承担赡养义务。值得提及的是,徽州作为徽商的桑梓之地,不乏以经商为业的商人家庭,他们在分家析产时,通常会提留出部分商业利润,作为家庭老人的赡养费用,这显然是商人家庭老人赡养方式的一个特点。另外,在明清徽州地区,因为养老困难,一些老人家庭鬻产、典产以及加价绝卖产业的现象也比较普遍。以上所述是明清时期徽州地区家庭老人赡养的一些真实情景,也反映了当时中国社会家庭老人养老的一些具体面相。

清代沱川余龙光家世与生平考述*

王献松
（安徽大学徽学研究中心）

摘　要：沱川余氏为徽州大族，其中，理源相公房余元遴、余龙光一支从明代晚期就开始积极参加科举，但大多只具有秀才身份，直到晚清余龙光中举并入仕，方才打破此困局。余龙光生活在 19 世纪前、中叶，他的人生历程大致可分为读书应举、入仕为官、致仕乡居三个阶段。余龙光入仕之初帮办海运，后历任昆山、元和、青浦三县知县，颇有政声，但咸丰二年在青浦知县任上时，因处理"周立春闹漕案"不力被撤职。此后余龙光无意仕途，将主要精力用于子孙教育、读书著述，希望通过这种方式振兴沱川余氏的家族文化，为徽州学术和新安理学的发展作出自己的贡献。

关键词：徽州；沱川余氏；余龙光；科举；乡居官员

　　沱川余氏为徽州大族。北宋末年，沱川余氏始迁祖余道潜因躲避方腊起义而迁居沱川，《新安名族志》前卷"余"姓记载："沱川，在邑北九十里。先世居下邳，徙浙之桐安。宋有讳道潜者，重和戊戌进士，主桐庐县簿，避睦寇，由桐安迁此。"①定居沱川之后，余氏家族并未迅速兴起。迟至明代中后期，经过十几代人长达三四百年的发展，沱川余氏才终于盛极一时，人才辈出。这一时期沱川余氏的杰出人物有大理寺右评事余楘（1501—1530）、南

---

　* 本文曾发表于《徽学》第 14 辑，北京：社会科学文献出版社，2020 年。本文为安徽省哲学社会科学规划青年项目"清代徽州沱川余氏世家研究"（AHSKQ2018D109）的阶段性成果。
　① 戴廷明、程尚宽等：《新安名族志》，合肥：黄山书社，2007 年，第 149—150 页。

京户部右侍郎余懋学(1539—1598)、南京礼部尚书余懋衡(1561—1629)、礼科给事中余懋孳(1566—1617)、南京太仆寺卿余一龙(1535—1611)、南京大理寺卿余启元(1543—1633)等。

但随着明清易代,沱川余氏又迅速衰落,余氏后人虽力图振兴,但终不复有昔日荣光,清中期徽州大儒汪绂的弟子、沱川余氏之后余元遴曾感慨道:"余宗当胜国时,名公巨卿,接踵而出,即分其绪余以作诗人,犹足以名家,何其盛也! 百年以来,渐以替矣。国初诸前辈积学能文者,犹多为世所指名。乡无善俗,家乏良材,未有如今日之甚者,不独经世之实不及古人,即擅风雅、工吟咏者,亦不多见。"①可以略见入清之后,沱川余氏人才凋零之概况。虽然沱川余氏的昔日荣光无法再现,但余氏后人却始终坚守着读书应举、著书立说之路,晚清时期的余龙光(余元遴之孙)就是其中的代表人物。

一、余龙光的家世及其早年科举之路

余龙光(1803—1867),原名绍泰,字灿云,号黼山,晚号拙庵,徽州府婺源县沱川理源人。余龙光所在支系属于沱川余氏的理源相公房,②余相(1401—1478)为该房房祖。民国《婺源县志》载:"余相,字尚斌,沱川人,号保竹。幼负奇骨,动称古人,守司马公《家训》,凡《孝经》《小学》所载,务身体之。兄弟不异财,遇难必先,子孙再世同居,守退让,里称礼义,必首保竹公。所著有《保竹诗集》,李善序。少司寇陇西李公为之传,载《清风录》中。"③

余相仲子余鎣(1470—1525),字宗器,号北山,晚号三谷,成化二十一年(1485)秀才,弘治十七年(1504)举人,治《春秋》,是理源相公房首位举人,沱

---

① 余元遴:《染学斋文集》卷一《尺蠖吟序》,抄本,台北故宫博物院藏。

② 理源,今称理坑。关于沱川余氏的分房问题,可参考汪发林《沱川乡余氏宗族与民间信仰》(载卜永坚、毕新丁编《婺源的宗族、经济与民俗》,上海:复旦大学出版社,2011年,第48—134页)一文。

③ 葛韵芬修、江峰青纂:民国《婺源县志》卷四九《人物十三·隐逸》,民国十四年(1925)刻本,第6b页。

川余氏第二位举人。余鐢曾任江西广昌县知县,在任期间,从王阳明平定宁王朱宸濠叛乱,后谢事归,卒于家,其孙余世儒(1518—1589)为嘉靖十三年(1534)举人,其曾孙余懋学、余懋孳(二人皆余世儒子)分别于隆庆二年(1568)、万历三十二年(1604)中进士,后人有论曰:"子孙科第贡荐列仕籍者百四十年,风节谋猷,照耀史乘,终更殉义前朝。吾乡论阀阅名家,以广昌尹为最云。"①后世有"三代四名贤"之称。

余相季子、余鐢之弟余恢(1477—1549)为余龙光十世祖,字宗宏,号前川闲叟,未应举入仕。余恢子余默(1520—1599)为余龙光九世祖,字士成,号阳峰,嘉靖二十八年援例入南京国子监学习,后授光禄寺署丞。余默子余世恒(1542—1596)为余龙光八世祖,字汝占,号守愚,未应举入仕。余世恒子余懋鈛为余龙光七世祖,字公铉,万历二十一年秀才,治《易》。余懋鈛子余兆瑛为余龙光六世祖,字德先,崇祯六年(1633)秀才,治《礼》。余兆瑛子余道生为余龙光五世祖,字易昉,号晦斋,清顺治三年(1646)秀才,治《礼》,"生平力学攻苦,手不释卷,潜心宋六子书,补苴张皇,不遗余力。……子苏、华,皆有声庠序,能世其学"②。余道生长子余苏,字芳蕤,号湖峰,康熙二十五年(1686)秀才,治《礼》。余道生次子余华为余龙光高祖,字积中,号淡庵,康熙二十二年秀才,治《礼》。余华因家贫寒,曾经往外地坐馆授徒以养家糊口,后补廪膳生,汪绂为之作《余淡庵传》,称"其御事勤敏,常黎明而起,或治事,或读书,夜分乃寐,治事精详,丝毫不苟,存体致用,经济裕如"③。民国《婺源县志》称余华"幼颖悟,性质端重,成童即知宗仰儒先,服膺躬行,事亲孝,临财义,教人以器识为先,为文纯正,诗亦潇洒出尘"④。余华著有《写心集》,汪绂为作跋语,认为此书"大要以克去己私、推心及人为主,又详于治生、教家,及乡闾排难解纷,引为己任,不欲徒作自了汉。……此集可以继《读书》《居敬》二录之后"⑤。余华英年早逝,卒年仅三十七岁。余华长子余

① 《沱川余氏家乘·仕进》,中国国家图书馆藏。
② 葛韵芬修、江峰青纂:民国《婺源县志》卷二三《人物四·学林》,第16b页。
③ 汪绂:《双池文集》,《汪双池先生丛书》第41册,扬州:广陵书社,2016年,第177页。
④ 葛韵芬修、江峰青纂:民国《婺源县志》卷二三《人物四·学林》,第19a页。
⑤ 汪绂:《双池文集》,《汪双池先生丛书》第41册,第311—312页。

鸣球,字以载,号璞斋,康熙五十三年秀才,治《礼》。余华次子余衍宣为余龙光曾祖,字凤五,号东阜,虽因家贫辍举业而从商,但非常重视对子孙的教育,曾言:"虽乞食,亦勉教子读书。"①余衍宣子余元遴(1724—1778)为余龙光祖父,字秀书,号筠溪,乾隆十三年(1748)秀才,治《诗》,后师从徽州大儒汪绂(1692—1759,字灿人,号双池,婺源段莘人)研习经学、理学,著有《庸言》《染学斋诗集》《染学斋文集》。余元遴长子余克和(?—1814),字清远,号竹香,乾隆四十六年秀才,治《诗》。余元遴次子余克联(1777—1832)为余龙光父亲,字芳远,号改斋,嘉庆二年(1797)秀才,克联年甫两岁,父亲余元遴即去世,而由母亲汪氏抚养成人,克联一心向学,以坐馆授徒为业,辑有《世征录》《书绅丛录》等书。

余龙光所在支系在科举上虽然没有取得像"余䕫—余世儒—余懋学、余懋孳"一支那样辉煌的成绩,但自余懋钦以下,每代皆有秀才,赓续不断,也可谓是"秀才世家"了。余龙光外祖父王汝楫就因为仰慕余氏诗书传家,而将其女嫁于余克联为妻,王汝楫曾言:"余门一杯清水,亦带书香也。"②余龙光所在沱川余氏一支虽然世代读书,却屡应乡试皆不中第,但他们并没有放弃努力,而是将希望继续寄托于下一代!

余龙光自幼喜爱读书,是余氏家族新的希望,家人对他的要求也格外严格。余龙光三岁时曾出过麻痘,身体比较柔弱,但其祖母汪氏在教他识字时,仍要求他正襟危坐,并教导他说:"小时箕踞跛立,到长大便骄傲惰慢,此等处不可不谨。"③余龙光五岁时,余克联即于睡前向其讲解朱子《小学》。此外,余龙光早年还曾随族叔璧辉公读书。余龙光六岁读完《孝经》《小学》,九岁读完《四书》,十三岁读完《五经》,十四岁读完《周礼》《仪礼》《尔雅》等书。自十一岁起,余龙光正式跟随余克联学习举业。除学习与举业相关的

---

① 余香祖:《蕭山府君年谱》,北京图书馆编《北京图书馆藏珍本年谱丛刊》第151册,北京图书馆出版社,1999年,第381页。

② 余香祖:《蕭山府君年谱》,北京图书馆编《北京图书馆藏珍本年谱丛刊》第151册,第424页。

③ 余香祖:《蕭山府君年谱》,北京图书馆编《北京图书馆藏珍本年谱丛刊》第151册,第383—384页。

儒家典籍之外,余龙光还深受家族文化的影响。祖母汪氏"时勖以祖宗艰苦事"①,余克联更是教他颂读祖宗墓碣,"命每晨跪诵一过,然后及他书",并且教导他说:"吾儿他日倘贵,毋忘祖宗艰苦也。"②余龙光十四岁时,余克联为他聘婺源十堡村程起昇之幼女。程起昇与王汝楫类似,在择婿方面非常看重读书人,曾说:"当得读书佳婿,毋以贫富为也。"③其长女嫁在沱川篁村,他经常往来于此,得以与在篁村古香书屋授徒的余克联结识,并非常欣赏其才学,遂订为儿女姻亲。余龙光十八岁时,正式迎娶程氏。在应试之外,余龙光还与父亲余克联一样做起了塾师,以坐馆授徒的方式来补贴家用。余龙光自十八岁起,坐馆之地先后有休宁县咏坑盛氏宅、婺源县官坑洪氏宅、休宁县双溪李氏宅、婺源县沱川湖山书屋、婺源县龙溪俞氏宅、婺源县沱川东山寺等处。

余龙光的科举之路颇为坎坷。他从十三岁起就开始参加院试,十五岁时考取佾生身份,入紫阳书院肄业,直到道光三年(1823)他二十一岁时,才考中秀才,此时距他开始学习举业已整整十年。道光四年,余龙光参加科试,名列一等,补廪膳生。道光五年,余龙光首次参加江南乡试,但未能考中,此年余克联在先后参加十三次乡试均告失败之后正式放弃科举之路,转而将希望寄托于余龙光身上。道光八年,余龙光应江南乡试并再次落榜。道光十年,余龙光援例为廪贡生,入国子监读书,次年参加顺天府乡试,仍未能考中。直到道光十五年,余龙光参加江南恩科乡试才考中举人,列第十四名。余龙光的中举,结束了其家族"屡应乡试皆不中第"的困局。中举之后,余龙光的运气未能继续延续,他先后于道光十六年、道光十八年、道光二十年、道光二十一年、道光二十四年五次参加会试,其中三次名列副榜,但始终未能考中进士。道光二十四年,余龙光参加大挑,名列一等,候补知县,吏部

---

① 余香祖:《黼山府君年谱》,北京图书馆编《北京图书馆藏珍本年谱丛刊》第151册,第385—386页。

② 余香祖:《黼山府君年谱》,北京图书馆编《北京图书馆藏珍本年谱丛刊》第151册,第387页。

③ 余香祖:《黼山府君年谱》,北京图书馆编《北京图书馆藏珍本年谱丛刊》第151册,第388页。

掣签后分发江苏。就这样,余龙光结束了他三十年的科举之路,虽未能考中进士,但他毕竟打破了家族"应举不中"的怪圈,并可以就此进入仕途,也算是可以告慰祖宗之英灵了。随后,余龙光在道光二十五年、道光二十六年先后安葬了浮厝多年的曾祖余衍宣、祖父余元遴灵柩。道光二十六年七月,余龙光往江苏等待候补,正式开始了他的宦海生涯,此时余龙光已四十四岁。

二、余龙光的仕宦之路

道光年间,清廷改革漕运制度,尝试将之前的以河运为主改为以海运为主,并首先在江苏、浙江两省试行。江苏地区在苏州设有海运省局,在上海设有海运沪局。① 余龙光的第一份差事便与漕粮海运有关:道光二十七年(1847)三月,余龙光奉旨前往上海帮办漕粮海运。道光二十八年冬,余龙光又奉旨往苏州帮办漕粮海运。差事办完议叙时,余龙光被加二级,尽先补用。

道光二十九年春,余龙光题署昆山县事,开始了他主政一方的仕宦之路。昆山为清初经世大儒顾炎武的故乡,晚清学者重提顾氏经世之学,对顾炎武推崇备至。道光二十三年,何绍基、张穆等人曾在北京慈仁寺内建顾亭林祠,定期举行祭祀活动。② 余龙光早年对顾炎武的《亭林先生遗书》等著作多有涉猎,对其甚为推崇,所以他到昆山上任不久就有捐资为顾炎武建造专祠的想法,但一场洪水阻碍了其计划的实现。道光二十九年夏,昆山县城遭遇洪水,"大水入县治者凡三版,昆民荡析离居,……淹民田五千二百数十顷,饥民十余万人"③。余龙光一边上报灾情,恳请朝廷拨款赈灾,一边向当地富商、士绅募捐,还设置平粜局以稳定物价。余龙光之子余香祖记载下了

---

① 关于晚清海运情况,可参考倪玉平《清代漕粮海运与社会变迁》,上海:上海书店出版社,2005 年。

② 关于顾亭林祠创建与祭祀情况,可参见段志强《顾祠:顾炎武与晚清士人政治人格的重塑》,上海:复旦大学出版社,2015 年。

③ 余香祖:《齰山府君年谱》,北京图书馆编《北京图书馆藏珍本年谱丛刊》第 151 册,第 418—419 页。

此事："谕初下,府君盛服召诸商至,开陈大义,自卯初至于日中昃,皆感动,有涕下者。府君因离席曰:'公等能平米价,救我饥民,当受我一拜。'众皆跪,言誓不增价。有王贾者,阴缩其升斗,俄而雷电绕屋,贾惧,有悔意,既免,升斗失所在,合邑诧以为异。"①因赈灾及时、有效,昆山灾情得以缓解,但余龙光也因此患上足疯疾。是年十一月,余龙光离任昆山,改署元和县事。离任前,余龙光还请求免除昆山县内受灾的五千余亩田地的税粮。而随着余龙光的离任,他建造亭林祠的想法也就此搁浅。

元和县"政理烦剧,簿书讼狱无休",而且"多劫夺案",余龙光上任伊始便力图"兴利除弊,与民更新"。② 在处理政事方面,余龙光宵衣旰食,亲力亲为,"虽有幕宾,不轻以政事假手,夜得睡息者只数刻"③。对于治安问题,余龙光"密巡防,严保甲",并经常微服夜巡,并"命逻者密布要路,终夜不辍",于是元和"盗风日靖"。④ 在移风易俗方面,余龙光"禁火葬,革恶俗,劝民间积谷以备水荒,褫积恶绅衿以伸民怨","又于每月朔望日,朝服赴公所,宣讲《圣谕广训》,并饬文生赴各图宣讲"。⑤ 经过余龙光的不懈努力,元和县"政教相资,境内渐知向化"⑥。

咸丰元年(1851)十月,余龙光改署青浦县事。其在任上时有两件事颇值一提:其一为救助"孔宅圣裔"。"孔宅"又称"孔子衣冠冢",青浦"孔宅"是仅次于山东曲阜孔庙、浙江衢州孔庙的第三处与孔子有关的古迹,有学者认为:"历代众多孔庙均为官祀,而其中住有孔子后裔,且兼行世袭家祀的孔

① 余香祖:《黼山府君年谱》,北京图书馆编《北京图书馆藏珍本年谱丛刊》第 151 册,第 419 页。

② 余香祖:《黼山府君年谱》,北京图书馆编《北京图书馆藏珍本年谱丛刊》第 151 册,第 420—421 页。

③ 余香祖:《黼山府君年谱》,北京图书馆编《北京图书馆藏珍本年谱丛刊》第 151 册,第 421 页。

④ 余香祖:《黼山府君年谱》,北京图书馆编《北京图书馆藏珍本年谱丛刊》第 151 册,第 421 页。

⑤ 余香祖:《黼山府君年谱》,北京图书馆编《北京图书馆藏珍本年谱丛刊》第 151 册,第 422 页。

⑥ 余香祖:《黼山府君年谱》,北京图书馆编《北京图书馆藏珍本年谱丛刊》第 151 册,第 422 页。

氏家庙,历史记载只存'二个半',一是山东曲阜孔庙,二是浙江衢州孔庙,还有半个就是这个青浦孔庙了。青浦'孔宅'在众多孔庙中的特殊地位可想而知。"①咸丰二年二月,居住在青浦的孔子后裔因为"小过"被他人控告,并被指控他们并非孔子后裔。作为儒家信徒的余龙光自然不敢怠慢,对青浦圣裔的来龙去脉进行了详细考察:"青浦之有孔宅,自圣裔潜居此始;青浦之有衣冠墓,自圣裔祯奉至圣衣冠环璧瘗此始。其后潜与祯子孙迁徙无常,墓祠皆郡人士相沿祭扫。至宋建炎中,圣裔传从衍圣公扈跸南渡,赐居衢州,传七世孙涛以进士为吴江州判官,殁后,其子思构遂家于苏,是为衢裔迁徙苏之始。经本朝宸翰叠颁,而衣冠墓之名始显。"②可见,青浦"圣裔"是自衢州迁居于此的孔思构的后代。但此时的青浦"圣裔"已经非常没落,"泯然无复先圣之遗风,其幼者嬉戏于泥途之中,无以端其蒙养,其长者奉祀生宪晋等,目不知书,或则裸身赤脚以谋衣食于田园"③,和底层普通民众无异。余龙光在为青浦"圣裔"洗清嫌疑之后,"复请于大吏,请照乾隆故事,给奉祀生衣顶;仍捐廉俸,倡建庭闻书院,以供圣裔读书;启告五乡绅士富民,先后捐田八百余亩,就中以二百亩给圣裔之衣食,余六百余亩择圣裔之秀者,于孔宅知天草堂延师教读;又为严立学规,筹善后章程,以期久远,自是孔宅书声不绝"④,使青浦"圣裔"得以重新受到官方重视,并得到良好的教育。据光绪《青浦县志》载:"咸丰二年,知县余龙光慨书院久废,子姓多力农,无弦诵声,缘捐建庭闻书院,集费延师,专为孔氏家塾,二十年来,有游于庠者,有贡于廷者,彬彬乎渐有成焉。"⑤可见余龙光于青浦"圣裔"的重振颇有帮助。

　　另外一件事是"周立春闹漕案",这件事也直接导致了余龙光的免职和

① 孔德来:《青浦"孔子衣冠墓"探新》,《中国文物科学研究》2009年第2期,第20页。
② 余香祖:《黼山府君年谱》,北京图书馆编《北京图书馆藏珍本年谱丛刊》第151册,第432—433页。
③ 余香祖:《黼山府君年谱》,北京图书馆编《北京图书馆藏珍本年谱丛刊》第151册,第433页。
④ 余香祖:《黼山府君年谱》,北京图书馆编《北京图书馆藏珍本年谱丛刊》第151册,第433页。
⑤ 陈其元修、熊其英纂:光绪《青浦县志》卷一一,《中国地方志集成·上海府县志辑》第6册,上海:上海书店出版社,2010年,第205页。

归乡。咸丰二年(1852)五月,余龙光派人征收道光三十年以来未完漕粮,其中粮差徐漤(又作"徐荣""徐溁")因办事不力被余龙光关押,徐漤派手下萧茂向地保周立春求救,周立春纠集三四百人进入县衙,要求暂缓漕粮的征收。双方因意见未达成一致而发生冲突,余龙光在冲突中被打伤,此事也因此升级为民变。咸丰三年十月,时任两江总督怡良、江苏巡抚许乃钊在《奏报查明嘉定等县起事缘由并督剿上海情形折》中对此事因由有较为详细的记载:

> 咸丰元年正月,钦奉恩旨,豁免道光三十年以前民欠银米。尔时正值办理道光三十年漕务尚未完竣,民间误会,以为亦奉蠲免,欣喜过望。迨经前任督抚臣查明成案,奏请将三十年银米照旧征收,民间即哗然,以为圣恩宽大而官吏屯膏,不无缺望。盖因江苏省赋额繁重,浮收勒折之弊亦甚。刁生劣监因而把持挟制,索取陋规者有之,短交抗欠者有之,旗丁人等又从而挑剔米色索加帮费。自本省各衙门书吏以迄过淮抵通,一切浮费,无一不取盈于安分良民。……地方官犹复严刑虐取,日益加厉,而民更不堪。咸丰二年五月,前署青浦县知县余龙光,将道光三十年、咸丰元年民欠漕尾及咸丰元年奏销、二年上忙银两,同时并征,勒令粮差徐荣将道光三十年漕尾垫完,不遵收禁比追。徐荣嘱□差伙萧茂向地保周立春求救。五月十九日,周立春即周烈春纠集乡民王阿辛等三四百人,突入县署,胁制缓征。余龙光不允,即被王阿辛等抢殴致伤。前任督抚臣将余龙光撤任,另委通判李初圻前往代理,查拿周立春未获。[①]

从这份奏折也可以看出,余龙光向民众征收漕粮并非个人的贪婪行为,而是责任使然,因为道光三十年的银粮并未得到蠲免,只是因为民众对圣旨有所误会,再加上百姓负担确实过重,以及余龙光在具体的征收策略上有欠妥当,才激起了这次"闹漕"事件。其实,"闹漕"在道光朝以降就时有发生,而就在"周立春闹漕案"发生之前的一个月,浙江鄞县就发生过"闹漕"事件。

---

① 上海师范大学历史系中国近代史研究室、中国第一历史档案馆编辑部编:《福建·上海小刀会档案史料汇编》,福州:福建人民出版社,1993 年,第 329 页。

据柯悟迟《漏网喁鱼集》"咸丰二年"载："四月,浙江鄞县征漕不妥,致农民拒捕滋事,将知县碎尸。上司提营会剿,又伤协镇佐贰等三十余员,兵勇无数,农亦有毙。闻于上,不作叛论,为首正法,刊碑永禁浮勒。……五月无雨,……青浦县余龙光开征道光三十年漕粮,严催勒限,时值戽灌不及挪措之候,又将知县抢出,倒拖里许,竟欲粉身,得救幸免。后亦提兵勇,捉拿首从要犯。农民知官兵至,亦拒毙多人,更欲效法鄞县刊碑。"①从青浦农民"欲效法鄞县刊碑"可以看出,周立春领导的这次"闹漕"颇有效仿鄞县"闹漕"事件之意。其实,清代江、浙两省赋税极为繁重,在征收漕粮过程中,官民关系,尤其是负责征收漕粮的县官、具体征收漕粮的粮差与底层民众之间的关系,一直处于非常紧张的状态,虽然其间不乏"贪官""污吏""刁民"之流激化矛盾,但这种矛盾主要还是一种结构性的制度矛盾,个人很难扭转形势。左宗棠(1812—1885)在总结"闹漕"的起因时,也曾说:

> 道光癸未、辛卯以后,两次大水,民间元气大伤,赋重之处,未能全漕起运,遂岁报灾歉,蠲缓频仍。然朝廷虽屡沛殊恩,而小民未尽沾实惠。盖一县之中,花户繁多,灾歉蠲免,悉听经书册报,世家大族丰收者亦能蠲缓,编氓小户被歉者尚或全征。且大户仅完缴正额,小户更任意诛求。迟至厫满停收,即须改征折色,每石价至五六千文不等。以小户之浮收,抵大户之不足。官吏征收不善,小民咨怨有词。故闹漕之案,往往因之而起。然州县浮收亦非能尽饱私橐也。从前河运之时,旗丁需索帮费,如咸丰初年,每兑漕一石,除给报部漕截银三钱四分六丝外,尚须由州县贴给费钱千文。帮费一日不清,帮船一日不开。州县惟恐有误运期,不得不浮收以填溪壑。而小民苦于苛政,弱者日受追呼,桀者或从中持之,因而窜入大户,以致小户日少,大户日多。旗丁之索费日重,州县之亏项日积。民以完漕为苛政,官以办漕为畏途。积弊相因,官民交困。②

———————————

① 柯悟迟:《漏网喁鱼集》,北京:中华书局,1959 年,第 14 页。
② 左宗棠:《议减杭嘉湖三属漕粮大概情形折》,《左宗棠全集·奏稿一》,长沙:岳麓书社,2014 年,第 494 页。

可见，由于清代漕粮征收积弊已久，才出现了这种"官民交困"的情形，余龙光的遭遇只是这种官民矛盾激化过程中出现的一个个案而已。但相较鄞县知县被"碎尸"而言，余龙光能够逃过一劫，已经十分幸运。咸丰二年七月，余龙光因"周立春闹漕案"被撤职。咸丰四年正月，余龙光母亲王氏去世，但余龙光此时因为"闹漕"案被软禁于苏州，无法回家奔丧，只能让弟弟和儿子回家料理丧事。至八月，部议余龙光发往新疆充当苦差，上谕曰：

> 怡良、吉尔杭阿奏，知县不能约束书役，致酿重案，审明定拟一折。江苏已革署青浦县知县余龙光，因催比钱粮，致差役徐溁等纠同地保周立春聚众挟制，哄堂殴官。迨经彻任协缉，复未能将首要各犯立时拿获，以致周立春勾结土匪起意谋逆，重烦剿办。虽讯无征收应免钱粮及贪污实据，惟周立春煽惑扰乱根由，究因该革员庸劣不职所致。余龙光着照拟发往新疆充当苦差，以示惩儆。余着照所拟办理。该部知道。钦此。①

从此上谕中可以看出，余龙光在漕粮征收中并无故意征收应免钱粮的行为，也没有被查到有贪污的证据，对他"遣戍"的处理只是因为他在"闹漕"事件中处理不当，事后又剿办不力，致使周立春由"闹漕"发展成为"谋逆"，即咸丰三年七月周立春领导的嘉定起义（又称"嘉定之变"），以及以此为先导随后爆发的上海小刀会起义。所以，作为引发此次重大群体性事件的首要责任人，余龙光自然无法逃脱罪责，于是他便被以"庸劣不职"的罪名，发往新疆充当苦差。余龙光本来应该立刻前往新疆，但由于清军对小刀会起义武装力量的有力镇压，余龙光得以在苏州为母亲居忧。而随着咸丰五年上海小刀会起义武装力量的覆灭，再加上余龙光长子余述祖的上下奔走，清廷对余龙光的罪责给予了赦免。余香祖为其兄余述祖所作《小传》称："府君宰吴，为仇家所陷，将戍新疆。兄徒跣入京，诉于部，部不允，更诉于亲王，卒得天恩昭雪。"②于是，咸丰五年冬，余龙光得以"蒙天恩，赐归田里"③。余香祖

---

① 上海师范大学历史系中国近代史研究室、中国第一历史档案馆编辑部编：《福建·上海小刀会档案史料汇编》，第443—444页。
② 余香祖：《黼山府君年谱》，北京图书馆编《北京图书馆藏珍本年谱丛刊》第151册，第450页。
③ 余香祖：《黼山府君年谱》，北京图书馆编《北京图书馆藏珍本年谱丛刊》第151册，第439页。

总结说:"府君之居官也,务以兴利除弊为己任。凡三宰吴,皆有政声。性严毅,人不敢干以私,上自幕宾,下至胥役,皆以府君操守廉洁,不事苟且。而是时吴中官多以依附上司为务,府君则又落落寡合,以是更不容于时,未足竟其所学。"①虽有夸饰之嫌,但大体可信。余龙光在返乡后的《告庙文》中也说:"自违桑梓,十有一年。宦海风波,备尝艰险。祗服先训,清白提躬。剔蠹锄强,横遭反噬。天恩祖荫,昭雪还乡。当诣松楸,载申依恋。谨陈薄奠,预告几筵。伏惟尊灵,鉴兹微悃。"②可见在"周立春闹漕案"中,虽然不能说余龙光完全没有责任,但他应该并无私心,完全是为了完成上司交代的任务;在此过程中,因未能有所变通,才导致事态的恶化。余龙光晚年在为其弟耘竹公所作祭文中说:"予性刚材拙,泥古而不谐于俗,簿书讼狱,事事经心,不轻假手于人。"③"性刚材拙,泥古而不谐于俗"应该是余龙光性格中比较突出的部分。所以,经此风波,余龙光便已无意仕途,决心借丁忧之事归乡隐退,据余香祖言:"府君服阕,同寅多劝之开复原官,府君以宦海风波,人情叵测,且老母又复终堂,奔走名途,久不奉先人之丘垄,于是决计归田。"④

　　回顾余龙光近十年的仕宦之路,笔者认为:余龙光为官还算清廉,毕竟在晚清的官场中,被调查后却查无"贪污实据"的官员并不多见。而在居官期间,余龙光也还算关心民间疾苦,在救灾和整肃治安方面都能够亲力亲为,灾后离任时又能呼吁为民众减轻赋税负担,并努力移风易俗,关注地方文化事业,总体上可以算得上勤政爱民了。但由于晚清时期社会矛盾已经严重激化,上下交迫,并非一个小小的知县能够力挽狂澜的,余龙光能够全身而退,已经算是幸运了。

---

① 余香祖:《矞山府君年谱》,北京图书馆编《北京图书馆藏珍本年谱丛刊》第151册,第439—440页。
② 余香祖:《矞山府君年谱》,北京图书馆编《北京图书馆藏珍本年谱丛刊》第151册,第440页。
③ 余香祖:《矞山府君年谱》,北京图书馆编《北京图书馆藏珍本年谱丛刊》第151册,第421页。
④ 余香祖:《矞山府君年谱》,北京图书馆编《北京图书馆藏珍本年谱丛刊》第151册,第439页。

三、余龙光晚年的乡居生活

余龙光返乡之后的生活也并不宁静,因为此时太平天国已经建都南京,徽州地区正是清军与太平军交战之地。咸丰七年夏天就有人流窜到沱川,将余龙光家中"衣服什物,剽掠一空"①。此时在徽州抵御太平军的正是余龙光的房师张芾(1814—1862,字小浦,陕西泾阳人)。张芾为道光十八年余龙光参加会试时的阅卷官,余龙光此科"中式,改备榜第六名"。余龙光在咸丰六年八月由苏州返乡途中,曾在路过徽州府城时拜谒张芾。张芾邀请余龙光帮办军务,余龙光因母亲尚未安葬而推辞。咸丰九年冬,张芾派遣婺源知县朱德芬(字颂清,江苏扬州人)持其亲笔书信,再次邀请余龙光入幕帮办军务,而此时余龙光的足疾时常发作,无法远行,只能再次拒绝了张芾的盛情。咸丰十年,张芾负责的皖南军务由两江总督曾国藩接管。余龙光早在咸丰元年就与曾国藩有过交往:时任礼部右侍郎的曾国藩,通过婺源县令黄元吉传口信给余龙光,希望拜读《汪双池先生遗书》,余龙光遂借黄元吉进京之机托其献《遗书》四种于曾国藩,并就其祖余元遴崇祀乡贤祠一事,请曾国藩帮忙,曾国藩遂作回信表示感谢,并言崇祀乡贤祠一事"不日当有文咨徽省矣"②。而此时曾国藩驻防祁门县,余龙光又正主讲于祁门东山书院,所以曾国藩派人邀请余龙光入幕帮办军务,余龙光又以年老推辞,却通过书信向曾国藩陈述了自己关于兴办团练的建议。据《曾国藩日记》载,曾国藩曾于咸丰十年六月初十日宴请过余龙光:"中饭请客,张伴山、余龙光、王敬恩及绩溪之胡、程二生。"③可见,余龙光就曾国藩邀请入幕一事,又曾亲自拜谒过曾国藩。咸丰十年,张芾交接完皖南军务之后,奉命督办陕甘团练。是年秋,安徽学政邵亨豫(1817—1883,字汴生,江苏常熟人,张芾之门生)又奉张芾

---

① 余香祖:《黼山府君年谱》,北京图书馆编《北京图书馆藏珍本年谱丛刊》第 151 册,第 441 页。

② 余香祖:《黼山府君年谱》,北京图书馆编《北京图书馆藏珍本年谱丛刊》第 151 册,第 430 页。

③ 曾国藩:《曾国藩日记》第 2 册,长沙:岳麓书社,2015 年,第 68 页。

之命来看望余龙光,希望余龙光能够襄助张茗办理陕甘团练,但仍被余龙光拒绝。不知是余龙光确实身体欠佳,还是他实在已经厌倦了宦海的风云莫测,总之,他拒绝了多次能够参赞军务的机会。

　　谢绝了宦海的纷扰,余龙光把主要的精力放在教育子孙和读书著述之上。余龙光共育有五子,依次为余述祖(1825 年出生)、余述古(1831 年出生)、余述文(1842 年出生)、余述尹即余香祖(1845 年出生)、余述洙(1846 年出生)。余龙光返乡之时,余述祖、余述古已成年,而余述文、余香祖、余述洙尚年幼。其中长子余述祖道光二十七年中秀才,咸丰元年中举人,咸丰六年因"会试不第,援例捐郎中,掣签归工部效用,旋派屯田司行走,兼管司务厅事"①。次年三月,余龙光又往苏州为余述祖"办玉牒馆事",余述祖遂任玉牒馆纂修官。但随着清军与太平军在徽州地区的战斗日趋激烈,余述祖于咸丰十年冬,由礼部尚书许乃普保举,奉旨返回徽州办理团练。在此期间,余述祖"屡却贼,保全桑梓,著有《式遏要略》三十卷,于战阵攻守之具,无不详备。……运筹帷幄数月,未尝脱衣睡"②。但因劳累过度,余述祖于同治元年(1862)六月卒于家,年仅三十八岁。次子余述古早年也学习举业,但在余龙光入仕之后,余述古为了替父亲承担家庭责任而放弃了科举,他曾说:"吾一人废读,可使兄弟无分心,且予既有兄弟能读书,何必在予? 而以家事劳大人者。"③后来余述古虽然通过捐纳获得了道库大使的职位,但因不愿与同僚同流合污,不久就辞官了。之后,余述古因病于咸丰九年去世,年仅二十九岁。余龙光对三个幼子的教育更为重视,在咸丰六年秋天余龙光返乡途中,"述文、香祖、述洙侍府君自苏归,舟中课不肖等读书。自苏抵里,不使有暇日也"④。咸丰十年,余龙光主讲祁门东山书院时,余香祖、余述洙等也随侍在侧,后来余龙光又在家塾指导子孙读书,并批阅各书院、文社的课卷。同治六年春,余龙光在去世前不久,还主讲于紫阳书院。是年二月,余龙光

---

① 余香祖:《黼山府君年谱》,北京图书馆编《北京图书馆藏珍本年谱丛刊》第 151 册,第 439 页。
② 余香祖:《黼山府君年谱》,北京图书馆编《北京图书馆藏珍本年谱丛刊》第 151 册,第 450 页。
③ 余香祖:《黼山府君年谱》,北京图书馆编《北京图书馆藏珍本年谱丛刊》第 151 册,第 446—447 页。
④ 余香祖:《黼山府君年谱》,北京图书馆编《北京图书馆藏珍本年谱丛刊》第 151 册,第 439 页。

在送余述文、余香祖等往徽州府参加童子试时，更是对他们耳提面命，说："人家不可一日不读书，汝看眼前卑污苟且之人，谁非名宦之孙子，皆由不读书、不知义理，遂至流落无底人家，后事难测，伊可畏也。"①余述文、余香祖兄弟也不负所望，于是年四月皆中秀才，但不幸的是，二人在府城时接到余龙光书信，"言有微疾，命送学使起马，然后言归，不可造次无礼"，并教导二人说："汝两人人泮，冀从此守得三百年书香一脉。若因初得一衿，视读书为甚易，便是堕落一生志气，坑陷进步不少。"②可见余龙光对二子读书明理、不堕书香家风的殷勤期盼。后来，余香祖也不负所望，于同治九年中式江南乡试第十名，③可惜此时余龙光已去世三年。

当然，余龙光对子孙的教育并不只在书本上，他还非常重视教导子孙学习农事，使其知"稼穑之艰难"。他曾教诲子孙说："士人读书，宜亲艰苦，每见宦家子弟借祖父之余荫，恣意养安，浸成轻薄，未有不丧身亡家者也。推原其故，皆由不知稼穑之艰难，不知祖父之困苦，遂至一败涂地、不可救药耳。先儒吴康斋、张杨园诸贤，皆眷眷于农事，躬亲劳苦，其见识自超出流辈。使予筋力未衰，当率汝辈力作。若以'父为官，子负薪'为耻，此则乡曲之见，卑鄙狭隘之甚矣。"④可以说，沱川余氏正是传统社会耕读传家的典型。余龙光对农事的重视，主要受到吴与弼、张履祥的影响，二人都是极为崇尚躬行实践的儒家学者，余龙光认为吴与弼（1391—1469，号康斋，江西抚州崇仁县人）"为明儒之冠"⑤，并曾在同治元年为吴与弼编辑《吴康斋先生学案》，可见其推崇之情。

在读书著述方面，余龙光主要致力于程朱理学的研究，以继承家学。余香祖在总结余龙光的乡居生活时说："府君自归田后，刊落声华，非公事不至城市，不以私事干邑宰，日惟寻绎旧闻，究心汉宋以来诸儒之学。……邑有

<hr>

① 余香祖：《黼山府君年谱》，北京图书馆编《北京图书馆藏珍本年谱丛刊》第 151 册，第 502 页。
② 余香祖：《黼山府君年谱》，北京图书馆编《北京图书馆藏珍本年谱丛刊》第 151 册，第 496 页。
③ 《余述尹江南乡试朱卷》，顾廷龙编《清代朱卷集成》第 150 册，台北：成文出版社，1992 年，第 89—104 页。
④ 余香祖：《黼山府君年谱》，北京图书馆编《北京图书馆藏珍本年谱丛刊》第 151 册，第 442—443 页。
⑤ 余香祖：《黼山府君年谱》，北京图书馆编《北京图书馆藏珍本年谱丛刊》第 151 册，第 451 页。

大兴革,再三敦促,始一至。时方会善后局,乡绅会议其中,流品闲杂,门外多怨谤声。府君偶一至,谈公事数语外,辄与夏弢甫先生论学,及表彰先儒事,余不及私,人服其立身之严云。"①"夏弢甫先生"即夏炘(1789—1871),安徽当涂人,时任婺源县教谕,崇尚程朱理学,曾著《读诗札记》《檀弓辨诬》《述朱质疑》《景紫堂文集》等书。余龙光与夏炘经常探讨学问。余香祖回忆余龙光读书的情况时曾说:"府君自五岁入塾,六十年间,非甚病及应务,手未尝释卷,藏书近百厨,多看至六七过。每有心得,辄夹小纸签其中,积久,书口字几不复见。"②可见余龙光读书之勤奋。余龙光自述其为学经历时也曾说:"予少时,内禀祖母之教,外承庭训之严,读书未尝懈怠。十五龄读《史》《鉴》,始有意于经世之学;馆休西双溪,读阳明王氏书,稍知鞭辟近里,窃谓圣贤为可几及。然先入已差,终未得为学之要领,泛滥乎词章,出入乎朱陆,以至永康永嘉之事功、鄱阳马氏之《通考》,莫不粗究其大略。宴鹿鸣后,始得就正诸名公,然后知居敬、穷理、力行三者为程朱吃紧示人处。荏苒暮齿,罢官归来,百念淡然,惟读书不厌。读朱子之书,愈觉不厌,寻绎既久,因悟紫阳之功不在颜、曾、思、孟之下。自惟末学未能果有发明,而于古今儒学之是非,亦窃谓不迷于所向。"③又说:"某壮年汨没于科举、词章,旁涉夫马氏之《通考》、姚江之良知,浮沉出入,茫无心得。年垂六十,刊落声华,始信朱子之贤无异颜、曾、思、孟,而其继往开来之功,则有出于颜、曾、思、孟之上者,非故为骇人之论也。"④又说:"归田后,荏苒十年,忽逾六十,生平于金溪、姚江之学术,永康、永嘉之事功,鄱阳马氏之《通考》,亭林顾氏之《遗书》,亦尝领其大略,泛滥出入。迄于暮齿,始确信朱子之学,广大精纯,为孔子后一人。"⑤由此可知,余龙光早年主要致力于举业,并涉及陆王心学和事功经世

① 余香祖:《黼山府君年谱》,北京图书馆编《北京图书馆藏珍本年谱丛刊》第151册,第447—448页。
② 余香祖:《黼山府君年谱》,北京图书馆编《北京图书馆藏珍本年谱丛刊》第151册,第498—499页。
③ 余香祖:《黼山府君年谱》,北京图书馆编《北京图书馆藏珍本年谱丛刊》第151册,第497—498页。
④ 余香祖:《黼山府君年谱》,北京图书馆编《北京图书馆藏珍本年谱丛刊》第151册,第467页。
⑤ 余龙光:《双池先生年谱》"凡例",《汪双池先生丛书》第48册,第11—12页。

之学,直到晚年乡居期间,才开始认真深入探究朱子理学,并驳斥心学、考据学之非,成为程朱理学的信徒。

　　笔者对余龙光学术思想另有专文论述,在此略述其乡居期间读书、著述情况。对于余龙光来说,研读先儒之书,尤其是理学著作,并不仅仅是闲居时光的消遣之事,而是与其生命及精神密切相关。余龙光于咸丰九年、同治元年接连痛失两子,所受打击可想而知。余香祖《黼山府君年谱》"同治元年"载:"是年因两先兄俱病,故心绪甚恶,旧恙时发。冬,乃检读旧书,以先儒之处患难者自解,心稍定。……更读《朱子全集》及陆稼书、张杨园、汪双池三先生书,日夜不释手。"①可以说,余龙光正是在读先儒之书的过程中,潜心体会先儒经历患难时的感受与应对,才让自己从丧子的悲痛中慢慢解脱出来。而其中对于朱熹、陆陇其、张履祥、汪绂等程朱理学一系的著作,更是手不释卷。此外,余龙光还读了明代陈建的《学蔀通辨》和好友夏炘的《景紫堂全书》,并皆作有《书后》。余龙光教育子孙也以程朱理学为核心:"为学之方,当以《小学》《近思录》二书为先资,以居敬、穷理、力行三者为宗旨。"②余龙光甚至在去世前一日,仍在勉力为子孙"申《小学》《近思录》之训"③。

　　在著述方面,除前述所编《吴康斋先生学案》外,余龙光还编著有《朱子祠祀考》《元明儒学正宗录》《汪仁峰先生年谱》《仁峰学案》《汪双池先生年谱》以及《广唐书》等。其中《朱子祠祀考》又题作《朱子祠堂配享从祀考》,是系统考察应从祀朱子祠堂的朱子门人弟子的著作。余龙光早年曾拜谒孟庙,认为"朱门弟子配享从祀之礼,所当仿孟庙举行,而从前定徽国祠堂祀典,未曾议及,似属缺事也"④。同治四年六月,余龙光在读过夏炘《述朱质疑》后致书夏炘,与之讨论朱子祠堂从祀问题,并希望夏炘能够续写一书,"举朱门弟子应升配享、应列从祀者,综为一册,各作小传,疏于姓名之下,将来贼氛扫荡,庙貌重新,即可呈请督学使者,按册举行,既补我婺从前之缺

---

① 余香祖:《黼山府君年谱》,北京图书馆编《北京图书馆藏珍本年谱丛刊》第151册,第451页。
② 余香祖:《黼山府君年谱》,北京图书馆编《北京图书馆藏珍本年谱丛刊》第151册,第502页。
③ 余香祖:《黼山府君年谱》,北京图书馆编《北京图书馆藏珍本年谱丛刊》第151册,第496页。
④ 余香祖:《黼山府君年谱》,北京图书馆编《北京图书馆藏珍本年谱丛刊》第151册,第475页。

典,而即可以续刻于《述朱质疑》之后,使后人得以备考朱学之流传也"①。
但夏炘回信说自己"衰惫不堪任此事"②,并嘱托余龙光写作此书。余龙光遂
于该年七月间写作完成《朱子祠祀考》。汪仁峰即汪循,明代徽州休宁人,曾
与王阳明论学,并对阳明学说多有规正。余龙光二十六七岁时,曾在休宁双
溪李宅坐馆,李宅与汪循裔孙汪鹏翥书斋比邻,余龙光在汪鹏翥处读到汪循
《仁峰文集》时深受鼓舞,遂为汪循编辑《汪仁峰先生年谱》。同治四年二月,
余龙光又重新修订《年谱》旧稿,四月又编辑《仁峰学案》,"先述行实,次纂遗
文,终及余事,较《年谱》尤入目了然"③。汪绂为余龙光祖父余元遴之师。
汪绂晚年时,余元遴多次请求汪绂自订年谱,均未能如其所愿。余元遴自己
后来也未能编写汪绂年谱,此事成为余元遴的一大遗憾。余龙光秉承祖父
余元遴遗志,早在道光十八年冬就已编成《汪双池先生年谱》初稿。同治四
年七月,余龙光在写作《朱子祠祀考》的同时,又开始修订《汪双池先生年
谱》,于同年八月下旬完成,并邀请夏炘为《年谱》作序。余龙光另作有《广唐
书》三十余卷,以理学家眼光批评欧阳修的《五代史》:"正欧史之误者十之
三,删其繁杂者十之四,补其缺略者十之一焉。"④初稿成于道光二十七年冬,
咸丰十年五月,余龙光主讲祁门东山书院时又作修订。

　　但非常可惜的是,除《汪双池先生年谱》得以流传外,余龙光的其他著作存
世很少,我们只能从余香祖《黼山府君年谱》的转述中,对余龙光的学术成就略
窥一斑。但从这些吉光片羽之中,我们也可以看到余龙光晚年希望通过这种
著述的方式来发扬家风、传承家学,从而重振沱川余氏的家族文化,并进而为
徽州学术和新安理学的发展作出自己的贡献。

---

① 余香祖:《黼山府君年谱》,北京图书馆编《北京图书馆藏珍本年谱丛刊》第 151 册,第 475—
　476 页。
② 余香祖:《黼山府君年谱》,北京图书馆编《北京图书馆藏珍本年谱丛刊》第 151 册,第 476 页。
③ 余香祖:《黼山府君年谱》,北京图书馆编《北京图书馆藏珍本年谱丛刊》第 151 册,第 465 页。
④ 余香祖:《黼山府君年谱》,北京图书馆编《北京图书馆藏珍本年谱丛刊》第 151 册,第 409—
　410 页。

天下之治始乎县：明清徽州
知县司法办案刍议*

郑小春

（安徽师范大学历史学院）

摘　要： 明清时期，知县不仅是一县行政之主官，也是一县司法之主官。就司法而言，县衙是当时地方诉讼解决最主要的审理机构，而知县则在其中发挥着至关重要的作用。本文以明清时期的徽州为中心，介绍了知县的职掌和司法职责，探讨了知县的司法办案实态，并考察了时人对知县的社会评价，认为知县是亲民之官，其论断公正、廉政亲民与否，对于一地之司法环境、地方民情、社会风气乃至社会秩序具有重要影响。诚所谓"万事胚胎，皆由州县"。

关键词： 明清；徽州；知县；司法；诉讼

明清时期，州县属于最低一级行政单位，是国家政令在地方上最主要的推行机构，因而州县的地位极为重要，处在承上启下的关键环节，直接关乎国家治理和社会稳定。就县而言，知县亦即县令，是一县之正堂官、正印官，为一县之最高主政长官。一县之政可谓纷繁复杂、千头万绪，但对知县来说，钱谷和刑名①无疑是其最主要的两项政务，也最能集中反映一县治理之

---

* 本文为教育部人文社科重点研究基地重大项目"政治变动与明清徽州乡村社会的日常生活"（15JJDZONGHE001）、安徽省教育厅 2018 年高校学科（专业）拔尖人才学术资助项目（gxbjZD41）的阶段性成果。
① 陈宏谋：《学仕遗规》卷四《王朗川汇纂忠敬录》："官不论大小内外……担荷非轻。即一州一县，各司钱谷、刑名重寄。"

能力和业绩。实际上，知县不仅是一县之行政主官，还是一县之唯一法定审官，在传统国家治理体系中的地位和作用至关重要。故而，清人张望有言："天下之治始乎县，县之治本乎令。"①本文拟对明清徽州县衙门刑名活动情况进行考察，进而初步揭示徽州知县司法办案的一般实态及社会影响。

一、司 法 职 责

"诉，告也"，百姓打官司必须要到法定的地方官府衙门去告控诉冤。明清时期，徽州地方官府一直是府、县两级行政设置，根据两朝法律规定，徽州府辖下六个县衙门是当时地方诉讼解决的最主要的审理机构。

明代，徽州府辖属六个县，每县设知县一名，正七品；县丞各一员，正八品；主簿各一人，正九品。其属，典史各一员，未入流。儒学教谕各一员，训导各二员，俱未入流。此外，还有其他一些杂职。② 与明制相比，清代徽州六县官员的设置发生了一些变化。具体来说，六县知县各一员，正七品；歙县、休宁县、婺源县三县县丞各一员，正八品，其他三个县缺员；六县主簿，全部缺员；六县教谕各一员，正八品；训导各一员，从八品；典史各一员，未入流。③

在明代，知县职掌一县之政，"凡养老、祀神、贡士、读法、表善良、恤穷乏、稽保甲、严缉捕、听狱讼，皆躬亲厥职而勤慎焉"；"县丞、主簿分掌粮马、巡捕之事。典史典文移出纳，如无县丞或无主簿，则分领丞、簿之职"。④ 到了清代，知县职掌没有变化，但县丞或主簿之职罢废者，其职掌则由典史分领。

从上可见，知县尽管品秩不高，但其职掌甚广，担负着一地行政和司法之重责。清人黄六鸿即指出："有司以钱谷、刑名为重。"甚至还认为："刑名较钱谷为尤重。"⑤对于徽州而言，六个县属于地方上最低一层行政机构，同

---

① 张望：《乡治》，贺长龄辑《皇朝经世文编》卷二三《吏政九·守令下》，台北：文海出版社有限公司，1966 年，第 877 页。

② 嘉靖《徽州府志》卷五《县职官志》；道光《徽州府志》卷七之二《职官志·县职官》。

③ 康熙《徽州府志》卷四《秩官志中·县职官》；道光《徽州府志》卷七之二《职官志·县职官》。

④ 《明史》卷七五《职官志四》。

⑤ 黄六鸿：《福惠全书》"凡例"，扬州：广陵书社，2018 年。

样也是最低一级司法审判机关,地位尤为重要。大明律规定,凡军民词讼,皆须自下而上陈告,不得越诉。① 大清律例也作了相同的规定,并要求:"须本管官司不受理,或受理而亏枉者,方赴上司陈告。"②从遗存下来的徽州地方文献和诉讼文书来看,绝大多数的军民词讼案件,均在各县进行初审。

根据规定,徽州六县之户婚、田土、钱债等民事案件一般都由各县"自理",③其法定审官知县,在堂断之后两造表示输服无异时即可结案。对于刑事案件,斗殴等笞杖类轻罪案件一般也由各县问理,堂断后即可结案。但徒以上重罪案件,则在初审之后必须定拟招解,送徽州府复审;在复审无异的情况下,再由徽州府将案件申详上司复审,④反之,则会遭至徽州府的驳诘,或发回重审,或檄驳招详,直至复审无异为止。又,根据遗存的徽州诉讼文书来看,各县"自理"之民事案件,并非绝对由知县亲自问审,批转属下县丞⑤或典史⑥审理的现象也常有之。当然,这种现象大都限于轻微的民事案件,那些复杂的重情案件则一般不会发生这种情况。

此外,明清两朝法律还规定,地方有印信衙门文卷必须接受专门职能机关的照刷⑦和磨勘⑧,以对地方官府日常事务定期加以稽核与监督,"刑名"就是其中的主要内容之一。对于"刑名"的照刷和磨勘,关键是要看其审判过程是否公允,裁判结论有无"违枉"。又,自清雍正朝开始,监督形式又有了新调整。雍正元年刑部议准定例,州县按月将自理案件造册申送"府、道、司、抚、督查考";十二年定例,州县须设立循环簿,于每月底送"该管知府、直

---

① 《大明律》卷二二《刑律五·诉讼·越诉》。
② 《大清律例》卷三〇《刑律·诉讼·越诉》。
③ 《清史稿》卷一四四《刑法三》。
④ 明代的相关规定,参见那思陆《明代中央司法审判制度》,北京:北京大学出版社,2004 年,第 111 页;清代的相关规定,参见《清史稿》卷一四四《刑法三》。
⑤ 雍正五年,休宁县苏氏宗族两大房之间发生冲突,县丞在知县授命下审理了此案并拟定了看语。参见《状词和批示汇钞》,安徽省图书馆藏。
⑥ 道光十三年,黟县监生程嘉栋与同族程嘉好父子发生纠纷,适逢知县公事外出,于是程嘉栋具禀典史。《清道光十三年黟县程嘉栋状告程嘉好等扛门案稿》,安徽大学徽学研究中心藏。
⑦ 《大明律》卷三《吏律二·公式·照刷文卷》;《大清律例》卷七《吏律·公式·照刷文卷》。
⑧ 《大明律》卷三《吏律二·公式·磨勘卷宗》;《大清律例》卷七《吏律·公式·磨勘卷宗》。

隶州、知州查核";乾隆十九年定例,责成该管巡道"巡历所至,即提该州县词讼号簿逐一稽核",至此形成了自理案件词讼号簿的批报注销制度。① 当然,以上种种监督形式对于明清时期的徽州六县也不例外,②构成了职管上司、专门职能机关与六县之间严格的司法监督关系。

明清时期的徽州是一个典型的民情健讼之地,加上层层的司法监督管制,致使六县知县的办案压力非常大。为了改善司法环境,有魄力的知县一般都会针对本地存在的突出问题采取一系列司法举措,以显示肃正地方民风的决心。而这些司法举措的颁布及实施,则对我们了解徽州知县履行司法职责情况具有重要参考价值。

一是规范词讼。明清时期,民间有冤情都要自下而上呈告。因而,县衙门显然是收受状词最多的基层机构。正因为如此,规范词讼势必成为各县规范司法工作之关键,这方面的记载也比较多。例如明末歙县知县傅岩就制定实行了原告自拘制度以及一些具体审理词讼方面的规定等;③清初休宁知县廖腾煃为规范告词,专门制定《告词条规示》,对告词的状式、诉词的要求、状词的准理等作出严格规定。④ 他还颁布《申饬原告自拘示》⑤,严格实行原告自拘制度。吴宏在辅佐地方时也颁布了《词讼条约》,对状词格式、状词投递等作出严明规定。⑥ 我们从遗存的徽州诉讼文书中也能看出这些方面的规定,像状词的字数、状式、副状、告状不准事项、状词挂号制度、代书制度、原告自拘制度⑦等。

① 马建石、杨育棠主编：《大清律例通考校注》卷三〇《刑律·诉讼·告状不受理》,北京：中国政法大学出版社,1992年,第880—881页。
② 有关明代巡按御史照刷文卷的具体信息,在明成化年间抄白案卷《直隶徽州府为祁门县县民谢玉澄状告谢道本等人强占山土之案件》中就有着清晰反映。见中国第一历史档案馆、辽宁省档案馆编《中国明朝档案总汇》第1册,桂林：广西师范大学出版社,2001年,第38—52页。
③ 傅岩：《歙纪》卷五《纪政绩·事迹》。
④ 廖腾煃：《海阳纪略》卷下《告词条规示》。
⑤ 廖腾煃：《海阳纪略》卷下《申饬原告自拘示》。
⑥ 吴宏：《纸上经纶》卷五《告示·词讼条约》。
⑦ 郑小春：《诉讼文书所见清代徽州状词格式的演变》,《徽学》第9卷,合肥：合肥工业大学出版社,2015年。

二是严禁请托。请托的现象在明代就十分流行,万历年间徽州知府古之贤曾下令六县禁止钻刺请托行为。① 然而请托现象屡禁不止,向来积习,直到清代依旧十分猖獗。为此,清初休宁知县廖腾煃颁布《严禁请托示》,严厉禁止说情请托的行为。为显示决心,说服百姓,廖腾煃坦言道:"尔民毋信奸徒招摇,希图请托。如理直耶,虽不请托,本县不敢昧心背理。如理曲耶,纵挥金求情,势豪挟制,本县断不枉法徇情,以伤天理,以丧民心。是非自有公道,两造何用夤缘? ……本县矢心凛凛,尔民当以共鉴,何用痴迷听人撞岁? 况自己不受人财,而徒为人说情,至令天理良心二者俱昧,本县断不致愚昧至此。"②

三是打击白役。明代徽州,在勾摄公事、缉捕盗贼之时,府县衙门往往差遣皂隶、快手人等。这些衙役一旦承票,即视为奇货,于是三五成群,呼引朋党,下乡勒索百姓,是为民害。这些纠集在一起、额外增雇的衙役,亦即姓名未列入官府档案、没有注册的"衙役",即"白役"。③ 为打击白役,徽州知府古之贤曾示谕六县官民,颁布严禁告示。为彻底杜禁白役之骗害,古之贤还要求实行差役与地方里长协同勾摄公事的制度,不允许轻易遣差下乡。同时,古之贤还严令禁止佐贰首领各官擅受呈词,以免生事取祸。④ 歙县知县傅岩在实践中不仅惩罚了一批积蠹,还实行画像挂牌上岗制度,以期彻底杜禁白役,减轻百姓所受敲诈之苦楚。⑤

四是严禁健讼。为端本清源,使民无讼,明清两朝的徽州知县采取了不少措施。歙县知县傅岩一方面力主宣讲乡约、严行保甲,以期稽察善恶、化民成俗;另一方面则对本地轻生索诈现象予以严禁,以清讼源。⑥ 吴宏则在辅佐地方时"申饬讲约"⑦,以淳民风,严禁健讼,以培民俗。来看针对日演愈烈的刁告之风所颁布的《禁健讼》告文:

---

① 古之贤:《新安蠹状》卷下《告示·行六县严禁钻刺》。
② 廖腾煃:《海阳纪略》卷下《严禁请托示》。
③ 黄六鸿:《福惠全书》卷三《驭衙役》。
④ 古之贤:《新安蠹状》卷下《告示·行六县严禁白役》。
⑤ 傅岩:《歙纪》卷五《纪政绩·事迹》。
⑥ 傅岩:《歙纪》卷五《纪政绩·事迹》。
⑦ 吴宏:《纸上经纶》卷五《告示·申饬讲约》。

为严禁健讼习风，以培民俗事。照得争讼之兴，既废时而失事，更怨毒而伤残，极为恶俗。本县下车以来，屡行禁止，又于当堂劝谕，不啻再三，奈本县言之淳淳，而尔民听之漠漠。或因口角微嫌而驾弥天大之谎，或因睚眦小忿而捏无影之词，甚至报鼠窃为劫杀、指假命为真伤，止图诳准于一时，竟以死罪诬人而弗顾。庭讯之下，供词互异，本县梢一执法，则反坐之律，而其动辄呼自脱。在尔民或亦自恃其奸，所以至此。以本县视之，直与无知入井之孺子，均堪悯恻者也。更有不论事之大小，情之轻重，理之曲直，纷纷控告。一词不准必再，再投不准必三，而且动辄呼冤，其声骇听，及唤至面讯，无非细故，种种恶态，深可痛恨。此风不遏，则人心日薄，民俗日漓，所关非小，合行严禁。为此示仰县属军民人等知悉，嗣后凡有真正重情，仍许不时陈告，候批准领牌自拘，投到即审外，其余一切细故，不许谎捏大题，仍前混渎。尔等承牌自拘，虽无差扰之费，投到即审，虽无守候之艰，然投状候批领牌已需三日，承牌拘审往返乡城，被告诉词又需时日，尔民自宜尽力南亩，以为衣食之计，岂可以有用之工夫，告此徒自取罪之谎状。如有健讼之徒，敢于尔后巧捏虚词，仍行渎控者，一经审出，定将原告重惩，以儆习风；其有讼棍主使教唆，究出一并严拿治罪。本县思挽颓俗，法在必行，各毋以身试法，自取罪戾。①

告文揭示了健讼陋俗给地方人心民俗带来的严重危害，进而又规定了原告领牌自拘、重惩健讼之原告、治罪教唆之讼棍等系列措施，对杜绝健讼陋俗、净化社会风气起到了一定的作用。

二、审 理 词 讼

知县的品秩虽然很低，但在地方司法审判实践中扮演着极其重要的角色。从司法的角度来看，县衙门是基层法庭，知县则是一县唯一之法定审

---

① 吴宏：《纸上经纶》卷五《告示·禁健讼》。

官,他们的上司,即从知府往上,严格地说主要还是负责案件的复审与监督。实际上,知县一般要审理自己辖区内所有的诉讼案件,包括民事诉讼和刑事诉讼(负责初审)。尤其是那些起于鼠牙雀角之类的民间细事纠纷,很多甚至不值一提,但它们恰恰数量巨大,关系民生民情。这样的纠纷与诉讼,于法于理也只能在县衙门问审归结。此外,知县还要负责案件审理中的查勘以及缉捕人犯等,实际承担着地方上最为繁重的审判任务与司法职责。

根据我们所掌握的徽州诉讼案例来看,总体上来说,在县告状、在县告准、在县审理以至在县完结的案件居多。下面,即对徽州知县中一些司法"名宦"审理词讼的情况进行举例说明,以管窥知县司法办案的实态。

首先,来看明代婺源令吴琯审理的一起案件。

万历元年十月,绩溪县东南十里登源唐金山司马墓之右臂荫木一株,被守庙人王柏寿"串豪"汪守会等肆行盗砍,妄称司马墓地系其己业。汪氏远支裔孙汪文辉、汪士贤在准备去京城之前"迂谒墓见之,遂举",之后,裔孙汪士达告到绩溪县衙。然而,一段时间过去后,绩溪知县李星一直"谳久未定",于是汪氏"远近各族互相走告",彼此联络,并用"汪思祖"之名联合呈控,继而汪道昆等徽籍和非徽籍汪氏有科举功名以及入仕者数十人又联名呈控至徽州府衙。在众多宗族精英的参与下,这起诉讼逐渐走向激烈化,于是徽州知府不得不避开绩溪县令,札饬婺源令吴琯亲勘详审回报。在婺源令吴琯的研审之下,本案最后以提讯汪守会等"勒具切结"而告终。①

这起诉讼案件的史料,取自新安汪氏宗族谱牒中的记事,因而详细的互控过程难以致详,但整个案件的始末记录得还是比较清楚。就本案的性质而言,当属田土之类民间细事。汪氏首先是直接向本管绩溪县衙门进行告控,这完全符合当时的司法程序。但是在本县知县李星一直犹豫不定之时,汪氏失去了耐性,于是宗族精英联合向徽州府呈诉。有意思的是,徽州知府这时没有批回让绩溪知县查审,而是批发给了婺源知县审理结案。

据《徽州府志》记载,绩溪县知县李星,举人,浙江海盐人。②《绩溪县

---

① 民国《余川越国汪氏族谱》卷二〇《拾遗》。
② 道光《徽州府志》卷七之二《绩溪县职官》。

志》记载：李星，"节省财用，平易近人"①。方志对此人的记载非常简单，没有其他政绩的记载，也无迁任的任何信息。其接任者陈嘉策，系万历二年任。② 由此可以推测，万历元年底这起案件发生时，李星应当即将离任，所谓的"谳久未定"，也许是李星为避免麻烦而采取的一种拖延计略，亦即准备让继任者去完结。因为祠墓坟地诉讼看似简单，但实际上在尤重风水的徽州审理此类案件一点也不轻松，屡控不休甚至上控至京都的案件往往就是这些案件，像嘉靖年间歙县罗氏与寺僧互争杨干院案件，就一直控至京城；③嘉万年间围绕着歙县吕氏祠墓发生的三起诉讼，亦一度告到巡抚、都察院，④等等。

明清时期，绩溪与婺源县并不毗连，但徽州知府却将绩溪的案子批发给婺源令吴琯，似乎这里也不存在法律回避的情节。那么，吴琯究竟是什么样的人物呢？《徽州府志》记载：吴琯，福建漳浦人，隆庆进士，隆庆五年知婺源县，其"下车即揭四语于仪门，曰：'赞诉不行，强御不避，苟苴不入，关节不通。'历六载如一日，精明敏决，是非一谳立判。时朝廷初行久任法，三载觐回。设保甲，置乡约，遍访善恶，得其实，躬巡村落。中系不率者，于约所同众面诘，置之法，四境肃然。又立社仓，劝富室出谷留赈。擢给事中"⑤。从以上记载来看，吴琯在任期间有两件事情特别突出：一是审理词讼，二是设保甲、置乡约、立社仓。尤其是到任之始，即揭四语于仪门之上，显示出吴琯在司法上的决心与抱负。由此可见，"是非一谳立判"的精明敏决，方才是徽州知府隔邑"点将"的真正原因。正因为如此，吴琯也被列为徽州历史上富有政绩的一位"名宦"。

这起诉讼案件还透露了诸多其他审案信息，诸如即将离任之知县的审案心态，以及知府批发知县查审复杂案件的考虑，等等。此外还要注意的是，在徽州，隔邑点将审案的现象并非少见，又如明成化二十二年（1486）黟

---

① 嘉庆《绩溪县志》卷八《县职官表》。
② 康熙《徽州府志》卷四《秩官志中·县职官》。
③ 《歙县呈坎罗氏杨干院归结始末》，中国社会科学院历史研究所藏。
④ 民国《新安大阜吕氏宗谱》卷六《负冤禀帖历朝实录》。
⑤ 康熙《徽州府志》卷五《秩官志下·名宦》。

县知县吴一贯，其"事以严济宽，豪猾改行，盗贼屏迹。邻郡疑狱，多借判决，声闻朝宁"①。

再来看清代休宁知县廖腾煃的例子。

廖腾煃，福建将乐县人，康熙二十八年任休宁知县。在司法办案上，其"廉洁爱民。邑俗负气轻生，黠者辄以假人命餍足其间，旁累无辜，不袪箧而去不止。煃下车力为严禁之，不悛复祈祷之，凡以服毒、自缢、投河来告者，即时责令瘗埋，又为详请不坐，刁风为之顿息……士民德之"②。

《海阳纪略》为廖腾煃所著，记录了他在知休宁县期间的一些政绩，包括他在规范词讼、严禁请托、严禁健讼等方面采取的一系列措施。其中，该著还收有 18 例由其拟定和审结的案件判词。这些判词，集中反映了廖腾煃在审理词讼方面的敏决、果敢与才能。下面以一起刑事案件"孙发旺枪死胡三元命案"③为例，对廖腾煃审案风格作简要介绍。

康熙二十七年十二月十三日夜，孙氏巡夜的仆人孙发旺持枪守夜。孙福生夜起，听到坂山上有火炮声，以为有盗贼，于是鸣锣喊叫，一同守更诸人奔逐至山，山上有乱石抛打，孙发旺与孙福生奋身持械前斗，致使山上的胡三元中枪身死，朱家谷被刀而伤。其实山上之胡三元、朱家谷等人并非盗贼，而是在为朱姓夜间葬坟，完全是一场误会。并非盗贼而枪死人命，由此造成了一场命案。

此命案首先由时任休宁知县汪起鲲录供招解到徽州府，徽州府转报省按察司。臬宪认为：当夜三元、家谷死伤，必系多人砍杀，应查明某某枪死三元，某某砍伤家谷，但原拟并未开出下手真凶，另外孙高还"先供后辨"，因而唯恐此案是有主谋，人命是故意所致。为此，知县汪起鲲的拟判遭到驳诘。然而，此时的汪起鲲已经离任，于是案件复查的任务落到了刚刚上任的廖腾煃身上。

廖腾煃受命审理此案时，于"城隍庙焚香立誓，逐一研审"，最后认定本

---

① 道光《徽州府志》卷八之二《职官志·名宦》。
② 道光《休宁县志》卷七《职官·名宦》。
③ 廖腾煃：《海阳纪略》卷下《孙发旺枪死胡三元命一案》。

案纯属斗殴，并非有人造意主谋，并对孙发旺与孙福生皆以斗殴律照拟，两人认罪无异。但这样的拟断再次遭到臬宪的驳审，其原因与汪起鲲遭到驳查基本相同。

廖腾煃不得不再次按照被驳诘的环节逐一"覆加细鞫"，之后认定：孙高"先供后辨"的原因是案发时他根本就不在现场，因而前后供述不相一致。"枪死三元之真凶发旺愿抵，戳家谷之重伤福生自认，此外并无多人。"究其所谓"谋故情节"，是由于朱姓与孙姓住居相隔十里，并不知道朱姓是夜越村葬坟，并且事起仓卒，黑夜争斗，当时受伤者亦不知其姓名，为此根本就谈不上造意主谋。因而，孙发旺以斗殴杀人律抵罪无辞，而孙福生持刀伤人，按照斗殴条内只应发配；又，发旺杀人由福生鸣锣起衅，实为首祸，仍依照斗殴杀人律内从重，拟为元谋。于是再次拟罪招解。

但是这次依旧遭到臬宪的驳诘，其中最主要的原因，还是认为孙高"先供后辨"的解释不具说服力，并且似乎把主谋造意者落到孙福生的身上。于是廖腾煃只得第三次查审，指出：孙高"先供后辨"，是出于"因县讯、严刑妄吐"的缘故。而居民夜间守更的现象是休宁县各地普遍的做法，其目的是守护村庄，孙发旺等属于孙姓仆人，并非"福生之仆，其无主使可知"。这次拟断最终得到肯定，命案终于得以归结。

这起命案审理过程的详细情况不得而知，我们只能根据廖腾煃三次拟断的简短看语寻找些蛛丝马迹。这三次拟断有一个特点，即廖腾煃一直坚持初次拟断的认定，即本案属于斗殴，不是有人造意主谋杀人，纯属偶然。这一点非常关键，因为一旦认定为有人造意主谋，那么本案的性质就发生了根本的改变，亦即由斗殴转化为谋杀人。大清律例规定：凡斗殴杀人者，不问手足、他物、金刃，并绞监候；凡审理命案，一人独殴人致死，无论致命不致命皆拟抵偿。[1] 为此，按照廖腾煃的拟断，孙发旺以斗殴杀人律抵罪应当为绞监候。又，据大清律例规定：斗殴杀人首祸之人，以原谋应拟流。[2] 因而按照廖腾煃的拟断，孙福生应当为流罪。但是若要按照谋杀人律拟罪的话，

---

① 《大清律例》卷二六《刑律·人命·斗殴及故杀人》。
② 《大清律例》卷二六《刑律·人命·斗殴及故杀人》。

本案中孙福生的罪行会发生根本变化。大清律例规定:凡谋杀人,造意者,斩监候;从而加功者,绞监候;不加功者,杖一百、流三千里。① 由此来看,一旦改为谋杀人,尽管孙发旺罪刑无大变化,但孙福生将会被判为斩监候。斩监候与流罪相比,实有天壤之别。

从上介绍可见,廖腾煃在对本案复查拟断时非常果敢,不畏上司臬宪一而再、再而三的驳诘,始终坚持案件事实,据理力争,最终给以罪犯无枉应得的罪罚。正因为如此,时人储欣评议审理该案的廖腾煃道:"层层洗辨,不令有枉,具见细心,具见仁心。"②

在审理案件时,廖腾煃不仅果敢敏决,而且极具优秀审官才华。时人汪灏就曾将在社会上流传甚广的廖腾煃经典断案案例加以摘录,下面仅移录其中的两起民事诉讼案例③以管窥之:

　　例1　有失鸭数十者控于侯(即廖腾煃),侯曰:"近来有买而未成者乎?"曰:"有。"踪迹之,鸭具在,窃者强辨不服。侯悉取两家鸭杂于堂,命各呼之。窃者呼之不应,失鸭者以竹竿呼之,果成群而走,且曰:"吾鸭有火络印左掌。"验之果然。其中一鸭不应呼,且无掌印。窃者执以狡辨。侯正色曰:"尔积窃,惧人觉,故买一他鸭杂其中耳。"窃者赧服,责而还之。阖邑称神。

　　例2　一弱姓货地开磨,而众人以碍坟墓来公举之。出地图,形势相逼。侯命暂押两造于堂下,鞫讯他案,而阴遣人图其行,则磨与坟尚隔一屋也。少顷复讯,仍互争。侯忽出图示之曰:"是如此否?"众惊服,誓不敢争。归视,磨上贴朱笔"验讫"二字,乃始知已密访耳。

这两个很细小的案例,一者说明廖腾煃在断案方面的智慧和才华,二者说明他重视官方查证证据,不倚两造一面之词。此类的例子很多,甚至可以看出廖腾煃是一位非常神奇的审官。因此,汪灏指出:"夫子(廖腾煃)发奸摘伏,有如神明,如此类甚多,难以枚举,姑记父老所最喧传者,以表断案之奇。"正

---

① 《大清律例》卷二六《刑律·人命·谋杀人》。
② 廖腾煃:《海阳纪略》卷下《孙发旺枪死胡三元命一案》。
③ 廖腾煃:《海阳纪略》卷下《告词条规示》"附记"。

因为如此,廖腾煃同样以"名宦"被记入地方史籍。

以上通过对明代婺源知县吴琯和清代休宁知县廖腾煃的个案介绍,我们对明清时期徽州知县审理词讼实践有了大体的了解。诚然,这两位知县可能比较特殊,但是他们审理案件的司法程序和社会环境与其他知县基本相同,没有太大的区别,因而特殊中又有代表性。像他们这样在司法上具有政绩的"名宦"知县,在徽州还有很多;反之,在司法实践中上下其手、恶意刁索者同样也不少见(详后)。但不管如何,作为基层审官的知县,其具体审理案件的司法职责以及遵守的司法程序基本上是一致的。

下面,我们即根据明清时期徽州诉讼文书和文献的记载,来对徽州知县审理案件的一般程式作简要梳理和归纳。

知县一般在每月固定的放告①期日收受民词,在状词接收之后,要及时研读以确定是否准告。准告之词讼,接下来首先要确定庭审之日期,之后票传两造人犯到案听候讯审,人犯无故不到者,还要遣差票拘。这期间,接受两造互控状词并对之研审和作出批示是一项繁重的任务。

一起案件仅仅一次庭审即可结案的不多,因为两造往往在审讯过程中会拿出新的举证。在双方状词互异难以作出判决时,遣差或人役下乡勘查就显得非常有必要,甚至一些严重的案件,知县不得不亲临告争场所勘踏、验尸。② 在取得确实勘查证据之后,还要再次确定开庭时间,出票传唤两造、干证人等。

法庭之上,知县要认真录取两造口供,再综合整起案件的查证事实,最后作出裁断。对于笞杖以内的民事案件以及轻微刑事案件的判决,在两造输服无异的情况下,在县即可结案,不需要得到上司的批准,但必须定时向上司汇报他们受理案件的数量、审结的情况以及尚未审结的情况等,以接受上司的照刷和磨勘。

---

① 州县衙门接受百姓诉状称为放告,一般以每月的三六九或三八日为放告期日。参见方大湜《平平言》卷二《三八放告》;黄六鸿《福惠全书》卷一一《刑名部·放告》。

② 《畏斋日记》记载了一起因盗砍树木而发生的诉讼,本案中,知县就曾亲临现场查验:康熙四十三年十一月"十九日,天晴。邑尊(即知县)蒋公侵[清]晨自段莘到村收验,上午即回马"。参见中国社会科学院历史研究所编《清史资料》第4辑,北京:中华书局,1983年,第251页。

徒流以上的刑事案件,知县只能作出拟判,之后还要将拟判结果以及人犯一同提交至上司——知府,亦即定拟招解。知府倘若认为存在问题,就会对拟判作出驳诘,是为府驳。人犯押回重新查审,之后的程序再次反复,一直等到上司首肯为止,方可结案。当然,人命等重大刑案,还要等待知府的逐层申达,详请上司进行复审,复审无异,方可结案,否则同样会招致上司的驳查。同样,这些案件的结案需要以两造输服遵依为前提,一旦一方表示枉曲,就会重新告控,或者越级上告。上诉的案件,基本上还是发回重审,如此,知县往往就得从头再来。

除了放告期日受理的案件之外,奉命审理上司批发的案件或协助上司办理案件(如查勘、拘传人犯、执行判决等)同样是一项非常繁重的任务,其具体审理或办理的程序与在县告准案件的审理或办理基本没有区别。但是对于此类案件,知县只有拟判权,之后必须将拟判结果以及人犯一同提交给批委之上司来定夺,若得到认可,官司即可结案,否则就会遭到驳诘,发回重审。

三、社 会 评 价

根据法律规定,明清徽州六县知县可对笞杖以内的自理案件直接作出判决;徒流以上的重情案件,尽管只能定拟招解,没有最终结案权,但其初审拟判仍然至关重要。可见,知县作为亲民之审官,掌控着地方司法大权,他们在法庭上被恭呼为"老父台""大公祖""大父师""宪老爷""宪爷爷""宪天大爷""大老爷""父母老爹""青天大老爷"等,寄托着平民百姓的深深期待。

明清时期,徽州确实出现了很多受到时人敬仰的审官,在地方司法实践中,他们绳治奸猾,为民申冤,剖决如流,人咸悦服,为地方社会的稳定作出了贡献。正因为如此,他们也多以"名宦"的角色被记入地方史册。

根据地方志记载,明清徽州(至道光年间)至少有四十位知县因其在司法办案中做出相当突出的业绩而被列为司法"名宦"。当然,还有很多"名宦",尽管志书没有明确记载他们在司法上的贡献,但作为时人认可的"名宦"，定然不会在地方主要政务之一的"刑名"上一无作为，只不过与其他业绩相比，"刑名"相对处于次要位置而被忽略罢了。

在这些司法"名宦"中，有的除了司法之外，在其他地方政务中也作出了相当重要的贡献，有的则主要在地方司法上取得突出业绩。相关文字记载，有的很简单，有的则相对较详细，有的记载还十分感人，像离任后"邑人立祠生祀之""立去思碑，祀名宦祠"者，像"卒于官，合邑送葬，有哭失声者"，等等。当然，出于一定的历史文化传统或特定的政治需要，其中不排除夸大做作之嫌。尽管如此，这些文字记载毕竟是对当时社会舆论关于审官业绩评价的一种反映，应当具有一定的真实性。

下面，仅以清康熙末年婺源知县窦祖禹为例，来看时人评价的情况。

道光《徽州府志》记载：窦祖禹，字敬传，陕西富平人，康熙五十一年进士，康熙五十六年知婺源县。"甫至，除市肆陋规，食用与民平贸。在任四载，修文庙、建义塾、赈水灾、浚河渠，见义勇为，尤不吝改过。民有久出外而他人入室、冒为夫妇者，始以众证误判，后本夫归，身悔恨，即行改正，痛自咎责、泣下沾襟，恻隐之忧动一邑。俭而廉，脂膏不润，士民共信。庚子入南闱，卒于省邸。阖邑哀感，无嗣扶榇，敛金迎其枢葬于东郊，题曰'万民留葬'，且置田祭埽[扫]，名曰'窦公会'者，至今日益多。弟祖武，家于西乡黄沙，以次子鹤龄为之后焉。"①

从以上记载可见，窦祖禹于康熙末年知婺源县，在任四年，除了秉公执法之外，在婺源县还做了很多实实在在的惠民事务，深受百姓赞许和爱戴。正因为如此，在其卒于省邸、无嗣扶榇之时，阖邑哀感，纷纷敛金迎其枢葬于东郊，并题曰"万民留葬"，置田祭扫。

这样的记载，真实性有多高？幸运的是，我们在婺源平阳汪氏遗存下来的宗族记事文书中，发现了发生在窦祖禹与平阳汪氏之间真实而感人的故事，与《徽州府志》记载完全吻合。

婺源平阳汪氏的始祖道安公夫人吴氏，卜葬于七都江湾湖坦，其墓自唐而明，灵秀所钟，咸称吉壤。康熙五十七年，吴氏之墓地突被附近的江云倬

① 道光《徽州府志》卷八之二《职官志·名宦》。

等人无端盗卖给他姓葬坟，以致汪氏告到婺源知县窦祖禹处。在认真查证
之下，知县窦祖禹秉公办案，最后判定江云倬地还汪姓，并于康熙五十七年
九月颁示立禁，以杜后患。①

这起在徽州看似相当平常的诉讼案件，却给汪氏留下了深刻印象。129
年之后，即道光二十七年（1847），为感恩窦祖禹保祖之德，在其后嗣无传之
时，汪氏毅然决定于每年清明的前一日对其坟墓进行标挂祭扫，永为常例：

> ……我族湖山妣，康熙年间被江云倬盗侵，本宗彦硕、云骧公等五
> 十余人，合词禀官保护，今皆为立神圭入祠祔飨矣。然此案实赖邑侯窦
> 公廉明刚断、立勒起举，乃得以安灵魂而警凶顽，迄今百有余年，无敢蹈
> 辙效尤者，皆窦公赐也。诸彦硕之功，既有以报矣，而慈父母之德独可
> 感忘乎？窦公多惠政，卒于官，婺民爱戴弗已，为留葬于东郊四都□大
> 路旁，其子孙因家于婺，今已无传。是我族即令未有讼案深受其惠，犹
> 当修报赛以输悃忱，况实有功德于吾先陇哉！今当墓祠告成，追维旧
> 泽，爰集族众，恭叩公茔，并议每岁清明湖山致祭前一日，虔备牲醴，合
> 肃衣冠，先为标挂祭扫，永为常例。俾我后嗣登其墓、怀其人，慨然想见
> 其为政而颂恩歌德，相传于无穷也。谨撰祭文镌刻于左。
>
> 　　　维
> 　　皇清道光　　　年　　月　　　日（祭文略）②

窦祖禹与汪氏之间的感人故事，应当是明清徽州廉明公正的审官与普
通百姓之间发生的一个比较典型的故事。通过这个真实的故事，可以看出
方志史书记载的可信度，那些真正为民做事、惠政一方的审官，时人及其后
人对他们给予了应有的尊重。

有廉明循良之名宦，就有偏袒不公之审官，甚至是奸佞害民之贪官，当
时的全国如此，明清时期的徽州亦然。与徽州名宦相比，那些偏袒不公、贪
婪之审官留名者并不多。尽管如此，在一些诉讼文书和文献记载中，还是可

---

① 汪松泰编：《汪氏湖山墓祠纪·墓图·禁碑》。
② 汪松泰编：《汪氏湖山墓祠纪·祭窦公墓文》。

以找到这些人的蛛丝马迹。概而言之，这样的审官，在徽州主要有以下几类。

一是徇私枉法，奸佞贪酷。例如，嘉靖年间歙县呈坎罗氏宗族与杨干院僧人之间的诉讼，该案就是由于"贪酷"知县高琦"受脏屈陷"，致使罗氏宗族上诉不止，甚至惊动了朝廷，最终在都察院札付巡按直隶监察御史亲自审理之下，方才得到解决，前后共历时八年。知县高琦，山东武城人，进士，嘉靖五年（1526）任歙县知县。① 此人素有贪黩之名，据载："国朝高琦，性刚愎，每以微罪杖人，不服则乘怒加杖，遂令立毙，且复黩货无厌，寻以贪酷败。"②此类审官，廖腾煃在《海阳纪略》中也有揭示。③ 清康熙年间，廖腾煃任前一些知县，"甲乙相讼，县官则视其金钱之少多而操其短长"④，"前此之莅斯土者，利为金穴，任意干没。两造之下，只视钱之少多，不分理之长短，锻炼深文，高下其手，受其害者，愤气填膺，无从控诉"⑤。这在《徽州府志》记载中得到印证：康熙十四年任的管仲琏"以贪核去"，十七年任的毕绍昌"以贪核去"。在廖腾煃之后，此种风气并没有好转：康熙三十三年任的钮钰"以贪酷核去"，三十五年任的习佩璜也"以贪酷核去"。⑥

二是摄于权势，偏袒不公。如康熙四十四年，项里册书殷德韬等擅改印册试图强占吴清山免征地址，当汪氏发觉后呈控到官，审官验明舞弊属实。但由于此时殷姓强盛，府县审官摄于殷德韬"先达尚书公之势"，皆对殷德韬等改册行为"袒庇不究"。致使汪姓屡控不止，不断升级，直至上控到布政使司和按察使司，方才解决。⑦

三是私相授词，上下徇隐。明清时期，出于种种考虑，县官往往对法律的相关规定进行"变通"，从而把词讼巧避擅受给属下佐杂办理，而佐杂办案

---

① 嘉靖《徽州府志》卷五《县职官志》。
② 万历《歙志》卷一一《令宰十九·外传》。
③ 廖腾煃：《海阳纪略》卷上《告城隍文》《上告皋宪》。
④ 廖腾煃：《海阳纪略》卷下《详文》。
⑤ 廖腾煃：《海阳纪略》卷下《招徕示》。
⑥ 道光《徽州府志》卷七之二《休宁县职官》。
⑦ 道光《新安汪氏宗祠通谱》卷四《康熙四十五年奉宪清厘免征地案附》。

带来的实际危害非常大。因而一些有魄力的地方官员,坚决杜禁佐杂收受
讼词。① 康熙年间,徽州府也曾一再饬禁,②不准佐贰等官受词,但此类现象
依旧屡禁不止,流弊至深。如在雍正五年休宁县苏氏宗族内部两大房之间
的诉讼中,由于知县将本案授给佐贰县丞审理,招致原告苏又冯的不满,于
是他在上诉状中尖锐地控诉道:"诚如上宪钧示内开:民词一经批发佐贰,则
富者易于鐕谋,贫者有屈无伸。是以叠奉严禁:不许批发佐贰。此上宪洞悉
民情至意。无奈积习相沿,阳奉阴违。身等贫民命蹇,金县批衙(即佐贰县
丞),衙审并不确查输租在于何处、捐资清出何业,不以库册议墨笔是津为
凭,而依劣无凭之口是风为据,糊涂朦断,身不甘心。"③道出了说不尽的冤屈
和无奈。

　　四是性至刚执,刑讯定案。例如万历年间,针对徽州人"健讼"风习,各
地官府一度存在重刑以求治的思想。其中,给犯人戴重枷,给妇女乃至孕妇
施重刑的现象比较普遍。得知此类现象之后,徽州知府古之贤颁《行六县禁
革重枷》④令,对木枷制造的规格、适用的犯人等作出严格规定,同时严禁对
妇女使用拶指拷讯、夹棍等重刑,以宽刑狱,以恤民命。又,据清人笔记《详
刑公案》记载,歙县曾发生一起强奸杀人命案,"县主沈懋修"⑤"为人躁酷,
性至刚执"。审讯时,不作研审推敲,一味刑讯逼供,对被告张学礼施行笞
杖、"汤灌"、"挟棍"等酷刑,致使屈打成招、"逼勒招承",于是判定张学礼
"奸谋强杀"成立,"尚俟秋后处斩"。本案审断后不久,恰逢"南京代巡"陈
主道"出巡徽州府",张学礼之父张时懋拦马上控。陈主道其人,"青年进士,
明如镜鉴,清若冰壶。任事精勤,秋毫必察。刑罚严简,纤微必烛"。本案在

---

① 汪辉祖:《学治说赘·理讼簿》。
② 吴宏:《纸上经纶》卷五《告示·禁典史受词》:"为饬禁事:照得佐贰不许擅受民词,久经严
　 禁,况该衙职司捕务。凡民间一切户婚、田土、斗殴等事,自有印官准理,非奉批审批查,该衙
　 无庸干预。"
③ 《状词和批示汇钞》。
④ 古之贤:《新安蠹状》卷下《牌稿·行六县禁革重枷》。
⑤ 按,查阅方志即知,歙县历史上并无"县主沈懋修"其人,这应当是作者出某种考虑,有意
　 隐讳之。

其研审之下，最终将真凶绳之以法，避免了冤假错案。①

　　在司法实践中，以上四类审官，尤其是那些奸佞害民之贪官，对地方司法的危害非常大。直接的后果，是导致官司逐渐升级，累讼不止，增加了诉讼双方的经济负担，甚至家破人亡的现象也时有发生；更为严重的是，加深了诉讼当事人彼此间的怨恨，恶化了地方民情，致使健讼风行，甚至激起民变，对地方社会的稳定具有严重危害。例如明末天启黄山大案，就是由于朝廷先后派遣的审官贪酷暴恣、荼毒乡里，最终激起了万余民众杀捕快、烧公署的"徽州民变"。②

　　总上所述，明清时期的徽州知县，在司法上留有业绩的不少，致使百姓受害者也不鲜见，但其主体部分应当是那些默无声息、不留事迹者。所谓是非功过，自在民心。可以肯定的是，无论何种审官，记载的也好，湮没的也罢，他们的实际所作所为都曾被时人所评论，被历史所定格。

结　　语

　　明清时期，州县属于最底层行政设置，但其地位极其重要，在国家与社会之间起到沟通桥梁的作用。由此，清人章学诚即指出："天下政事，始于州县，而达乎朝廷。"③而知县职掌一邑之政，直接面对底层百姓，不仅要勤于政事，也要保障民生，实为亲民之官，所谓"人君代天，子养兆民，任牧民者，邑令尤亲……保民之方，心诚求之，如父与母，字厥孩提"④。其实对于知县来说，其亲民之政主要包括刑名和钱谷两项。两项政务非常重要，皆为国家治理之基础、社会稳定之根基。作为一县之令，其一县之治是否得当有效、能否造福一方，为政能力与人格品行无疑是最为关键的因素。为此，清人田文镜指出："亲民之官，莫如州县，使州县皆得人，则政简刑清，民安物

---

① 京南归正宁静子辑：《详刑公案》卷二《奸情类·陈代巡断强奸杀死》。
② 佘华瑞：《岩镇志草》元集《黄山大案奏疏》；程演生：《天启黄山大狱记》，安徽省图书馆藏。
③ 章学诚：《文史通义》卷六《外篇一·州县请立志科议》。
④ 朱瞻基：《御制官箴·各县箴》。

阜,又何有兵革之患哉! 故州县造福易,作孽亦易,其造端甚微,而身家民命皆系之。"①

仅就刑名而言,知县司法办案的影响很大,其论断公正、廉政亲民与否,直接关系到一个地方的司法环境以及社会秩序的稳定与否。例如,作为徽州大邑之休宁县,原本十分富饶,向来民风淳朴,宋代以来,"新安山水,天下之奇观也。休宁当其中,一州清淑之气于是焉,钟故视他邑为最胜。其民雅驯,其俗简易,官于此者,无争辩文书之繁"②。然而降至明清时期,由于受到徽州大环境的影响以及地方官员的纵容,这种民风发生了巨大变化,"苦缘休宁民俗,尚气好讼,讼比求胜。甲乙相讼,县官则视其金钱之少多而操其短长。本小罪也,乃文致而将加以至大之罪名"③,"(休宁)县俗负气轻生,有司辄因假人命,持人短长,鱼肉富室,往往有破家者"④。这种健讼的风气,对地方社会的发展影响非常之大,致使原本富饶的休宁县变成需要通过"广招徕"⑤来弥补因打官司破家或举家外迁而造成的人口和土地的严重短缺。值此当口,康熙二十八年,廖腾煃出任休宁知县。根据记载:"腾煃下车即为严禁,凡以服毒、自缢、投河来控者,即时勒令埋葬,勿得株累。民以是不复轻生。俗锢婢不嫁,亦严为禁之。编审黄册,陋规苛派数千金,悉申请勒石禁革。催科不事鞭挞,民争先完粮。劝化草窃,革面为良。"⑥一系列有效措施的实施,使得休宁县逐渐恢复元气,社会风气得到一定程度的扭转。然而好景不长,在廖腾煃卸任之后,几任知县复又贪酷无比,致使当地健讼的风气死灰复燃,地方社会再次处于不安宁的状态。休宁县社会风气的一再反复,证明了知县论断公正、廉政亲民对于一地之司法环境、地方民情、社会风气乃至社会秩序是何等的重要,实所谓"万事胚胎,皆由州县"⑦。

① 田文镜:《州县事宜·前引》。
② 弘治《休宁县志》卷一《风俗形胜》。
③ 廖腾煃:《海阳纪略》卷下《两江总制传安徽抚院江详文》。
④ 康熙《徽州府志》卷五《秩官志下·名宦》。
⑤ 廖腾煃:《海阳纪略》卷下《招徕示》。
⑥ 康熙《徽州府志》卷五《秩官志下·名宦》。
⑦ 王又槐:《办案要略·论详案》。

从"案卷"到"文卷"：试论明清徽州诉讼文卷的编制[*]

廖华生

（江西师范大学历史文化与旅游学院）

摘　要：明清时期的徽州诉讼文卷，主要基于诉讼案卷编制，但并非后者的简单复制，而是编纂者用心编制的结果。其核心内容为诉讼案卷，是编纂者受书证意识的影响，仿照编纂成案故事以纪事的结果。徽州绅民编制诉讼文卷，主要是为了记录过程以建构历史记忆，此外也有制造舆论、表功纪过、诉说冤屈、创制地方规约和保存诉讼证据等方面的考量。出于不同动机，徽州绅民编制诉讼文卷，大多采用案卷汇编式、叙事加案卷式、"全书"式和再次编制四种编制方式，编制的文卷也相应地有梗概式叙事、情节式叙事、"全书"式叙事和二次叙事四种叙事模式。

关键词：明清；徽州；诉讼文卷；诉讼案卷

引　言

　　诉讼文书是徽州文书的重要组成部分，历来为学界所重视。学者们在以徽州诉讼文书为史料进行各式研究的同时，对文书本身亦从不同角度给予关照。如周绍泉、卞利等学者分析了徽州诉讼文书的特点，揭示了其学术

---

　　* 本文为国家社会科学基金重点项目"明清徽州诉讼案卷的整理与研究"（16AFX005）的阶段性成果。

价值;中岛乐章、阿风等学者讨论了徽州诉讼文书的分类;阿风、郑小春等学者对徽州诉讼文书的某一文类进行了考察。所有这些,都深化了我们对徽州诉讼文书的认识。① 不过,正如郑小春教授所言,相对于运用诉讼文书资料进行的徽州基层司法制度、法律文化以及地方社会等研究,徽州诉讼文书本身的研究仍比较薄弱。②

　　本文关注的是明清徽州诉讼文书中一种特殊的文类——诉讼文卷。对于"诉讼文卷",我们定义如下:诉讼文卷指民间以官府诉讼档案、私家诉讼底稿这些原始诉讼文献为基础,再次制作的、较为系统的诉讼文书,其物质形态为稿本或刊本。须特别说明的是,"文卷"一词源于《著存文卷集》,其字面意思和"案卷"无异,我们移用它并无标新立异之意,主要是出于以下两方面的考虑:一是绅民制作或保存的诉讼文书,即使内容与官府档案完全一致(实际上不大可能完全一致,绅民在制作保存诉讼文书时也是在做加法和减法),但其意蕴应该有所不同,"诉讼文卷"突出"民间",与"诉讼案卷"的官方性质有所差别;二是和"较为系统"的诉讼文书相比,单份或杂乱无章的数份诉讼文书文献不够系统,在很大程度上缺少有意识的编制过程,因此有必要对两者有所区分。

　　如上所言,与官府诉讼档案(抄招帖文)、民间诉讼底稿这些原始诉讼文献相比,诉讼文卷的最突出的特点是,它经历了一个重新编制的过程。③ 换而言之,虽然主要材料源自案卷(包括官府诉讼档案或绅民诉讼底稿。如果成讼,诉讼底稿实际上也成了官府档案),但是诉讼文卷并非后者的简单复制,而是文献编纂者用心编制的结果。那么,明清徽州诉讼文卷的编制受什

---

① 参见[日]中岛乐章《明代乡村纠纷与秩序:以徽州文书为中心》,南京:江苏人民出版社,2010 年。其他有关徽州诉讼文书研究的现状,参见阿风《明清徽州诉讼文书研究》第一章第三节"徽州诉讼文书研究回顾",上海:上海古籍出版社,2016 年,第 12—14 页;郑小春《徽州诉讼研究二十年回顾与展望》,《徽学》第 10 辑,北京:社会科学文献出版社,2018 年,第 267—284 页。

② 参见郑小春《徽州诉讼研究二十年回顾与展望》,《徽学》第 10 辑。

③ 阿风注意到明清徽州将诉讼文书编辑成稿本、刊本,且编纂者有时会在其中加入一些个人描述的现象,并简单介绍了部分诉讼文卷如《状稿供招》《不平鸣稿》和《丝绢全书》等的制作情况。参见阿风《明清徽州诉讼文书研究》第二章第三节"民间文书",第 37—51 页。

么因素的影响？明清徽州绅民为什么会费心费力编制这些诉讼文卷？他们采取什么方式来编制这些文卷？什么因素影响了绅民对编制方式的采用？这些精心编制出来的文卷有什么社会意义？本文拟对这些问题作初步的考察，希望借此深化对明清徽州诉讼文卷的认识，并对徽州诉讼文书的研究有所助益。同时，传统时期绅民制作或保存民间历史文献是其日常生活的重要组成部分，因此本文的研究在一定程度上也具有深入绅民法律生活的意义。

一、书证意识、成案纪事与明清徽州诉讼文卷的编制

学界在讨论明清徽州诉讼文卷的制作动机时，几乎都是从绅民的书证意识着眼。一般认为，明清徽州绅民有很强的书证意识，他们不仅在纠纷和诉讼中重视并善于使用书证，在日常生活中也留心保存书证。在这一意识的驱动下，很多诉讼文书得以以不同方式制作并保存下来，以备将来不时之需，诉讼文卷也不例外。

在明清徽州的地方争讼中，我们确实可以看到一些诉讼文卷作为呈堂证供的例子。如明代徽州府丝绢纷争结束后，歙县于万历四十三年（1615）再起丝绢争端，婺源知县冯时来"辑《丝绢全书》，申两院及刑厅，事遂寝"①；在康熙二十九年至三十三年（1690—1694）婺源的保龙诉讼中，士绅朱坤在提交督抚的禀状中附上《保龙全书》，知县张廷元将保龙诉讼详情申详各宪时，随详文也附上《保龙全书》一本。② 显然，在上述两起诉讼中，作为诉讼文卷的《丝绢全书》和《保龙全书》都起到了诉讼证据的作用。

那么，是不是所有诉讼文卷都具有诉讼证据的功能呢？实际情况未必

---

① 彭家桂等纂修：乾隆《婺源县志》卷二《疆域志·沿革·沿革表》，清乾隆五十二年（1787）刊本。按：《丝绢全书》由婺源程任卿等人编纂成书，因此引文中的"辑"字或为"呈"字之讹。

② 参见朱坤等《督抚公呈保龙禁烧石灰文稿》，张廷元《覆详各宪》，婺源李兰、朱元耀辑《续保龙全书》二集，清乾隆三十三年（1768）刊本。按：此处的《保龙全书》当指明代婺源士绅编纂的《保龙全书》，此书在清初就有可能残缺，婺源士绅将其部分史料和清初部分保龙史料合刊，是为《保龙全书》一集（婺源公众辑，清乾隆三十三年刊本）。

尽然。我们知道,作为衙门诉讼档案复制品的抄招帖文盖有官印,其真实性为官府所认可,完全可以作为证据使用。① 诉讼文卷与抄招帖文不同,纯属民间文献,其证明力因诉讼性质和编制者的不同而天差地别。上述《丝绢全书》和《保龙全书》之所以具有一定的证据作用,主要是因为相关诉讼是地方士绅群体为维护地方公共福祉发起的集团诉讼,其编纂者为地方士绅群体,因而具有一定的公共性,其证据效力一般为官府采信。更值得我们注意的是,这类文卷为数极少,而大量的诸如明清徽州休宁的《著存文卷集》、婺源的《追山案卷全录》、黟县的《清同治元年黟县商人吴敬修控丁云藻等阻茶放行案》、祁门的《万历九年七月祁门县给汪于祜帖文抄白》和《祁门王、浮梁赵两姓互控案卷》等之类文卷,其性质如同契约抄白,纯属私家文献,其证据效力几乎可以忽略。管见所及,明清徽州的个体诉讼(包括宗族)中,两造提供诉讼文卷作为呈堂证供的例子并不多。有的时候即使呈递了,诉讼文卷也只能作为证据链中带有"提示性"意味的证据,不会被官府作为直接证据采用。

如此,明清徽州诉讼文卷只有少数几例能作为呈堂证供,绝大部分则不具备诉讼证据功能。换而言之,保存诉讼证据并不是徽州绅民制作诉讼文卷的最重要的动因。那么,明清徽州绅民制作诉讼文卷的主要动机是什么呢? 书证意识对于明清徽州诉讼文卷编制的影响究竟体现在何处? 以下将以《杨干院归结始末》②和《吕氏负冤禀帖、历朝实录》③这两部明代徽州的诉讼文卷为例,对此略作探讨。

《杨干院归结始末》是歙县呈坎罗氏编制的诉讼文卷。明嘉靖年间,呈坎罗氏与杨干院寺僧因争夺杨干院所有权进行了长达八年的诉讼。《杨干院归结始末》收录了这次诉讼的部分案卷。④ 对于编纂此书的原由,族人罗

---

① 参见阿风《明清徽州诉讼文书研究》,第32—37页。
② 罗显辑,周绍泉、阿风整理:《杨干院归结始末》(原书无标题,此标题为中国社会科学院历史研究所拟),《明史研究》第15辑,合肥:黄山书社,2017年。
③ 吕仕道纂修:《新安大阜吕氏宗谱》卷六《吕氏负冤禀帖、历朝实录》,明万历五年(1577),民国二十四年(1935)吕龙光重刊,民国三十四年(1945)德本堂木活字重刊本。
④ 有关此次诉讼之经过,参见阿风《从〈杨干院归结始末〉看明代徽州佛教与宗族之关系》,《徽学》2000年卷,合肥:安徽大学出版社,2001年;《明代徽州宗族墓地与祠庙之诉讼探析》,《明代研究》第17期,2011年。

显在小引中说道：

> 始祖坟墓,僧恃党扶,图谋泯没。许奏七本,首尾八年,始得归结。
> 后世子孙不知今事之原委,受祸之惨酷,一或保守有未至,又何以杜窥
> 伺之邪心? 众欲概将历问卷宗镌刻示监,但案牍烦限,辞重意烦,观者
> 厌倦。惟刻归结一本,而前数本之大略皆不外是矣。以是散之本族,家
> 藏一帖,时便观览,水木本源,未必不兴感警创以动其孝思,亦期保久远
> 之一助也。①

罗显在引言中只字不提"证据"二字,说明他编纂该文卷并非为了保存证据。
至于他的目的,短文后面几句说得很明白,就是"以是散之本族,家藏一帖,
时便观览,水木本源,未必不兴感警创以动其孝思,亦期保久远之一助也"。
由此可见,罗显编纂该诉讼文卷的基本出发点是以文卷纪事建构历史记忆,
以永保杨干院的所有权。由案卷内容可知,为了增加纪事的可信度,罗显的
做法是仿照成案的编纂,将部分卷宗收入其中。

　　《吕氏负冤禀帖、历朝实录》是新安吕氏生员吕承训等编制的诉讼文卷。
明万历年间,新安吕氏(主要是歙县吕承训所在一支)与同乡胡良玉等因争
夺水西披云峰山麓祠墓产权,展开了激烈的争讼。《吕氏负冤禀帖、历朝实
录》收录了这次诉讼的部分案卷和相关史料。对于该书的编纂,吕氏族人吕
清邦所撰《刻〈吕氏负冤禀帖、历朝实录〉序》一文有如下介绍：

> 世仇胡良玉父子济恶,强占身等三侍郎祖祠,毁弃三侍郎神主,平
> 没状元祖墓,打灭解元牌匾,窜改学士乡贤,毒杀生员性命,撤我迁祖,
> 夺我祀田,侵我祠租,盗我地税,灭我祠户,安刘石碑换刘神牌,冤抑无
> 伸。仰恳仁者详览,救死救生,恩流万世。谨叙。
> 　　万历四十一年十月初一日,宗伯二十五世孙八十七岁吕清邦泣书②

作者在引文中先列举了对手种种恶行,然后提出希望,即"仰恳仁者详览,救

---

① 罗显：《杨干院归结始末·引》,罗显辑,周绍泉、阿风整理《杨干院归结始末》,《明史研究》
第15辑。
② 吕清邦：《刻吕氏负冤禀帖历朝实录序》,《新安大阜吕氏宗谱》卷六《吕氏负冤禀帖、历朝实录》。

死救生"。由此可见，吕氏编制该书的动因是希望"仁者"在阅读本书后，能了解此事的因果既而心生恻隐，施以援手。由此书的内容可知，为了取信于人，吕氏将此次诉讼的部分案卷和相关证据编入其中，书证意识对他们的影响亦由此可见。此外，和《杨干院归结始末》一样，作者在序言中也是只字不提"证据"，这进一步说明诉讼文卷的编制不是为了保存证据。

综上所述，明清徽州绅民制作和保存诉讼文卷的基本动机是以文卷记录史实，而不是为了保存诉讼证据。书证意识对诉讼文卷编纂的影响在于，文卷纪事仿照编纂成案的故事，以案卷为主要依托，以增强纪事的可信度，案卷由此成为文卷的重要内容。

二、明清徽州绅民编制诉讼文卷的诸多考量

我们知道，民间历史文献和传统绅民日常生活密切相关。不同类型民间历史文献的制作和保存往往蕴含了不同层面的功能诉求。明清徽州的诉讼文卷也是如此。总的看来，明清徽州绅民编制和保存诉讼文卷，有记录史实以建构历史记忆、制造舆论、表功纪过、诉说冤屈、创制地方规约和保存诉讼证据等方面的考量。其中，记录史实以建构历史记忆是明清徽州绅民编制诉讼文卷的基本动机，其他方面的考量则视文卷而定。以下对此作简要分析。

（一）记录史实以建构历史记忆

有关徽州绅民借编制诉讼文卷以记录史实来建构历史记忆，前文已有论说，这里不多浪费笔墨。以下补充一条史料，说明编制诉讼文卷以建构历史记忆的有效性。

上文提及的歙县大阜吕氏的《吕氏负冤禀帖、历朝实录》原以单行本行世，至民国二十四年（1935）重修族谱时，吕氏族人将该书收入族谱之中。①对于此事原委，吕氏后裔吕龙光撰有《重刊列祖负冤录序》一文，其中有详细

---

① 参见吕龙光《重刊列祖负冤录序》，《新安大阜吕氏宗谱》卷六《吕氏负冤禀帖、历朝实录》。

介绍,现撮其要如下：

> 吾吕氏于明之隆庆至万历年间为水西披云峰山麓祠墓辩冤事,而专刻一书记其事,以传于予[子]孙者,事功彪炳,炫耀目前。光三复读之,哀痛不已。当时若不有此皇皇列祖拼与仇敌,则披云由下之宗伯祠、侍郎坟、状元坟、解元坟之古迹,皆不可保矣。打神主、毁坊匾、杀生员、没祀产之深仇,亦不可复矣。然其沉冤既雪,伟事功成。若不有是专刻之书,光不得读而知之矣。①

《吕氏负冤禀帖、历朝实录》有没有引起"仁者"的注意而对吕氏施以援手,我们不得而知,但由引文可知,因为此书的存在,这场官司已经成了吕氏一族难以磨灭的历史记忆,影响着吕氏一代又一代人。诉讼文卷建构集体记忆的有效性由此可见。

(二) 制造舆论

社会舆论是一定群体关于某一现象的整体性评价意见或态度,是一种普遍的、隐蔽的强制力量。在中国传统社会,社会舆论无论是对官方政治,还是对绅民个人和社会组织的行为,都具有一定的监督作用。② 在明清徽州的地方争讼中,我们经常可以看到两造制造舆论以期影响官方、最终获得有利裁决的例子。诉讼结束后,诉讼某一方也可能以案卷纪事,制造社会舆论。系列《保龙全书》③的编制就是极好的例子。

《保龙全书》是明清婺源士绅编制的诉讼文卷。明清时期,婺源士绅为保护县城和朱熹祖坟龙脉,先后发动了四次大规模的诉讼。④ 在每一阶段的诉讼完结后,婺源士绅为了记录诉讼经过和成果,都会将与诉讼有关的案卷

---

① 吕龙光：《重刊列祖负冤录序》,《新安大阜吕氏宗谱》卷六《吕氏负冤禀帖、历朝实录》。
② 参见陈宝良《明代民间舆论探析》,《江汉论坛》1992 年第 2 期。
③ 包括婺源公众辑《保龙全书》一集;李兰、朱元耀辑《续保龙全书》二集;施大任等辑《续保龙全书》三集,清乾隆三十三年(1768)刊本;婺源保龙局辑《保龙全书》,清光绪十七年(1891)刊本。
④ 详情参见拙文《士绅阶层地方霸权的建构和维护——以明清婺源的保龙诉讼为考察中心》,《安徽史学》2008 年第 1 期。

编辑刊刻,这就是系列《保龙全书》。除了编制《保龙全书》,婺源士绅在编纂
地方志时,将婺源县治龙脉图说、官府历次的保龙禁碑碑文和地方绅民的保
龙"义行"都塞入其中;对于大力保龙并卓有成效的官员,他们则立碑颂扬。①
这些历史文献成为婺源士绅保龙行动的可靠依据,而且最终转化为婺源地
方社会的集体记忆,从而形成了有利于他们的舆论环境。

（三）表功纪过

中国传统史籍的编纂一般都具备一定的价值导向功能,明清徽州诉讼
文卷的编制也是如此。编制者通过编制诉讼文卷,使得与讼案相关人员的
功过是非不仅为当时世人所知,还成为历史记忆传诸后世,其中表功纪过的
意蕴不言自明。如上文提及的《吕氏负冤禀帖、历朝实录》收录了明万历年
间歙县大阜吕氏与同乡胡良玉等之间争讼的相关史料,吕氏后人吕龙光等
借此得知诉讼始末并表示:"斯列祖者,诚吾吕氏自唐礼部尚书渭公为新安
一世祖以来之伟人也,敢不纪念其勋劳,而标其伟绩也耶?"②由此可见,《吕
氏负冤禀帖、历朝实录》确实起到了表功的作用。

《追山案卷全录》③也是一例。清同治年间,婺源北乡庄前村④王氏与休
宁卅二都查山吴氏、程氏等因王氏祀产的山林产权发生诉讼,《追山案卷全
录》收录了这次诉讼的相关案卷。该文卷的编纂者王秋帆,是王氏一方诉讼
当事人之一、监生王洪锦之子。王秋帆在文卷前面附了一篇相当于序言的
文字,详细介绍了这次诉讼的经过,从中我们可以看到他父亲王洪锦为诉讼
劳心劳力,族人监生王如川盗卖祀产林木,王如川之兄职员王如珍(禀状中
署名之佐)包庇如川并设计将鸿锦拖入讼案,王如川、王如珍集体讼费一毛
不拔等情节。⑤ 虽然王秋帆在叙事时用语平实,没有明确的褒贬,但是此案

---

① 以上参见民国《重修婺源县志》卷二《疆域一·图考》;卷三九《人物十一·义行五》;《颂张
　邑侯保龙碑文》,《保龙全书》二集。
② 吕龙光:《重刊列祖负冤录序》,《新安大阜吕氏宗谱》卷六《吕氏负冤禀帖、历朝实录》。
③ 王秋帆辑:《追山案卷全录》,清同治十一年(1872)抄本。
④ 原属婺源县浙源乡十四都。1949 年 10 月,该都浙岭以北部分(浙东乡)改属休宁县,庄前亦
　在其列。现名漳前,属休宁县板桥乡,居民主要有汪姓、王姓和陈姓。
⑤ 参见王秋帆《〈追山案卷全录〉序》(标题为笔者所拟),王秋帆辑《追山案卷全录》。

涉讼人员的功过是非,我们仍一目了然。

(四) 诉说冤屈

总的看来,明清徽州诉讼文卷的编制者大都为胜利的一方,失败者编制文卷的现象比较少见。管见所及,只有前引歙县大阜吕氏的《吕氏负冤禀帖、历朝实录》和婺源何村何鸿柏的《何鸿柏财产纠纷史料》①等寥寥数例。

众所周知,传统时期诉讼经官府判决后,两造都要出具表示服从官府判决的"甘结"才可以结案。这份"甘结"有多少出自心甘情愿,我们不得而知,但是从一些文卷可知,相当一部分诉讼的失败者是不甘心的,他们往往将自己的失败归结为受到"冤屈",编制文卷就是他们诉讼冤屈、发泄不满的途径之一。吕氏编制《负冤禀帖历朝实录》就是一例。由前文可知,吕氏编制《吕氏负冤禀帖、历朝实录》的目的是以案卷纪事,向大众详细介绍诉讼经过,倾诉己方的种种"冤抑",博取舆论的同情,甚至由此得到义士的援手。

《何鸿柏财产纠纷史料》也是如此。该史料收录了婺源木商何鸿柏和二嫂记荣、侄子树梅、堂侄再生之间各式纠纷的相关史料,共三册,分别为《净汇记荣嫂丧良纵子废祀,投词立案及信底据》《净汇树梅不应亲笔信底各据在上》和《因何明遗嘱树梅欠银,道光十年再生恃强种田□□□□》。据何鸿柏在信中自言"但我七十有五,生病年余,恐怕力不从心"②"我今七十有五,在日无多"③推断,他撰写这份史料时的年纪当在七十五岁,即道光十五年(1835)(何鸿柏出生于乾隆二十六年,即1761年,详见后文)。另从字迹、墨色时有变化看,史料非一日功成,而是多次书写、断续编纂的结果,其过程应该并不轻松。

该史料开篇没有序文,但是在每册开端各有一首打油诗以为序,如第一册《净汇记荣嫂丧良纵子废祀,投词立案及信底据》是:"忘恩负义是记荣,夫死祀供未人争。□□贴□俱未负,扶大出外纵子行。三子带外心血尽,顾义

---

① 何鸿柏:《何鸿柏财产纠纷史料》(3册,标题为笔者所拟),清道光十五年(1835)稿本。
② 何鸿柏:《三月寄俞志回家信》,何鸿柏《净汇记荣嫂丧良纵子废祀,投词立案及信底据》。
③ 参见何鸿柏《细述树梅做叔始末》(标题为笔者所拟),何鸿柏《净汇树梅不应亲笔信底各据在上》。

功劳一旦倾。祀产养大遭复废,诸人细看应不应。"①由文卷可知,何鸿柏与几位亲族的各式纠纷都以失败告终,如此,他以年近八十之高龄,不辞辛劳编纂的动机就不言自明了,那就是把几次纠纷的相关资料公之于世,发泄内心的郁闷,让他人评判是非曲直。

(五) 创制地方规约

编制成案是中国古代的法律传统之一,在一些事关地方福祉的集团诉讼过后,明清徽州的士绅有时也会仿照编制成案的故事,将诉讼案卷等史料编制成文卷,这种文卷实际上也是一种地方规约。明清婺源的《丝绢全书》《保龙全书》和《遵章汇编》②就是如此。《丝绢全书》和《保龙全书》,本文他处另有介绍,这里试以《遵章汇编》对此略作说明。

《遵章汇编》一册,不分卷,婺源士绅纂。此书收录了清光绪四、五两年(1878、1879)婺源士绅上控粮承书差浮收钱粮的相关案卷。③ 主事者刊刻钱粮诉讼的案卷,其目的不外乎使之保留流传,以在客观上起到规章制度的作用。笔者怀疑该文献可能为晚清婺源系列规章制度中的一种,类似性质的史料应该还有不少。

除上述几方面外,明清徽州士绅群体在编制一些集团诉讼的诉讼文卷时,有保存证据的动机。对此,前文已有论述,此不赘。

三、明清徽州诉讼文卷的编制方式

由前文可知,因为书证意识和编制成案传统等因素的影响,诉讼案卷成

---

① 何鸿柏:《序》(标题为笔者所拟),何鸿柏《净汇记荣嫂丧良纵子废祀,投词立案及信底据》。
② 婺源士绅辑:《遵章汇编》,清光绪五年(1879)刊本(按:该书没有确切的刊刻信息,此据该书收录的《署县宪金减征兵米告示》推断)。
③ 清光绪朝婺源的钱粮诉讼始自清光绪四年(1878)十月,第二年六月结束,历时不到两年。其基本案情为:该县粮承书差在征收钱粮时贪索票费,且擅改地丁银旧章,将原定则银一两征收库平一两二钱四分三厘提高为一两三钱四分三厘。婺源士绅戴文诰等为此上控。最后结果是,官府明文晓示严禁粮承书差浮收,但地丁银征收似乎仍为则银一两征收库平一两三钱四分三厘。参见婺源士绅辑《遵章汇编》。

了明清徽州诉讼文卷的核心内容。但是,编制诉讼文卷绝不是简单复制案卷,在实际过程中,编制者往往会出于不同动机对相关史料进行重新编纂。尤其在内容方面,有时会对史料做减法,有时又会做加法,甚且有时既做减法又做加法。一般而言,编制者的考量越多,编纂时做加法的成分越大,诉讼文卷的内容越丰富,可读性越强。根据编制者的"用心"程度和编制的次数,比照明清徽州诉讼文卷与其"底本"内容方面的差异,我们将明清徽州诉讼文卷的编制方式大致分为案卷汇编式编制、叙事加案卷式编制、"全书"式编制和再次编制四种方式。这四种编制方式大体情况如下。

（一）案卷汇编式编制

案卷汇编式编制这一编制方式最为简单,就是将承抄的官府诉讼档案或保存的诉讼底稿汇编成卷,然后再抄录或刊印成书。以这种方式编制的诉讼文卷在明清徽州诉讼文卷中为数最多,如歙县的《米案呈稿》、休宁的《著存文卷集》、婺源的《遵章汇编》和《婺源县河案呈禀》、黟县的《清同治元年黟县商人吴敬修控丁云藻等阻茶放行案》、祁门的《万历九年七月祁门县给汪于祜帖文抄白》和《祁门王、浮梁赵两姓互控案卷》等,大致均属此类。

案卷汇编式编制的诉讼文卷在内容方面基本上只有诉讼案卷,绝少增加其他相关材料,很多情况下反而会删减部分案卷。以婺源《遵章汇编》为例。通过对此书的简单梳理可知,光绪四年(1878)八月初四、八月二十八日,婺源士绅两次上控至徽州府衙,光绪四年(1878)十月和光绪五年(1878)六月,婺源士绅先后上控至总督、巡抚衙门,但这六次的禀状都被删去,只收录了督抚的批词。①

案卷汇编式编制编入的案卷大都按时间先后顺序排列。如《祁门王、浮梁赵两姓互控案卷》②收录了清嘉庆九年至十二年(1804—1807)间,江西饶州府浮梁县赵姓与安徽徽州府祁门县王姓争夺普安寺及周边田山产权诉讼的相关案卷,包括两造呈状、禀状25篇及甘结4篇、领状1篇,官方文书则有

---

① 参见婺源士绅辑《遵章汇编》。
② 书名为笔者所拟。此书1册,不分卷。

奏折 2 篇、咨文 2 篇、札文 4 篇、详文 4 篇、牌文 1 篇。这些文献按时间顺序排列。以第一至第四篇为例，首篇《祁门县王学健等禀状》①的时间为"嘉庆九年十一月日"，次篇《子民赵嘉梁禀状》为"嘉庆十年六月十八日"，第三篇《浮梁县民人赵长保呈状》为"嘉庆十年十月初八日"，第四篇《都察院奏折》为"嘉庆十年十月二十二日"。第五篇《两江总督部堂铁札付》没有注明确切时间，但从文中"嘉庆十年十一月十一日准都察院咨为请旨事"可以看出，当在"嘉庆十年十一月十一日准"之后。显然，这与讼案的各个关节点一一吻合。

有的也会打乱案卷的时间次序，不过，这种情况极为少见。如歙县光绪《米案呈稿》就是如此。《米案呈稿》一册，不分卷，藏于安徽省图书馆。该书收录了清光绪二十四、二十五两年（1898、1899）歙县绅士和商人要求浙江开放米禁的相关文书，包括禀状 3 篇，详文、咨文和札付各 2 篇，公启、照会、电文和信稿各 1 篇。由对《米案呈稿》的简单梳理可知，歙县士绅、商人公禀的先后顺序是：首先是江国本等人在光绪二十四年（1898）十一月十三日之前公禀徽州知府首；②其次是这一批人于十一月二十八日，又公禀浙江巡抚；③最后才是内阁中书程锦龢等歙县士绅于次月初四日联名公禀徽州知府。④按照徽州诉讼文卷的汇编惯例，江国本等人的禀状应该排在前面，但实际情况并非如此。《米案呈稿》的排列顺序是：首先是《公启》（标题为笔者所拟），其次是程锦龢《绅耆公禀》，然后才是江国本等人的《商人在浙公禀》和《商人在本府公禀》，最后是官府的详文、札付等文书（这些都按时间先后顺序排列）。⑤ 这样安排可能出于以下两点考量：其一，尽管程锦龢这一批参与公禀的人数（60 人）和江国本那一批人数（57 人）大致相当，然而前者的社会地位远远高于后者。由《米案呈稿》可知，程锦龢这一批 60 人中有士绅 58

---

① 标题为笔者所拟。以下出自《祁门王、浮梁赵两姓互控案卷》的史料亦然。

② 文卷没有注明江国本等人公禀的确切时间，此据禀状后所附"十一月十三日奉府正堂春批"推断。参见江国本等《商人在本府公禀》，江麟等辑《米案呈稿》，清光绪二十五年（1899）刊本。

③ 参见江国本等《商人在浙公禀》，江麟等辑《米案呈稿》。

④ 参见程锦龢等《绅耆公禀》，江麟等辑《米案呈稿》。

⑤ 参见江麟等辑《米案呈稿》。

人、耆民 2 人；江国本那批 57 人中士绅仅有 5 人，其余 52 人中，1 人是职员，51 人是铺户；程锦稣这批人除了首领程锦稣是内阁中书外，还有郎中衔尽先选用员外郎张廷约、刑部候选主事方作孚、五品衔候选兵马司正指挥吴效英等上层士绅 30 人，后者只有江国本是同知衔，其余 5 人都是廪生、附生、附贡生和监生等下层士绅。因此将程锦稣等人的禀状置于江国本等人禀状之前，突出前者的重要性。其二，同样的道理，《商人在浙公禀》置于《商人在本府公禀》之前，也是为了突出前者的重要性。

（二）叙事加案卷式编制

叙事加案卷式编制有两种方式，一种是先以序言或类似的文字介绍诉讼经过，然后按时间顺序编入诉讼案卷；一种是以记流水账的形式叙述纠纷和诉讼经过，在诉讼的关节点上插入诉讼案卷。这种编制方式大都会对诉讼案卷有所删减，偶见少量增加相关史料的情况。

前者以婺源沱川余氏的《奏请钦定徽、宁、池三府世仆例案》为例。清嘉庆年间，婺源沱川余氏与小横坑葛、胡两姓世仆间发生了激烈的冲突和诉讼。① 诉讼过后，沱川余氏族人生员余泽山编制了该文卷。该文卷开篇为《谨述葛、胡两姓豢仆跳梁讦讼究结颠末》一文。此文作者不详，其内容叙述了自乾隆三十四年（1769）至嘉庆十年（1805）间沱川余氏与葛、胡两姓间的纠纷与诉讼经过。② 此文后面，编入了余氏禀状 2 篇，官方文献有奏本 2 篇、咨文 1 篇、看语 3 篇、知照 1 篇。显然，余泽山在编制文卷时删减了不少案卷。

后者以歙县吴氏的《清康熙三十四年歙县吴济美等控方祖儿等斩龙盗葬文卷》为例。清康熙三十四年（1695），歙县吴氏吴济美等与方氏方祖儿等，因后者盗葬前者祖坟发生诉讼。诉讼过后，吴氏族人编制了该文卷。此

---

① 详情参见王振忠《大、小姓纷争与清代前期的徽州社会——以〈钦定三府世仆案卷〉抄本为中心》，载氏著《社会历史与人文地理——王振忠自选集》，上海：中西书局，2017 年，第 32—33 页。

② 参见《谨述葛、胡两姓豢仆跳梁讦讼究结颠末》，余泽山辑《奏请钦定徽、宁、池三府世仆例案》，清嘉庆十年（1805）刻本。

文卷内容编排如下：开篇一文简单介绍了吴氏墓地来由、方氏盗葬情况和盗葬者,此后逐日记载吴氏族人现场查勘、查阅契约、投词保长、中人调解和投词官府等事,其间记到诉讼经过时便将己方禀状(共5篇)、对方诉状(共1篇)以及官府相关公文(牌面1篇、详文1篇)附在后面,最后是有关这次诉讼费用的账目和向知县送礼的礼单。①

　　叙事加案卷式编制诉讼文卷也比较常见,除了上述两例外,还有婺源的《追山案卷全录》《控毁婺坝卷帙》《磻溪汪氏墓道诉讼案卷》②和《环溪吴氏历来山案、示禁并条约》③等。

(三)"全书"式编制

　　"全书"式编制是最为精心的编制方式,除了诉讼案卷外,还大量增加与纠纷、诉讼有关的材料,如序言、书信、契约和账本,有的甚至还有诗歌。正因为其内容丰富全面,因而有的诉讼案卷被冠以"全书",如婺源的《丝绢全书》和《保龙全书》就是如此。相对于前面两种编制方式,以这种编制方式编制出来的诉讼案卷数量比较少,除了上述两种"全书"外,还有婺源的《何鸿柏保祀投词立案及信底据》、歙县的《吕氏负冤禀帖、历朝实录》《吴清山禁开油榨全案附刊》④和休宁的《富溪程氏坟产诉讼案卷》⑤等。

　　"全书"式编制,大都按史料性质,将史料分类编排。如《丝绢全书》,除了卷首序文外,全书分为金、石、丝、竹、匏、土、木8卷,其中前7卷都是诉讼案卷,第八卷收录了9封诉讼双方士绅的书信,此外还有殷正茂的自陈疏1

---

① 参见吴济美辑《清康熙三十四年歙县吴济美等控方祖儿等斩龙盗葬文卷》(标题为笔者所拟),清康熙间抄本。此文卷被收入李琳琦主编《安徽师范大学馆藏千年徽州契约文书集萃(二)》,芜湖：安徽师范大学出版社,2014年,第359—411页。原题名为"清康熙三十四年歙县吴济美等控方祖儿、方明甫等斩龙盗葬案"。

② 标题为笔者所拟。此文卷被收入汪炳章等纂修《磻溪汪氏家谱》卷二〇《殷公墓案卷》,清同治三年(1864)木活字本。

③ 标题为笔者所拟。此文卷被收入吴月楼等纂修《环溪吴氏家谱》卷二、四,清光绪二十九年(1903)木活字本。

④ 此文卷被收入汪邦忠等纂修《越国公汪公祠墓志续刊》卷六,清光绪十年(1884)朱印本。

⑤ 标题为笔者所拟。此文卷被收入《富溪程氏祖训家规封印渊源合编》,编纂者不详,清宣统三年(1911)钞本。

篇,婺源士绅赴太平府受审时的诉冤说帖 1 篇,官府公文 3 篇,婺源士绅何愧吾的临终说帖 1 篇,婺源合邑祭祀何愧吾的祭文 1 篇。①

　　"全书"式编制有时也会删减部分诉讼案卷,婺源的《保龙全书》②就是如此。如同其他精心编制的诉讼文卷,婺源士绅在编制系列《保龙全书》时,也增加了大量相关史料。如《续保龙全书》三集加入婺源地方官和士绅的序文 20 篇、跋 8 篇、诗歌 26 首,而收入的诉讼案卷才 20 篇,仅占整部书的四分之一。诉讼案卷如此之少,是因为婺源士绅在编制文卷的时候,收录的都是有利于他们一方的各种文献,而对于对方的呈状、禀词等,则一概摒弃。③

（四）再次编制

　　明清徽州有些诉讼文卷在流传过程中可能会被转抄或重刊,且在转抄或重刊时,往往会增删部分内容,这实际上是对文卷的再次编制。再次编制的文卷较为少见,笔者目前所知的,只有婺源的《钦定三府世仆案卷》(抄本)和《保龙全书》两个案卷。

　　笔者未曾读到过《钦定三府世仆案卷》(抄本),但由王振忠教授《大、小姓纷争与清代前期的徽州社会——以〈钦定三府世仆案卷〉抄本为中心》一文,我们可以获得关于这部文卷的两点信息:其一,《钦定三府世仆案卷》(抄本)的底本是《奏请钦定徽、宁、池三府世仆例案》;其二,《钦定三府世仆案卷》(抄本)和《奏请钦定徽、宁、池三府世仆例案》两者内容雷同,只是《钦定三府世仆案卷》(抄本)后面附上了一篇余氏族人余赞贤撰写的极具嘲讽性质的短文《螺蛳赋》。④

　　至于《保龙全书》,由婺源董兆凤所撰《重刻〈保龙全书〉前后四集凡例》一文可知,目前我们所看到的《保龙全书》四集中的一、二、三集实为乾隆三

---

① 参见程任卿等辑《丝绢全书》,明万历刻本。
② 按:目前所见《保龙全书》四集中,一、二、三集为清乾隆三十三年(1768)重刻本,此处《保龙全书》指的是其原本。
③ 参见婺源公众辑《保龙全书》一集;李兰、朱元耀辑《续保龙全书》二集;施大任等辑《续保龙全书》三集;婺源保龙局辑《保龙全书》。
④ 详情参见王振忠《大、小姓纷争与清代前期的徽州社会——以〈钦定三府世仆案卷〉抄本为中心》,《社会历史与人文地理——王振忠自选集》,第 32—33 页。

十三年（1768）的重刻本；婺源士绅在重刻此书时，前两集悉照原刻，而原第三集收录的序、跋、诗歌因篇帙浩繁，悉被删减，但仍存原目，并且将作者名讳补注，以示不没前徽。①

四、明清徽州诉讼文卷的叙事模式

在系统阅读明清徽州诉讼文卷时，我们的感觉可能如同坐过山车：有的文卷内容丰富，文类多样，情节清晰，甚至连诉讼参与者的形象都很丰满，读起来引人入胜；有的则内容单调，文类单一，情节断续，读起来味同嚼蜡。显然，这跟诉讼文卷的编制方式有关。由前面的介绍可知，受制作者的制作目的、文化水平和时间财力等因素的影响，明清徽州诉讼文卷大体上有四种制作方式，这四种方式制作出的文卷也相应有梗概式叙事、情节式叙事、"全书"式叙事和二次叙事四种叙事模式。其大体情况如下。

（一）梗概式叙事

由前文可知，案卷汇编式编制只是将诉讼案卷简单汇编成册，大多数情况下还会对诉讼案卷进行删减。以这种方式编制的文卷实际上只是在交代诉讼的梗概，其叙事方式我们称为梗概式叙事。这种叙事的特点是：因果明了，参与者清楚，但情节断续，相关史实缺失，基本上毫无细节可言。

以婺源的《婺源县河案呈禀》②为例。清光绪间，江西乐平匪徒在乐安河上阻船掳人勒赎，婺源士绅于光绪二年（1876）八月和光绪八年（1882）四月两次诉诸官府。《婺源县河案呈禀》收录了这两次诉讼的相关案卷。该文卷实际上由 2 个部分组成，第一部分为《婺源县河案呈禀》，收录诉讼第一阶段中婺源士绅的禀状 3 篇（每篇后都附有两江总督沈葆桢的批词）和两江总督沈葆桢的照会 2 篇、札付 2 篇，此外还附有匪徒徐延波的口供 1 篇；第二部分为《河案卷宗续篇》，收录了第二阶段诉讼中婺源士绅的禀状 2 篇（每篇后

① 参见董兆凤《重刻〈保龙全书〉前后四集凡例》，婺源公众辑《保龙全书》一集。
② 婺源士绅辑：《婺源县河案呈禀》（1 册），清光绪间石印本。

都附有两江总督左宗棠的批词）和婺源知县的禀帖，其中婺源知县的禀帖被删，只留有左宗棠的批词。

由文卷我们可以获取清光绪朝婺源士绅的河案诉讼的以下信息。河案诉讼分两个阶段：第一阶段始自光绪二年（1876）八月，终于光绪三年（1877）二月，参与诉讼的有拔贡生八旗汉教习汪朝勋等18位士绅，其上诉的时间分别为光绪二年（1876）八月初八日、光绪三年（1877）正月二十八日和二月初八日。第二阶段始自光绪八年（1882）四月，终于光绪九年（1883）十二月，参与诉讼的前有拔贡生候选教谕朱锡圭等22位士绅和游万盈等4位耆民，后有婺源县翰林院五经博士朱承铨等士绅，其上诉时间分别为光绪八年（1882）四月二十日和光绪九年（1883）十一月二十八日。两次都上控至两江总督衙门，诉讼结果是，官府严惩乐平匪徒，且派炮船定期巡视乐安河。而对于诉讼的组织、费用、乐平民众的反应等相关信息，我们都无法从文卷得知。

（二）情节式叙事

由前文可知，叙事加案卷式编制在诉讼案卷之外，增加了介绍诉讼情节的文字，因此其情节比案卷汇编式编制更为清楚，这一叙事方式可称为情节式叙事。这种叙事方式的特点是：因果明了，参与者清楚，情节连续，但相关史实不清，细节模糊。

以婺源田源何氏的《田源何氏坟山堂案二则》①为例。清同治二年（1863）和同治八年（1869），婺源田源何氏因坟山与近邻吴氏发生两次诉讼，《田源何氏坟山堂案二则》收入了这两次诉讼的部分案卷。相对于其他诉讼文卷，《田源何氏坟山堂案二则》很有特点，它将双方的禀状、诉状统统摒弃不录，只保留知县的批词和堂谕，加之诉讼本身并不复杂，因此文卷内容单薄。不过，该文卷对每次诉讼的原委又有简单交代，因而我们读后仍对相关情节有比较清楚的了解。如在记录第一次诉讼时，文卷先交代："因同治二

① 标题为编者所拟。此文卷被收入何绍周等纂修《田源何氏族谱》卷一四《附录堂案二则》，民国三年（1914）木活字本。

年十七都炉里庄吴姓,于墓旁盗葬数穴,是以合房具控。十二月初三日呈。"
然后是婺源知县的批词,再后是《补呈粘抄悔字一纸》,又后又交代:"邑侯章
铭梁公接篆,三年三月初二讯结。"最后是知县讯结的堂谕。① 尽管寥寥数
语,但该交代的信息都交代了,这次诉讼的情节也随之得以明了。

(三)"全书"式叙事

由上文可知,"全书"式编制编入文卷的史料最为全面,提供的历史信息
也最为丰富,这类文卷的叙事模式可称为"全书"式叙事。相对于前面两种
叙事模式,"全书"式叙事不但因果明了,与事者角色清楚,情节连续,而且相
关史实丰富,细节清晰。

试以光绪《保龙全书》为例。由前文可知,明清时期,婺源士绅为保护县
城和朱熹祖坟龙脉,先后发动了4次大规模的诉讼。在每一阶段的诉讼完结
后,婺源士绅为了记录诉讼经过和成果,都会将与诉讼有关的案卷编辑刊
刻,这就是系列《保龙全书》。其中,《保龙全书》收入的是最后一次,即光绪
朝保龙诉讼的相关史料。该文卷由5个部分构成:开卷为知县段树榛所撰
《续刊保龙全书序》一文;其次是文卷目录;再次是书信,共收录涉事士绅、书
院和知县段树榛彼此间讨论保龙相关事务的来往书信18封,此外还有《筹
费公启》《善后章程》和《久闭新平各窑清单》各一;又次是案卷,收入了士绅
和灰犯禀稿2篇,灰犯供状1篇,生员、乡约、灰犯"不敢烧灰"甘结14份,知
县签票6份、移文2篇、照会3篇、堂谕3篇、堂批1篇、告示1篇及原、加差
禀稿2篇;最后是主持刊刻该文卷的董氏士绅所撰的跋文。②

除了目录,文卷其他4个部分分别从不同角度向我们提供了有关这次
保龙诉讼的各式信息:知县段树榛的序文介绍了婺源保龙的历史、本次保龙
诉讼的经过以及保龙对于婺源地方社会的意义;书信部分的"书信"透露了
这次保龙诉讼的主要组织者以及他们对诉讼的酝酿和组织,《筹费公启》和

---

① 何氏族众辑:《田源何氏坟山堂案二则》(标题为笔者所拟),汪炳章等纂修《磻溪汪氏家谱》
卷二〇《殷公墓案卷》。
② 参见婺源保龙局辑《保龙全书》。

《善后章程》交代了这次保龙行动的费用和善后措施；案卷部分揭示了本次保龙诉讼的详细经过；最后的跋文则交代了光绪《保龙全书》的刊刻过程。总之，通过这部文卷，我们可以全面细致地了解这次保龙诉讼。

（四）二次叙事

由上文可知，再次编制的诉讼文卷往往对底稿的史料有所增删，那么相应地，对原有情节也会有若干增加或删减，这实际上是二次叙事。文卷编制者的二次叙事不是一时的心血来潮，往往有其特别的意蕴。

仍以《钦定三府世仆案卷》（抄本）为例。由前文可知，《钦定三府世仆案卷》（抄本）和底本《奏请钦定徽、宁、池三府世仆例案》相比，多了一篇余氏族人余赞贤撰写的短文《螺蛳赋》。为便于分析，现将其部分内容转引如下：

> 客有遂［逐］蝇头之利，逞蜗角之谋，负水鸡之名，不寻正业，摘飞虫之脚，甘向下流者。……得财东而借其声势，作贩子而善彼营求。出门则撑肩窝而驮哨马，议价则咬耳朵而卖私牛。银用九三，越拣越丑；秤加二五，不稳不休。蛇蝎不如，放良心于脚板底；猪狗尽骂，挂招牌于额角头。概而称之曰"螺蛳客"，其泥里来，水里去，也有由来矣。……尝见蛇想吞象，象想吞蛇，惟有贪心不足，乃有报应；试看鱼有鱼路，鳖有鳖路，当改业而莫蹉跎。休说螺蛳做得也，独不见老相变骆驼乎。①

由引文可知，此文确实是"对葛、胡两姓生活状态的细致描摹""极尽丑化之能事"。② 查《沱川余氏宗谱》可知，余赞贤名余正汝，是沱川理坑人，和属于郭村余氏且与葛、胡两姓直接交锋的余元旭等人分属不同支派。③ 分属他派的余赞贤没有参与纠纷，却撰写了这么一篇描摹细致、反复铺陈，对小横坑

---

① 转引自王振忠《大、小姓纷争与清代前期的徽州社会——以〈钦定三府世仆案卷〉抄本为中心》，《社会历史与人文地理——王振忠自选集》，第38—39页。

② 王振忠：《大、小姓纷争与清代前期的徽州社会——以〈钦定三府世仆案卷〉抄本为中心》，《社会历史与人文地理——王振忠自选集》，第38—39页。

③ 参见余家鼎撰《沱川余氏宗谱》卷二〇《世系·理源闰五公派楷公房烸公支·二十四世·正汝》，清光绪三十二年（1906）木活字本。

葛、胡两姓极尽丑化的文章，其个人对这场主仆纠纷事件的立场乃至沱川余氏整个宗族的态度，我们都由此明晰可见。另由小传可知，余赞贤是位生员，《螺蛳赋》文采斐然由此可以得到合理解释。此外，此文用词尖刻，和儒家崇尚的忠恕之道大相径庭，很难想象居然出自一位生员之手。对于这一点，除了作者过于义愤填膺外，似乎没有其他合理解释。

我们在沱川考察时，还听到了一则"私生子"的传说。其大意为，小横坑葛氏世仆反抗沱川余氏的领头人实际上是沱川余氏某位教书先生的私生子。传说的真假我们姑且不论，但传说令葛氏名声受损则是既成事实。结合"私生子"传说和《螺蛳赋》这篇短文，我们可以看到，嘉庆十年（1805）沱川的主仆纠纷结案后，沱川余氏仍动作频频，以不同方式散布舆论，极力丑化葛、胡两姓，以彰显沱川余氏在纠纷与诉讼中的正义性。

结　　语

作为一种民间历史文献，诉讼文卷基本上都脱胎于具有官文书性质的诉讼案卷，但由"案卷"到"文卷"，绝不是一个简单复制的过程。由前文可知，诉讼文卷的编制都是有意识的、目的明确的，编制成的"文卷"相较于作为底本的"案卷"，形式、内容、性质和社会功能等都可能有或多或少的改变。换而言之，"文卷"比"案卷"少了几分客观性，多了很多主观因素。如此，我们在利用诉讼文卷时，首先要充分考虑的就是其中的各种主观因素，这样既能让我们看到更为丰富多彩的东西，又可以防止被文卷误导。

国家图书馆藏稿本《潀川足征录》研究[*]

国家图书馆藏稿本《潀川足征录》研究[*]

冯剑辉

（黄山学院马克思主义学院）

摘　要： 国家图书馆藏稿本《潀川足征录》为海内孤本，是一部极为重要的徽州文献典籍。该书是徽州文化古村歙县呈坎宋、元、明三代的文献总结，由明末遗民罗斗等人编纂，具有强烈的民族性、乡土性和宗族性。书中保存了若干稀见文献，对于研究宋代以后徽州文化的转型与繁荣价值颇高，也有助于对徽州重要人物和典故的考证，值得重视。

关键词： 《潀川足征录》；徽州；呈坎；罗氏；明末遗民

中国国家图书馆藏清康熙稿本《潀川足征录》，由明末遗民罗斗等人编纂，是徽州府歙县呈坎村[①]的一部文献总集。呈坎是以罗氏宗族为主的一处徽州古村落，因潀川河由北向南贯通全村，故又称潀川，历史上涌现过罗汝楫、罗愿、罗应鹤等一批名人和学者，也是朱熹的祖居地，村中至今保存有多处古代文化遗产，已被列入国家和省级文物保护名录。[②] 但《潀川足征录》流传不广，少为人知。该书虽在《中国古籍善本书目》中有著录，[③] 前人研究中

---

* 本文为国家社会科学基金项目"稀见徽州宗族文献整理与研究"（17BZS037）、安徽省社会科学规划项目"徽州稀见村落文献整理与研究"（AHSKY2016D143）的阶段性成果。

① 由于当代行政区划的调整，呈坎村今属安徽省黄山市徽州区呈坎镇。

② 1996年，呈坎村罗东舒祠被列入第四批全国重点文物保护单位；2001年，呈坎村古建筑群被列入第五批全国重点文物保护单位。

③ 中国古籍善本书目编辑委员会：《中国古籍善本书目·集部》，上海：上海古籍出版社，1996年，第1788页。

仅见卞利教授曾引用过该书的一段文字。① 经详细校阅,我们认为此书为海内孤本,也是一部极为重要的徽州文献典籍,值得认真研究。

一、《潕川足征录》编者与编辑由来

国图所藏《潕川足征录》系绍衣堂红格稿本,4 册,版心题"潕川足征录",四周双边,白口,上单黑鱼尾,每半页 9 行,行 20 字,每卷卷端题有"里人罗斗兼仪、罗所蕴藉[籍]生、罗大章章之仝辑",可见该书的编辑者为罗斗、罗所蕴、罗大章三人。

卷首有罗秉福所撰《潕川足征录序》一篇,详细介绍了该书编辑由来:

> 《潕川足征录》者,吾乡之书也,盖取吾夫子"足则吾能征之"之义。系以潕川者,识其地也。囊厥我祖,自唐季叶定居于兹,遂大其族,代有闻人,历宋而郢州、鄂州阐文学之宗,为朱子所畏友。朱子云"文章不整,莫与二罗见之",其推尊者至矣。迨元迄明启、祯间,吾族属籍生、兼仪、章之三先生,慨然兴叹,悼乡先达前贤往行,惧致沦没,遂录而成书,分文、献二部。……大约潕川罗姓宗族居住为多,间有一二他姓附住,可录者录之,盖潕川之书而非罗氏之书也。书既成,分凡起例,粲然可观,欲售梓而未果。其后,三先生之子孙皆不暇较定,唯章之之孙遥集守之,弗敢失也。予幼时即闻有此书,而未获见,遂抱继起之志,会侨寓真州,驱驰年载,力有未逮。丁丑春,归省丘墓,熏沐之后,造遥集之庐而请观焉。遥集语予曰:"是录也,尘封网固,卷帙散乱,三十年矣。尝惧燥湿之不时,而为脉望之啮之也。子其何如?"予拜而唯唯,遂属二三友人缮写副墨,担簦来真州,读一过,而鲁鱼亥豕纷见错出。己卯长夏,复手书一通,严加雠校。既而深惟曰:"韩子云:'莫为之前,虽美而不彰;莫为之后,虽盛而不传。'今前美彰矣,而传盛之事,责在后人。传之人莫若传之书,虽吾乡凌替,不逮往前,三十年间,岂无一人之足纪、一

---

① 卞利:《明清徽州社会研究》,合肥:安徽大学出版社,2004 年,第 89 页。

事之足书乎？职之者，咎在固而不纳耳。"于是整齐其卷帙，分别其部类，较之以六书，加之以音释，将年来昭著耳目不容泯者，并载而录之，疑者阙焉。①

据罗秉福序中所言，《溁川足征录》是明末天启、崇祯年间（1621—1644），由罗斗、罗所蕴、罗大章三人，汇编本乡文献而成。不过，从文献内容来看，若干篇章明显成于清初，显见该书在明末编成后仍有续增。罗斗三人所成稿本"欲售梓而未果"，其后又未暇校定，所以只是一个"鲁鱼亥豕纷见错出"的粗成的本子。清康熙三十六年（1697），寓居仪征的族人罗秉福从罗大章后人手中获得此书，用两年时间进行校雠，并补充了清初三十余年间的部分文献，整齐卷帙，分别部类，形成了我们今天见到的本子。这个本子校雠既精，字迹亦工，实属善本；但从内容上看，目录中若干篇目注有"阙文"或"阙"，正文中确无其文，目录中存在的某些篇目，在正文中却未曾得见，个别书页上还粘有校雠的签条，所以它仍然是一个尚未最后完成的稿本。此书从未正式刊印，迄今亦未曾见有他本传世，故国图所藏稿本实属海内孤本。

《溁川足征录》的三位编者都是明末清初的呈坎人。罗斗于万历四十三年（1615）考入徽州府学，罗所蕴万历四十六年（1618）入歙县县学，罗大章崇祯十二年（1639）入府学，②都是乡土儒士。书中载有罗斗和罗所蕴的传记，③从中可知，两人都很有才气。罗斗，字兼仪，号葛坡，入清后更名不仕，为人高傲孤僻，著有《翁山集》16卷。罗所蕴（1588—1663），字籍生，号书城，交游极广，著有《书城堂集》《问政山志》《入浔记》《浔归日纪》《易象新义》。罗大章，字章之，传记虽未得见，但从其作品来看，也是一位颇有才华的士人。作为明末诸生，入清之后，三位编者对明朝的灭亡极为痛心，对清朝统治相当反感。罗斗尤其痛恨清朝，明亡之后，"更名削发，作在家头陀，以教

---

① 罗秉福：《溁川足征录序》，《溁川足征录》卷首，清康熙稿本，中国国家图书馆藏。
② 《溁川文会簿》。按，溁川文会创于明嘉靖年间，今存会簿由罗所蕴在崇祯年间创立，赓续至民国年间，历代掌会者皆有增补。原件由安徽省建设厅已故高级工程师罗来平先生家人收藏，本文据安徽大学徽学研究中心藏复印件引用。
③ 王泰征：《翁山罗先生传》，《溁川足征录》献部卷四；罗斗：《太易先生家传》，《溁川足征录》献部卷四。

小学自给,时有以风慕招者,挥手谢之"①,显见他以遗民自居,以逃禅自处,对清朝持坚决的不合作态度。罗秉福的政治态度与三人基本相同,续编时保存了原书的面貌。编者强烈的明末遗民气质,对此书的编辑产生了重大的影响。

二、《潨川足征录》的体例、内容与特点

(一)《潨川足征录》的体例仿照明弘治年间程敏政编纂的《新安文献志》,在卷首"潨川足征录目次"下,题有"仿《新安文献志》编"

程敏政编纂《新安文献志》时,"编次以本郡先达时文为甲集;先达行实中兼有外郡人撰次者,以类相从为乙集"②。《潨川足征录》仿此而行,分文部 18 卷与献部 10 卷。文部包括纶命、符命、奏札、表启、书、记、序(2 卷)、题跋、论、赋、杂著、碑、祭文、赞颂铭诔、诗(2 卷)、词,共 16 类,属时文;献部分为先贤、先达、耆旧、士林、才猷、义烈、方技、女德、贞烈、附载,共 10 类,属行实。因此,此书大致上是按文部记事、献部记人进行编辑的。不过在作者属籍上,无论是文部还是献部,都是本地与外地兼有的,这是与《新安文献志》不同之处。

另外,罗秉福在续编时,在序、祭文和贞烈 3 类中补充了若干内容,放在每类的最后,在目录中明确标出"续集",在正文中则标有"续集 后学里人罗秉福辑"。后人阅读时,对原编和续编各自有哪些内容,即可一目了然,这也是罗秉福续编时在体例上的严谨之处。

(二)《潨川足征录》的内容极为丰富

呈坎是徽州文化古村,自唐末至清初的 800 余年时间里,积累了极为丰富的文献。《潨川足征录》作为这一时期的呈坎文献总集,内容丰富。根据我们的统计,各部类包含篇目如下:

---

① 罗所蕴:《翁山七袭序》,《潨川足征录》文部卷八。
② 程敏政:《新安文献志》"凡例",明弘治十年(1497)刻本,上海图书馆藏。

表1　《溧川足征录》各部类篇目统计表

部类	篇目	阙佚	部类	篇目	阙佚	部类	篇目	阙佚
纶命	33		赋	5		耆旧	10	10
符命	1		杂著	11	3	士林	3	
奏札	6		碑	4		才猷	3	
表启	7		祭文	13	2	义烈	3	
书	12		赞颂铭诔	7	2	方技	3	
记	23	3	诗	284	23	女德	5	
序	61	3	词	10	6	贞烈	15	1
题跋	17	4	先贤	4		附载	2	
论	9	2	先达	13	2			

依统计,《溧川足征录》共有各类文章270篇,其中32篇注"阙文",有目无文;各类诗词294首,其中19首注"阙",有目无文,另有10首虽未注"阙",但正文中未见,故实阙29首。总计实存文章238篇,诗词265首,全书共约20万字。一个村落之中,能有如此之多的文献传世,即便是在以文献渊薮著称的古徽州,也是难能可贵的。

(三)《溧川足征录》的民族性、乡土性和宗族性都非常突出

《溧川足征录》成于明末遗民之手,具有强烈的民族性,这是一个重要特点。这种民族气节突出地体现在如下几方面。

此书成于康熙中期,但对康熙帝名讳"玄""烨"二字,竟无一处避讳!

书中收录了宋、元、明三代赐给先人的敕命33道,但清代的各类敕命则一道都未录入。呈坎清初入仕者不少,如罗苍期是顺治十六年(1659)进士,仕至内阁中书,罗曜斗曾任德州知州,罗云逵曾任太谷知县,他们与编者的关系也很近,但领受的各类清廷敕命却一概不予录入,充分表达了编者对清廷的不认同。

书中的一些篇章，表达了对亡明的思念、对屈膝变节者的鄙视。如罗迁（字于乔，罗秉福之父）的传记中写道：

> 呜呼！当明万历中世，国家习太平之盛，膴仕显僚皆号称彬彬君子，视薮泽间无甚足过人者。及世乱变起，昔之彬彬君子者涂涅其面目，更易其肺肠，不独不齿于士林，即乡里好侠行义之人唾弃之有余矣。于乔公终身恂恂，安于布衣，力庇其乡里，至今犹且食报。于戏，岂非天哉！①

此传中对晚明的太平盛世表达了浓浓的眷恋之情，痛斥那些屈膝于清廷的士林"败类"，而对罗迁终身布衣、力庇乡里则给予了高度的赞扬。

最能体现此书民族气节的，当数罗斗为抗清遇难的族人所作的传记：

> 罗腾蛟，字云化，歙呈坎人。……闽帅以舟师戍京口，绝江，上谒，一见引为幕客，寻授军职，同二人上章言事，既奏可，卒格不行。东兵既屠广陵，江上一战，舟师胜之，与有功焉。未几，师溃，闻闽帅取道浙东，奉所尊者，即真闽中将，具舟自松江循海道入闽，而不即发。时守南京者故闽人也，即自松江见执。赴闽人所，方见闽人，箕倨极骂，闽人犹欲不杀，而骂益厉。临死，语执刀者曰："吾君在南，必令吾首南向。"而两膝穿裂，血骨朱殷，由不屈致然也。……
>
> 罗惟敬，字赤臣，歙呈坎人。……属天下多故，寇剧四起，……遂合少年相善者，自为一社，欲如宋时梁兴等所为，质明而盟，取所杀牲血先歃，辞气俱厉，闻者动色，有泣下者。……乙酉，东兵南向，所过都邑降溃相望，乃益合少年能与俱者，与寻前盟，以俱死为期，陈兵河上，见敌薄河而军，衣绯先济，突入其营，手弓而左右射，无不殪者，扶伤救死，敌以大败，为憾而欲复之。翌日，再战，敌骑益众，指绯衣者杀人为多，发矢举刃，率向衣绯衣者。以寡当众，曾不少辟，大声一呼，而敌多恐怖者。既身负创痛，顾从兵皆不在，独所格杀犹十数人，卒以力尽为敌为

---

① 盛朝鼎：《于乔公传记序》，《溧川足征录》文部卷八。

杀,尺寸磔之,而后济河。……

赞曰:期死奚取,至命则忠。疆死奚憾,全归则同。沉舟海上,遗镞河中。伤哉二豪,地下相从。彼瘠不如,此其鬼雄。①

罗斗此传中的两位族人,罗腾蛟投奔郑成功(闽帅),参与了郑军顺治十六年(1659)的北伐,被清军守将擒获后,慷慨遇难;罗惟敬则参与了顺治二年(1645)的抗清战争,在激战中壮烈牺牲。两位抗清义士慷慨豪迈、视死如归的英雄气概,在罗斗笔下展现得淋漓尽致,其字里行间的民族气节,铮铮可见。

正是由于书中强烈的民族气节,罗秉福在康熙年间缮稿时,已预感此书难为世容,有“不知售梓于何日”的感叹。康熙中期以后,清廷文网日密,雍正、乾隆年间更大兴文字狱,高压之下,此书的收藏者为避祸,一直未曾刊刻,对外人亦讳莫如深。我们曾见过清代呈坎罗氏家谱和诗文多种,其中并无任何提及此书的记录。时至今日,呈坎当地竟无人知晓此书的存在。《濑川足征录》流传不广,仅以孤本存世,这是最主要的原因。

《濑川足征录》的编者热爱乡土,热衷于保存乡邦文献,全书具有浓厚的乡土气息,这是其另一个突出的特点。呈坎村风景秀丽,宋、明两代人文蔚起,当地人对家乡自然与人文景观颇为自豪,“吾里素称仁厚,恂恂守礼”②,“吾乡多佳山水,时不废登眺,与乡人处若饮醇醴”③。书中载有《长春八景》诗16首,竭力鼓吹人文山水之胜,如曹时诗云:“道脉通灵地涌泉,天应有意毓英贤。化为罗氏残膏沫,沾溉人间几百年。”④

《濑川足征录》收录的所有文献皆以呈坎为中心,或为呈坎人自己的作品,或为外地人为呈坎所作。作者中固然不乏高官与知名学者,但主要还是如同3位编者那样的乡土儒士,这就使得此书呈现出强烈的乡土气息。村中山水、古迹、公共建筑以至私人厅堂、园林,题咏极多,有的还录有长篇文献。

① 罗斗:《二义士传》,《濑川足征录》献部卷六。
② 罗秉福:《濑川足征录序》,《濑川足征录》卷首。
③ 罗应鹤:《宪副梁湖程公行状》,《濑川足征录》献部卷二。
④ 曹时:《长春八景·呈坎甘泉》,《濑川足征录》文部卷一七。

关于安葬罗氏始祖的杨干寺,即收录了记叙文 3 篇、题咏诗 18 首。如此众多的作品,未必全都是精品,但它们都如实记录了当时人的真情实感,是难得的乡土历史记录。

《潀川足征录》以罗氏为主体。此书虽为呈坎一村而编,即"潀川之书而非罗氏之书",但呈坎毕竟是以罗氏为主的古村。此书成于罗氏族人之手,录入文献九成以上为罗氏宗族所作,因此其宗族色彩浓厚,可谓村志与族志合二为一。

《潀川足征录》中收录了大量反映罗氏家族辉煌历史的文献,对研究宋代以来徽州文化的转型、发展与繁荣,提供了第一手资料。

三、《潀川足征录》文献价值刍议

(一)《潀川足征录》保存了若干稀见文献

由于编者对乡邦文献进行了长时间的苦心搜集,因此收录的文献中不乏稀见作品,如罗愿、朱熹等人的佚文。

罗愿(1136—1184),字端良,号畏斋,呈坎后罗第九世,仕至鄂州知州,是南宋颇有政绩的官员,更是一位著名的学者。罗愿著述繁富,流传至今的尚有《新安志》《尔雅翼》两书,《四库全书总目提要》盛赞其"学问该博,文章高雅,乃卓然有以自立"①。罗愿其余存世作品收入后人编成的《罗鄂州小集》一书中,历代相传无异。但《潀川足征录》中收有罗愿《罗氏宗谱序》一篇,《罗鄂州小集》未载,属佚文。

罗愿在《罗氏宗谱序》追溯了呈坎罗氏的历史,自认出于汉大农令罗珠,后裔屡迁,至五代时期,洪都罗氏族人罗忱,生鸣尹、鸣谦二子,其后裔迁居呈坎:

> 鸣尹字周伊,奉节度李公讽檄,置庐于永王墓井、丰城引溪二所,铸钱,以便商旅。生先物,字仪通,明经,授上元主簿,因居鸡鸣山。通生

① 纪昀等:《四库全书总目提要》卷一五九,清乾隆六十年(1795)刻本,上海图书馆藏。

天秩,号秋隐,徙居歙呈坎,为后罗。

　　鸣谦字周益,元和十二年诏入粟助边,授解褐宣议。生先义,字仪则,乾宁二年举进士,覆试落下。义生天真,号文昌,徙居歙呈坎,为前罗。①

罗愿此序是迄今所见有关呈坎罗氏源流最早的文献。据此可知,呈坎前罗始祖罗天真与后罗始祖罗天秩是五服兄弟,虽系出同源,但族属关系其实较远。正因为如此,呈坎前、后二罗系实际上各自为宗,其修谱、建祠、祭祀也都是各自独立的。②

　　朱熹与罗愿交谊颇深。两人是同时代人。朱熹祖籍虽在婺源,但其家族唐末迁居徽州时最早是定居呈坎的,自撰谱序称:"旧谱云长春乡呈坎人。"③他与罗愿兼有学友与乡党的双重情谊,曾称赞罗愿"文字细密有经纬,可爱",在获悉罗愿去世后,感叹"端良止此,极可伤",④足见双方情谊深厚。《溧川足征录》中保存有朱熹应罗愿所邀,为呈坎罗氏撰谱序一篇,今传《晦庵集》中未载。全文如下:

呈坎罗氏宗谱序

　　余益友存斋罗子,父兄子弟家世春秋学,自相师友,以进士发科,嗣世宦业,赫赫为歙文献称首。今适与会于西湖僧舍,倾倒《春秋》底蕴,意见出人,得素王笔削本旨,而不忍别。翌日,怀其家世系图谱,属余为序,且谓舍熹无可说者。谛视其谱,昭穆秩然,条而不漏,详而不冗,书其所可信而阙其所疑,乃实录也。存斋之世苟循而上之,圣贤地位易耳。存斋之后窃为惧之,盖富贵自恃而不恤人之肆,流而不返,失其本心,非但族属昭穆不顾,宗祖根源之不思,且其家庭之间,偏爱私藏,以背戾分门割户,患若贼仇,上慢下暴,老者失其安,少者失其怀,朋友失

① 罗愿:《罗氏宗谱序》,《溧川足征录》文部卷七。
② 历史上,呈坎前、后二罗曾经为墓地、寺庙发生过严重冲突,赵华富教授的调查报告中对此有极为生动的叙述,见氏著《徽州宗族研究》,合肥:安徽大学出版社,2004年,第563页。
③ 朱熹:《婺源茶院朱氏世谱后序》,《新安文献志》卷一八。
④ 朱熹:《与刘子澄》,《晦庵集》卷三五,《文渊阁四库全书》第1143册,台北:台湾商务印书馆,1983年,第811页。

其信,舟中皆敌国,而痛哭于汉文之时俗者,无怪乎贾生也。夫如是,则虽有修谱之名而无修谱之实,既无以法一家,将何以法族人耶? 其不至于载胥及溺者,几希矣,余固为存斋后裔之虑也。忆昔君子之爱人也,则居其无成,此吾儒家法也。是意也,在他人则恶闻,在存斋则喜闻,故余亦乐告之耳。他日,罗氏之贤子孙必曰"朱某之不佞如此,其成人之美如此,其自存心与人为善如此",存斋其无异余言乎?

时乾道三年岁次丁亥五月望日序。

熹既笔叙谱首而归之,存斋谐予再拜曰:"荷契兄不鄙,非但教愿,且垂教后人,此意曷敢当! 家君熟视之,曰:'此真圣贤心也。'外录诸家藏卷册,诚百世有益之器也。"存斋又谓曰:"兄之先世在婺源,既知之矣,而先世之先所出何在?"熹曰:"予传闻在歙通德乡之朱村,①与祝外祖家不甚相远,又复迁婺源耳。先君以宦寓建阳,遂家焉。然春露秋霜之感,上世之情,未尝不以祖源为念也。"存斋又曰:"通德朱村有考乎?"熹深思不能应。存斋曰:"通德乡者,古今为吾乡世居之地,朱村为近邻,至今犹云朱村云云,无异者。"熹乃下拜曰:"然则熹与畏弟,里闬人也,使人醒然交泣下。"是夜留宿剧论,比晓,又订后会,今并书以此俟之。虽然,宦途逆旅,踪迹无常,道义之情自尔难尽。

熹又识。②

鉴于家谱中名人序跋作伪者甚多,关于朱熹此序尚需略作考证。

首先,此序中提及的年代与事迹,与存世的各类文献,如朱熹的行状、年谱及《晦庵集》并无矛盾,序中体现的宗族思想,与朱熹存世的其他文献一致。

其次,序中提及朱、罗二人的交谊,与其他存世文献也一致。

---

① 按,朱熹自撰谱序中有"旧谱云长春乡呈坎人",此序又云祖居"通德乡之朱村",似有抵牾。然查罗愿所著《新安志》,宋代歙县"通德乡在西北,旧曰同德,其里长春、隐儒、敦孝、灵泉、丰乐"。(罗愿:《新安志》卷三,萧建新、杨国宜点校,合肥:黄山书社,2008 年,第 93 页)则其乡实名通德,长春里属通德乡,两者并无矛盾,唯"长春乡"当作"长春里"。朱村至今尚存,属呈坎镇。

② 朱熹:《呈坎罗氏宗谱序》,《滦川足征录》文部卷七。

再次，检阅罗氏存世家谱，可以发现元至大三年（1310）黄应旂序、至大四年（1311）李孟序和明嘉靖三十九年（1560）罗佐序①皆曾提及朱熹此序，清代谱序中提及得更多，足见流传已久，其来有自。

所以，此序是一篇珍贵的朱熹佚文。序中内容对考察朱熹的宗法理想与谱学思想，及与呈坎有关的历史典故，有其作用。

此外，《潨川足征录》中还保存有宋濂、张居正、汪道昆、李维桢等明代重臣、学者与呈坎罗氏往来的题词及书信等，在存世文集中也未见到。② 凡此，皆是此书文献价值的体现。

（二）《潨川足征录》中的罗氏文献，翔实记录了唐末以来徽州文化转型、发展和繁荣昌盛的历史进程

徽州远离中原，是南方开发较晚的地区。《后汉书》称当地居民是"深林远薮椎髻鸟语之人"③，说明在汉代中原士人眼中，徽州是夷蛮之域。当时居于徽州的先民是山越，民风剽悍，习俗尚武。东汉末至六朝，由于北方的战乱，有一定数量的中原汉族移民进入徽州，徽州土著文化逐渐与中原文化融合，但直到唐代，这个融合过程尚未完成。晚唐卢仝称歙州之地"千灾百怪天南道，猩猩鹦鹉皆人言"④，足见唐代中原士人尚视徽州为畏途。

徽州文化真正的质变，是在唐末五代时期。当时北方再次发生严重战乱，而杨吴和李氏南唐政权统治下的江南地区相对较为安定，中原士族再次大规模移民江南。有学者统计，唐末咸通七年（866）至宋灭南唐（975），迁入徽州的强宗大族达 52 个。⑤ 中原移民的大量涌入，为徽州的进一步开发提

---

① 罗兴隆：《新安罗氏族谱》，清乾隆二十二年（1757）稿本，安徽省图书馆藏。
② 已检阅文集如下：宋濂《文宪集》，《文渊阁四库全书》第 1223—1224 册；张居正《新刻张太岳先生诗文集》，《四库全书存目丛书》集部第 113—114 册，济南：齐鲁书社，1997 年；汪道昆《太函集》，《四库全书存目丛书》集部第 117—118 册；李维桢《大泌山房集》，《四库全书存目丛书》集部第 150—153 册。
③ 范晔：《后汉书》卷三八《度尚传》，北京：中华书局，2000 年，第 864 页。
④ 卢仝：《寄萧二十三庆中》，《御定全唐诗》卷三八八，《文渊阁四库全书》第 1426 册，第 722 页。
⑤ 张宪华：《唐末五代徽州的北方移民与经济开发》，《安徽师范大学学报（人文社会科学版）》2006 年第 6 期。

供了重要的人力、技术和文化资源。唐末五代以后的徽州文化发生了根本性的变化,由武入文成为新的趋势。罗愿曾经对这一文化质变作了非常恰当的总结:

> 其人自昔特多以材力保捍乡土为称,其后浸有文士。黄巢之乱,中原衣冠避地保于此。后或去或留,俗益向文雅。宋兴则名臣辈出。①

呈坎罗氏始祖罗天真、罗天秩,就是唐末迁入徽州的大族子弟。据《溪川足征录》记载,二人皆好学,罗天秩尤有才华,所著《自叙》《闲居》二赋流传至今。南宋宰相程元凤称赞罗天秩之文:“体制庄严,绳墨委顺,辞旨通畅,音律和谐。……唐季而有此,岂易得哉!”②

呈坎罗氏重视文化教育,既是其家族的历史传统,也与唐末之后徽州文化转型的趋势完全一致。二罗之中,后罗兴旺于宋代,前罗则繁荣于明朝。

宋代,后罗在科举仕宦中首先强盛起来。嘉祐年间,后罗第七世罗谏、罗举堂考中秀才。政和二年(1112),第八世罗汝楫(1089—1158)中进士,官至吏部尚书,是宋高宗时的重臣。③ 罗汝楫有六子,罗颢、罗吁先后为福州通判,罗颉为夔州通判,罗颂为郢州知州,罗愿为鄂州知州,罗颀为蕲州通判。罗汝楫父子仕途亨通,为后裔开坦途,仕宦不绝,后罗也一跃成为显赫的簪缨世家。元代人洪焱祖将后罗列为“歙县八大家”之一。④ 明弘治十二年(1499),徽州知府彭泽为后罗建文献坊,列名其上的宋、元、明三代仕宦多达34人。罗愿称徽州“宋兴则名臣辈出”,用来形容他自己的家族倒是恰如其分。

明代,前罗通过经商致富,迅速壮大。前罗在早期,声势上远不如后罗,元末时“倚山环溪而居数十家”⑤,还是一个小宗族。在明代徽商崛起的大潮中,前罗抓住了机遇。十八世罗佛相(1398—1469),是一位经营极为成功的

---

① 罗愿:《新安志》卷一,第16页。
② 程元凤:《书秋隐罗公卷后》,《溪川足征录》文部卷九。
③ 按,罗汝楫事迹见脱脱《宋史》卷三八〇《罗汝楫传》,北京:中华书局,2000年,第9267—9268页。《溪川足征录》献部卷二,有洪适为罗汝楫所作墓志铭,事迹较《宋史》详细。
④ 罗绮:《呈坎谱序》,《溪川足征录》文部卷七。
⑤ 罗淳祖:《罗氏谱序》,《新安呈坎罗氏宗谱》卷首,明正德二年(1507)刻本,上海图书馆藏。

商人,"局干有度,不为从脞所难,善言辞,发声浏亮,在官中尤长于应对,同人多籍其庇"①。罗佛相与其四个儿子弥久、弥秀、弥富、弥四,在扬州经营盐业,"业淮鹾致富,……客游吴楚,资业益振"②。

到罗佛相孙辈时,其商业经营达到极盛。如罗元孙财力雄厚,"尝建梁于关溪、于慈源,开道于箬岭、于王干,寻复建箬岭之亭,皆捐巨资以为之。……建义宅于居第之南,以居族属,规地七亩四分有畸,屋以间计者一百九十七。……又割上腴之田百余亩,岁收所入用为婚丧疾病之资"③。罗震孙,"揆事决策,见末而知本,故所赢得大倍先业,号称千万,邑中富人无与偶者"④。按,明代大徽商的资产,通常以百万为极富,达到"号称千万"规模的,管见所及,似乎仅此一例。嘉靖晚年,罗必达称前罗"为千家之聚"⑤,不再是元末的小族光景了,说明前罗经过明初以来的繁衍壮大,已成为名副其实的大族。

前罗致富之后,以重资培育子弟诗书,在科举仕宦上也取得了很大成功。嘉靖二十二年(1543),呈坎溧川文会建立,前罗在其中起到主导作用。溧川文会统合士子,以"岁考月试"的方式振兴文教,很快收到效果。嘉靖二十五年(1546),罗必达乡试中举,成为前罗的第一个举人。隆庆五年(1571),罗应鹤(1540—1630)会试及第,成为前罗的第一个进士,仕至保定巡抚,颇有政绩。天启五年(1625),罗应鹤之子罗人望中进士。罗人望子罗苍期在清初也中进士。罗汝楫家族在宋代曾经有过四世进士,而罗应鹤家族在晚明清初也接连三代进士,可谓后先接武。经过明代晚期七十余年的发展,前罗培养了一大批具有科举功名的缙绅,"接武登第,夔龙交奋,群哲嗣兴"⑥,终于取得了与后罗一样的簪缨世家的地位。

将《溧川足征录》和存世的其他文献相结合,可以清晰地勾勒出罗氏家

---

① 鲍楠:《素庵处士墓碣》,《溧川足征录》献部卷三。
② 罗运杰:《呈坎前罗善三房总支簿》,1949年抄本,安徽省图书馆藏复印件。
③ 陆深:《罗氏义宅记》,《俨山集》卷五五,《文渊阁四库全书》第1268册,第346页。
④ 罗逸:《明故处士汝声公暨孺人汪氏合葬墓志铭》,《溧川足征录》献部卷三。
⑤ 罗必达:《重修长春社记》,《溧川足征录》文部卷六。
⑥ 《溧川文会簿》序。

族从唐末至晚明的发展轨迹,这一轨迹与同时期徽州文化的转型、发展和繁荣恰相符合。由于罗氏家族在仕宦、经商和学术领域取得的成就远非寻常可比,也就使得《澐川足征录》对研究徽州文化具有了非同寻常的文献价值。

(三)《澐川足征录》中的某些文献,有助于对徽州人物和典故的考证

1. 关于罗龙文生平事迹的文献

罗龙文(1516—1565),歙县呈坎人,字含章,一字章甫,号小华,是明代嘉靖年间政治舞台上的重要人物,严嵩、严世蕃父子的心腹。罗龙文在严氏父子党争失败后,被明世宗作为严党爪牙处死,不得善终,因而有关他生平事迹的详细记录很少。明末何乔远称:“嵩家僮罗龙文,列衔中书,齿缙绅间。”[①]即罗龙文本是严嵩的家僮,依靠主子发达,此说影响甚大。万斯同修《明史》,虽以严谨著称,亦加采纳。[②]

《澐川足征录》保存了潘之恒为罗龙文所撰的传记、明世宗赐给罗龙文夫妻及其父母的敕命、罗龙文本人的诗作等重要文献,是关于罗龙文研究的珍贵的第一手资料。从中可知,罗龙文是呈坎大徽商罗佛相的玄孙、罗震孙的孙子,祖上四代巨富,本人则由监生出身,“家承素封,游太常,有声,而喜结客”[③]。罗龙文在国子监读书期间结识严世蕃,进而成为严家幕客,他绝不是严氏“家僮”出身,可见传闻异词,谬误极多。明世宗在嘉靖三十五年(1556)十一月给罗龙文的敕命,则是一件重要的历史文献,敕文中高度肯定了罗龙文协助胡宗宪平定倭患的功勋,称赞他“值南服岛夷之患,因机用间,屡蹈艰危,巨寇摧歼,深谋有济”[④]。罗龙文曾出奇计铲除东南倭寇集团首领汪直、徐海,各类传闻极多,不乏捕风捉影之处。明世宗颁发的这道敕命,对于研究罗龙文在嘉靖年间抗倭战争中的作用,应是最权威的文件。

---

① 何乔远:《名山藏》卷九三《严嵩传》,《四库禁毁书丛刊》史部第48册,北京:北京出版社,1997年,第113页。
② 万斯同:《明史》卷四〇一《严嵩传》,《续修四库全书》第331册,上海:上海古籍出版社,2002年,第339页。
③ 潘之恒:《中书罗龙文传》,《澐川足征录》献部卷六。
④ 《大理寺右寺署右评事中书舍人兼管翰林院典籍事罗龙文敕命》,《澐川足征录》文部卷一。

罗龙文遇难后,祸及全族,其子罗南斗变姓更名为王常,改字延年,以求避祸。王常著有《印统》一书,为徽派印学的重要著作,已有学者专文考证。[①]《滦川足征录》记载为:

> 罗南斗,字伯疄,龙文子。因家难,更姓名王常,辑有《印谱》《印统》行世。云间顾氏阁帖皆其摹勒,善画,图章为世所珍。[②]

书中除收有李维桢、臧懋循为《印统》一书所作的序外,还有罗逸《书〈集古印帙〉后》一文,知罗南斗晚年尚编有《集古印帙》一书,惜今日已不得见。书中还录有罗南斗诗二首。这些资料,对研究罗南斗生平及印学成就,有其作用。

2. 关于《医宗粹言》作者的文献

《医宗粹言》是刊于明万历年间的一部新安医学著作,其作者有罗慕庵、罗慕斋、罗周彦等不同说法。有中医学者考证后认为,罗慕庵著该书九卷、十四卷本;罗慕斋是罗慕庵之弟,又名罗周彦,将该书扩充成四十卷本,即该书是兄弟二人相继完成的。[③]

实际上,《医宗粹言》出于呈坎罗氏。《滦川足征录》中有贺万祚所撰书序,略云:

> 慕南罗君,盖余老年伯闻野大中丞诸孙也,家学渊源,施于有政,复精《素问》《难经》及诸名贤宗指,刀圭所至,凋瘵尽平。时有捐俸修饮散济宇下,比三载而海上颂更生,与其称不冤者声相袭矣。会邑士大夫谋广其术,以寿斯民也,遂出手编若干卷,题曰"医宗粹言",盖集古圣贤之成而不自居,且明制方先论原本云。……君讳周彦,字德甫,号赤城,歙县人。[④]

据此可知,《医宗粹言》的作者是罗周彦,慕南、赤城都是他的号。罗周彦是罗应鹤(号闻野)的族孙,其家素精医术,本人亦为良医,《医宗粹言》是他应

① 孙向群:《读国家图书馆藏〈秦汉印统〉》,《山东图书馆季刊》2008 年第 4 期;王洪军:《罗王常〈秦汉印统〉本末考》,《文献》2015 年第 3 期。
② 罗南斗:《同顾宫詹宿三茅山道士房》,《滦川足征录》文部卷一六。
③ 李济仁、胡剑北:《〈医宗粹言〉作者考》,《安徽中医学院学报》1989 年第 2 期。
④ 贺万祚:《医宗粹言序》,《滦川足征录》文部卷八。

歙县士人邀请而作的。至于"慕庵""慕斋"之类，是因为万历刊本卷首贺万
祚此序为手写体，是后人误认"慕南"二字的结果。至于因此分一人而为兄
弟，则属引申过度。

3. 关于万历《歙志》争论的文献

徽州是文献之邦，但围绕文献的各类争论乃至攻击，也从未停止过。地
方史志中有关人物的记载与评价，往往关系到家族的名望与声誉，也常因此
引发纷争。《漈川足征录》中收有一篇罗应鹤为修志写给毕懋康的书信，是
此类争论、攻击的代表作：

> 世无竹帛，孰辨妍媸？虽云邑书，实同国史。明公才兼班马，胸括
> 典坟，幸总条贯于上；加以门多博雅，踵接英奇，又备顾问于后。论定一
> 朝，光昭千古，岂惟狐史，庶曜麟经！第往者邑书急就，秉笔者非人。本
> 以财货熏心，辄籍事权在手。恣许敬宗之矫妄，过牛凤及之颠狂。受金
> 始书，比兹殆甚；索米方传，较彼犹贤。誉墙茨而柏舟见遗，苞苴是者；
> 进东陵而西山蒙斥，予夺何凭？若夫柱石元臣，鼎钟巨伐，书之足光郡
> 邑，垂之可当师刑者，立传阙如，只为逢迎当路；至于滑稽宾戏，市井纤
> 流，载之只羞简编，弃之犹逃非笑者，侈谈蔚若，自甘粪土同污。桑梓文
> 献之邦，何敢大言诋訾；斗宵钱虏之辈，不惭曲意褒扬。但可行私，即攘
> 甲之劳，装乙之伐，罔顾时殊先后；唯知营橐，虽镂冰作有，捕影归无，第
> 云由我爱憎。志族氏，则朝代倒移，从何考镜；录官师，则品流混列，每
> 被鄙啴。谁谓某之谤书，实是邑之秽史；真小人之无忌，岂君子而可欺！
> 此公理以为可焚，宜伯度讥其不实也。张令君临行一示，明等然犀；黄
> 计部辨志诸条，攻同鸣鼓。虽凶人载笔，已同天罚之魏收；邪说乱经，宜
> 辨正言之邓析。嗣是斟酌百氏，勒成一家，使世世奉若春秋，人人守同
> 龟鉴，唯是明公事焉，明公德焉。某非妄陈孤愤，辄献刍言，窃喜际一代
> 之闻人，裁订不刊之大典，聊鸣庆幸，并布悃愊，及将敝里一二讹舛宜正
> 者列之左方。某临缄曷任企仰。①

---

① 罗应鹤：《与毕孟侯论邑志书》，《漈川足征录》文部卷五。

罗应鹤攻击的是万历《歙志》。歙县为徽州府附郭，此前修志多附于府志中，未有专志。万历三十六年(1608)，歙县县令张涛聘本县学者谢陛组织修志，次年刊成。这是歙县首部县志，众所瞩目，而谢陛"用天之道，以《春秋》法从事"①，在歙县历代人物取舍和评价上，多有褒贬，以致引发纠纷。志稿一出，许多家族认为记载失实，舆论哗然。罗应鹤即对志中有关呈坎罗氏的若干记载极为不满，他致信参与修志的毕懋康，抨击谢陛是财货熏心、肆无忌惮的小人，将该志贬斥为"魏收秽史""邓析乱经"，并将"敝里一二讹舛宜正者"详细列出，要求逐条改正。在罗应鹤等众多乡绅的抨击之下，出现了《读志公言》一类集中批判万历《歙志》的小册子，以致这部县志最后刊刻时，主纂谢陛居然没有列名修志者中，内容也有所修订。天启四年(1624)，戴东旻重修歙县志，对内容再作修订，后人称为："万历志体裁近史，致启《读志公言》，纷嚣聚讧，天启志易为调停之作。"②从这个事件中，可以看出地方史志与家乘之间极其微妙的关系，而地方绅耆则在民间舆论的形成中，扮演了非常重要的角色，以至于影响到最终的定稿。

结　语

《溪川足征录》是一部重要的徽州文献，而绝非呈坎罗氏一村一族的典籍而已。此书是宋代至清初徽州村落社会嬗变的缩影，由于呈坎罗氏在仕宦、商业和学术上的特殊成就，使得它的典型意义更加突出。仅以本文已叙述部分而言，其价值已不可低估，而本文所涉及的只占此书内容的一小部分，更多有价值的文献尚待今后深入的解读。2020年，该书经安徽省黄山市徽州区档案馆点校整理，已由黄山书社出版，期待学界更多同仁参与至该书的研究工作中来。诚如是，则明末清初徽州遗民编辑此书的一番苦心不致埋没，扬潜德于后世，阐幽光于方来，不胜期盼之至！

---

① 谢陛：《歙志》自序，明万历三十七(1609)刻本，上海图书馆藏。
② 刘大櫆：《歙县志》"凡例"，清乾隆三十六年(1771)刻本，上海图书馆藏。

近代徽州乡土志研究

刘　猛

（安徽大学徽学研究中心）

摘　要：近代以来，随着国际、国内形势的巨大变化，乡土志在中央政府政令的推动下应运而生。通过对现存近代徽州乡土志体例、编纂方式、内容的分析可知，晚清编纂的乡土志受《乡土志例目》影响较大，民国时期则主要采用教科书的形式进行编纂。为适应乡土教育的实际需要，近代徽州乡土志采取新的编纂形式，内容简练，关注新知识，培养学生的爱乡爱国思想。乡土志作为小学教科书，反映了基层教育工作者对乡土教学的积极探索，呈现出小学教育重视乡土教学的特点。

关键词：近代；徽州；乡土志；乡土教学

明清时期，全国各地的方志纂修活动颇为频繁。进入近代以后，随着国际形势的巨大变化，国外乡土教育理论逐渐传入。另一方面，清政府也多方努力，培养爱国爱乡精神，开展乡土教育。光绪朝以后，在中央政府行政命令的强力推动下，全国的乡土志编纂活动逐步得以扩展。[①] 乡土志的不断涌现，成为清代方志纂修活动中较为重要的转变之一。[②]

近代徽州地区的乡土志编纂活动颇为踊跃，成书较多。目前，学界对徽州乡土志的研究时有涉及，其中尤以刘道胜、蒲霞等多位先生的成果最具代

[①] 程美宝：《由爱乡而爱国：清末广东乡土教材的国家话语》，《历史研究》2003 年第 4 期；王兴亮：《清末民初乡土教育研究》，成都：四川大学出版社，2013 年，第 16—23 页。

[②] 刘猛：《清代湖南方志纂修研究》，上海：复旦大学历史学系博士学位论文，2017 年，第 63 页。

表性。刘道胜先生认为,徽州的乡土志是地方各级学堂进行爱国爱乡教育的教材,其编纂主要在民国时期。[1] 蒲霞、朱平、翟屯建等先生则在各自的论著中,分别简要介绍了徽州乡土志的编纂活动及其成果。[2] 王慧婷考察了《婺源乡土志》的编纂情况、体例内容及其反映的晚清徽州社会。[3] 总体而言,近代徽州乡土志的研究成果并不丰富,对其整体性的论著尚付阙如。笔者不揣简陋,撰成此文,祈请方家教正。[4]

一

清末,中央政府为培养学生的爱乡爱国思想,积极开展乡土教育,乡土志的编纂活动由此兴起。

光绪二十九年(1903)十一月,张百熙、张之洞等人根据光绪皇帝的谕旨,重新议定京师大学堂和各省学堂章程。张百熙等人奉旨后,"互相讨论,虚衷商榷,并博考外国各项学堂课程、门目,参酌变通,择其宜者用之,其于中国不相宜者缺之,科目、名称之不可解者改之,其有过涉繁重者减之"[5],最终会衔上奏《重订学堂章程折》,将初等小学堂直至京师大学堂的章程重新厘定。奏折上呈以后,光绪皇帝认为其"条分缕析,立法尚属周备,着即次第推行"[6]。

在此次会衔具奏的学堂章程中,《初等小学堂章程》的相关规定对乡土志的产生颇为关键。拟定的《初等小学堂章程》即规定初等小学堂所教

---

[1] 刘道胜:《徽州方志研究》,合肥:黄山书社,2010年,第17页。
[2] 朱平、翟屯建:《试论与方志有关的别种文献——以徽州地区为例》,《中国地方志》2012年第2期;蒲霞:《明清以来徽州方志编纂成就》,合肥:安徽大学出版社,2013年。
[3] 王慧婷:《〈婺源乡土志〉研究:清末民国乡土志的个案考察》,《徽州社会科学》2014年第5期,第32—35页。在安徽大学徽学研究中心副研究员李甜先生的介绍下,王慧婷女士将全文惠赐笔者,在此对两位的无私帮助深表谢意!
[4] 笔者读博期间,中国徽州文化博物馆程乔先生(现就职于黄山觉然轩文化创意有限公司)曾惠赐多部安徽省图书馆藏徽州乡土志的缩微胶卷照片,尚此致谢!
[5] 璩鑫圭等编:《中国近代教育史资料汇编·学制演变》,上海:上海教育出版社,1991年,第289页。笔者根据自己的理解,对标点符号作了部分调整,下同不赘。
[6] 璩鑫圭等编:《中国近代教育史资料汇编·学制演变》,第291页。

授科目应包括修身、读经讲经、中国文学、算术、历史、地理、格致、体操等八项。

《初等小学堂章程》详细开列各科目在授课中需要关注的内容,其中历史、地理、格致三个科目特别提及讲授乡土知识的重要性。历史科目专讲"乡土之大端、故事及本地古先名人之事实",在授课中,"尤当先讲乡土历史,采本境内乡贤、名宦、流寓诸名人之事迹,令人敬仰叹慕,增长志气者为之解说,以动其希贤慕善之心"。地理科目的授课内容,当讲授"乡土之道里建置、附近之山水以及本地先贤之祠庙、遗迹等类",授课过程中"尤当先讲乡土有关系之地理,以养成其爱乡土之心。先自学校附近,指示其方向子午、步数多少、道里远近。次及于附近之先贤祠墓,近处山水间,亦带领小学生寻访古迹,为之解说,俾其因故事,而记地理,兼及居民之职业贫富之原因,舟车之交通,物产之生殖。并使认识地图,渐次由近及远,令其凑合木版,分合地图,尤善地理"。格致科目中,"讲乡土之动物、植物、矿物,凡关于日用所必需者,使知其作用及名称",在讲授之中,"当先以乡土格致,先就教室中器具、学校用品及庭园中动物、植物、矿物、金石、煤炭等物为矿物。渐次及于附近山林川泽之动物、植物、矿物,为之解说,其生活变化作用,以动其博识多闻之慕念"。①

《初等小学堂章程》的颁布,促使在初等小学堂开展乡土知识的教授一事逐步走上正轨,乡土教材的编纂提上议事日程。光绪三十一年(1905),京师编书局监督、翰林院候补侍读学士黄绍箕,请求京师经理学务处饬令各地编纂乡土志以献:

> 查《初等小学堂章程》,历史、舆地、格致三科,均就乡土编课,用意至为精善。谨遵照定章,编成《例目》,拟恳奏请饬下各省督抚发交各府、厅、州、县,择士绅中博学能文者,按目考查,依例采录。地近则易详,事分则易举。自奉文日始,限一年成书。由地方官径将清本邮寄京师编书局,一面录副详报本省督抚,庶免转折迟延。令各省地方官将本

---

① 璩鑫圭等编:《中国近代教育史资料汇编·学制演变》,第289—291页。

省通志及府厅州县志邮寄编书局,以备参考。各处乡土志辑稿送到后,由局员删润画一,呈请学务大臣审定,通行各省小学堂授课。①

同年六月,②学务大臣张百熙认为黄氏所言"均为编辑课本,力求翔实起见",奏请编纂乡土志,并附呈《乡土志例目》,通饬全国施行。随后,京师经理学务处向各地督抚发布咨文,要求各地加紧编纂乡土志。③ 在此之后,全国各地的乡土志编纂活动得以快速展开。

清末的徽州乡土志编纂活动颇为活跃,至今仍有多种存世。光绪《黟县乡土志》共分历史、政绩录、兵事录、耆旧录、人类、户口、氏族、宗教、实业、地理、山、水、道路、物产、商务。④ 光绪《婺源地理教科书》的编纂同样是在这一时期,编纂者为婺源师范传习所的师范生。该书成书后,于光绪三十二年(1906)出版,后于光绪三十四年(1908)再版。该书采用课目体,共分 8 章 85 课。⑤ 光绪《婺源地理教科书》成书不久,即呈送安徽提学使沈曾植⑥审核。根据沈曾植的批示要求,光绪《婺源乡土志》的编纂随即展开,光绪三十四年(1908)成书出版。此书采用课目体形式,共分 8 章 104 课。⑦ 光绪《歙县乡土志》不分卷,抄本存世。根据《中国地方志联合目录》的记载,其编纂者为许家栋。⑧ 全书大体采用平目体形式,部分内容之下再分细目,载有歙县沿

---

① 光绪《益阳县乡土志》卷首《益阳乡土志序》,《乡土志抄稿本选编》第 13 册,北京:线装书局,2002 年,第 481—482 页。

② 朱寿朋编、张静卢等校点:《光绪朝东华录》"光绪三十一年六月甲子"条,北京:中华书局,1984 年,第 5370 页。

③ 光绪《益阳县乡土志》卷首《益阳乡土志序》,第 479—480 页。

④ 光绪《黟县乡土志》不分卷,《中国科学院文献情报中心藏稀见方志丛刊》第 66 册,北京:国家图书馆出版社,2014 年。

⑤ 光绪《婺源地理教科书》不分卷,清光绪三十四年(1908)活字本,安徽省图书馆藏。

⑥ 光绪《婺源地理教科书》卷末,第 2 页下;安徽省地方志编纂委员会编:《安徽省志》卷一一《人大、政府、政协志》,北京:方志出版社,1999 年,第 133 页;陈基余、赵培根主编:《安徽大辞典》,上海:上海辞书出版社,1992 年,第 103 页。

⑦ 光绪《婺源乡土志》不分卷,清光绪三十四年(1908)活字本,国家图书馆"数字方志"数据库。

⑧ 中国科学院北京天文台主编:《中国地方志联合目录》,北京:中华书局,1985 年,第 470 页。许家栋,为歙县人许承尧之次子。请参见胡蔚生《对一张合影照的说明》,政协歙县文史资料委员会《歙县文史资料》第 4 辑,1992 年,第 50 页。

革、歙县方域、歙县山川、歙县物产、歙县人物、歙县古迹等 6 个部分。① 宣统《祁门县乡土地理志》的编纂活动始于宣统年间,编纂者为祁门人李家骧。该志成书后即排印出版,采用章节体形式,全书共 9 章 88 节。②

---

① 光绪《歙县乡土志》不分卷,安徽省图书馆藏。根据《中国地方志联合目录》的记载,《歙县乡土志》编纂于民国四年(1915),且因抄本卷末下半叶书有"民国庚申年孟秋月方宅京抄录"等字样,部分学者遂以民国时期为其编纂时间。(第 470 页)考诸笔者所见安徽省图书馆藏抄本《歙县乡土志》的具体内容,其编纂时间当在清末。例如,抄本中"历""宁"等字皆避清代皇帝名讳,且文中多有以"国朝"代指清王朝的情况。又如,在"歙县沿革"中载有"国朝世祖章皇帝顺治二年夏五月用兵下江南,改直隶为江南省,设督抚司道官,而徽州府领县隶之,歙仍首歙,迄今已二百六十三年矣"字样。其中"今"即为编纂者所处的时刻,而自顺治二年(1645)之后 263 年,即为光绪三十四年(1908)左右。又如,"歙县方域"末叶又有"府城"字样。根据《徽州地区简志》记载,民国元年(1912)废府留县,直属安徽省,此时已无徽州府。(合肥:黄山书社,1989 年,第 54 页)作为行政区划单位的"徽州府"之称,当在清代。因此,按照志中记载,《歙县乡土志》的编纂时间当在光绪三十四年(1908)前后。《中国地方志联合目录》中所说的编纂时间,或许和"民国庚申年孟秋月方宅京抄录"一样,均为后世抄录文本的时间。

② 宣统《祁门县乡土地理志》不分卷,清宣统排印本,国家图书馆"数字方志"数据库,并参考安徽省图书馆藏本。关于《祁门县乡土地理志》版本,《中国地方志联合目录》中载有其宣统间(1909—1911)的铅印本和民国三十三年(1944)铅印本两种。然而,撰诸国家图书馆"数字方志"数据库收录本以及安徽省图书馆所藏两部铅印本,均未见民国三十三年(1944)铅印本的确切依据,待考。有关《祁门县乡土地理志》的编纂时间,目前亦未见定论。通过对《祁门县乡土地理志》文本内容的分析,则可以看出其编纂的大概时间段。例如,在第三节"广袤"中有"面积之广,凡八千余里,居全省面积六十分之一、全府面积六分之一"的记载。其中"全府"当指徽州府。根据《徽州地区简志》的记载,民国元年(1912)废府留县,直属安徽省,此后以行政区划而言,已无徽州府。(第 54 页)作为行政区划单位的"徽州府"之称,当在清代。又,根据第四十八节"学田"中"宣统元年,因筹办谘议事务,公议商拨副斋田租,以作经费"一句可知,其时间为宣统元年(1909)以后。再如,在第三十九节"急递铺"中载有"今无驿马,只有铺兵三十四名"一句。根据《祁门县志》的记载,至清末,祁门县的驿站确实已无驿马,共有铺兵 34 名,直至民国二年(1913)废驿站。(合肥:安徽人民出版社,1990 年,第 289 页)其中的铺兵数量与《祁门县乡土地理志》所载一致。由此观之,其编纂时间当在上述的宣统元年(1909)至民国二年(1913)之间。再如,在第十节"武山乡"中,载有"十二都之平里有高等小学堂一所,常年经费约二千金,吾邑以此学堂开办为最早,成迹[绩]亦较优,头班生已于去年卒业矣"。根据《祁门县志》(第 561 页)以及郑安宽《梅南小学简介》(载中国人民政治协商会议祁门县委员会文史资料研究委员会编著《祁门文史》第 2 辑,1988 年,第 106—108 页)的记载,平里南乡高等小学堂成立于光绪三十一年(1905),而始于光绪二十九年(1903)的"癸卯学制"规定高等小学堂学制一般为 4 年。(祁门县地方志编纂委员会办公室:《祁门县志》,第 564 页)其头班生于 1905 年入学,按照规定应于 （转下页）

民国时期,乡土志的编纂活动更为频繁。在小学实施乡土教育,一直受到民国政府教育部门的关注和积极推行。民国三年(1914),教育部檄令各地编纂乡土志文献;民国二十年(1931),教育部命令各地编纂乡土史地,为小学史地的补充教材。民国二十二年(1933)颁布的《小学法》,明确要求小学教材应注重各地方乡土教材。民国二十七年(1938),中国国民党临时全国代表大会制定《战时各级教育实施纲要》,规定应注重各地的乡土教材。①

民国时期徽州地区的乡土志编纂活动,便是在这种历史背景下展开的,地方教育机构及个人均参与到乡土志的编纂中来。例如,民国《徽州乡土地理》不分卷,全书采用章节体形式,共分 2 章 16 节。② 民国十四年(1925),黟县人胡存庆编纂《黟县乡土地理》成书,由其同学孙茂宽书写序言,铅印出版,此书采用平目体,分为原始、境界、区域、户口田亩、城市、形势、山总论、山脉、水道总论、山水结论、风俗、物产 12 目,目下分写具体内容。③ 江友爕编纂歙县《初等小学乡土地理教科书》,现存为油印本,全书共分 7 章。④

除了上述乡土教材的大力编纂外,一些基层私立小学校也积极参与到编纂乡土教材、推广乡土教育的行列中,尤其是绩溪胡氏学校的教师所编纂的乡土教科书,内容最为丰富,最具代表性。

(接上页)1909 年毕业,即为宣统元年。根据上文中"已于去年卒业"的记载,"去年"即应为宣统元年(1909)。《祁门县乡土地理志》纂修当在头班学生毕业年之次年,即宣统二年(1910)。综上所述,《祁门县乡土地理志》的编纂时间当在宣统二年(1910)前后。此外,根据《安徽省立第二师范杂志》1917 年第 4 期的记载,该校的本科第二年级学生、祁门人李家骓亦编有《祁门全境乡土地理调查报告》,作者姓名与《祁门县乡土地理志》的编纂者李家骧仅一字之别。通过《祁门全境乡土地理调查报告》《祁门县乡土地理志》的详细对比,其内容基本一致,只是前者较后者内容为少。由此推断,前者极有可能只是照抄后者的部分内容。根据《祁门李氏宗谱》的记载,李家骧与李家骓为同族堂兄弟,并非同一人。另,《祁门李氏宗谱》中李氏兄弟的资料,蒙安徽师范大学历史学院康健副研究员抄示,特此致谢!

① 以上均请参见王兴亮《清末民初乡土教育研究》,第 242—243 页。
② 民国《徽州乡土地理》不分卷,民国油印本,安徽省图书馆藏。民国《徽州乡土地理》编纂者暂不可考,因卷首叶有墨笔书"铁华程敷锴"字样,部分学者认为程敷锴即为编纂者。
③ 民国《黟县乡土地理》不分卷,民国十四年(1925)铅印本,上海图书馆藏。
④ 朱平、翟屯建:《试论与方志有关的别种文献——以徽州地区为例》,《中国地方志》2012 年第 2 期,第 48 页。该书为私人收藏,因该文中公布的资料所限,暂未能明了歙县《初等小学乡土地理教科书》的具体编纂时间,暂系于此,以待考证。

　　绩溪胡氏学校所编辑的乡土教科书,目前所知共有 4 种。其中,民国《绩溪乡土地理》不分卷,民国十五年(1926)秋由胡步洲编纂成书,共分 3 编,采用章节体形式,首列绩溪县区划图、山脉图、水道图等内容。① 民国《绩溪县乡土地理教科书》不分卷,全书采用教科书的平目体形式,共分 40 课。② 民国《绩溪乡土历史》不分卷,民国十九年(1930)胡氏学校教师汪稼云编纂,并于同年油印出版;全书为章节体,共分 11 章。根据《绩溪乡土历史》卷首目录的记载,第九章有程登正殉烈妻章氏,列女汪氏、程氏、陈氏、汪氏、程氏等,且尚有第十章流寓(孔瑜、采薇子)、第十一章礼俗(礼祀、风俗)等内容,均因安徽省图书馆所藏油印本的残缺,不知具体内容为何。③ 民国《绩溪县乡土历史教科书》不分卷,全书采用平目体形式,分上、下 2 编,共分 40 课。④

　　根据目前的不完全统计,现存近代徽州乡土志至少有 12 种,其中徽州府级 1 种、歙县 2 种、绩溪 4 种、婺源 2 种、黟县 2 种、祁门 1 种。当然,作为基层学校的教学用书,是否依然有未见著录的乡土教材存世,尚须继续搜集与探索。

二

　　近代乡土志的编纂者构成复杂,学识差异较大,对乡土志的看法不尽相同,使得乡土志的体例出现较大的分化。根据巴兆祥先生的看法,近代乡土志主要分为《例目》派、方志派和教科书派三种。⑤ 通过对现存近代徽州地区乡土志的体例、编纂方式、内容及编纂者的分析,可以看出晚清时期所编纂的乡土志受到《乡土志例目》的影响较大,民国时期则以教科书形式为主要

---

① 民国《绩溪乡土地理》不分卷,抄本,安徽省图书馆藏。
② 民国《绩溪县乡土地理教科书》不分卷,抄本,安徽省图书馆藏。
③ 民国《绩溪乡土历史》不分卷,民国十九年(1930)油印本,安徽省图书馆藏。
④ 民国《绩溪县乡土历史教科书》不分卷,抄本,安徽省图书馆藏。该书内封书"胡在瀛/绩溪乡土历史教科书"字样。胡在瀛是否为编纂者,则尚难遽断。另外,该书正文首叶首行书"初等小学历史教科书上编"字样,而抄写者在外封书"绩溪县乡土历史教科书",两者并不统一。为文本统一起见,暂依外封题名。
⑤ 巴兆祥:《方志学新论》,上海:学林出版社,2004 年,第 154—160 页。

类型。

第一，《乡土志例目》对晚清时期乡土志的编纂影响巨大，其规定的体例、内容，成为各地乡土志编纂活动的主要参考和模仿对象，近代徽州地区的乡土志编纂亦不例外。其中与《乡土志例目》关系最为密切的，当属光绪《黟县乡土志》一书。无论是其编纂体例，还是纲目安排，均是照搬《乡土志例目》的基本格式。

光绪《黟县乡土志》在具体例目的安排上，共分为历史、政绩录、兵事录、耆旧录、人类、户口、氏族、宗教、实业、地理、山、水、道路、物产、商务等，与《乡土志例目》中的排列毫无二致。当然，为了保持《乡土志例目》中规定的原有类目的完整性，光绪《黟县乡土志》保留了黟县并不存在的条目，特意根据当地的实际情况，在这些条目之下用文字加以说明。例如，在"人类"目中，因黟县并无少数民族，特别标明："本境无旗户，亦无回、番、猓、苗、猺等类，无土司。"而在"宗教"条目中，则书："本境无回教人，无喇嘛黄教、红教人，亦无天主教、耶苏教人。"在"物产"条之下，书："本境无大宗产，亦无特产。"在"商务"条目下只载有茶叶一项："茶，运出本境在上海销行，每岁二千余担。黟无鱼盐桑麻之利，各货俱购自他境，所制止茶。"这样，不仅保证了《乡土志例目》中规定条目的完整性，还具体说明了黟县的实际情况。

无独有偶，在光绪末年由婺源县师范传习所编纂的《婺源地理教科书》《婺源乡土志》，也一定程度上受到《乡土志例目》的影响。婺源县师范传习所监学方新提及两部乡土志的编纂，认为：

> 《奏定学堂章程》在小学堂有乡土地理、历史之教科。《婺源地理》之编纂，所以备本境小学乡土地理一教科之用。今方言国民教育为立宪预备立宪，国民之资格，以能地方自治为标准，某地方之人，于某地方之事，必计画周至，以期于自治，则必有乡土地理教科书之力。①

根据上述序言可以看出，婺源县的两部乡土志编纂深受《奏定学堂章程》等教育政策的影响。婺源县师范传习所首先完成了《婺源地理教科书》的编

---

① 光绪《婺源地理教科书》卷末，第1页上。

纂,后立即由知县魏驯呈送安徽提学使沈曾植审核。根据沈氏的批示,可以看出此时的安徽已经收到学部所颁发的《乡土志例目》,开始按照要求编纂乡土志:

> 钦命安徽提学使司提学使沈(曾植)批:
>
> 据婺源县魏令(驯)呈,该县绅士编成《地理教科书》一册,详略得中,语语征实,于该县境地形式了如指掌,洵属有用之书,应令径自邮寄京师编书局鉴核。查学部所颁《乡土志例目》,分类极繁,除关于地理之外,如历史、政绩各类,亦极紧要,应饬令查找前发之《乡土志例目》,于此次所呈《地理书》未载各项,转饬该绅等从速逐一编纂成书,刻日申送前来,以凭考核。毋违。切切。

将乡土志呈送京师编书局,是学务处向各地督抚发布咨文中的要求。沈曾植要求婺源县按照《乡土志例目》的规定,将《婺源地理教科书》尚未载入的内容,逐一编纂成书。

其他的乡土志也受到《乡土志例目》的影响。例如,朱平等人便根据《歙县乡土志》《初等小学乡土地理教科书》的篇目,认为其基本上遵循了《乡土志例目》的规定。[①]

第二,近代徽州乡土志为了适应基层乡土教育的实际需要,采取新的编排形式,内容上关注新知识以及与徽州紧密相关的历史事件。近代的徽州乡土志,多数是为基层小学堂使用的教学用书。因此,为了更好地展现乡土志的实用性,在编纂过程中主要采取了西方教科书的形式,将乡土知识寓于其中。在具体的编排方式上,则主要采取了课目体、章节体和平目体的形式。[②]

目前笔者知见的 12 种徽州乡土志,基本都采取了这种新的编排形式。光绪《黟县乡土志》根据《乡土志例目》的要求,采用平目体的形式。光绪《婺源地理教科书》、光绪《婺源乡土志》均采用课目体形式,分课目叙述,以课统

---

① 朱平、翟屯建:《试论与方志有关的别种文献——以徽州地区为例》,《中国地方志》2012 年第 2 期,第 48 页。

② 巴兆祥:《方志学新论》,第 157—160 页。

目,目下详细分载内容。光绪《婺源地理教科书》共分8章85课,光绪《婺源乡土志》共分8章104课。光绪《歙县乡土志》全书大部分采用平目体形式,少许内容目下再分细目。宣统《祁门县乡土地理志》则是采用章节体形式,章下设节,全书共9章88节。

在民国时期编纂的徽州乡土志中,采用平目体和章节体形式的情况更为突出。民国《黟县乡土地理》采用平目体的形式,分为原始、境界、区域、户口田亩、城市、形势、山总论、山脉、水道总论、山水结论、风俗、物产等12目,目下记载具体内容。民国《绩溪县乡土地理教科书》、民国《绩溪县乡土历史教科书》均采用平目体的形式,各分40课,其下未设细目。民国《徽州乡土地理》采用章节体形式,章下设节,以章统节,全志共分2章16节。根据现有的资料来看,《初等小学乡土地理教科书》同样是在章下设目。①

章节的设置也并非一成不变。民国《绩溪乡土历史》、民国《绩溪乡土地理》两者大体采用章节体的形式,章下设节,同时根据实际情况,在具体编排形式上作出适当调整。民国《绩溪乡土历史》除第五、六章未在章下设目外,其他部分共9章64节,均为以章统目。民国《绩溪乡土地理》的分类较为特殊,未单独使用一种编排形式:该书共3编,上编采用章节体形式,共4章22节;中编采用平目体形式,共16章;下编除第一、二、六、七、八章未在章下设目外,第三、四、五章均为以章统目,其下分别设2、3、4节。

在具体内容的记载方面,近代徽州乡土志更加注重新知识的传播。诚如民国《黟县乡土地理》的编纂,即是面对国家和社会的新形势而发起:

> 学制既更,新说繁兴,以地理列入政治、军事、商务各科。莘莘学子,览环球舆地之图,若者为欧亚,若者为澳非,若者为美墨,以及诸岛屿之棋布星罗,南北极之雪山冰海,恢恢乎世界之大观,几欲广瀛寰之志,续采险之编,以为可以卢牟六合,睥睨八荒,视往古地理专书,若不足措意者。②

---

① 朱平、翟屯建:《试论与方志有关的别种文献——以徽州地区为例》,《中国地方志》2012年第2期,第48页。

② 孙茂宽:《序》,民国《黟县乡土地理》卷首,第1页。

新学制、新知识,尤其是西方地理知识的广泛传播,使得学生对世界的认识更为全面,视野更为广阔,这就从另一方面促使乡土志的编纂更加关注新知识。

在近代徽州的乡土志中,近代地理知识的记载较为丰富,其中尤以经纬度出现最为频繁。如民国《徽州乡土地理》第一节介绍徽州位置之时称:

> 徽州位于安徽省之最南端,跨江、浙两域,为南岭大干经行之地,南自北纬二十九度一分婺源之曹村起,至北纬三十度十七分绩溪之龙门岭,西自东经零度五十一分祁门之良禾岭起,至东经二度二十八分绩溪之龙池山止,东西最广处约三百二十里,南北最长处约三百五十里,面积计四万五千八百五十方里。①

经纬度的相关内容已经完全融入地理位置的介绍之中。无独有偶,《黟县乡土地理》"境界"中同样如此:

> 县在安徽省南、芜湖道西。星纪之次,在斗十六度,经线在北京中线不及东一度,至东一度三十一分。纬度在赤道北二十九度五十七分,其面积东西六十五里,南北八十五里。②

赤道、经纬度等近代地理知识均包含其中。又如《祁门县乡土地理志》第一节"位置":

> 祁门县在省会之南,府治之西。经度西起偏京师之东四十八分,东至偏东一度三十六分;纬度南起北纬二十九度四十分,北至北纬三十度又五分。实为扬子江流域之地,江南之一要区也。③

与此相似的是,《婺源地理教科书》第三课"位置":"本境位置在本省之东南,本府之西南,纬度(北纬)二十九度二十分,经度偏京师之东一度三十分。"④民国《绩溪乡土地理》第一节"位置"中,包含了近代的地球知识:"全

---

① 民国《徽州乡土地理》第一章《地文地理》。
② 民国《黟县乡土地理·境界》,第4页。
③ 宣统《祁门县乡土地理志》第一章《疆域》,第1页上。
④ 光绪《婺源地理教科书》第一章《婺源疆域》,第2页上。

球五大洲,大小六十余国,我国为东半球亚细亚洲之中华民国。"①《初等小学乡土地理教科书》中大量吸收经纬度、五带(热带、南温带、北温带、南寒带、北寒带)、星球图等近代科学知识,更利于培养儿童的爱国主义和科学知识。②

近代徽州地区深受太平天国运动的影响,乡土志中均有不少篇幅记载其内容。光绪《婺源乡土志》所载清军、婺源民众与太平军的战斗事迹较为翔实。其第九十二课至第一百零二课,专辟 11 课的篇幅,记载太平军在安徽、江西等地的战事情况,反映其对这一时期史事的关注与重视。在民国《绩溪乡土地理》第五章《要隘》中,对太平军转战绩溪等地,同样有着详细的描写:

> 绩溪虽小县,然语其形势,则外堵宁国,内固徽城,实为浙省上游之屏障。近如咸丰间粤寇之乱,自丛山关不守,而徽防楚军溃,严州、杭州遂遭糜烂。虽贼之入浙,不必尽由绩溪,然尔时楚军果能力扼丛山关,则徽郡安全,贼将有所牵制,而不能长驱入浙矣。虽然丛山关诚为要隘,而绩溪山岭杂径路分歧[歧],即如丛山关之左,有小径可通名楼下,为清朝进兵处,又不可不兼防之也。总之,守山邑者,必守诸岭。

此外,该志中多次以太平天国运动作为分界线,对相关内容进行比较。在记录本地茶务时,认为"绩溪本以产茶称,查前清洪杨之役以前,茶之出产总额每岁三千石。乱平以后,元气未复,地广人稀,茶叶遂一蹶而不复振",可见太平天国运动的深刻影响。民国《绩溪乡土历史》设有"兵事"一目,介绍咸丰三年(1853)至同治三年(1864)太平军在安徽,尤其是在徽州的战斗过程:

> (咸丰)三年春二月,安庆陷,直达江宁,都焉。自安庆之陷也,徽人

---

① 民国《绩溪乡土地理》第一章《概论》,第 1 页上。
② 朱平、翟屯建:《试论与方志有关的别种文献——以徽州地区为例》,《中国地方志》2012 年第 2 期,第 48 页。

大震,倡办团练。四年正月,太平军由石埭陷祁门。五年正月又陷黟县,二月六日休宁失守,十三日徽州府城、歙县城皆失守。周天受、江长贵二军门图复之,乃窜婺源,蹂躏日久。十年二月朔巳刻,太平军由翚岭窜入绩溪县城,是夜退旌德县城。初四日,又窜绩城。十一日过翚岭,八月十九日,太平军侍王李世贤入丛山关,绕道仁里来,绩城失守。八月二十五日徽州府城失守。十一年五月十二日,徽州府城之太平军窜入绩溪,出岭而去。十二月,太平军辅王杨辅清部由淳安窜入绩城。同治元年三月朔,绩溪太平军退。十月二十四日,太平军由宁国窜入绩城,旋收复。二年正月,太平军由宁国南破绩溪,八月陷黟之太平军窜过绩溪。三年正月初六日,太平军侍王李世贤勾结堵王黄文金及广德余党,由宁国窜入绩城,初九日收复。

上述事例中,文字简明扼要,然其记载内容颇为丰富。编纂者对此感慨道:绩溪县"自咸丰十年二月至同治三年正月,人民之历兵难及大雪、大疫,而前后死亡者,虽未至靡有孑遗,其得庆生存者,盖亦仅矣"。此次所历兵难,实为"历代被祸之残酷,无有甚于此者也",对晚清以降的徽州社会产生了深刻的冲击。①

第三,近代徽州乡土志的语言简练、通俗,为本地乡土教育的开展创造了条件。在乡土志编纂之初,其基本用途即已设定为小学教学实践之用。绩溪人汪稼云对此解释道:"欲发扬一族之历史文化,必以自迩至远为原则,先灌输小学生以其家乡之历史文化,在在务求启发其爱乡心,知爱家乡已。又使知吾国固有之历史文化,更了然于家乡与国,痛痒相关,庶能推而爱国,力行不懈,教育乃收大效也。"②

近代徽州乡土志的内容简练、通俗,为具体的教学实践打下了基础。民国《绩溪乡土地理》的编纂者即认为:"近者中小学毕业生,对于本国地理历史与夫世界大势,俱能大体明了,若叩以家乡山川形胜、历代史事以及故家文献,辄瞠目不知所对,是诚一大疏忽。本校有见及此,因于部定课程之外,

---

① 民国《绩溪乡土历史》第四章《兵事四》,第10页下—11页上。
② 民国《绩溪乡土历史》卷首《弁言》,第1页下。

每周加课乡土二小时,讲授关于本邑之地理、历史、文献区区之意,亦所以求惟适惟活之课程而已。"①类似的想法,光绪《婺源乡土志》也有流露。其编纂者一再强调:"顾乡事莫详于县志,志书繁重,非教科所宜,爰择有影响于社会者,分为义例,约为简本,定时教授,期于粗知一乡之事而已。"②民国《黟县乡土地理》的"例言"即说明:"是编原拟作小学课本,今章程无此科目,略加润色,凡欲知本处地理者,读此了如指掌。"因此,在编纂过程中,"于本县乡土地理诸皆举其大凡,务求简要,不无遗漏"③。

宣统《祁门县乡土地理志》具体记载的内容十分简略。在第八十五节"岳王井"中,只有"岳王井在五都择墅,岳忠武王飞讨李成军过,饮马于此"。第八十六节"夫子山"中,只有"夫子山在县南贵溪,朱子讲学其地,因名其山为夫子山"等22字。第八十七节"中山书堂"中,亦只有"中山书堂在县南桃墅,元时汪应新为子克宽肄业而构"等22字。第八十八节"书舫楼"较为简略,只载有"书舫在桃墅,汪环谷先生所建盖,为藏书之所也"等寥寥十数字。在现存的近代徽州乡土志中,民国《绩溪乡土历史教科书》的篇幅最为简略。全书共40课,文字数量未及3500字。其"县治"部分的内容为"古华阳镇,本县东偏,梁曰梁安,唐名绩溪,乡土历史,后生当知",仅24字。在第五课"民风"部分则只有23字,为"绩溪当宣、歙之交,地高而气寒,其民可以义服,不可以威屈",不可谓不简略。

具体文本简略之外,乡土志的内容比较通俗,大都没有传统方志般晦涩难懂的语句,并以儿童能够接触到的现实事物和生活入手,易于理解,具有一定的现实生活气息。同时,对基层教育工作者而言,近代的乡土志则相对于一般意义上的教科书,只能算作教学大纲,没有限定十分具体的文本,可以随时补充教学内容,专门系统地讲授乡土知识。在近代徽州乡土志的编纂过程中,虽然部分内容只是照抄旧志和地方文献,但是在最终呈现的文本内容上,力图简练、通俗,为乡土教育的实践开辟了空间。

---

① 民国《绩溪乡土地理》卷首《弁言》,第1页上。
② 光绪《婺源乡土志》卷首《绪言》,第1页上。
③ 民国《黟县乡土地理》卷首《例言》,第1页。

三

近代徽州乡土志的编纂活动,在特定的历史背景下产生,与晚清以降的国际、国内形势有明显的关联。

第一,培养小学生的爱乡、爱国思想,是近代乡土志编纂的主要目的。近代徽州乡土志的编纂者出于对学生乡土知识匮乏,"生是乡而不周知一乡之事"①的担忧,认为有必要加强乡土知识学习。乡土志成为学生学习的重要载体。

近代以后,地理知识广泛传播。然而,"叩以原籍乡土之建置沿革、山脉水道诸端,辄瞠目结舌,罔知所对,是明于万里之外,而昧于眉睫之间矣"②。胡步洲也说:"近者中小学毕业生,对于本国地理历史与夫世界大势,俱能大体明了,若叩以家乡山川形胜、历代史事以及故家文献,辄瞠目不知所对,是诚一大疏忽。"③儿童乡土知识的匮乏,成为这一时期学者和教育工作者的主要担忧。

为改变这种现状,必须要加强儿童对乡土知识的学习。乡土志因其自身的特点,成为近代乡土知识学习的重要载体。诚如时人所说,儿童所用的课程教材,"应以家乡研究为中心,而以历史文化为其枢纽。吾乡同志,傥广授家乡文献,编入国语、社会等科,因机利导,而启发其爱乡心,则有补于家乡与民族前途者,岂浅鲜哉"④。光绪《婺源乡土志》的编纂者也表示:"儒者当不出户而知天下,生是乡而不周知一乡之事,庸非耻乎。顾乡事莫详于县志,志书繁重,非教科所宜。爰择有影响于社会者,分为义例,约为简本,定时教授,期于粗知一乡之事而已。"⑤民国《黟县乡土地理》的编纂,同样基于此因。其于"本邑之乡土地理,穷讨冥搜,综核而厘定之,就班按部,循流溯

---

① 光绪《婺源乡土志》卷首《绪言》,第1页上。
② 孙茂宽:《序》,民国《黟县乡土地理》卷首,第1页。
③ 民国《绩溪乡土地理》卷首《弁言》,第1页上。
④ 民国《绩溪乡土历史》卷首《弁言》,第1页下。
⑤ 光绪《婺源乡土志》卷首《绪言》,第1页上。

源,于剃繁求简之中,为提要钩元之作,以视周孝侯之风土记,详于习俗,而略于建置者,较为精审,洵可于舆地学中另分一席,欲知本邑乡土地理者,借此以资考镜,其裨益良非浅鲜也"①。

近代徽州乡土志中特别要突出乡土知识的学习,激发学生的爱乡情怀,培育学生的爱国主义思想。诚如光绪《婺源乡土地理教科书》的编纂者所说:"吾人俯仰四望,昼见日,夜见月与星,皆悬于天空,此外万物,皆附于第。故地理学者,为各科学之基本。而乡土地理者,又为地理学之基本。如一国,如世界,皆乡土之积耳。"②胡在渭也有类似的表达:

> 远处、大处着眼,近处、小处下手,此服务社会者之不二法门也。教育何独不然,若一味好高务远,专以灌输国家方面与世界方面之远大的知识为能事,而以乡土材料浅陋,为不足教,此实忘本的教育也。教育而忘本,其成效何若,可逆睹矣。吾未闻有不先培养儿童之爱乡心,而能使之爱国家、爱世界者。胡氏学校之设乡土科,即谋所以培养儿童爱乡心之道也。③

绩溪胡氏学校开设乡土科,正是基于"谋所以培养儿童爱乡心之道"的目的。这也十分契合乡土教育的首要目的,即培养学生的爱乡、爱国思想,乃至爱世界之心。

第二,近代徽州地区的基层教育工作者对"家乡研究"④(即乡土教学)路径的不断探索与深化。近代徽州乡土志,大部分是为进行小学教育而准备的史地教科书,内容相对简练,易于教读。不仅是教育方式转变的重要体现,更呈现了本土基层教育工作者对"家乡研究"、教学路径的努力与探索,展示出近代徽州小学教育重视乡土教育的特点。

根据"癸卯学制",安徽各地初等小学堂基本上都在第一学年安排了历

---

① 孙茂宽:《序》,民国《黟县乡土地理》卷首,第2—3页。
② 光绪《婺源地理教科书》绪言,第1页上。
③ 民国《绩溪乡土地理》卷末,第14页上。
④ 胡在瀛:《小学校"家乡研究"之重要及其历史的演进:写在绩溪乡土教材的前面》,《安徽省教育行政人员养成所所刊》1931年第1期,第38页。

史、地理、格致等科目。其中,历史专讲"乡土故事及本地名人事实",地理讲授"乡土道里、建置及山川遗迹",格致讲授"乡土动植、矿物凡关日用者,使知作用及名称"。① 不仅仅在初等小学堂讲授乡土知识,其他的教育机构也对乡土知识的讲授以及乡土观念的培养等方面十分关注。安徽省立第二师范学校(以下简称省立二师)的课程,即专门在假期之中安排有"乡土科课业"等内容,亦与民国时期徽州乡土教育的实况紧密相关。省立二师在假期安排"乡土科课业"的目的,主要是希望学生能够及时关注乡土社会,这在《各年级假期中关于乡土科课业实习之指导》中有详细的介绍:

> 国民教育以地方为本位,其惟一之目的不外求一地方人民未来之最大幸福而已。诸生如欲于将来学成之日有所活动于乡土之社会,以造福人群,则夫关于乡土科之历史、地理、物产以及社会状况、民生状况、教育状况,皆不可不豫为讲求者,而寒暑假中之长期休假,除为学术上之温习课业,及各科教员或酌予课题,俾自练习外,实为从事乡土课业之最良机会。②

省立二师在寒、暑长假中,安排特定年级进行乡土科课业。其中,在调查项目中,即包括乡土历史、乡土地理、乡土物产、乡土社会状况、乡土民生状况、乡土教育状况等6个方面。③

近代徽州地区的乡土教育,影响较为巨大。民国时期,绩溪胡氏学校所编纂的乡土教材最具代表性,很好地展现了基层学校与教师在"家乡研究"(乡土教学)上的努力与探索。

绩溪胡氏学校设立于光绪三十一年(1905),族人胡在瀛于民国十五年(1926)主持校务,由此拉开了胡氏学校乡土教材的编纂工作。

民国时期小学教育实施的过程中,出现了许多弱点与不足,亟待改变。

---

① 冯熙主修、陈师礼等纂:《皖政辑要》卷五二《普通》,合肥:黄山书社,2005 年,第 506—509 页。
② 《各年级假期中关于乡土科课业实习之指导》,《安徽省立第二师范杂志·训言》1917 年第 4期,第 5 页。
③ 《本校第四周年概况报告》,《安徽省立第二师范杂志·概况》1917 年第 4 期,第 12—15 页。

胡在瀛对此说道:"我国部颁小学课程暂行标准,虽有注重家乡研究的趋势,但各地小学校以种种事实上的困难,其有真能依据标准编制课程详案,为实际的实验与研究者,尚不多觏。"在具体的教学实践之中,"各校教育有一共同之弱点,即骛于高者远者而忽于卑者。中小学毕业生,对于本国地理历史与夫世界大势,俱能大体明了,若叩以家乡山川形胜、历代史事以及故家文献,辄瞠目不知所对,是诚一大疏忽"。因此,需要大力推广乡土教学,培养乡土观念,扩大其影响。只有这样,才能做到"从儿童环境当中指点说明,更觉亲切有味,使儿童由此而生爱家爱乡以及敬仰祖先之观念,进而及于本国地理、历史与外国地理、历史之关系,及本国在世界上所占之地位,当收事半功倍之效"。[1]

绩溪胡氏"学校之设乡土科,即谋所以培养儿童爱乡心之道也"[2]。在小学校开展乡土教学,其价值在于"在能适合社会需要,适应儿童心理,和训练有效的公民",其目的"不仅灌输儿童以必备之知识,还须培养儿童丰富之情感;不仅养成儿童良好的公民习惯,尤宜供给儿童以参加社会活动之机会"。[3] 具体来说,体现在以下几个方面:

> 灌输家乡之自然及社会的基本知识,以为适应环境及区分学科之准备;激发爱护桑梓的观念,以及爱护祖国及人类之基础;使儿童了解家乡福利的因素,与增进福利的工具,明了家乡祸害的原因,与去除祸害的方策;使儿童认识其对于家乡的责任,并使能实际参加家乡的社会生活。[4]

为了实现乡土教学的目的,展现其优越性,乡土科的教学在校长胡在瀛的积极倡导下稳步推进。

胡在瀛的这些理念与想法,很快落实在胡氏学校新编纂的乡土志之中。

---

① 胡在瀛:《小学校"家乡研究"之重要及其历史的演进:写在绩溪乡土教材的前面》,《安徽省教育行政人员养成所所刊》1931 年第 1 期,第 41 页。

② 民国《绩溪乡土地理》卷末,第 14 页上。

③ 胡在瀛:《小学校"家乡研究"之重要及其历史的演进:写在绩溪乡土教材的前面》,《安徽省教育行政人员养成所所刊》1931 年第 1 期,第 41 页。

④ 胡在瀛:《小学校"家乡研究"之重要及其历史的演进:写在绩溪乡土教材的前面》,《安徽省教育行政人员养成所所刊》1931 年第 1 期,第 38—39 页。

在课程教材的编写上,"课程之内容,注重一'适'字;课程之运用,注重一'活'字",不能简单照搬照抄;因此,"吾人为世界之人,同时又为国家之国民,地方之乡民,课程则于此三方面,均须求其适切,故课程绝对不能抄袭,凡外籍所载之课程,学制委员会所定之纲要,坊间出版之教科书,其功用仅止参考,不当据此为课程之全部或一部"。①

胡在瀛希望通过乡土教材的编纂与使用,来探索家乡研究与教育的路径,故其才能"多方搜辑,先成《乡土地理》一稿,以授其徒"②。这部《绩溪乡土地理》的编纂,即按照胡在瀛的基本思路进行,故"本此宗旨编纂乡土教材,分乡土地理、乡土历史、乡贤诗文集三辑,兹先出第一辑《乡土地理》"③。汪稼云编纂《绩溪乡土历史》,同样与此紧密相关。④

开展乡土教学后,胡氏学校在培养学生方面取得了较大的成就。根据胡在瀛的记载:"不佞(笔者注:即胡在瀛)自民国十五年间,主持本邑私立胡氏小学校校务,即深觉我国小学校实有增设家乡研究一科的必要。因于部定课程之外,每周加课乡土二节,关于本邑之地理、历史以及故家文献,均与儿童为一有系统的研究。倡行以来,颇获成效。"⑤甚至到了1963年,依然还有旅外绩溪同乡认为胡氏学校开设的《乡土历史》《乡土地理》等课程"自成一家"⑥。

近代徽州乡土志的编纂活动较为频繁,成书颇多。为适应乡土教育的实际需要,多采取新的编纂形式,内容上关注新知识,力图培育小学生的爱乡爱国观念。作为小学教育的教科书,内容简练,正反映了基层教育工作者对乡土教学的努力与探索,呈现出近代徽州小学教育重视乡土教学的特点。

---

① 胡在瀛:《小学校"家乡研究"之重要及其历史的演进:写在绩溪乡土教材的前面》,《安徽省教育行政人员养成所所刊》1931年第1期,第41页。
② 民国《绩溪乡土地理》卷末,第14页上。
③ 民国《绩溪乡土地理》卷首《弁言》,第1页上。
④ 民国《绩溪乡土历史》卷首《弁言》,第1页下。
⑤ 胡在瀛:《小学校"家乡研究"之重要及其历史的演进:写在绩溪乡土教材的前面》,《安徽省教育行政人员养成所所刊》1931年第1期,第41页。
⑥ 台北市绩溪同乡会编:《绩溪县志》附编《绩溪的教育》,台北:太安印刷厂股份有限公司,1963年,第672页。

20 世纪 30 年代安徽省私塾改良的主要内容与根本动因

——以新发现的《安徽省塾师须知》为中心 *

孟义昭

（安徽大学徽学研究中心）

摘　要：私塾改良是研究晚清、民国教育无法回避的课题，新发现的《安徽省塾师须知》是研究私塾改良的重要文献。20 世纪 30 年代，安徽省对私塾展开全方位的改良，主要包括私塾塾舍、设备、课程、教学和训导等方面的改进。在国家民族危急存亡之时，教育救国成为一种社会思潮，义务教育受到空前重视。这一时期安徽省的私塾改良，就是在南京国民政府的统一部署下，推行义务教育的方式之一。民国政府推动私塾改良的动因不一，其中不乏提升公民意识、培养健全公民的考虑，但其根本动因仍为推行义务教育。1937 年，抗日战争全面爆发，南京国民政府的改良私塾规划被彻底打乱，安徽省的私塾改良也逐渐偃旗息鼓。

关键词：民国；安徽；私塾改良；《安徽省塾师须知》；义务教育

私塾改良是中国历史上一个重要的文化现象，也是研究晚清、民国教育无法回避的课题。早在清末，私塾改良就被不少人士视作推广新式教育的重要方式。有些文化名人发起成立私塾改良会等民间组织，掀起一场颇具

---

* 本文为安徽大学淮河流域环境与经济社会发展研究中心重点项目"明清以降皖北教育与社会变迁研究"（HHYJZX2019ZD016）、教育部人文社会科学重点研究基地重大项目"近代徽州归户文书与报刊资料的整理与研究"（16JJD770002）的阶段性成果。

影响的私塾改良运动。1905 年,安徽省霍邱县知县劳文琦还曾与绅士朱点衣编订《私塾改良简明解说》一书,向普通民众宣传私塾改良思想。① 至于政府如何对待私塾,是取缔私塾,还是改良私塾? 在这个问题上,民国政府的态度也是几经变化。1936 年,安徽省教育厅厅长杨廉就曾公开坦言:"在前几年,中央教育政策与本省教育政策对于私塾都以为有取缔之必要,甚至以私塾与学校不能相容,现在我们觉得这个问题不是如此之简单,而且各处私塾之数,比学校不知多若干倍……如果我们能将私塾改进,对于义务教育必有大帮助。"②近年来,学界对私塾改良关注颇多,③但关于 20 世纪 30 年代安徽省私塾改良的研究专论尚付阙如。本文以新发现的《安徽省塾师须知》为中心,从制度设计层面论述 20 世纪 30 年代安徽省私塾改良的主要内容,探讨这一时期安徽省私塾改良的根本动因,进而揭示传统教育组织的近代转型方式。

一、《安徽省塾师须知》的相关情况

安徽大学徽学研究中心刘伯山研究员家藏一册《安徽省塾师须知》,系其近年在安徽省绩溪县乡村调研期间发现。④ 此书是研究私塾改良的重要文献,但至今未见学界利用。该书由安徽省义务教育委员会编,为"安徽省义务教育委员会辅导丛书"第二种,1936 年成书问世。全书内容共分六章,分别为塾师应有的基本概念、私塾塾舍的改进、私塾设备的改进、私塾课程的改进、私塾教学的改进、私塾训导的改进。此外,书后附录多种珍贵史料,

① 左松涛:《近代中国的私塾与学堂之争》,北京:生活·读书·新知三联书店,2017 年,第 120 页。
② 杨廉:《本省半年来推行义教之新出路——在九六次联合纪念周报告》,《安徽教育辅导旬刊》第 1 卷第 31 期,1936 年 3 月。
③ 有关私塾改良的研究成果颇多,其中较有代表性的有:田正平、杨云兰《中国近代的私塾改良》,《浙江大学学报(人文社会科学版)》2005 年第 1 期;贾国静《清末的私塾改良及其成效》,《安徽史学》2006 年第 4 期;左松涛《多面的弄潮儿:沈戟仪与清末民初的私塾改良》,《中华文史论丛》2011 年第 3 期。
④ 承蒙刘伯山先生赐示全书,谨致谢忱!

如《实施义务教育暂行办法大纲》《实施义务教育暂行办法大纲施行细则》《安徽省实施初步义务教育计划》《安徽省二十五年度改进私塾办法》《安徽省各县优良小学辅导其他小学及私塾办法》《安徽省省会小学分区辅导私塾办法》《安徽省特种教育处中山民众学校辅导私塾办法大纲》《安徽省二十四年度省会塾师训练班办法》《私塾改进标准》等,对于研究安徽私塾改良及其与义务教育的关系有着不可忽视的价值。全书六章内容中,除《私塾教学的改进》一章系刘真撰写,其余皆出自滕大春之手。

滕大春(1909—2002),北京市通县(今通州区)人,中国著名教育史学家,在教育史学界声望卓著。1933 年,毕业于北京大学教育系。1935 年,应原北京大学教授、时任安徽省教育厅厅长杨廉之邀,担任安徽省教育厅科员、安徽省义务教育委员会秘书,积极推行短期义务教育。① 据滕大春自述:

> 大学毕业后我走上教育实践第一线,先任山东省立第一乡村师范学校教员兼附属小学主任,继任安徽省教育厅秘书。我开始领悟教育不仅需要从哲学和科学方面进行探索,在进行教育具体工作时,还包含从教育艺术方面的探索,必须狠抓办学的实际能力。在担任乡师附小主任时,我曾绞脑汁,费心血,觅方设法把实用主义者杜威的"教育即生活,即生长,即经验改造"的学说化为现实。我为便利农村儿童就学,把原来的一校增辟为二校;为适应农村的需要,增编乡土教材,各班儿童每周以三个下午从事劳动;为培植师范生在农村小学的教学能力,试行复式教学。后来,我在安徽省积极推行短期义务教育,受到国民党教育部嘉奖。②

可见,滕大春在安徽推行短期义务教育的工作较有成效。正是因为有着丰富的理论知识和扎实的实践经验,滕大春才在义务教育推进过程中取得了卓著成绩。

---

① 《滕大春先生学术年表》,贺国庆、朱文富主编《滕大春先生纪念文集》,保定:河北大学出版社,2005 年,第 432 页。

② 国务院学位委员会办公室编:《中国社会科学家自述》,上海:上海教育出版社,1997 年,第486 页。

《安徽省塾师须知》为安徽全省塾师必读之书，也是推进安徽义务教育的指导用书。滕大春在"编者言"中交待此书的内容概要及编纂意图："本书内容系就塾师对于义教推进应有之认识及其本身负有之使命，与夫塾舍、设备、课程、教学、训导等应行改进之点，简扼叙述，为全省塾师必读之书。内中所述皆经多方观察认为必需改进者，塾师如能准此逐渐图为改善，必能使私塾内容焕然一新，教学效用充分显现，于义务教育之推进，补助无穷。"①除附录中不少文献多与义务教育密切相关外，此书开篇即辟有《塾师应有的基本概念》一章，专门阐述以下概念：义务教育的意义、原则、简史、趋势，我国义务教育的推行历史和目标，我国推行义务教育的步骤、方式，改良私塾与完成义务教育的关系，安徽省改良私塾的实施，私塾改良的目标。全章内容皆为使塾师认识到义务教育的相关概念，推进义务教育的顺利实施。这本《安徽省塾师须知》不仅为 20 世纪 30 年代安徽省私塾改良的必备手册，也是推进义务教育的重要读本。

二、20 世纪 30 年代安徽省私塾改良的主要内容

按照 1935 年颁布的《安徽省实施初步义务教育计划》，安徽全省至少还有私塾九千余所，塾生九万余人，②数目众多，设置普遍。同年，安徽省奉令推行义务教育，省教育厅即拟具改进办法，规定各县须将私塾详加调查，督促改进，其办法大体为：以每一联保为一小学区，每一小学区内，指定成绩优良的小学或初级小学一所乃至数所，分别负责辅导其他短期小学、初级小学及私塾的任务；省会方面按中心科学实验室设置区域，划为四个私塾辅导区，由教育厅指定区内小学数所，共同负责辅导各该区内私塾；至于所谓"曾经匪患的收复县区"③，并由特种教育处规定由各县中山民众学校负责辅导。安徽省义务教育委员会也制定了《私塾改进标准》《改良私塾课程科目及时

① 安徽省义务教育委员会编：《安徽省塾师须知》，第 1 页。
② 《安徽省实施初步义务教育计划》，安徽省义务教育委员会编《安徽省塾师须知》，第 82 页。
③ 安徽省义务教育委员会编：《安徽省塾师须知》，第 11 页。

间支配表》,作为改进准绳,并通令凡经各校辅导,切实改进、著有成绩的私塾,或改为短期小学,或每月酌给奖金,一律予以奖励。

省教育厅公布改进办法后,安徽省私塾改良很快就取得初步进展。至1936 年,各县均已开展调查工作和辅导工作,省会塾师训练班、芜湖塾师训练班先后举办,可以说安徽省私塾改良是较为积极的。

南京国民政府要求塾师遵从辅导,接受训练,充实私塾内容,改良私塾设施,"把晦暗而陈腐的环境,创造成儿童的乐园、普教的场所,一齐致力于儿童心身的发展,健全公民的培植"①。除此之外,政府将私塾改良的目标概括为八个方面:培育儿童健康的体格,陶冶儿童良好的品性,发展儿童审美的兴趣,增进儿童生活的技能,训练儿童劳动的习惯,启发儿童科学的思想,培养儿童互助团结的精神,养成儿童爱国爱群的观念。为了实现这些目标,20 世纪 30 年代,安徽省对私塾进行全方位的改良,主要包括私塾塾舍的改进、私塾设备的改进、私塾课程的改进、私塾教学的改进、私塾训导的改进等方面内容。

(一) 私塾塾舍的改进

塾舍是塾生学习的场所,事关儿童的学业和健康,因而十分重要。在《安徽省塾师须知》一书中,条件简陋的塾舍受到批判:"常见一间潮湿阴暗而又狭窄的小屋内,空气的恶浊,光线的灰暗,已经不能住人了,而外面又有一个臭气冲天的阴沟、蚊蝇飞舞的厕所,鸡犬在院中啼吠,妇孺在中庭呼叫,且还要成立私塾,那真的戕贼儿童的囚笼! 学生到那里面只会烦闷而厌倦,那里还有读书的兴趣! 而在重重压迫之下,勉强读书的孩子,不久也就勾腰驼背,眼目近视,肺部衰弱,精神萎靡了。读书即使有成,将来也不能作事;何况在这种肮脏狭小的圈圈里,根本难以求学呢!"②因此,私塾要成为健全的教育机构,促进儿童身心全面发展,首先应注意塾舍问题。

塾舍择选应当慎重,需要符合房屋高大、地址高燥、位置适中、避免喧

---

① 安徽省义务教育委员会编:《安徽省塾师须知》,第 12 页。
② 安徽省义务教育委员会编:《安徽省塾师须知》,第 13 页。

嚣、附有院落、环境优美等六个基本标准。塾舍高大,则容纳学生多、空气好、光线足,对教学活动和塾生健康都有好处。地势低洼之处,下雨时易存水,天阴时易黑暗,平时也易潮湿,不宜建造塾舍,塾舍应在地势高燥的地方。塾舍适合设在儿童众多的地方,以方便儿童就学,免其往返之劳;但学校附近不宜设塾,一来妨碍学校发展,再则私塾也不易招生。选择塾舍不应在住户众多的大杂院,也不该贴近热闹的街衢,以免儿童分心,不能专注向学;塾师家眷住所和教室混在一起的,也要设法隔离,"万不应于师父、师母和师弟统统在一起吃睡的地方,就招小孩子开私塾"①。塾舍一定要附有较为宽敞的院落,以作为练习体育的场所。山水秀丽的地方,或者空气清新、居民淳朴的所在,皆适合建立塾舍;公共厕所、工厂附近的房屋,不宜用作塾舍。

　　根据上述六个标准,选择合适的塾舍之后,仍须对其设法改造。因为符合上列标准的房屋,只能满足住人的需求,并不一定达到教学所需的标准。若要用作塾舍,还要分别对塾舍、院落、厕所等三个方面加以改进。

　　塾舍的改造。首先,采光问题。一般情况下,南向的房舍最好,东向次之,西向更次之,北向的房舍最差;窗的面积应占塾舍地面的五分之一至四分之一,如附近有高楼、墙壁,或有深走廊等阻挡光线的东西,窗的面积还要增加,或设天窗,以增加光的强度;为调整光线,可用窗帘、卷窗,以便上下遮光、放光;墙壁应为白色,但白灰容易涂污儿童衣服,也易被儿童涂污,故白墙下半部分应以桐油油成灰色,或用色纸贴糊亦可;红、绿等色纸易伤眼睛,窗纸宜用白色纸。其次,通气问题。两面开窗,以便空气流通;窗顶宜另开数洞,以便通风;冬季燃烧火炉,应用铁筒装置,以便放散炭气。再次,便利儿童问题。若塾生众多,教室应设二门,以免出入拥挤;门槛宜低,或将其取消,以免出入跌倒;窗台高低以儿童身高为度,以便儿童向外看望;门窗向外开,以便逃避火灾;吊窗宜改用双页窗,以便启闭;教室如系租用庙堂,则佛像神厨宜设法迁出,或用纸封闭,以求美观。②

---

① 安徽省义务教育委员会编:《安徽省塾师须知》,第14页。
② 安徽省义务教育委员会编:《安徽省塾师须知》,第16页。

院落的改造。台阶越少越好,每一台阶最高不宜超过六寸,以便儿童上下;厕所、厨房等宜远隔教室,以求空气新鲜;种花植树,蓄养小动物,以增加儿童兴趣;院中如系砖地,宜改用土铺,以免儿童跌倒碰伤,但应留有砖路,以免下雨时泥泞难行;院中若有井,宜加盖以防儿童坠入;水沟宜宽大流畅,免存污水;院中有墙,宜尽力拆除,以便塾师监护;院中宜备有运动器具,以便儿童练习体育,增加儿童在塾兴趣。

厕所的改造。厕所建造,关系公共卫生,至为重大。私塾厕所改造,应按以下几个方面进行:厕内宜光线充足,空气流通;厕内宜铺设沙土,以免潮湿;便池宜稍宽大,以便多个儿童小便,但不宜存尿;便坑宜深,勤加清除,并应加木盖;厕所旁边应种植树木,以求空气清洁;厕所不宜靠近水井,如近水井,则应用缸蓄粪,以免粪液浸入水中。

(二) 私塾设备的改进

私塾要提高教学效率,就应当设法充实设备。充实设备,必须符合两个原则,即经济原则和儿童应用原则。

经济原则。所谓经济原则,就是用钱少、收效多,也就是事半功倍。私塾每年入款有限,一切设备购置必须合乎经济原则。《安徽省塾师须知》认为,可以采取四种做法:购置最需要的、最常用的器物,比如时钟、黑板、痰盂等,其他非必需的,可以不买;有些设备虽属必需,但限于私塾财力,也可分年添设,如塾师参考书、儿童课外读物、运动器具等;购置设备务必求其坚实耐用,以免日后修理费用过多;塾师若和学校、学生家长联络密切,许多东西也可设法借用,但是"礼尚往来,既向人家借用,则私塾器物,也该允许借给别人"[1]。

儿童应用原则。私塾设备既为塾生而设,则应便于儿童使用,因此必须满足如下条件:首先,合于儿童身材。譬如桌椅,其形式不必拘于一律,但其高低必须与儿童身材相称,"否则儿童高高的坐在木凳上,两足悬在半空,不

---

[1] 安徽省义务教育委员会编:《安徽省塾师须知》,第 20 页。

能落地,或桌子太低,小孩子弯着背来读书写字,都不合卫生"①。其次,轻便的东西,最适合儿童。儿童年幼,身体尚未发育成熟,力量太小,笨重之物都不便使用。因此,私塾的东西,务求轻巧灵便、便于移动。再次,设备要坚实。小孩子好动,工作方法又不熟习,最易损坏器物,而坚实的东西不易破坏。最后,设备宜求美观。儿童好奇心强、好美心胜,美观的器物最易引起儿童的兴趣。

关于私塾设备的改进标准,安徽省规定各私塾至少配有下列各项设备:

黑板一面,粉擦一个,粉笔、教鞭等;

时钟、日历、铜铃各一份;

书桌不拘形式,其高低须适合儿童身材;

课程时间表、学生考勤簿;

最简单的游戏用具,如毽子、铁环、皮球、竹马、跳绳、竹竿、棋类、乐器;

儿童读物、教师参考书,如表1、表2所示;

清洁用具,如簸箕、扫帚、抹布、手巾、面盆、痰盂等。②

表1　私塾应备儿童读物

名　　称	册数	编著者	出版处	定　价
"低级儿童常识丛书"	28	白动生	儿童书局	二元五角二分
"世界发明家故事丛书"	11	林逸之	儿童书局	一元二角五分
《中国名人故事》	10	章衣萍	儿童书局	一元四角
"卫国健儿丛书"	10	李清悚	儿童书局	八角
《公民图画故事》	10	林荫	世界书局	六角
《儿童生活漫画》	1	丰子恺	儿童书局	三角

① 安徽省义务教育委员会编:《安徽省塾师须知》,第20页。
② 安徽省义务教育委员会编:《安徽省塾师须知》,第21页。按:竹竿架于两个木凳之上,可练跳高,是一种极为简单的游戏用具。

（续表）

名　　称	册数	编著者	出版处	定　价
《小先生的信》	1	侣　朋	儿童书局	二角五分
《儿童剧》	1	周作人	儿童书局	三角
《儿童新歌曲》	1	邱望湘	儿童书局	一角二分

表 2　私塾应备教师参考书报

名　　称	册数	编著者	出版处	定价	备注
《教育概论》	1	赵廷为	大华书局	八角	
《小学各科教学法》	1	傅彬然	大华书局	六角	
《公民训练法》	1	刘百川	黎明书局	三角	
《小学公民故事选辑》	1	田　康	儿童书局	三角	
《公民训练故事教学法》	1	马静轩	儿童书局	二角五分	
《笔算珠算混合教学法》	1	陈耿心	黎明书局	三角	
《复式教学法》	1	姚虚谷	商务印书馆	四角五分	
《怎样做教师》	1	俞子夷	中华书局	七角	
《乡村小学教师须知》	1	唐文粹	儿童书局	八角	
《普及教育》	1	陶行知	儿童书局	四角五分	
《普及教育续编》	1	陶行知	儿童书局	八角	
《安徽普及教育写真》	1	程本海	安徽教育厅	五角	
《乡村小学教材研究》	1	张宗麟	黎明书局	九角	
《新式测验编造法》	1	赵廷为 刘真	开明书店	三角	
《儿童自治概论》	1	朱智贤	中华书局	五角	

(续表)

名　　　称	册数	编著者	出版处	定价	备注
《安徽教育辅导旬刊》	全年36期	安徽教育厅	安徽教育厅	全年一元	杂志
《小学教师》		江苏教育厅	江苏教育厅	全年一元	杂志
《教师之友》		俞子夷	儿童书局	全年一元二角	杂志

需要说明的是,以上所列仅为最低设备标准。若私塾收入较为充裕,则在此基础上努力充实设备。

私塾设备置办后,要善于保管,保证设备不致遗失或损坏。为此,私塾可采取登记、检查、收藏等简单而又合理的保管方法:

登记——凡购买或制作任何器物,皆应登记造册,以作为将来检查时的根据;

检查——每月按登记表册详细检查,如有缺失,应立即寻觅追索;如有破坏,当立即设法修理;如系借来之物,应立即早日送还;如系出借之物,当立即索回收藏;

收藏——设备收藏得法,最易保存,因此私塾应当尤其注意这一点。

(三) 私塾课程的改进

《安徽省塾师须知》对课程概念作了界定,认为其有广义、狭义之分。广义的课程,指儿童每天获得的各种各样的知能;通常所谓的国语、算术、常识等科目,则是狭义的课程。[1] 一般来说,合理的课程应该符合以下两个标准。

符合社会需要。课程是儿童认识、改变社会生活的媒介,因此应根据社会需要来确定课程设置。人人须会阅读书写,故应设国语课程;人人须会计算数目,故应设算术课程;人人须了解自然科学、社会科学和卫生方法,故应设常识课程。至于劳作、体育等课程,也都有社会生活的需要。反之,对社

---

[1] 安徽省义务教育委员会编:《安徽省塾师须知》,第26页。

会生活没有任何益处,甚至与生活毫无关系的课程,"如强迫现在塾生学习八股,记诵经书"①,便是不合理的课程。

符合儿童生活。儿童生活较为简单,则儿童课程设置门类宜少。这样,儿童有什么生活,便有什么课程;有什么课程,对生活便有什么帮助,生活与教育融为一体。如此一来,各种课程才能使儿童感到亲切有趣。若将成人读的经史百家一律灌输给儿童,则会导致其食而不化,毫无益处。

按照安徽省义务教育委员会所颁《改良私塾课程科目及时间支配表》(表3)的规定,私塾必须设置国语、算术、常识、公民训练、劳作、体育等科目,而所列补充科目,塾师可根据当地情况斟酌添设。如果为了适应一些顽固保守家长的心理,塾师也可用经书来教少数儿童,"不过那须要选择最易了解、最有兴趣的一部分教授,而且不应时间过长,白白给儿童以苦疼"②。

表3　改良私塾课程科目及时间支配表

科　目	要　　项	初级班每周教学分钟数	中级班每周教学分钟数	高级班每周教学分钟数
国　语	讲　读	600	450	450
	作　文		60	90
	写　字	120	120	150
算　术	简易笔算或珠算	150	150	150
常　识	社会、自然、卫生		180	180
公民训练		90	90	90
劳作体育		180	180	180
补充课		90	120	120
共　计		1 230	1 350	1 410

① 安徽省义务教育委员会编:《安徽省塾师须知》,第27页。
② 安徽省义务教育委员会编:《安徽省塾师须知》,第27页。

选择课程内容,需要根据环境、节令、兴趣、知识正确性来确定。首选,符合环境。北方私塾,从北方环境中选取教材;南方私塾,则从南方环境中选取教材。其次,符合节令。四季气候变化不同,景象也有差异,按照时令取材,能使儿童可以直接观察,易于学习。再次,富有兴趣。枯燥无味的教材,不利于儿童学习,"内容曲折,篇幅短小,合于音韵,以及插有画图的教材,就很适宜了"①。最后,知识正确。迷信的传说、神怪的故事、不科学的思想、不合理的描写,皆有可能导致儿童产生错误的观念。因此,教给儿童的知识,必须是科学的、正确的知识。

课程表不可随意排列,必须符合如下原则。每天上课时间不宜过多,上午、下午分别以三个半小时、两个半小时为度,并应将每日工作平均支配,不可轻重失衡。每节课程长短,应以儿童年龄不同而有差异,年龄长者可以稍长,幼者稍短。每节课程长短,应以课程性质不同而有差异,用脑力多者,如算术课,每节以三十分钟为度,"至于容易学习的课程,便不妨稍长"②。上午9时至11时,应教国语、算术等耗费脑力较多的课程,而写字、劳作、体育等宜排在下午。体育课后,不可立即教习字或作文。习字、珠算、劳作等课程,应分配排列,使每天都有短时练习,不宜集中在一起。复式教学时,应将各班课程妥为支配,务必使教师便于指导,儿童不相扰害。

(四) 私塾教学的改进

安徽省私塾改良中,私塾教学的改进主要包括讲述方法、发问方法、指导练习课业方法、施行复式教学方法等方面内容。

讲述方法的改进。讲述法是教师用讲述的方式来说明某种事物的教学方法。该方法是较为传统的教学方法,又被称为"注入式的教学法",因而有些教育者认为不宜用此进行儿童教学。但在民国时期,私塾大多设备简陋、教具不足,教师本身教学技能不足、经验缺乏,对于种种新式教学方法不但不能适当运用,反而颇滋弊端。因此,私塾教学采用讲述法仍有必要,只不

① 安徽省义务教育委员会编:《安徽省塾师须知》,第28页。
② 安徽省义务教育委员会编:《安徽省塾师须知》,第28页。

过教师在讲述时需注意几点：言语适合儿童了解的程度,在不妨碍讲述目的时,也可逐渐加入新词语,在无形中扩大儿童的词汇量;对于低年级儿童,宜用具体的说明,并与儿童日常经验相关;言语要明了清楚,声浪不宜过高或过低,一般情况下以全教室能听见为度;发言要准确,语句合于语法,透彻简洁;语言声调要抑扬有致,与表情动作相符合;讲述时,要有适于表达讲述内容的表情动作,但不宜流于滑稽、轻佻;讲述时,可以配合使用图画、简单板书文字;讲述要有层次;有时讲述需要含蓄,令儿童自己思索领会。①

　　发问方法的改进。一般情况下,教师的发问多以测验儿童知识为目的。实际上,发问方法的用处并不仅限于此,尚有其他价值：发现全班或个别学生的弱点;加强练习;引导儿童注意要点;组织所学材料;提出问题,引起儿童学习兴趣;激发儿童思想;发现儿童兴趣所在;考察儿童的功课准备。② 教师在发问时,必须注意以下几点：所发的问题是否有价值;问题的语词要简单明了,不用儿童无法明白的语句;所发问题要确定,不要宽泛;所发问题要有趣味,不用教科书上的字句;避免不确定答案的问题;先向全班发问,而后指名回答;不要按照座位次序发问;注意个体差异,对于不能集中注意力的儿童要多发问;用自然的会话方式发问,根据发问目的调整语速,若以练习为目的则发问要快,若以激发儿童思想为目的则发问要慢;儿童的回答,教师不宜重述;培养儿童“详细考虑”和“慢下断语”的习惯。③

　　指导练习课业方法的改进。教师必须采用练习的教学方法,培养儿童的种种习惯和技能。在指导练习课业时,教师需要注意：练习前,应使儿童对于日常课业感到有练习的需要,令其知道为什么要练习;教师应时常示范练习并订正儿童练习的错误之处,示范、订正均须正确无误;练习开始时,即应注意正确性,正确以后,再反复练习,以求迅速;练习须有方法,以引起儿童兴趣,使其注意力集中;练习材料若宜连续练习,则采用全部练习法,若宜单独练习,则采用单独练习法;练习在达到预定目标时才能停止,但也不必

---

① 安徽省义务教育委员会编：《安徽省塾师须知》,第 33—34 页。
② 安徽省义务教育委员会编：《安徽省塾师须知》,第 34—35 页。
③ 安徽省义务教育委员会编：《安徽省塾师须知》,第 35—36 页。

固守既定目标,若到不能再进步、不必再进步的程度,即不必再行练习;采用专家根据科学方法编成的各种练习工具与巧术,如练习测验、统计图表等;每次练习时间要短,次数要多。①

实行复式教学方法。按照当时安徽省的规定,私塾可按塾生的程度将其分为甲、乙、丙三组进行教学,其程度相当于普通小学一、二、三年级。塾生既因程度进行分组,则必须实行复式教学。在实行复式教学时,应当特别注意三点:自动作业的支配、②教学科目的配合、日课表的编制。以自动作业的支配为例,必须符合以下原则:考虑环境情形和教材内容;注意儿童动机及需要;注意分量和时间;适合儿童程度;多利用肌肉运动;多注意儿童兴趣,方法要多变化;随时检查成绩;注意优等生的补充教材和劣等生的特别指导。③

(五) 私塾训导的改进

私塾的传统训导方法多为斥责、体罚,从而带来不少消极影响。《安徽省塾师须知》对此进行批评:"教师在教室中,学生就如鼠见猫;教师离教室后,学生就成无羁之马,绝不能培养学生的优良品格。甚至头脑冬烘的塾师,根本不知那些品格为公民所必具,那些行为为时代所必需,又怎样指导儿童的性行呢?"④塾师若要改进训导工作,必须明白两个问题:什么是儿童应当具备的优良品格? 怎样培养儿童的优良品格?

儿童应当具备的优良品格,也是健全公民应具的美德,更是训导学生时应当注意的目标。在安徽省义务教育委员会编制的《私塾公民训练实施法》中,确定了十四个项目:卫生、守规、礼貌、节俭、勤勉、诚实、快乐、劳动、勇敢、自治、合作、公德、进取、爱国。同时,该实施法在每个项目中又具体列出

---

① 安徽省义务教育委员会编:《安徽省塾师须知》,第37—38 页。
② 自动作业种类较多,有为各种学科所同具,如课文预习与温习、实物图画的观察等;有为一种学科所独有,如国语科的书法、算术科的演算、社会科的绘图等。
③ 安徽省义务教育委员会编:《安徽省塾师须知》,第40 页。
④ 安徽省义务教育委员会编:《安徽省塾师须知》,第43 页。

应该养成的习惯。① 若按照每个习惯一一养成，儿童即可具备优良的品格，成为健全的公民。

　　在培养儿童优良品格时，应采取正确的方式方法。首先，教师必须以身作则，注意人格感化，行不言之教。其次，注重儿童行为的实践，在日常生活

---

① 据《私塾公民训练实施法》载，十四个项目内，分别包含应该养成习惯的训练标准。1. 卫生。我每天早睡早起，睡起都有定时；我的住屋天天开窗，常常洒扫；我不随地吐痰，或抛弃废物；我按时饮食，不零食，不吃不卫生的东西；我不把不能吃的东西放在嘴里；我衣服整洁，不用衣袖抹嘴脸；我睡觉时，把头部露在被外；我早起和饭后用净水漱口或刷牙；我常常洗澡，常常换衣；我不在光线不足或光线过强的地方看书。2. 守规。我每日准时到校，准时回家；我排队很敏捷，在队里很安静；我依次出入教室；我在上课或开会时都很安静；我在上课时先举手，后发言；我关开门窗、移动桌椅，能保持肃静；我离开座位时，桌椅必放端正；我走路靠左边；我离了教师或家长，能严守秩序。3. 礼貌。我出外和回家，一定要告诉家长；我遇见教师尊长，要行敬礼；我衣纽扣好，进入礼堂、教室必脱帽；我不在路上吃东西；我能宽恕他人的过失；我受人赠品，要感谢；我得罪他人，要道歉。4. 节俭。我爱护用品，不破坏，不浪费；我不浪费金钱，不向他人借钱；我有余剩的钱，一定储蓄起来；我每天练习记账的习惯；我不吸烟、不饮酒、不赌博。5. 勤勉。我做事时，专心去做；我做完功课，必看有益的书报；我没有特别事故，不请假；我缺了功课，赶快补习；我自己能做的事，尽力自己做；我爱惜光阴，做事敏捷；我有今日的事今日做完的精神。6. 诚实。我不说谎话，不骗人；我不掩饰自己的过失；我和人家约会，一定准时践约；我毁了人家的东西，要承认赔偿；我拾到别人的东西，要想法送还；我借了人家的东西，要如期归还；人家有事问我，我要恳切回答；我不叫人做不正当的事。7. 快乐。我做事要高兴、要有乐趣，充满活泼的精神；我喜欢种植花木，布置庭园；我喜欢欣赏山水风景、美术作品；我喜欢欣赏好的音乐、戏剧；我喜欢听说别人的好处；我爱师长同学、父母兄妹；别人和我争论，我能和平回答。8. 劳动。我喜欢做洒扫等工作；我不轻视劳动工作和劳动者；我喜欢饲养家禽、家畜；我利用空地，栽种花草蔬菜；我喜欢帮助父母和师长做事。9. 勇敢。我吃了小亏不哭不喊，不告诉父母师长；别人有危险时，我能前去救护；我不怕一切困苦；我有了不良习惯，能够立刻矫正；我受了耻辱，能努力洗雪；我牢记国耻事实，时时准备雪耻；有人被人家欺侮，我能主张公道。10. 自治。我推选品行良好、能力优长的人作代表；我不在不应玩耍的地方玩耍；我做事遵守规则，不受他人干涉；我不破坏团体行动和纪律；我不扰乱公共秩序、破坏团体名誉；我没有得到允许，不动别人的东西；我不打人、骂人，不妨碍他人自由。11. 合作。我救济穷困、有疾病的人；别人犯规，我能和平劝导他；我爱护幼小的同学；我自己会做的事，肯教导别人；我服从领袖的指导；我服从团体决议，尊重多数人的意见；我应负的责任，不推诿、不敷衍。12. 公德。我不损坏公物；我不涂刻墙壁、黑板和桌椅；我爱惜公用的图书；我在众人聚集的地方不乱叫；我自己不愿做的事，不叫别人去做；我看见别人失败，能生同情，不去讥笑。13. 进取。我对新奇事物，留心研究；我有疑问，常思解决；我效法人家的长处；我有读书的习惯和兴趣；我不骄傲。14. 爱国。我尊敬党旗、国旗、总理遗像；我唱党歌、国歌，一定立正脱帽；党旗、国旗升落时，我一定起立致敬；我爱用本国货；有人侵占我国土地或侮辱我国同胞，我必竭力抵抗。

中随时培养儿童的善良行为,"养成儿童非徒坐而能言,且有起而能行之精神"①。再次,多用积极的指导,使儿童自发产生行善的意识,避免打骂儿童等错误方式。最后,适应儿童个性,随时予以个别指导,"并分别与其家庭联络,务使人人能尽其才"②。

在改进私塾训导时,应注意规定训导中心、团体与个别训练、环境布置、习惯检查、奖惩实施、课外活动指导等方面。

规定训导中心。上述《私塾公民训练实施法》中的十四个项目,不能同时培养,应按其性质的简繁、需要的先后,分别进行训导。"如卫生习惯,儿童最为需要,且培养亦极容易,开学后就可先定为训导中心,集中全塾师生精力,养成卫生习惯。等此项习惯养成,再开始以另一规律为训导中心。"③至于每一项目的训练时长,则以儿童是否养成此项习惯来确定。一般情况下,每个项目训练时长在两周左右,至少一周,多者可达三周。

团体与个别训练。确定训导中心后,教师即宜利用纪念周、公民训练时间、相关课程时间,向塾生详细讲解,鼓励学生实践。若在训练中途,有儿童不服训诫,则应按其个性进行劝勉,也可与其家庭联络,以便共同督导。

环境布置。环境对人类行为颇有影响,因而环境布置就成为改进私塾训导中不可或缺的内容。以培养卫生习惯为例:"厕所必须清除干净,屋中必有痰盂、纸篓,屋内、院内必须整洁,并且设有卫生用具(如手巾、面盆、肥皂)及运动用具(如皮球、毽子和跳绳),以助习惯之养成,效力方能显现。"④

习惯检查。教师为督导学生身体力行,应时常检查所指导培养的习惯。儿童好胜心较盛,一般情况下都愿意团体获得荣誉。因此,可将全塾儿童分为数团,令各团比赛胜败,并给予胜利者以奖励,效果更好。其中,若有少数儿童疏忽,其团体往往也可对其进行制裁。

奖惩实施。奖励可分为实物奖和名誉奖,前者用实物如纸笔、玩具等,

① 安徽省义务教育委员会编:《安徽省塾师须知》,第44页。
② 安徽省义务教育委员会编:《安徽省塾师须知》,第45页。
③ 安徽省义务教育委员会编:《安徽省塾师须知》,第45页。
④ 安徽省义务教育委员会编:《安徽省塾师须知》,第45—46页。

后者以言语、态度、文字表示,皆可使儿童获得激励,达到训导的效果。在实施奖励时,当注意四点:多用名誉奖,少用实物奖;不要太多太滥;奖励必须公允;物质奖须与其善良行为相关。① 惩罚方法包括暗示、训诫、剥夺权利等,使儿童明白行为的不当之处并加以改善。但在实施惩罚时,必须注意以下七点:绝对不用体罚,惩罚时不要发怒,要公正无私,要使儿童了解惩罚的原因,要指导儿童改善行为的方法,要适应个别差异,惩罚后要时常注意儿童是否改善行为。②

课外活动指导。在私塾中,儿童除上课时间外,还有不少空闲时间。而在这些空闲时间里,如果儿童活动没有得到适当指导,不仅光阴虚掷,而且容易养成不良习惯。因此,课外活动指导实属必要,若指导得当,既可使儿童锻炼强健的体魄、获得切实的知识技能,也可培养其良好的休闲习惯。课外活动有课后的、课间的、家庭的、假期的,都是私塾训导应当注意的活动,"不过课后活动最便于指导,教师应当特别注意"③。课外活动种类较多,安徽省义务教育委员会推荐的活动包括清洁队、郊外游览、远足、运动练习、同乐会、演说辩论会等。④ 在指导课外活动时,塾师需要注意方法:引起儿童的兴趣,指示活动的方法,支配人数与时间,活动要普遍,教师不能代办。

三、20 世纪 30 年代安徽省私塾改良的根本动因

推行义务教育,是私塾改良的根本动因。中华民国成立后,高等教育、中等教育受到重视,发展相对较快,而初等教育发展则比较迟缓。就民国头二十年间的学生数量而言,"大学教育已扩充百倍,中等教育八倍,小学不过四倍"⑤。当时全国失学儿童已达三千万人之多,学校设置未周,一时难以容纳,"而私塾内容简陋,课程陈腐,教法落伍,训导失当,设置数目虽多,空负

---

① 安徽省义务教育委员会编:《安徽省塾师须知》,第 46—47 页。
② 安徽省义务教育委员会编:《安徽省塾师须知》,第 48 页。
③ 安徽省义务教育委员会编:《安徽省塾师须知》,第 48 页。
④ 安徽省义务教育委员会编:《安徽省塾师须知》,第 49—50 页。
⑤ 安徽省义务教育委员会编:《安徽省塾师须知》,第 5 页。

国家社会"①。因此,充实私塾内容,辅助塾师进修,改善私塾教学,纠正训导方法,以补充学校的不足,从而协助义务教育的推进,在当时看来不失为一条捷径。

根据 1935 年 5 月 28 日国民政府行政院第 214 次会议修正通过的《实施义务教育暂行办法大纲》规定,推行义务教育分为三个时期:自 1935 年 8 月至 1940 年 7 月为第一期,在此期内,一切年长失学儿童和未入学的学龄儿童至少接受一年义务教育,各省市应注重办理一年制短期小学;自 1940 年 8 月至 1944 年 7 月为第二期,在此期内,一切学龄儿童至少接受两年义务教育,各省市应注重办理二年制短期小学;自 1944 年 8 月起为第三期,义务教育期限定为四年。② 按照南京国民政府教育部的规划,在十年内普及短期义务教育,此后全面普及四年制义务教育。在第一阶段,南京国民政府希望采取各种措施,迅速推进短期义务教育的普及,而改良私塾就是其中的重要措施之一。正所谓"普及义教,为目今要政,改良私塾,为当务之急"③,南京国民政府将改良私塾工作视为要政,实施不遗余力,并将改良私塾与广设短期小学、试行巡回教学、酌量增设普通小学、限令普通小学采用二部制、充实普通小学学额一起,作为迅速普及义务教育的有效方式。

1931 年,据国民政府教育部统计,全国在学儿童仅占学龄儿童的 23%。④ 1932 年,安徽全省学龄儿童已达 210 万人,而在校儿童数只有 21.5 万人,在学儿童仅占学龄儿童的约 10%。⑤ 尽管统计年份相差一年,但安徽学龄儿童入学率远低于全国平均水平则是确定无疑的。在这种情况下,安徽省推进义务教育工作面临巨大压力。为顺利推行义务教育,安徽省做了大量工作。除中央经费补助外,⑥安徽省业已妥筹义务教育经费,成立省、县

---

① 安徽省义务教育委员会编:《安徽省塾师须知》,第 10 页。
②《实施义务教育暂行办法大纲》,安徽省义务教育委员会编《安徽省塾师须知》,第 63—64 页。按:学龄儿童,指 6 岁至 12 岁之间的儿童。
③ 安徽省义务教育委员会编:《安徽省塾师须知》,第 12 页。
④ 安徽省义务教育委员会编:《安徽省塾师须知》,第 5 页。
⑤ 安徽省义务教育委员会编:《安徽省塾师须知》,第 5 页。
⑥ 根据《实施义务教育暂行办法大纲》规定,义务教育经费以地方负担为原则,但对于边远、贫瘠省份及其他有特殊情形的省市,得由中央酌量补助。

义务教育委员会,颁布实施初步义务教育的计划,在各县设立短期小学,推行教生制、二部制、巡回教学和改良私塾等办法。

结　语

"义务教育"概念自从传入中国后,就成为社会各界谈论的话题。中华民国成立后,对于义务教育的推行也较为注意。中国国民党第一次全国代表大会制定的政纲中,即订有"厉行普及教育",这里的普及教育就是指义务教育。1931 年颁布的约法,也订有"已达学龄儿童应一律受义务教育"。由此可见,义务教育的推行,屡经定为国家教育政策。但是,因为连年战乱和贫困,义务教育推行不力,效果寡鲜。

20 世纪 30 年代,在国家民族危急存亡之时,教育救国成为一种社会思潮,义务教育受到空前重视。南京国民政府大幅度增列义务教育经费,颁布《实施义务教育暂行办法大纲》及其施行细则等文件,希望迅速推行短期义务教育,进而普及四年制义务教育。在南京国民政府的统一部署下,全国各省市相继筹划,迅速开展推进义务教育工作。这一时期安徽省的私塾改良,就是其推行义务教育的方式之一。按照安徽省义务教育委员会制定的《私塾改进标准》,全省私塾改良的主要内容包括塾舍、设备、课程、教学、训导等方面。政府进行私塾改良的动因不一,其中不乏提升公民意识、培养健全公民的考虑,但其根本动因仍是推行义务教育。1937 年,抗日战争全面爆发,南京国民政府的改良私塾规划被彻底打乱,安徽省私塾改良也逐渐偃旗息鼓。

晚清民国时期曹素功老字号墨业经营问题述论[*]

梁诸英

（安庆师范大学人文学院）

摘　要： 有学者提出曹素功制墨在清末以后"歇业"或"逐渐衰落"的看法，然相关史料表明，清道光以后，曹素功制墨仍为人们所熟知和称赞。晚清民国时期，面对洋货倾销、书写习惯改变、政局动乱等新问题，曹素功重视产品质量管理，坚持面向市场，注重维护品牌声誉，采用产品多样化的生产策略以增加利润。这令曹素功在清末民国仍保持正常经营，产品多次获奖，为时人所赞誉。

关键词： 墨业；曹素功；晚清；民国

　　学界对徽商的墨业经营作了多方面的深入研究。王振忠探讨了晚清徽州墨商的经营文化，并论述了晚清至民国初年一些徽墨名店的经营状况。① 曹素功墨庄，创办于明代末叶，历时近四百年，发展到现代即为上海墨厂，现

---

* 本文为安庆师范大学教学质量与教学改革工程教学团队建设项目"历史学教学团队建设项目"（2021aqnujxtd02）的阶段性成果。

① 比如王振忠《晚清婺源墨商与墨业研究》，樊树志主编《古代中国：传统与变革》，上海：复旦大学出版社，2005年；《晚清徽州墨商的经营文化——婺源商业秘籍〈墨业准绳〉抄本研究》，《复旦学报（社会科学版）》2015年第1期；《重商思潮激荡下的传统徽墨经营——关于〈有乾公号四轮承做合同新章〉的解读》，《安徽大学学报（哲学社会科学版）》2014年第4期；《从谱牒史料谈徽州墨商的几个问题——以光绪戊戌环川〈（璁公房修）詹氏支谱〉为中心》，《安徽史学》2008年第1期；《信有人间翰墨香》，《文汇报》2017年1月6日，第3版。

为中国著名老字号。① 具体到曹素功墨业经营史来说,学界对曹素功精品墨锭的制作、流传、收藏作了详细考证和介绍,还有学者对曹素功墨业历史变迁作了探讨。② 徽商研究者对徽州墨业的探究主要集中在胡开文,对曹素功墨业在民国时期的经营细节论述不多。王世华在《富甲一方的徽商》中,对胡开文墨业作了专门论述,③冯剑辉对近代徽商在墨业行业的经营主要介绍了胡开文墨业,④朱世良等人《曹素功及其后世》一文的探讨时代下限至清宣统时期,论及道光以后历史的只有三行字,⑤刘丰对清代曹素功墨店的经营方略作了总结,但对民国时期的经营仅寥寥数语。⑥

可以说,曹素功老字号在晚清民国,尤其是民国时期的墨业经营的具体形态,仍有进一步探讨的必要。本文对此作一些论述,欠妥之处,请方家斧正。

一、晚清民国时期曹素功墨业面临的经营环境

墨业发展首先受到帝国主义经济侵略的桎梏。清末民初,洋烟输入对中国墨业的发展形成很大的冲击,时人云,"至于墨法最大的一次浩劫,还不是洪杨之乱,乃是外国的洋烟输入了","墨至光绪二十年,或曰十五年,可谓遭亘古未有之浩劫。盖其时劣质之洋烟输入,取价极廉。上海胡开文首先采用,利市百倍,群起效尤。更下者杂以洋油烟子、烟煤烟子,墨法遂不可复问"。⑦ 为了应对西方制墨原料的倾销,中国墨业大多不用本烟而用洋烟,以

---

① 孔令仁、李德征主编:《中国老字号(拾)》,上海:高等教育出版社,1998 年,第 360—361 页。
② 比如,周绍良对曹素功及后人的家世与所造名墨作了详细的考证,周玄对清代道光以前曹素功及后代所造名墨作了考证。参阅周绍良《曹素功家世》,《收藏家》1998 年第 6 期;周绍良《曹素功家世(下)》,《收藏家》1999 年第 1 期;周玄《曹素功制墨考》,《安徽史学通讯》1958 年第 4 期。
③ 王世华:《富甲一方的徽商》,杭州:浙江人民出版社,1997 年,第 248—264 页。
④ 冯剑辉:《近代徽商研究》,合肥:合肥工业大学出版社,2009 年,第 94、95 页。
⑤ 朱世良等:《徽商史话》,合肥:黄山书社,1992 年,第 128—131 页。
⑥ 刘丰、冯志飞:《"曹素功墨"的清代盛名》,《中国中小企业》2008 年第 4 期。
⑦ 何裁:《关于墨》,《古今半月刊》1942 年第 12 期,第 15 页。

降低成本。可以说，洋烟的输入对中国传统墨业发展影响甚大。据 1935 年的报道："洋烟，却是东洋货，价钱比本烟要便宜得多了，一帮贪利的商人，为了减轻成本起见，大多不用本烟而用洋烟。现在那些中下等的墨，十九是洋烟做的……十几年前，我国墨店，如胡开文、曹素功等，都是靠着销东洋装，获利甚厚。"①

此外，民国时期西方对我国墨制品的倾销也打击了中国墨业的发展。福州制墨店即遭遇日本墨制品的倾销，时人对此有论述："福州所制之墨除销售本地外，其输运出口者以上下游各地及南洋各处为多，每年销额约达二十余万元。年来日本制之天然墨及墨汁等，充斥市面，致墨业颇受打击。"②

西方所制钢笔、墨水的倾销也改变了人们的书写习惯，这尤以青年学子为突出。他们以使用钢笔、铅笔等书写工具为时尚，一定程度上具有崇拜洋货的心理因素，这也是民国时期中国墨业发展的一大限制因素。20 世纪 30 年代青年人喜用钢笔作为书写工具，还与钢笔在书写方面的优势有关。钢笔在书写上远比传统的毛笔、墨砚更为方便，这样就使得作为毛笔书写原料的墨制品的销路受到很大的影响，正是所谓"外加一帮青年学子，都摒弃中国笔墨不用，改用钢笔，以致那些墨店，生涯一落千丈，目下都是靠着内地销路来苟延残喘呵"③。1933 年有如此报道："加以铅笔钢笔盛行，用墨不多，藏墨更少，精品亦难得善价。不数年间，向之安徽墨场，一变而以上海汉口为中心。"④年轻学子有喜用洋货的风气，制约了国产墨的销售，"吾国学生对于国货之墨，大抵不屑用之。乃彼外国人士，反而喜用徽墨"，少量外国人通过钻研墨业工艺，能辨别徽墨之优劣，对于真正好墨，不惜重资购买，"是以每年营业为数甚巨"。⑤

反动政权的统治以及政局混乱等因素也阻碍了墨业发展。有人认为民国时期曹素功墨业的衰退是由于国民党反动政权的统治。对于安徽歙县曹

① 剑啸：《制墨：劣货洋烟的侵销》，《社会日报》1935 年 2 月 20 日，第 1 版。
② 佚名：《福州之制墨业》，《实业杂志》1929 年第 36 号，第 1 页。
③ 剑啸：《制墨：劣货洋烟的侵销》，《社会日报》1935 年 2 月 20 日，第 1 版。
④ 凌宴池：《清墨说略》，《大公报（天津）》1933 年 11 月 29 日，第 12 版。
⑤ 客串：《徽墨杂谈》，《戏世界》1935 年 9 月 7 日，第 3 版。

素功家制墨,周玄指出:"安徽歙县曹素功家制墨,从清初起,连绵不绝,已经三百年左右。国民党时期,遭到反动统治政权的摧残,曾一度衰退。"①民国后期的战乱局面导致墨业原料来源受阻,这影响了曹素功等墨业的发展。比如,据1940年的报道:"沪市经营笔墨者,战后大多开设于公共租界河南路一带,其中较著者为胡开文、曹素功、查妙妙堂、四宝斋、周兆昌、周虎臣、毛春塘、冯燮堂等家,迩来以原料来源不畅,价格飞涨,成本加重,兹悉该业经同业公会议决,自一月十日起,门售笔墨,一律增价三成。"②

二、晚清民国时期曹素功老字号经营特点

(一)做工考究,品质优良

晚清时期,徽州墨业重视对制墨工艺的改良,《墨业准绳》收录有"汉口文成改良制墨方法"和常德制墨配方,反映了詹有乾墨号对制墨改良方法的探索,詹有乾墨号还部分采用洋烟制墨。③周绍良强调了曹素功的后代能秉持质量第一的经营理念:"他的后代,虽不能比他再踵事增华,但仍能牢守家法,不使它的质量减低下去,所以能维持家声以迄于今日。"④

洋烟质量比不上本烟,但由于具有价格和成本优势而得以大量输入,近代墨业经营者为洋烟成本低廉的因素多不用本烟。洋烟的输入以及在墨锭制作中的采用,使得清末民国时期古法制墨难以见到。关于洋烟进口对本烟生产的冲击,时人有如下详细的评述:"海上重张之曹素功,则迥非旧物,不足观已,然犹不失为能品,今尚可用。墨至光绪二十年,或曰十五年,可谓遭更[亘]古未有之浩劫。盖其时劣质之洋烟输入,取价甚廉。上海胡开文首先采用,利市百倍,群起效尤。更下者杂以洋油烟子、烟煤烟子,墨法遂不

① 周玄:《曹素功制墨考》,《安徽史学通讯》1958年第4期。
② 佚名:《沪市墨笔业近增价三成》,《艺文印刷月刊》1940年第8期,第15页。
③ 王振忠:《重商思潮激荡下的传统徽墨经营——关于〈有乾公号四轮承做合同新章〉的解读》,《安徽大学学报(哲学社会科学版)》2014年第4期。
④ 周绍良:《曹素功家世(下)》,《收藏家》1999年第1期。

可复闻。非古法之遽失,实以工料成本太巨,远不及洋烟之利厚。"①

洋烟虽然价格低廉,但品质不如本烟:"迨后洋烟进口,墨业中人,以手续简单,成本减轻,遂改用洋烟,然而制成之墨,成为劣品,远不如本烟墨之佳。"②为了保持产品品质,曹素功自设炼烟房,用桐油、麻油等动植物油料燃炼制成油烟,这样制成的本烟虽然成本高,但能制成高级书画墨。关于曹素功自制本烟的情况,有如此记载:"清同治三年,分设本市小东门内,迄今亦七十余载,所制各种墨品行销中外。近年以来,欧西墨烟侵华,本烟竟至绝迹。该号向在歙之黄山潜口设厂自行提炼","所藏名墨,琳琅满架,美不胜收"。③民国《歙县志》也载:"近自光宣以降,墨肆苟简图利,辄购国外所产之烟为之,本烟墨将绝于市。惟胡开文、曹素功犹存制烟之室,愿邑人恢此国产,以塞漏卮。"④民国时期,曹素功十三世孙曹述雍仍用古法制墨,殊为难得,1947年的文章云:"第自兵燹以后,造墨之家无力维持陈法,率多采用舶来墨灰,而选材计工,殊不考究……独尧记曹素功后嗣述雍……仿古松之制……而驰其誉。"⑤

民国时期遗存有不少造型精美的曹素功旧模,正所谓"大约结庵、近圣两肆关闭较早,赝制亦少。若曹素功则现今尚在,旧模多有存者,不必外人影造"⑥。曹素功后代在清末民国时期所造之墨也有遗存。比如,曹素功十世孙曹乃桂有四子,此四人"俱制墨,各有流传",曹乃桂的长子孙曹麐伯所造之墨有遗存者,制于光绪丁未年。周绍良认为,曹麐伯所制的墨,遗存的年代下限为民国九年。⑦

至民国时期,由于曹素功老字号注重工艺程序,产品质量精美,获得当时社会名流的高度赞誉,这从《曹素功尧千氏墨庄介绍启》可以得到充分体

---

① 凌宴池:《清墨说略》,《大公报(天津)》1933年11月29日,第12版。

② 客串:《徽墨杂谈》,《戏世界》1935年9月7日,第3版。

③ 佚名:《曹素功尧记墨庄迁移新址开幕》,《新闻报》1938年9月8日,第16版。

④ 石国柱、楼文钊修,许承尧纂:《民国歙县志》卷三《物产》,《中国地方志集成·安徽府县志辑》第51册,南京:江苏古籍出版社,1998年,第107页。

⑤ 吴题:《尧记曹素功之墨》,《益世报(上海)》1947年5月25日,第8版。

⑥ 巢章甫:《金石书画琐谭:说墨》,《银线画报》1938年第4期,第3页。

⑦ 周绍良:《清墨谈丛》,北京:紫禁城出版社,2000年,第220页。

现。《曹素功尧千氏墨庄介绍启》是在长 219 厘米、宽 45 厘米的纸上书写而成的横幅,前面是一篇 300 多字的文章,后面有 5 位名人签名联署,现藏上海笔墨博物馆内。据《曹素功尧千氏墨庄介绍启》,1934 年 5 月,王震这样描述曹素功墨业产品质量之精良:"概自洋烟入华后,墨人罔利,以赝乱真:其膏如糊、其色如煤,不可以笔。唯曹素功尧千氏所制之墨独能舐笔如流、入楮若画,宜其推重艺林,驰声寰海也。"当时联署此文的人包括郭沫若、冯玉祥、蔡元培、马相伯等社会名流。他们对曹素功墨庄在经营中能做到不为利惑,抵制以洋烟入墨,坚持以自炼油烟入墨大为赞赏,对"调胶汁杵之法,相与潜心探讨,造诣独深"十分赞同。①

据 1942 年的文章,对于在上海重新开业之曹素功,虽然"迥非旧物,不足观已,然犹不失为能品,今尚可用",这已经难能可贵。该文指出:"现在这种时代,如果有能品可用,已经可以算是福气,十分可以珍重的了。"②由此也可见曹素功墨质量之精良。

正是因为质量上乘、墨模精美,曹素功墨得到了民国时期书画名家的肯定和喜爱。比如,"近代书画大师张大千先生用墨,大都取自曹素功"③。

(二)面向市场,拓展营业地域

曹素功墨业在民国时期墨业生产中仍占重要的一席之地,营业也有拓展,甚为可观。

正是因为曹素功墨业注重经营中高档墨,质量上乘,其产品受到海外市场的欢迎。曹素功的中高档墨远销国外,多则记载说明了这一点。比如,上海的曹素功尧记"年代较久,现生意亦佳,大约专作销外洋之货"④;上海的曹素功墨店所造墨品"深为世人所重,远销日本及东南亚一带"⑤。1914 年,日

---

① 徐若海、许思豪主编:《曹素功墨锭制作技艺》,上海:上海人民出版社,2016 年,第 59—60 页。

② 何戡:《关于墨》,《古今半月刊》1942 年第 12 期,第 15 页。

③ 曹墨文:《墨苑——曹素功》,陆坚心、完颜绍元编辑《20 世纪上海文史资料文库》第 4 辑,上海:上海书店出版社,1999 年,第 265 页。

④ 俞益之:《中国墨之制造法》,《科学时报》1946 年第 4 期,第 72 页。

⑤ 朱世良等主编:《徽商史话》,合肥:黄山书社,1992 年,第 37 页。

本著名书画家富冈铁斋先生亲笔挥毫向曹素功刻版定制"铁斋翁书画宝墨"
运销日本,此后畅销不衰。①

　　当时曹素功墨店所制墨产品的销售额也颇为可观。据 1932 年出版的
《上海之小工业》,上海墨业"向系制自徽州者著称,愈陈愈佳","上海墨店
有名者,为曹素功尧记,除畅销本部外,南洋小吕宋一带,年销亦值银三四
万金云"。②

　　曹素功的墨店起初开在岩寺,此后墨业经营地域迁至苏州、上海、福建
等地,经营地域得到扩展,"乾隆年间迁苏州,咸丰十年又由苏州迁上海。后
来又分设福建,至今已经 300 年,传十多代"③。晚清民国时期,徽墨的营销
网络发达,比如,据王振忠研究,"詹彦文墨庄的商业网络遍及湖南、四川、贵
州、广东、广西、江西、湖北和河南数省,这与族谱所见大致相同"④。曹素功
老字号也是如此。民国时期曹素功墨庄注重市场营销,商业网络发达,营业
地域范围保持扩张的趋势,推动了更大地区墨业的发展。对于上海的笔墨
业,1929 年的调查指出:"该业各店俱有悠久的历史,至少数十年,多者如曹
素功已开设四百余年,詹方寰已三百八十余年。族中之同号者,几遍国中,
兼及南洋群岛及日本等处。"⑤据 1934 年出版的《广州指南》,广州永汉北路
169 号便开设有曹素功笔墨店铺。⑥ 1939 年,曹素功老字号设立了新店号。
根据调查可知,1939 年 9 月份,新设立的店号包括曹素功老记墨店,位置在

---

① 曹墨文:《墨苑——曹素功》,陆坚心、完颜绍元编辑《20 世纪上海文史资料文库》第 4 辑,第
　　265 页。
② 何躬行:《上海之小工业》,上海:上海生活书店,1932 年,第 14 页。另,《国货工厂调查录》
　　也云:"上海墨店有名者,为曹素功尧记,除畅销本埠外,南洋小吕宋一带,年销本值银三四万
　　金云。"见《专载:国货工厂调查录(三)》,《中行月刊》1932 年第 5 期,第 166 页。云麟《上海
　　国货制造业之概况(未完)》也有类似表述。[《国货半月刊(上海)》1933 年第 2 期,第
　　29 页]
③ 鲍义来:《徽州工艺》,合肥:安徽人民出版社,2005 年,第 112 页。
④ 王振忠:《从谱牒史料谈徽州墨商的几个问题——以光绪戊戌环川〈(璁公房修)詹氏支谱〉
　　为中心》,《安徽史学》2008 年第 1 期。
⑤ 佚名:《上海商业习惯调查·笔墨业·资本及组织·笔墨之制造与原料之采集》,《社会月刊
　　(上海)》1929 年第 1 卷第 7 期,第 53 页。
⑥ 广州市政府编:《广州指南》,上海:商务印书馆,1934 年,第 479 页。

上海市河南路 167 号。① 总体而言,"胡开文、曹素功店号,遍设通都大邑,都是由徽州老店分出去的。徽州墨业之盛,为任何各地所不及"②。当然,这些各地设立的曹素功店号,有些不一定和曹家有关。③ 比如福州开设于福州南大街的曹素功墨店所售产品并不是纯正的徽墨:"至市面所售者,以城内之詹斗山、曹素功二号为最老,价值亦较他号为昂。盖二号系皖人所开,所售之墨多由皖制者,实则近年以来二号亦系在福州就地制造,与从前迥不相同矣。"④

(三)注重广告宣传和品牌保护,开展多种经营

步入民国时期,随着墨业竞争的激烈,尤其是面对海外市场倾销和钢笔、墨水等现代书写材料的逐渐普及,传统墨业经营者便想方设法对其墨产品进行广告宣传,以扩大在社会上的影响。在报刊上刊登广告是常见的一种方式,曹素功墨业也是如此。上海曹素功敦记笔墨庄曾因房屋翻造而迁往他处,在 1936 年迁回原址营业时便登报广而告之。⑤ 这种广告不仅进一步扩大了老字号品牌的知名度,也带动了产品销售的繁荣:"曹素功敦记笔墨庄,于前日开幕后,因素为各界所信任,营业异常拥挤。"⑥

曹素功老字号非常注重维护品牌信誉。为应对不良墨商的假冒伪劣行径,曹素功会刊发墨票予以提醒,或创设商标,或呈请官方发告示予以保护,防止品牌冒用情况的发生。移店苏州的曹素功在墨业经营方面一向以货真价实为特征,但在晚清咸丰年间,曾有仿冒曹素功以假乱真的情况。"徽州

---

① 专心:《一年来上海各公司商号变动调查(上)》,《商业月报》1939 年第 2 期,第 8 页。

② 杨德惠编:《中国著名土产》,上海:新业书局,1949 年,第 51 页。

③ 正如郑天挺指出的:"清初康熙时(1662—1722)曹素功制墨最有名,直到清末,处处有曹素功墨。这些曹素功墨,是一个作坊出品。有的是曹氏子孙所造,有的和曹家无关;有的是用曹家的制造方法和原料,有的大不相同,目的只在牟利,所以冒名假充。乾嘉之交有汪近圣,其后又有胡开文,最初出墨很多很精,后来就不行了,冒名假造的也和曹素功墨一样。"出自郑天挺《清史探微》,北京:商务印书馆,2017 年,第 409 页。

④ 佚名:《福州之制墨业》,《实业杂志》1929 年第 36 号,第 1、2 页。

⑤ 《曹素功笔墨庄开幕》,《大公报(上海)》1936 年 11 月 8 日,第 14 版。

⑥ 《曹素功营业兴旺》,《大公报(上海)》1936 年 11 月 13 日,第 14 版。

曹素功老店,向开姑苏南濠信心巷口。历有二百余年,货真价实,天下闻名。近多射利之徒,以假冒真,致有鱼目混珠之误。是以本斋来孙尧千,向遵高尚祖法监制。"为此,曹素功墨业设立"尧记"商标作区别,"赐顾者明认尧记图章不误"。①

清末光绪年间的墨业市场也存在假冒曹素功字号的情况,上海县官方专门为此发出告示,告示包括《光绪十六年上海县正堂之告示》(光绪十六年十一月十四日)和《光绪三十三年苏松太兵备道之告示》(光绪三十三年五月初八日),这两张告示现收藏在上海笔墨博物馆。据《光绪十六年上海县正堂之告示》,上海曹素功老店的职员曹寿朋向官方呈称:"窃职在小东门内祖传开设曹素功尧千氏尧记墨店,已有数代。货真价实,远近咸知,向无短少他人银钱帐目。"其族人曹学堼、曹榕把祖遗曹素功招牌租于广东人冯姓等人,在英租界棋牌街开设"曹素功怡农氏怡记墨店",在光绪十六年九月十五日开张,曹寿朋于是向官方申请发出告示,以让顾客不可混淆。② 另据《光绪三十三年苏松太兵备道之告示》(光绪三十三年五月初八日),据曹裕炳禀称:"兵燹后,职等祖父寿朋复在治下小东门内大街开设曹素功尧记墨号,也已四十余年,嗣又在闽分设一号。此外则并无分出,所制各种名墨均刊有'尧千氏'三字为记。"但族人曹学堼、曹榕在英租界棋牌街开设曹素功怡记墨号,并且最近有冒充尧千氏牌号产品欺骗客商的情况,官方于是根据请求发出告示:"为此示,仰商贾人等一体知悉,自示之后,毋许将曹素功尧千氏墨号名目混冒渔利,如敢故违,许即指名禀究。"③

清代制墨业具有多种经营的特征。他们的墨肆,大都发展成制墨和销售墨、笔、纸等其他文具的"工商联合体"。④ 墨号的个案考察也显示了清代墨业多种经营的特征,比如据王振忠的研究,"詹有乾墨号除了推销自产徽墨之外,还兼营湖笔、湘笔、歙砚和一般砚台、宣纸、国画颜料、八宝印泥,以及

① 此段墨票见于日本人松平齐民(1814—1891)的《艺海余波》第 17 集,转引自王振忠《信有人间翰墨香》,《文汇报》2017 年 1 月 6 日,第 3 版。
② 徐若海、许思豪主编:《曹素功墨锭制作技艺》,第 61—62 页。
③ 徐若海、许思豪主编:《曹素功墨锭制作技艺》,第 61—62 页。
④ 刘绍刚:《中国古代文房四宝》,济南:山东教育出版社,1990 年,第 46 页。

其他特种商品"①。晚清时期，曹素功墨业经营的产品种类也呈现多样化的特征。据周绍良曾见之墨票，上海小东门内之曹素功老店的经营产品种类呈现多样化的特征："咸丰十年（1860），匪扰苏省，今迁立上海小东门内察院西首，第三家双间朝南门面开张，以辨假而崇真。所有贡品：徽墨、歙砚、湖笔、朱锭，按度罗经、朱砂印色，发兑客商。赐顾者明认尧记图章不误。"②曹端友在上海经营曹素功老店时，因为无力恢复制墨生产，刚开始是与一位查姓的人合作生产，积累了一定资金后才与查氏分开，从事中高档墨的生产，同时也注意到多种经营："端友因从事化工原料经营多年，积累了经营该业的经验，当时化工原料是一个发展快、获利多的新兴行业，故在经营墨业之外，他又投资开设了香粉原料行，自己精心操持，还组织家属参加包装、搬运等辅助工作，没多久竟获利万元。"③

　　民国时期，曹素功墨店继承了多样化经营的传统。面对洋墨、洋烟的竞争，采取了丰富商品种类作为增加利润、维持老店发展的应对措施，显示了其市场意识的强烈以及经营方式的灵活性。比如，民国早期，曹素功经营的产品包括药墨。1926年的报道云："现今制墨之老店，无过于胡开文与曹素功两家，创设均二三百年。"这两家老店除了制造普通写字之墨外，还有"八宝五胆业墨"，可治疗系列病症。④ 除了经营传统的较高品质的墨锭、药墨以外，民国时期曹素功墨业还经营笔类、纸张等，以通过多种经营的形式增加利润，这是根据市场变化作出的及时调整。比如在1936年的上海，"曹素功敦记笔墨庄，开设有年，自制油烟徽墨、八宝五胆药墨，并拣选湖水名笔、湖南毛笔，发售纸张、簿册、信纸、信封、墨汁、墨盒、砚池、罗经印泥、法帖、中西文具等，品精价廉"⑤。1940年《中央日报》曾登出《大批文具到了》，就包括

① 王振忠：《晚清徽州墨商的经营文化——婺源商业秘籍〈墨业准绳〉抄本研究》，《复旦学报（社会科学版）》2015年第1期。
② 周绍良：《蓄墨小言》，北京：燕山出版社，1998年，第330页。另，据王振忠《信有人间翰墨香》，此段墨票亦见于日本人松平齐民的《艺海余波》第17集。
③ 戈叔初著、戈亚红整理：《曹素功墨模艺术》，上海：上海书店出版社，2016年，第19页。
④ 吴承洛：《中国墨锭之制法》，《中华化学工业会会志》1926年第2期，第129—130页。
⑤ 《曹素功笔墨庄开幕》，《大公报（上海）》1936年11月8日，第14版。

"曹素功毛笔",可见曹素功经营毛笔在当时已经有些名气了。①

三、晚清民国时期曹素功墨业经营的时代印象

曹素功的墨品在清代,尤其是道光以前,无疑享誉国内,正所谓"近百余年,则曹素功之孙定远,亦制太平清玩,屡充贡品,赐赉馈遗,名倾海内"②。需要指出的是,在清末民国时期,由于采取了上述经营策略,曹素功墨业不仅没有歇业,反而为人们广为知晓,所受赞誉颇多。

清末民初,徽州本地的曹素功墨业远近闻名。据宣统元年调查的《歙县民情之习惯》,歙县制造之品类的情况是:"歙无大工厂,惟曹素功、胡开文之墨驰名中外。"③

民国时期,上海墨业经营店铺中,曹素功仍为最主要的牌号之一。民国初年的书籍对上海曹素功的墨产品赞誉有加。比如 1918 年纂修的《上海县续志》载:"墨。松烟、油烟均以曹素功号为佳,肆设宝带门内大街。"④在 20世纪一二十年代提倡国货的思潮中,人们对中国的国货进行了比较系统的调查,曹素功墨多被收录进当时的《国货调查录》中。据检阅,1917 年的《国货调查录》收录有位于上海广福寺东的"曹素功笔墨庄"的徽墨;⑤1919 年出版的《老上海》(中册)介绍了大上海的著名店铺,提及曹素功之墨"有名于时";⑥1921 年的《国货调查录》也收录有位于上海广福寺东的"曹素功笔墨庄"的徽墨。⑦ 曹素功墨常常与胡开文墨并列被人们视为墨业名品,誉满神州。1930 年,人们指出:"至于墨,除了普通都知道的胡开文、曹素功等制品

---

① 佚名:《大批文具到了》,《中央日报(昆明)》1940 年 1 月 22 日,第 1 版。

② 黄质:《滨虹羼抹:叙脂墨》,《国粹学报》1908 年第 5 期,第 97—104 页。

③ 刘汝骥:《陶甓公牍》卷一二,官箴书集成编纂委员会编《官箴书集成》第 10 册,合肥:黄山书社,1997 年,第 580 页。

④ 吴馨等修、姚文枬等纂:《上海县续志》卷八《物产》,《中国方志丛书》华中地方第 14 号,台北:成文出版社有限公司,1970 年,第 611 页。

⑤ 佚名:《国货调查录:棉纱、棉织、布匹》,《国货调查录》1917 年第 4 期,第 79 页。

⑥ 陈荣广、伯熙:《老上海》中册,上海:泰东图书局,1919 年,第 57 页。

⑦ 佚名:《国货调查录:棉纱、布匹、毛巾》,《国货调查录》1921 年第 5 期,第 113 页。

以外,较古的还有程君房、方于鲁二家,他们的墨,都是翰墨名流所珍宝的。"①

抗战时期,曹素功的品牌也为人们所熟知。1940年对全国各大工厂的调查就包括"曹素功尧记笔墨庄"。②另如,1943年有文章提到:"清中叶始尚曹素功,而休宁胡开文则自洪杨乱后始显。现在胡开文字号遍全国,前此诸名家除曹素功外都悉数湮没了。曹素功老店在徽州乡镇,而歙、屯两地则以胡开文店号最多。"③可见,民国时期,曹素功墨业的品牌知名度仍然很高,可以说是闻名遐迩。据《旧上海的徽商》一文指出,徽州之"文房四宝",始终独占市场,为他方所不及,尤以徽墨为最:"沪上有名老店,均以名匠为招牌,如曹素功、胡开文、查二妙堂、詹大有等,开设在河南路及城内四牌楼一带。"④

在除上海以外的其他经营地点,介绍代表性制墨店铺的时候,也常会把曹素功老字号列于其内。比如据1922年调查,福州制墨店计有9家,其中就包括位于南大街的曹素功。⑤

正是凭借着在产品质量方面讲求精益求精,曹素功所产精品墨品质优良,为时人所看重。民国时期曹素功墨多次获奖,为人称道。1914年,曹素功墨携西湖四十五景、百寿图、大好山水等产品参加日本东京博览会,赢得日本各界的高度赞赏,获得博览会金质奖章和奖状;1926年曹素功墨参加美国费城万国博览会,获得博览会的奖状。⑥另如,据1922年的《上海总商会商品陈列所报告书》,在农林园艺部的优等奖行列中,上海"曹素功"出品的"徽墨"位列其中。⑦曹素功所制墨品多次获得奖项,进一步提升了曹素功墨

① 王历农:《中国的文具谈》,《学生杂志》1930年第2期,第89页。
② 许晚成编:《战后上海暨全国各大工厂调查录》,1940年,第483页。
③ 讷言:《詹詹杂钞:徽墨》,《万象》1943年第6期,第106页。
④ 朱世良等主编:《徽商史话》,第37页。
⑤ 佚名:《福州之制墨业》,《实业杂志》1929年第36号,第1页。
⑥ 曹墨文:《墨苑——曹素功》,陆坚心、完颜绍元编辑《20世纪上海文史资料文库》第4辑,第265页。
⑦ 佚名:《上海总商会商品陈列所报告书》第七编《得奖等第·优等奖:农林园艺部》,1922年,第30页。

业的知名度。

　　民国时期，人们视曹素功老字号所产墨品为精品，多有社会名流向其定制墨品的情况。1933 年的一篇文章记录的收藏界所收藏的精品墨中就包括曹素功的系列墨，并作了介绍。① 另据老职工回忆，民国时期，国民党元老于右任也曾向曹家定制"鸳鸯七志斋"墨；爱国将领冯玉祥将军，每次到上海，大都要到曹氏墨庄选购一些文房四宝，并亲笔题赠"艺林至宝"赞语。②

余　论

　　学界对清代道光以后曹素功墨业的发展存在逐渐衰落甚至于"歇业"的评价。比如，李雪梅等在《文房四宝史话》中提到，清代制墨业发展的重要代表是四大名家，即曹素功、汪近圣、汪节庵、胡开文，他们认为曹素功、汪近圣、汪节庵等三家在清道光以前达到鼎盛，道光末年以后，这四家只有胡开文"一花独放"。③ 穆孝天等在论述清末至解放前夕的徽墨的时候，注意到此时期胡开文墨业一帆风顺的发展情况十分令人鼓舞，但同时指出："那从康熙创建，雍乾两代发展起来的曹素功、汪近圣分别歇业了。"④穆孝天在论述"清代前期徽墨的兴旺"这一节时，注意到清代曹素功、汪近圣、汪节庵、胡开文先后崛起，形成了当时大名鼎鼎的四大家，但认为"到了道光末年，整个制墨业处于低潮，前三家逐渐衰落，原来难展身手的胡开文，这时却逢'中兴'"⑤。

　　如果是针对徽州本地的曹素功墨业来说，曹素功墨业无疑是逐渐衰落了。道光以前的时期是曹素功墨在徽州本地发展史的黄金时期。同时我们

① 佚名：《蟏斋藏墨记（续）》，《湖社月刊》1933 年第 62 期，第 12 页。
② 刘丰、冯志飞：《"曹素功墨"的清代盛名》，《中国中小企业》2008 年第 4 期。
③ 李雪梅、安久亮：《文房四宝史话》，北京：中国大百科全书出版社，2000 年，第 53 页。
④ 穆孝天、李明回：《中国安徽文房四宝》，合肥：安徽科学技术出版社，1983 年，第 92 页。该书第 91 页指出："但到了一八五三年以后，由于清王朝残酷镇压太平天国的革命运动，同样严重地破坏了徽州地区经济等形势的发展，曹素功、汪近圣、汪节庵三家的处境更为艰难，而胡家墨业也同样不可避免地遭到惨重打击。而胡开文一家却因子弟众多，四处分散经营，彼此相互照应，才得以独呈繁荣的景象。"
⑤ 穆孝天、李明回：《中国安徽文房四宝》，第 81 页。

也要看到,晚清时期,曹氏墨店先是由徽州迁移至苏州,后又移至上海。咸丰十年(1860)由苏州迁移至上海以后,歙县、苏州两店渐渐衰落,但迁到上海的曹素功老字号则繁荣起来,甚至名扬海内。本文的讨论也说明了这一点。可以说,通过探讨晚清民国时期曹素功墨业的经营状况,有助于我们更全面地对曹素功墨业历史变迁进行评价。

　　为什么会出现道光以后曹素功墨业逐渐衰落这一看法? 有所论对象是徽州本地的曹素功老店的缘故,或者考虑到晚清民国时期墨业总体上受到现代钢笔等书写工具大力冲击而呈现衰落的大的趋势。这种胡开文兴盛、曹素功衰落的说法其实在清末就存在,后人观点是不是受此影响,不得而知。

　　清末的一些文献在论及墨业发展的时候,曾对胡开文中兴、曹素功衰落这一说法有所表述。比如道光咸丰年间人何绍基言:"胡开文,名正,绩溪人,孝友乐善,先是歙人曹素功造墨名一时,曹业替而胡代兴,所制苍佩室墨充贡品。"①晚清时期,徐康在《前尘梦影录》中云:"休宁汪近圣,继曹素功而起,嘉庆、道光间甚著名,选料极有佳者。劫后惟胡开文盛行,微嫌用胶过重。"②清末民初文学家震钧言:"墨。旧贵曹素功、汪近圣,近止有胡开文一家,其余胡竹溪、詹大有不足望其项背也。"③

　　当然,清末时期认为曹素功衰落是针对道光以前曹素功的辉煌经营来说的,且主要是讲徽州本土的曹素功墨业,这没有问题。延续至民国时期,由于书写习惯的改变及洋货的冲击,中国墨业发展总的趋势确实不比以往经营兴盛(实际上,传统的笔、墨、纸、砚行业都不同程度存在这种情况)。但在这种总体趋势之下,也要看到曹素功、胡开文等墨业老字号在近代时代背景下所做出的经营业绩以及当时所受的广泛赞誉。如果笼统地认为晚清民国时期胡开文兴盛、曹素功衰落,似乎是不准确的。其实,即使晚清时期的人,也有肯定曹素功墨业发展的言论,比如同治年间歙县人黄崇惺认为,曹

① 光绪《重修安徽通志》卷二六二《方技》,台北:京华书局,1967年,第2958页。
② 徐康撰、孙迎春校点:《前尘梦影录》卷上,杭州:中国美术学院出版社,1999年,第52—53页。
③ 震钧:《天咫偶闻》卷七《外城西》,北京:北京古籍出版社,1982年,第173页。

素功墨业不应该被忽视："载善制墨之人极为寥寥，如罗小华、程君房、于鲁及近代汪节庵、曹素功之流皆缺而不列，岂以其艺不足传耶？ 抑其人不屑以艺传而遂谈之耶？"①另如，同治年间进士余鉴言："独素功后端友，检灾梨之余，仿古松之制，申江居肆，歙浦遗传，仍恢其业而驰其誉。"②本文还原曹素功老字号在晚清民国时期，尤其是民国时期墨业经营的一些历史细节及时代记忆，希能对我们全面认识和评价曹素功等墨业老字号经营历史有些帮助。

---

① 黄崇惺：《徽州府志辩证》之《方技》，《中国地方志集成·安徽府县志辑》第 50 册，南京：江苏古籍出版社，1998 年，第 578 页。
② 周绍良：《曹素功家世（下）》，《收藏家》1999 年第 1 期。

近代徽商衰落及身份界定问题再审视

——兼论近代徽商研究的出路*

梁仁志

（安徽师范大学历史学院）

摘　要：近代以后，徽商兴起与发展的内外动因依然存在，徽商数量仍然十分庞大，故本文认为近代徽商彻底衰落甚至"几乎完全退出商业舞台"的观点应予以修正。在研究近代徽商时，一是必须将寄籍他乡但仍对徽州保持较强认同感并有密切联系的徽州商人视为徽商；二是必须注意到近代徽商依然"商成帮"的史实；三是必须正视近代徽商总体实力及其在中国商界的地位相较明清徽商确实已有较大幅度下降的客观事实。近代徽商研究的不足，既有学界重视不够的主观因素，也有近代徽商资料缺乏的客观因素。随着近代徽商资料的不断丰富，新的研究理论与方法的不断运用，特别是新的重要问题的提出，以及学界的日益重视，可以预期，近代徽商研究必将快速发展，也必将推动徽商研究的再出发。

关键词：近代徽商；徽商衰落；徽帮；籍贯

　　如果从傅衣凌 1945 年发表《明代徽商考》一文算起，徽商研究已经走过了近 80 年的历史，经过几代学者的不懈努力，业已取得丰硕成果。[①] 但毋庸

---

* 本文曾发表于《安徽师范大学学报（人文社会科学版）》2020 年第 6 期。本文为国家社会科学基金项目"近代徽州乡村社会转型研究"（18BZS142）的阶段性成果。

① 综述性文章可参见卞利《20 世纪徽学研究回顾》，《徽学》第 2 卷，合肥：安徽大学出版社，2002 年，第 411—446 页；王世华《徽商研究：回眸与前瞻》，《安徽师范大学学报（人文社会科学版）》2004 年第 6 期，第 631—643 页。

讳言,当下的徽商研究仍然存在一定的问题,主要表现在两个方面:一是既有成果主要讨论明清徽商,对近代徽商关注甚少;二是出现了"徽学热,徽商冷"的现象,即正当徽商研究亟待深入,一些老的论题尚待继续深入甚至反思,一些新的论题尚待开拓之时,研究热潮却已退去,研究队伍日渐萎缩,这与徽学研究较为活跃的总体发展态势形成了对比。张海鹏曾指出,徽学的研究课题"往往又与徽商有密切的关系,在某种意义上说,徽商是其酵母"①,深刻揭示了徽商研究在徽学中的基础性地位。因此,"徽学热,徽商冷"现象的出现,对于推进徽学研究是不利的。要想推动徽学研究的健康发展,进一步深化徽商研究实有必要。有鉴于此,本文拟对近代徽商衰落及身份界定等问题进行重新审视,并讨论近代徽商研究的出路问题,期望以近代徽商研究为突破口,推动徽商研究再出发。

一、近代徽商彻底衰落了吗?

学界主流观点认为,近代以后,徽商就彻底衰落了。有学者指出:"道光以后,徽州茶商的盛而复衰,则表明徽州商帮的彻底衰落。"②一些学者甚至认为,近代以后,徽商"几乎完全退出商业舞台"③。可揆诸事实,显然并非如此,这可以从以下两方面来进行分析。

一是近代以后徽商兴起与发展的自然条件和地域社会文化背景并未发生根本性改变,却为何断言近代徽商"彻底"衰落或"几乎完全退出商业舞台"? 王廷元将徽商兴起的自然条件与社会文化背景归纳为"山多地瘠,耕地不足""物产丰富,可供交换""地近经济发达的富饶之区""文化的发达""经商的传统""国内商业的发达,市场的扩大"等六个方面。④ 这也是徽学研究者的基本共识。关于第一点,王廷元解释说:"徽州是个山多地瘠,粮食

---

① 张海鹏、王廷元主编:《明清徽商资料选编》,合肥:黄山书社,1985 年,第 2 页。
② 张海鹏、王廷元主编:《徽商研究》,合肥:安徽人民出版社,1995 年,第 609 页。
③ 李则纲:《徽商述略》,《江淮论坛》1982 年第 1 期,第 14—18 页;高寿仙:《徽州文化》,沈阳:辽宁教育出版社,1998 年,第 79 页。
④ 王廷元、王世华:《徽商》,"徽州文化全书",合肥:安徽人民出版社,第 2—18 页。

不足自给的地区,这种自然条件迫使徽人不得不外出经商谋生。"①然而,近代以后,徽州"山多地瘠,粮食不足自给"的状况并未改观。光绪二十九年(1903),旅居九江的徽商自述:"我新安六邑田少山多,经商者十居七八,而浔阳一隅,熙来攘往服贾者数约百千。"②1917年,绩溪人程宗潮调查指出:"我绩处万山中,农产不丰,人民类皆奔走他乡以谋衣食。"③1918年,婺源人江学沂调查发现,婺源东乡龙尾村"米为最主要之食料……本地之粮,不过资本地三月余之食,余多由江西万年、乐平诸县输入,以补缺乏"④。同年,婺源人朗仁寿调查后也指出:"吾乡物产以茶叶、木材为大宗,石灰次之,此外若米若麦及一切杂粮,所产尚不足以自给,多由江西输入之。"⑤1930年,安徽省民政厅组织人员对省内各县县情进行了一次调查,结果表明,徽属各县本地粮食不足食的情况仍然十分突出,黟县"所产米麦杂粮仅敷全县四月民食,其每年不敷之粮食由祁运江西之米救济"⑥,婺源"谷麦等仅足供婺源人民四个月之粮食"⑦,其他四县情况皆如此。1935年,安徽省民政厅再次调查后同样发现,绩溪"本县米粮,不敷自给,多仰于旌德,年入约值三四十万元",歙县"至食粮一项,所产不足自给,尚仰给于邻村,每年输入额约四五十万元"。⑧

关于第二和第三点,王廷元分别解释道:"徽州地区特产丰富,可供交换,为徽人经商提供了便利条件。""徽州地近经济发达的富饶地区,便于徽州人从事商业活动。"⑨这两点在进入近代以后显然也无多大改变,且近代以后,中国的经济和商业中心转移至距离徽州更近、交通更加便捷的上海,对

---

① 王廷元、王世华:《徽商》,第2页。

② 《九江新安笃谊堂征信录》,清光绪三十二年(1906)刻本。

③ 程宗潮:《绩溪全境乡土物产调查报告》,《安徽省立第二师范学校杂志》1917年第4期。

④ 江学沂:《婺源东乡龙尾村民生状况调查报告书》,《安徽省立第二师范学校杂志》1918年第5期,第12—20页。

⑤ 朗仁寿:《婺源北乡乡土物产之调查》,《安徽省立第二师范学校杂志》1918年第5期,第24—27页。

⑥ 安徽省民政厅:《安徽省黟县农业状况调查表》,《安徽民政月刊》1930年第18、19期,第35—36页。

⑦ 安徽省民政厅:《安徽省婺源县农业状况调查表》,《安徽民政月刊》1930年第20期,第36—37页。

⑧ 安徽省民政厅:《安徽省芜屯公路沿线经济概况》,《安徽政务月刊》1935年第6期,第58—61页。

⑨ 王廷元、王世华:《徽商》,第5、8页。

徽商而言反而更为有利。

关于第四点，王廷元解释为："徽州地区文化的发达，对于徽商的兴起起着明显的促进作用。"①而近代徽州文化依然较为发达，这点可以从民国时期徽州人的识字率中略窥一斑。（表1）表1是安徽省民政厅1935年所作的统计。原表包含了当时安徽所属各县，表1仅列举了徽属六县及当时的省会驻地怀宁和省内经济相对发达的芜湖、合肥，这三地同时也是徽属六县之外识字率最高的地方。1935年已是近代晚期，但徽属六县的识字率仍然遥遥领先于皖属其他各县，且比省会驻地怀宁和号称"小上海"的皖南经济中心芜湖还高，徽州地区文化的发达可见一斑。

关于第五点，王廷元这样解释："徽人有着悠久的经商传统。他们在实践中积累了丰富的商业经验，这为明清时代徽商的腾飞打下了良好的基础。"②毫无疑问，相较于明清徽商，对近代徽商而言，经商传统自然更悠久，经验更丰富。

关于第六点，王廷元的解释是："明清时期商品经济的发展为徽商的兴起提供了极好的外部条件。"③近代以后，尽管中国遭遇"数千年未有之大变局"，但商品经济持续发展的总体趋势并未发生大的改变。

二是近代以后徽州人的经商风气依然很盛，从商比例依然很高，又如何断定近代徽商"彻底"衰落或"几乎完全退出商业舞台"？光绪五年，祁门县十一都一图七甲一牌共有9户人家，其中竟然有8户"以贸易为业"。④据1917年绩溪人程宗潮对绩溪和祁门的调查，绩溪十一都"人颇富勤劳冒险之性，加之本地困贫，故千里之外皆有乡人经商之足迹……四民之中，商五，农三，工、士各一"⑤，十四都"地狭人稠，居民多营商业"⑥；祁门西、南两乡商人

① 王廷元、王世华：《徽商》，第11页。
② 王廷元、王世华：《徽商》，第13页。
③ 王廷元、王世华：《徽商》，第15页。
④ 王钰欣、周绍泉主编：《徽州千年契约文书（清·民国编）》第3卷，石家庄：花山文艺出版社，1993年，第102—103页。
⑤ 程宗潮：《绩溪十一都乡土社会状况之一览》，《安徽省立第二师范学校杂志》1917年第4期，第15—16页。
⑥ 程本魁：《绩溪十四都乡土地理调查报告》，《安徽省立第二师范学校杂志》1917年第4期，第10页。

表 1　安徽全省各县识字与不识字人数统计表

县名	总　数			识字人数			不识字人数			识字率
	总计	男	女	总计	男	女	总计	男	女	
休宁	175 161	19 059	79 102	46 728	42 690	4 038	128 433	53 369	75 069	27%
婺源	180 919	101 762	79 157	40 807	39 565	1 242	140 112	62 197	77 915	23%
祁门	92 001	49 685	42 316	38 178	25 849	12 329	53 823	23 836	79 467	41%
歙县	888 324	153 625	134 899	65 639	64 295	1 344	222 885	89 330	133 555	23%
黟县	61 842	34 059	30 783	22 370	20 596	1 774	39 472	10 463	29 009	36%
绩溪	92 175	50 063	42 112	23 184	22 177	1 007	68 997	27 886	41 100	25%
怀宁	653 281	348 067	305 214	142 452	127 512	14 920	510 899	290 557	290 294	22%
合肥	1 274 352	736 150	558 202	91 301	79 091	12 260	1 183 051	667 100	325 992	7%
芜湖	349 117	198 550	165 558	53 803	50 012	3 789	290 314	148 545	147 589	16%
备注	全省平均识字率为 10%									

资料来源：安徽省政府秘书处公报室《安徽全省各县识字与不识字人数统计表》，《安徽政务月刊》1935 年第 3 期，第 240 页。

"占十分之三……东、北、城三区则农民仅占十分之四,商居十分之四,士、工仅占十分之二"①。据 1929 年绩溪人曹诚英对绩溪旺川的调查,当地"商人约占居民二分之一"②。20 世纪 30 年代,"黟县人民在外经商者十分之六七"③,婺源也是"营商业于异地者颇多"④。1928 年 6 月间,皖省政府举行了户口调查,"方法完密,办理认真,数字之可靠,迥非昔日草率从事者可比"⑤。1930 年,铁道部财务司调查科依据这次调查数据对京粤线安徽段七县人口职业分布情况进行了统计。(表 2)

表 2　1928 年京粤线安徽段 7 县人口职业分布情况(%)

县别	和县	郎溪	南陵	宁国	绩溪	歙县	休宁
农民	78	86	70	70	40	40	44
工人	2	2	5	5	5	5	2
商人	12	11	20	20	40	50	50
其他	8	1	5	5	15	5	4

资料来源:铁道部财务司调查科《京粤线安徽段经济调查总报告书》,1930 年,第 38—39 页。

从表中可见,徽属绩溪、歙县、休宁 3 县人口的从商比例远超和县、郎溪、南陵、宁国 4 县。⑥ 徽州人的经商风气一直延续到中华人民共和国成立初期。据中共皖南区党委农委会在 1950 年所作的调查,当时"绩溪县余川村 200 户中,在家人口为 631 人,而出外经商的为 210 人;黟县南屏村 975 个居

① 李家骈:《祁门全境乡土地理调查报告》,《安徽省立第二师范学校杂志》1917 年第 4 期,第 6 页。

② 曹诚英:《安徽绩溪旺川农村概况》,《农学杂志》1929 年第 5、6 期。

③ 安徽省民政厅:《安徽省黟县工业状况调查表》,《安徽民政月刊》1930 年第 18、19 期,第 37 页。

④ 李洁非:《婺源风土志》,《学风》第 3 卷第 9 期,1933 年。

⑤ 铁道部财务司调查科:《京粤线安徽段经济调查总报告书》,南京:铁道部财务司调查科,1930 年,第 25 页。

⑥ 原表数据统计有误,在引用时依据其他数据作了修订,但不影响比较结果。

民中,其中外出经商的有 193 人"①。

由上可知,近代徽州人的经商风气依然很盛,从商比例依然很高。这种情况也导致了近代徽属各县外出人口数量及比例的增高。1930 年,铁道部财务司调查科还依据 1928 年 6 月间皖省政府户口调查数据,对京粤线安徽段 13 县他往人口情况进行了统计(表3),并分析指出:"本地段他往人口,最多者首推歙县,次休宁、绩溪、芜湖、繁昌、和县、南陵、宁国、宣城、郎溪、泾县、旌德,最少为当涂。他往人口百分比最高者,首推绩溪,次歙县,又次为休宁、繁昌、宁国、芜湖、和县、南陵、旌德、郎溪、泾县、宣城,当涂最低。查绩溪、歙县、休宁他往人口特多之故,不外三点:1. 地据丛山,食不足以自给;2. 山中多瘴气,男子易犯臌胀病;3. 经商日久,惯住外乡。"②

表3　1928 年京粤线安徽段 13 县现住与他往人口比例表(%)

县别	当涂	和县	芜湖	宣城	繁昌	郎溪	宁国	南陵	绩溪	泾县	旌德	歙县	休宁
现住	99.9	98.0	97.5	99.5	96.7	99.0	97.4	98.3	85.0	99.4	98.5	89.5	92.0
他往	0.1	2.0	2.5	0.5	3.3	1.0	2.6	1.7	15.0	0.6	1.5	10.5	8.0

资料来源:铁道部财务司调查科《京粤线安徽段经济调查总报告书》,第35—36 页。

由于近代徽州男子仍然多外出经商,徽州妇女无法应付一些较为繁重的农业生产劳动,不得不借助外来劳动力,导致客籍男子来徽州者颇多。如 20 世纪 30 年代的黟县,"农民以妇女占三分之二,男子以客籍为多"③;40 年代的祁门,"据当地多数人谈话,俱强调今日女多于男……居民中客籍甚多,当地土著仅占十之五六"④。男子长年在外经商不归,只留徽商妇空守家园,

---

① 中共皖南区党委农委会:《皖南区农村土地情况》,华东军政委员会土地改革委员会编《安徽省农村调查》,上海:华东军校委员会土地改革委员会,1952 年,第 3 页。
② 铁道部财务司调查科:《京粤线安徽段经济调查总报告书》,第36 页。
③ 安徽省民政厅:《安徽省黟县农业状况调查表》,《安徽民政月刊》1930 年第 18、19 期,第 35—36 页。
④ 洪素野:《世界著名红茶产地:祁门的山水人物——皖南纪行之一》,《旅行便览》1943 年第 5 期,第 12—17 页。

甚至还给近代徽州的社会风化造成了压力。1943 年，任职于安徽省府的洪素野赴皖南考察，在考察歙县后指出：

> 闻徽州男人长年经商客地，加之以前交通阻塞不易回乡，"商人重利轻离别"，妇人自难免闺怨之苦，故此间俗谚有"笑穷不笑娼"之语，亦强自掩饰耳。此种风气大概自古已然，我看到县志"名宦"一部中，说到宋朝李植的，有这样的一段："植，高宗时知徽州。徽俗尚淫祠，植首以息邪说正人心为事。"可见当时所谓人心已不很正派了。再观"首以"二字，更知此风之盛，又在"烈女"部分中，对于夫亡守节事大书特书，似以此为奇迹，若北方一带直视如常也。据县志说："自清初至道光间，歙县计得烈女七千余人。"其他徽属五县则尚不及此数。①

综上，一方面，近代以后徽商兴起与发展的自然条件和地域社会文化背景并未发生根本性改变，也即近代徽商兴起和发展的内外动因依然存在，既如此，则无论近代社会多么纷扰，商场多么残酷，大量徽州人必然会继续在商场上打拼。相较于明清徽商"执商界之牛耳"的辉煌和以宁波商帮等为代表的近代其他商帮的迅速崛起，说近代徽商衰落当无疑议，但说他们"彻底"衰落甚至"几乎完全退出商业舞台"，就不符合基本的逻辑和常识了。另一方面，近代以后，徽州人的经商风气依然很盛，从商比例依然很高，也即近代徽商的数量依然相当庞大，这恰恰证明了前面的推断。既如此，则近代以后徽商"彻底"衰落甚至"几乎完全退出商业舞台"的观点，显然是站不住脚的。故而，将徽商研究时段主要集中在明清而忽视近代，既不符合客观历史事实，也不可能真正揭示徽商兴起、发展、繁盛、衰落的整体脉络。因此，加强近代徽商研究十分必要。

二、近代徽商身份如何界定？

何为"徽商"？王廷元认为："所谓徽商，是指明清时期徽州府籍的商帮

---

① 洪素野：《一片孤城万仞山：徽州景物——皖南纪行之二》，《旅行便览》1943 年第 7 期，第 1—10 页。

集团。"①张海鹏指出:"商帮,是以地域为中心,以血缘、乡谊为纽带,以'相亲相助'为宗旨,以会馆、公所为其在异乡的联络、计议之所的一种既'亲密'而又松散的自发形成的商人群体。商帮的出现,标志着我国封建商品经济发展到了最后阶段。"②1995年,"对驰骋明清商业舞台数百年的徽州商帮进行了迄今为止最全面的研究"③的《徽商研究》一书出版。王廷元在该书中进一步明确提出:"徽商应该是指以乡族关系为纽带所结成的徽州商人群体,而不是泛指个别的零散的徽州籍商人。徽商应与晋商、陕商、闽商一样,是一个商帮的称号。"④1996年,张海鹏继续强调:

> 我们必须把"徽商"和零散的徽州商人区别开来。应当明确,徽商衰落了,不等于徽州商人消亡了。早在明代,"徽""商"二字在文献上就连在一起使用,表明"徽商"是一个商人群体,也即是一个商帮的名称……我们研究明清时期的徽商,实际是研究徽州商帮而非零散的徽州商人,"徽商"二字相连是有特定涵义的。我们搞清楚"徽商"这一专用名词之后,自然也就清楚了"徽商的衰落"是指这个商帮的衰落,或者说这个商帮主体的衰落,并非说徽州商人都衰落了……同时,我又觉得徽商研究不能只终于道(光)、咸(丰),还可以向下延伸,只是对后来徽州商人的研究,不是属于商帮史的范畴,而是中国商业史的范畴了。⑤

正是循着这样的思路,《徽商研究》一书将"徽人从商风习的形成""徽人结伙经商的现象已很普遍""'徽''商'(或'徽''贾')二字已经相联成词,成为表达一个特定概念的名词而被时人广泛应用""作为徽商骨干力量的徽州盐商已在两淮盐业中取得优势地位"等作为徽商群体形成的四个标

---

① 张海鹏、张海瀛主编:《中国十大商帮》,合肥:黄山书社,1993年,第440页。
② 张海鹏、张海瀛主编:《中国十大商帮》,第2—3页。
③ 卞利:《20世纪徽学研究回顾》,《徽学》第2卷,第432页。
④ 张海鹏、王廷元主编:《徽商研究》,第1页。
⑤ 黄山市政协文史资料委员会:《徽商系列丛书——近代商人》,合肥:黄山书社,1996年,第2—3页。

志。① 以上观点在学术界,特别是徽学界产生了广泛影响,甚至可以说在较大程度上左右了后来徽商研究的理路。

张海鹏、王廷元的观点颇具启发性和指导意义。但与此同时,我们也应看到,他们所定义的"徽商"主要是指传统时代,特别是明清时期的徽商。近代以降,中国的社会性质由封建社会转变为半殖民地半封建社会,徽商商业经营和生存的社会环境已经发生了深刻变化。在这种状况下,徽商群体无论是内在的思想观念,还是外在的商业组织形式和生存方式,都必然会随之发生深刻变化。因此,我们对近代徽商身份的界定也应与时俱进,进行新的思考。

首先是近代徽商的籍贯问题。封建社会人们的籍贯观念颇为强烈,尽管明代就已经出现了商人在经商之地侨寓定居的趋势,徽商自不例外,②但明清时期绝大多数徽商仍然坚守徽州籍贯,甚至有在外侨寓上百年甚至数百年依旧保持徽州原籍的徽商家族。如歙县周邦头周氏家族,据民国时期周氏后裔周弼忠回忆:"自嗣晨公始迁于芜也,由一世、二世以至我高曾祖考更七世矣。而我祖茂洋公,以道光戊子举人联捷成进士,供职农部,犹徽籍也。入芜湖籍者,自我先伯镇裕公始,至我仅两世耳。"③近代以后,社会动荡,归途难安,加之受到新式思想影响,引起人们籍贯观念的松动,为方便商业经营与生活,在经商之地寄籍或占籍的徽商人数不断增加,蔚成风气,甚至超过了仍然固守原籍的徽商人数。因经商,徽州汪氏宗族于明朝中叶就开始陆续定居杭州,据唐力行对其后裔于清末民国时期在杭州寄籍情况的统计,当时"寄籍者已达十之七八,而籍贯乡里者仅为十之二三"④。详见表4:

---

① 张海鹏、王廷元主编:《徽商研究》,第5—7页。
② 关于明清徽商侨寓化问题的讨论,可参见王振忠《明清徽商与淮扬社会变迁》,北京:生活·读书·新知三联书店,1996年;梁仁志、俞传芳《明清侨寓徽商子弟的教育科举问题》,《安徽师范大学学报(人文社会科学版)》2005年第1期;梁仁志《明清侨寓徽商子弟教育的特色》,《安徽史学》2008年第5期。
③ 周弼忠:《序》,周友仲等修《周邦头周氏族谱正宗》,民国十九年(1930)刊本。
④ 唐力行:《徽州宗族社会》,"徽州文化全书",合肥:安徽人民出版社,2005年,第313页。

表4　吴山汪王庙登录移民来源考察表

	歙县	休宁	婺源	绩溪	祁门	黟县	不明	总计
籍贯乡里人士	14	9	6	9	3	11	0	52
寄籍杭州人士	29	8	3	1	0	9	32	82
寄籍异地人士	14	15	3	1	0	1	37	71
总　　计	57	32	12	11	3	21	69	205

　　资料来源：汪文炳编《吴山汪王庙志略》，清光绪三十一年（1905）刻本；戴振声、汪濂编《吴山汪王庙志略续编》，民国二十五年（1936）刻本；唐力行《徽州宗族社会》，安徽人民出版社，2005年，第315页。

　　对这些寄籍他乡、已非"徽州府籍"的徽州商人，我们能否根据张海鹏、王廷元的定义，将他们排除在"徽商"群体之外呢？民国绩溪人王集成在给他自己准备纂修的《绩溪县志·食货志》所写的序文中说：

　　　　惟绩溪人民恃商以为衣食者十五六，其专以货殖著者，从《史记》例专列"货殖"一目……朱子生于剑州之尤溪尉官舍，其祖墓并在建州之政和，本省以建州籍登第，且久居崇安，而自署"新安朱熹"，诚以世系本源悉在婺源，不应自我而绝，固贤者熟计。胡光墉虽生于浙江，又久客宁波，商寓杭州，而其本籍则属绩溪胡里，当日阜康庄所用人往往为绩溪同乡，其捐助绩溪城隍庙大铜钟存胡里。胡氏之至杭州者亦颇与之周旋，不忘绩溪，固视朱子新安为尤切。今各志传均以为杭州人是，岂光墉之志？特为立传。[①]

在这里，王集成就明确指出，尽管胡雪岩已入籍杭州，但由于其自我认同仍为绩溪，且与绩溪保持着非常密切的关系，故《绩溪县志》应为其立传。这条材料可以说是对胡雪岩籍贯问题的一个极好的注解。据此我们认为，尽管寄籍他乡，但只要祖籍是徽州，且仍对徽州保持较强认同感并有密切联系，仍应将这些商人视为徽商。也就是说，近代徽商并非特指近代徽州府籍商

---

① 王集成纂修：《绩溪庙子山王氏谱》卷末之四，民国二十四年（1935）铅印本。

人。因为,如果将寄籍他乡的徽州商人一律排除出"徽商"队伍,恐怕近代徽商的研究就难以入手,甚至连明清徽商研究中的很多立论也站不住脚了。①

二是近代徽商与商帮的关系。把"徽商"视为"商帮集团"是易于理解的,也是十分必要的。如果将"徽商"仅仅理解为徽州商人个体,将会给徽商甚至徽学研究造成较大的困扰,同时也不能很好地理解徽州"商成帮,学成派"②的特色。但张海鹏认为,对于道、咸以后徽商的研究已"不是属于商帮史的范畴,而是中国商业史的范畴了",他的言下之意是近代以后,作为"商帮"的徽商已经不复存在,而仅仅是"零散的徽州商人"了。可令人玩味的是,近代以后,"徽帮"一词却频见于文献,如近人刘锦藻曾说:

> 徽州控赣、浙之冲,而江左之管籥[钥]也。观明初得此以靖南服,同治中兴之役,曾国藩尝驻节祁门,以与安庆相犄角,可以见矣。康乾以还,朴学大兴,名儒辈出,与圣朝稽古右文之治相桴应,而征士尤盛。婺源江永之历算、休宁戴震所著,皆能独标心悟,发先贤之秘奥,以视泰西所谓实验哲学若合符契焉。地濒新安江之上游,又当黄山之阴,田谷稀少,不敷事畜,于是相率服贾四方。凡店铺、钱庄、茶、漆、菜馆等业,皆名之曰"徽帮",敦尚信义,有声商市。休宁东南有屯溪镇,为茶市聚处,东下杭州,西达九江,北至芜湖,每岁输出可百万箱,而祁门红茶尤著闻。③

民国《安徽概览》中记述,歙县"境内土地跷瘠,不利农耕,居民除制墨种茶外,多远出经商,遍布各地,也有'徽帮'之称"④。1933 年安徽省民政厅的调查报告中说,歙县"居民除制造笔、砚、徽墨外,大都远出经商,足迹遍江浙,称曰'徽帮'。其擅长经商之才,而见重商场,皆其民性之发扬也"⑤。其

---

① 尽管张海鹏、王廷元将徽商定义为"明清时期徽州府籍的商帮集团",但在两位先生及其所带领的徽学研究团队的研究成果如《徽商研究》、《徽商》("徽州文化全书")等徽商研究的经典性著作中,仍有大量寄籍他乡的徽商的存在。在其他学者的徽商研究成果中,寄籍他乡的徽商更是比比皆是。

② 张海鹏:《徽学漫议》,《光明日报》2000 年 3 月 24 日,第 9 版。

③ 刘锦藻:《清朝续文献通考》卷三一三《舆地考九》,北京:商务印书馆,1955 年,第 10561 页。

④ 民国《安徽概览》,民国三十三年(1944)铅印本,第 20 页。

⑤ 安徽省民政厅:《各县民政概况·歙县》,《安徽民政季刊》第 1 卷第 1 期,1933 年,第 431—438 页。

至在中华人民共和国成立初期的文献中,对徽州商人的通称仍为"徽帮",如1950年中共皖南区党委农委会调查指出,皖南"部分农村地区经商的人很多,尤以徽州地区为最著名,他们足迹遍及江、浙一带,有'徽帮'之称"①;1954年,胡兆量在徽州专区调研后指出:"由于人口众多,山多地少,陆上交通便利,茶叶大量供应外区,而粮食每感到不足。徽州各县外出经商的人数特别多……近百年来沿海江浙商业集团兴起后,'徽帮'势力相对地削弱了,但从事商业活动的传统至今仍影响着本区人民的生活。"②

　　日本学者认为,清末中国的"帮"乃"系同乡人中之同业者,另成立一小团结"③。清末日本驻汉口领事水野幸吉也认为:"所谓帮者,皆同乡商人相结合而成一团体,各冠以乡里之名。"④可见,"帮"是地缘与业缘相结合的产物,那么"徽帮"显然是指徽州籍同业商人的集团。从这个角度理解,一方面,我们可以确定近代徽商仍然是以商帮的面貌存在的,"近代徽商是有商而无'帮'"⑤的观点应予以修正;另一方面,我们也必须认识到,近代徽商与明清徽商确实存在一定的不同,近代徽商侧重"业缘"与地缘的结合,明清徽商则侧重"血缘"与地缘的结合。这种不同恰是徽商近代转型的必然结果和明证。这也表明,近代以后,徽商并非一成不变、顽固不化并因此迅速走向所谓"彻底"衰落甚至"几乎完全退出商业舞台",相反,他们也在不断地与时俱进,适应近代中国"数千年未有之大变局"。

三、近代徽商研究出路何在?

　　较早关注近代徽商的是日本学者重田德。他在1967年利用民国《婺源县志》中的商人记载,考察了清末徽州,特别是婺源商人,指出:"徽商的代表

---

① 中共皖南区党委农委会:《皖南区农村土地情况》,第3页。
② 胡兆量:《徽州专区经济地理调查报告》,《教学与研究》1955年第2期,第22—28页。
③ [日]日本东亚同文会编:《中国经济全书》第2辑,清光绪戊申(1908)两湖督署藏板,第386页。
④ [日]水野幸吉:《汉口:中央支那事情》,上海:昌明公司,1908年,第248页。
⑤ 李勇:《近代徽商研究》,芜湖:安徽师范大学硕士学位论文,2001年。

性行业——盐、典当业,在尚未完全衰败之前,便向新兴的以茶、木业为代表的新阶段转移。因此,这不是单纯的衰败过程,而是一个新阶段的展开过程,而且随着这个过程的展开,徽商本身也在构造方面发生变化,这就是婺源商人的抬头……20世纪初……中国茶叶市场构造的变化,使以绿茶为主要生业的婺源和徽州其他县的绿茶发挥优势,并成为茶商发展的基础。因之,我以为徽商界限的克服,便是徽商这个历史范畴的自我否定和解体。而未能解决这一课题的婺源商人,依然囿于徽州商人的界限之内。"①这段论述揭示了近代徽商的与时俱进,表明近代徽商也在自觉不自觉地迈向近代化。但该文并未引起徽商研究者应有的重视。其后,近代徽商研究进入了较长的空档期,其间仅有零星研究成果出现,与同一时期明清徽商研究异军突起的状况形成鲜明对比。

　　20世纪90年代以后,近代徽商开始引起地方文史工作者的注意。1992年,朱世良以史话形式描述了近代徽商的经营谋略和轶闻逸事。② 1993年,景德镇市政协文史资料研究委员会考察了近代徽商在景德镇的经营情况。③1996年,黄山市政协文史资料委员会对49个近代徽商群体或个人的创业经历进行了个案描述;④张朝胜则专文论述了民国时期的旅沪徽州茶商,并对徽商衰落论提出批评。⑤

　　进入21世纪,近代徽商的研究势头得以延续。2001年,李勇在硕士学位论文中对"近代徽商工商业活动的特征""外国资本主义势力的入侵对近代徽商的影响""近代徽商的衰落"等三个问题进行了简要探讨,并认为"近

----

① 〔日〕重田德:《清代徽州商人之一面》,刘森辑《徽州社会经济史研究译文集》,合肥:黄山书社,1987年,第447—448页。
② 朱世良:《徽商史话》,合肥:黄山书社,1992年。
③ 中国人民政治协商会议景德镇市委员会文史资料研究委员会:《景德镇文史资料》第9辑《景德镇徽帮》,1993年。
④ 需要说明的是,该书中的徽商不仅包括传统的徽州一府六县的商人,还包括1987年开始作为黄山市的一个区——黄山区的原历史上的太平县的所谓"太平商人"。黄山市政协文史资料委员会:《徽商系列丛书——近代商人》。
⑤ 张朝胜:《民国时期的旅沪徽州茶商——兼谈徽商衰落问题》,《安徽史学》1996年第2期。

代徽商是有商而无'帮'"的。① 这当是对张海鹏近代徽商研究"不是属于商帮史的范畴,而是中国商业史的范畴"②观点的回应。2002 年,绩溪县地方志办公室对近代绩溪商人的活动进行了系统论述。③ 2004 年,何建木在博士学位论文中考察了清、民国时期的婺源商人。④ 2008 年,冯剑辉于博士学位论文中对近代徽商在传统行业的经营情况及转型问题等进行了讨论,并对近代徽商"解体论""落后论"提出质疑。⑤ 由于明清与近代无法截然分开,因此,以往徽学研究成果对近代徽商多有涉及。

总体而言,学界对近代徽商研究的重视程度尚显不够,相关研究也较为薄弱。究其原因主要有二:一是主观原因,即学界对近代徽商关注不够,这是因为徽商研究主要在明清史学界,近代史学界鲜有人问津;二是客观原因,即近代徽商资料较为缺乏。所谓"巧妇难为无米之炊",可以说,近代徽商研究的困境在很大程度上正是由于史料的缺乏。史料缺乏之原因大体有三:首先,近代徽商相较于明清徽商,实力确实有了较大幅度下降。一个较为明显的证据便是,尽管近代徽商依然"从商如流",但独立经营者少,为人佣者众。如明清典当业几乎被徽商垄断,但到了清末,作为徽商大本营之一的汉口的当铺,"开业需多额之费用,与种种烦琐之手数。因由官许其垄断利益,其事业比较的着实,为豪户营之者较多,(但稍有例外)大抵由三五人之合资所成者也。然当主虽有声望,多不通其业务,必别选用勤勉廉直足以谋业务发达之司事人,于汉口称之为管事的,多用徽州人"⑥,即从事典当业的徽商依然很多,但地位却与以往大不相同。再如民国初年婺源东乡龙尾村外出经营的徽商:

本地人之习惯对于商业最为欢迎,往往未及成年则谋生远地。但

① 李勇:《近代徽商研究》。
② 黄山市政协文史资料委员会:《徽商系列丛书——近代商人》。
③ 绩溪地方志办公室:《绩溪徽商》,2002 年。
④ 何建木:《商人、商业与区域社会变迁——以清民国的婺源为中心》,上海:复旦大学博士学位论文,2006 年。
⑤ 冯剑辉:《近代徽商研究》,济南:山东大学博士学位论文,2008 年。
⑥ [日]水野幸吉:《汉口:中央支那事情》。

经商地点不同,所营业务亦不一致。总计本地商人凡六十余,在汉口者五,皆操茶业者也;上海三,皆操当业者也;海门一,崇门五,乃操当业,或钱业,或杂货业者也;至若内地,则屯溪约十余人,经营茶业或钱业;余则均在乐平,或营钱业、布业,而以杂货业为最普通。沪汉诸地乃通商大埠,商人每岁所入,多者三四百元,少者亦五六十元,惟消费浩大,储蓄较难。乐平、屯溪诸地,薪俸甚轻,多者百余元,少者二三十元耳,岁入五六十元则最占多数。以上皆指为人营谋者也,若独立自力经营者,仅数人而已。然又苦无大资本,获利甚微。除此以外,则为每年营业于茶号中之茶工,约四十余人,大概薪俸在二三十元之间。①

民国初年旅居休宁的黟县人曾说:"吾黟人皆轻去其乡,不得已也。通都巨镇,成业寥寥,商而佣者十居八九。"②徽商实力的衰微必然导致相关文献记载的减少。其次,近年来,近代徽商资料秘不示人的情况较为严重,研究者查阅起来颇为困难。这种独占史料的风气这些年来在一些相关单位和学者中也多多少少存在。与此同时,查阅复印资料的费用也令本就清贫的史学研究者只能望而却步。这些情况在一定程度上阻碍了近代徽商资料的收集整理工作。再次,近代徽州长期战乱和动荡,也使得近代徽商资料散佚严重。近代徽商资料的缺乏与明清徽商资料的丰富形成鲜明对比,从而进一步强化了明清徽商兴盛而近代徽商衰落的印象。

当下,要想解决近代徽商资料缺乏的问题,可能的途径主要有四。一是加强对近代徽商会馆、公所、同乡会等编纂的部分会馆录、征信录等原始文献的搜集整理。清末咸同兵燹后及民国初年,劫后余生的徽商重新返回经商之地收拾残局,力图东山再起,掀起了重修会馆、公所、同乡会的高潮。作为这一活动的记录,以及出于对捐助者进行褒奖、管理账目等的实际需要,会馆录、征信录得以大量编修。上海图书馆、安徽省图书馆、黄山学院图书馆及原徽州所属六县图书馆、档案馆等都有保存。笔者与李琳琦先生即合

---

① 江学沂:《婺源东乡龙尾村民生状况调查报告书》,《安徽省立第二师范学校杂志》1918年第5期,第19页。
② 《新安思安堂征信录》,民国九年(1920)刻本,上海图书馆藏。

作点校整理了 22 种徽商会馆公所征信录资料。① 二是充分利用近代报刊资料。"中国国家数字图书馆""民国时期期刊全文数据库"等网站和数据库收集了数十种在近代徽州本土编辑、出版、发行的期刊,中国国家图书馆还收藏有《徽州日报》《中国日报》《中国民报》《前线日报》《皖南日报》《复兴日报》《中华日报》等一批在近代徽州本土出版的报纸,以及如《申报》等一批近代在全国颇有影响力的报纸,这些报刊对近代徽州经济状况及徽商活动均有大量记载,从而为我们进行近代徽商研究提供了丰富的史料。三是注重近代徽州地方志、家谱资料。近代徽州地方志、家谱中也有大量近代徽商资料。如民国十二年(1923)所修《黟县四志》,其叙事"自同治十年(1871)辛未接续至民国十二年(1923)癸亥为断,计五十三年"②。民国十四年(1925)所修《婺源县志》卷三三《人物七·孝友七》、卷四二《人物十一·义行八》、卷四八《人物十二·质行九》等为"庚申续编",即民国庚申(1920)时在光绪九年(1883)所修《婺源县志》基础上增补而成,以符"大致仍旧而不无增减"③的撰述宗旨。"庚申续编"的叙事当自 1883 年至 1920 年,据笔者仔细检阅,中间仅有个别例外,这就使得民国《黟县四志》中的"人物"与民国《婺源县志》卷三三、卷四二、卷四八的"人物"几乎都是近代人物,而这些人物中就有大量徽商。据粗略统计,民国《婺源县志》卷三三、卷四二、卷四八这 3 卷中有近代徽商 615 名,可以说此 3 卷及民国《黟县四志》中的"人物"部分就是一部典型的"近代徽商资料集"。四是重视原徽州所属六县及近代徽商活跃地区的地方文史资料。这些资料上刊载了大量有关近代徽商活动的回忆性、研究性文章,可以为我们的研究工作提供一定的参考。此外,近代徽州契约文书档案中也蕴藏着丰富的近代徽商资料,应予以高度重视。随着近代徽州会馆、公所、同乡会征信录资料及方志、家谱、契约文书档案、报刊等文献资料的大量发掘整理和电子化,近代徽商资料将更多地呈现在徽学研究者面前,加之新的研究理论与方法的不断运用,必将推动近代徽商研究的

① 李琳琦、梁仁志整理:《徽商会馆公所征信录汇编》,北京:人民出版社,2016 年。
② 民国《黟县四志》"凡例",民国十二年(1923)黟城黎照堂刻本。
③ 民国《婺源县志》"凡例",民国十四年(1925)铅印本。

快速发展。

　　然而，李剑鸣曾指出："研究一个问题，运用一定的材料和方法，最终是为了建构新的历史解释。"[1]尽管不断采用新的史料和新的研究理论与方法，势必成为近代徽商研究发展的重要出路，但近代徽商研究的真正出路更在于新问题的提出。美国学者乔·古尔迪和英国学者大卫·阿米蒂奇在《历史学宣言》一书中说："就后顾瞻前而言，历史学是特别有希望的一门学科，因为史学家本来就是研究时代变迁的高手。"[2]近代中国恰逢"数千年未有之大变局"，使看似落日余晖的近代徽商始终处在最激荡的时代变迁中。近代徽商与近代社会剧变的互动关系、徽商近代转型的基本机制和脉络、近代徽商与明清徽商的关系及异同等问题，遂成为"近代"这个特殊时代给近代徽商研究提出的新的根本性问题。要想更加深刻地认识和理解近代徽商以及近代中国社会，就必须要敢于提出并回答好这些问题。

余　论

　　平心而论，徽商研究的总体发展状况跟学界的期待还存在一定的差距。尽管明清徽商史料十分丰富，甚至有时还呈现出爆发式增长，相关研究也一直在持续，但徽商研究的学理却并未取得预期进展。诸如徽商为何能够延续六百年、六百年徽商发展脉络及其阶段性特征如何、徽商商业制度的整体面向究竟如何、徽商与晋商的差异到底何在、徽商形象究竟如何、徽商的国际影响究竟如何等重要问题，至今也都未得到很好的解答。近代徽商研究也更多地是从史料到史料，去回答一些诸如某些商人的生平、家世及其经营状况等个案甚至碎片化的问题，高质量的系统性、综合性考察与制度史研究成果尚不多见。以至于徽商研究尽管已经走过了近80个年头，但我们对徽商形象的整体认知仍然不够清晰，理解也不够深刻和全面。徽商研究对学

---

[1] 李剑鸣：《历史学家的修养和技艺》，上海：上海三联书店，2007 年，第 228 页。

[2] ［美］乔·古尔迪、［英］大卫·阿米蒂奇：《历史学宣言》，孙越译，上海：上海人民出版社，2017 年，第 15 页。

术前沿问题的回应和对现实问题的观照也明显不够。徽商研究的不足又进一步制约了徽学研究的发展。因此,如何从真正的问题意识出发,充分发掘利用新史料、新理论和新方法,去推动近代徽商研究,进而以近代徽商研究为突破口推动徽商研究再出发,当是每个徽商研究者都必须且迫切需要去认真思考的问题。

晚清徽州乡村社会的日常生活图景

——以《局董日记》为中心的考察*

康 健

（安徽师范大学历史学院）

摘 要：晚清徽州乡绅汪光焱具有多重身份，他撰写的《局董日记》详细记载了光绪初年祁门乡村社会在年节、婚嫁、科举、信仰、宗族祭祀、乡村纠纷等方面的物质生活和文化生活习俗，集中展现了太平天国战后徽州乡村社会丰富多彩的日常生活图景。考察《局董日记》，有助于进一步认识晚清徽州的乡村社会实态。

关键词：《局董日记》；晚清；徽州；乡村社会；日常生活

日记作为一种民间文献，是以记录作者个人生活为主要内容的一种文献载体。徽州日记种类多样，内容丰富，价值颇高，已日益引起学界关注。[①]在徽州日记研究方面，王振忠教授用力最勤，取得的成就最为丰硕。[②]

---

* 本文曾发表于《中国农史》2020 年第 5 期。本文为用友基金会"商的长城"重点项目"近代徽州茶商珍稀资料整理与研究"（2019－Z08）的阶段性成果。

① 关于《畏斋日记》的研究成果较多，如刘和惠《读稿本〈畏斋日记〉》，《中国史研究》1981 年第 1 期；[日] 涩谷裕子《明清徽州农村的"会"组织》，周绍泉、赵华富主编《95 国际徽学学术讨论会论文集》，合肥：安徽大学出版社，1997 年，第 151—158 页；[韩]权仁溶《清初徽州一位生员的乡村生活——以詹元相〈畏斋日记〉为中心》，《徽学》第 2 卷，合肥：安徽大学出版社，2002 年，第 89—103 页。

② 王振忠：《明清以来的徽州日记及其学术价值》，《第二届传统中国研究国际学术讨论会论文集（二）》，2007 年，第 362—380 页；《从〈应星日记〉看晚明清初的徽州乡土社会》，《社会科学》2006 年第 6 期；《抄本〈习登日记〉——一册徽州学徒的日记》，《古籍研究》2002 年第 2 期；《一册珍贵的徽州盐商日记——跋徽州文书抄本〈日记簿〉》，《历史文献》第 5 （转下页）

近来,笔者在王振忠教授主编的《徽州民间珍稀文献集成》第3册中阅读到《清光绪祁门历口利济桥局局董日记》①(以下简称《局董日记》)。关于《局董日记》作者的乡贯、姓名考证、社会身份和利济桥、水利设施等乡村公共工程的兴修,笔者已另文探讨,在此不再赘述。②《局董日记》除了记载桥局公事之外,还大量记载作者汪光淼个人的日常生活,举凡逢年过节送礼、婚丧嫁娶、亲友的身体疾病情况、科考教育、商业经营、劳动力价格、催征钱粮、田地收租情况、乡村社会的各种纠纷等有关生活的方方面面,都有涉及,集中反映了19世纪晚期徽州乡村社会的社会风貌、风俗民情、教育文化、日常生活等方面的变迁。③ 下面笔者以《局董日记》为核心资料,对晚清徽州府祁门县的乡村社会日常生活图景作一初步考察,以期深化晚清徽州乡村社会史研究。不当之处,还请专家指正。

一、咸同兵燹影响下的物质生活

《局董日记》详细记载了汪光淼从光绪四年(1878)六月到光绪七年

(接上页)辑,上海:上海科学技术出版社,2001年;《徽商日记所见汉口茶商的社会生活——徽州文书抄本〈日知其所无〉笺证》,《文化遗产研究集刊》第2辑,上海:上海古籍出版社,2001年;《寻根途中的徽州人》,《寻根》2007年第1期;《徽商展墓日记所见徽州的社会与民俗——以〈(歙县)大阜潘氏支谱附编·文诗钞〉为中心》,上海图书馆《中国谱牒研究》,上海:上海古籍出版社,1999年;《从新发现的徽州文书看"叫魂"事件》,《复旦学报》2005年第2期;《徽州女童的战争日记》,《安徽师范大学学报(人文社会科学版)》2005年第2期;《杭州徽商子弟眼中的太平天国史事——新发现的徽州日记稿本〈记事珠〉解题》,《九州学林》第11辑,上海:复旦大学出版社,2006年;《稿本〈南旋日记〉与胡雪岩籍贯之争的再探讨》,《徽州社会科学》2006年第4期。

① 《清光绪祁门历口利济桥局局董日记》,王振忠主编、吴敏分编《徽州民间珍稀文献集成》第3册,上海:复旦大学出版社,2018年,第361—543页。以下凡是引用该日记之时,不再注明主编、出版社和出版年份等信息,特此说明。

② 参见康健《晚清徽州乡村社会的公共工程建设——以〈清光绪祁门历口利济桥局局董日记〉为中心的考察》,《徽学》第12辑,北京:社会科学文献出版社,2019年,第77—110页。

③ 关于《局董日记》反映的晚清徽州乡村社会中的商业经营、劳动力价格、催征钱粮、田地收租等经济生活面相的研究,可参阅王云云、康健《晚清徽州乡村社会的经济生活图景——以〈局董日记〉为中心的考察》,《原生态民族文化学刊》2020年第3期,后收入《徽州文书与中国史研究》第3辑,上海:中西书局,2022年。

（1881）十二月底日常生活的各方面内容。举其要端来说，主要涉及逢年过节的各种人情往来、婚嫁、祭祀拜神等情况。在咸同兵燹中和战后社会秩序重建时期，包括汪光淼在内的祁门民众日常生活有着天壤之别，前者是恐慌逃难，颠沛流离；后者则是回到安居乐业的正常轨道，呈现一片繁荣景象。

（一）咸同兵燹中的逃难生活

咸同兵燹对徽州社会造成前所未有的冲击。祁门县因地处皖赣交界，为军事要区，因此受到战乱冲击更为严重。曾国藩一度将行辕设在祁门县城洪家大屋，足以说明祁门县在战争中的重要性。祁门甚至被称为"转折之地"。①

从咸丰四年（1854）正月二十三日，太平军由石埭窜入祁门，到同治二年（1863）五月清军收复祁门，祁门陷入长达 10 年的动荡之中，百姓颠沛流离，民众日常生活遭受重创。正如同治《祁门县志》所言："考国朝自康熙十三年甲寅寇至后，祁邑四郊无警，民不见兵草者，百七十年余年矣。……今自咸丰甲寅至同治癸亥，寇警年年，几无虚月，屠戮之惨，谈者色变。"②咸同兵燹给祁门县造成的巨大影响，由此可见一斑。

《局董日记》作者汪光淼所在的祁门西乡地处与石埭交界之处，成为主要战场之一，清军与太平军围绕赤岭、榉根岭、大洪岭、良禾等重要关隘反复展开争夺战，尤其是汪光淼主要活动的十七、十八、十九和二十都遭受重创。咸丰四年正月二十二日，"寇分踞桃源、箬坑、历口等处，烧毁桃源、箬坑民房数十间，警报累至"③。咸丰七年（1857）二十三日，"贼窜西乡榉根岭，乡团迎剿失利，贼遂分踞箬坑、曹村、历口三日，搜山、杀人剖腹、剜心，惨毒备至"④。同治元年（1862）二月二十九日，"贼窜西乡赤岭入境，盘踞十七、〔十〕八、〔十〕九都地方，烧民居二百余家，大肆杀掠"⑤。

---

① 郭卫东：《转折之地：曾国藩在祁门》，《安徽史学》2014 年第 3 期。
② 《祁门县志》卷三六《杂志·记兵》，清同治十二年（1873）刻本。
③ 《祁门县志》卷三六《杂志·记兵》。
④ 《祁门县志》卷三六《杂志·记兵》。
⑤ 饶恕良、徐天涛辑：《洪杨祁门纪变录·祁门纪变录寇警》，清同治二年（1863）刻本。

　　在战乱中,汪光淼家族的日常生活也受到严重影响,这在端午、中秋、春节等传统节日中表现得更为明显。咸丰十一年(1860)、十二年(1861)两年的春节,因受战事影响,汪光淼家族数十人被迫逃散在不同地方度岁,①场景十分凄凉。汪光淼父亲汪高瀚留下的几封书信描述了春节不仅不能团聚,还要为家人安全担忧的恐慌心理。

　　咸丰十一年正月初四日,汪高瀚在给其三子汪光禄(又名鹤龄)的信中写道:"腊廿八,拟接尔母等回家度岁,惟因彼时石邑有矛[蛮]贼,加多之信,是以立即将轿辞去,决意安置伊等在山口过年,人地却仍相宜,尔可放心。石、太之贼,官兵今正谅当会同攻剿,不日自当追退。赤岭之事,旧腊八,王、叶道宪有三位委员来历口,专议该岭之事,宜令□自妥立章程。刻下石邑贼踞未动,亦无警谣。徽郡一路兵事若何,并义成、恒茂旧岁生意,实在受亏若干,有妥便人来,望详细信,与我知之。"②从中可知,该年春节,汪光淼家族人等被迫分在老家下汪村和暂时的避难地山口过年。此外,他在信中不断咨询光禄关于战事的最新动态,也从一个侧面反映出这场战争使得普通民众无法维系正常生活。

　　咸丰十一年十二月初九日,战事持续不断,再次造成汪光淼家族成员分处异地的局面。对此,汪高瀚在给汪光禄的信中说:"贼踞石邑不退,家中却不得安静,时时惶恐。尔屡信嘱将尔母移避他处安顿,所见甚是。曾于本月初二日,着轿送尔母同碧云母子,并顺时、冬梅等共六人,到山口金娥伥女家住下……我与淼、绳祖、有章等,在家听探风,无所紧累。现在赤岭上有勇防守,每日有数人到赤岭口外探信。如稍有风谣,我与淼等立即动身到山口,再看风势……石邑若退,即接尔母等来家,如贼不退,即俟杀猪办物,挑与伊等过岁。"③由此可见,该年春节,汪高瀚家族无法团聚,仍要分居度岁,于是汪高瀚只好开始安排家人到安全的避难地,同时准备筹办年货,分给各地家

---

① 根据族谱记载,汪光淼父亲汪高瀚生有光裕、光礼、光禄、光祜、光禧、光裕、光魁、光淼八子。这几个兄弟又生若干人丁,形成数十人丁的大家族。《舜溪汪氏重修宗谱》卷六《正卿公下一大公房伏生公派四世系》,清光绪刻本。
② 《汪高瀚致鹤龄书信之一》,清咸丰十一年(1861)正月初四日。该信原件收藏在祁门下汪村汪鹤龄后人家中。原书信并无题名,标题为笔者所加。下同。
③ 《汪高瀚致鹤龄书信之三》,清咸丰十一年十二月初九日。

人，以度新春。

当月十九日，距离春节更近，但战事依旧胶着。汪高瀚在给其子鹤龄的信中云："石埭毛贼至今未退，朱大人大兵又不由大洪岭去，石邑之贼势，似一时难得动身……伊即着轿将尔母送至李功诏先家过岁。嘱我切勿着轿去接回家，如此却亦妥便，释一大累石。贼不退，碧云母子亦决意在山口度岁，油盐米谷物，时常着记善伙挑去。我等在家刻刻提防，尔可放心。"①由此可知，汪高瀚为使得家人安全过春节，使尽浑身解数。这里说的碧云母子"决意"在山口过年，其实她们并非情愿，而是隐含着被迫与家人分离、分开过年的心酸。

战争不仅使汪光淼家人离家逃难，颠沛流离，还造成不少族众家破人亡。据族谱记载，"经粤寇之乱，自咸丰甲寅至同治癸亥，始臻戡定，其间男子身殉忠义，妇女捐躯节烈者，指不胜屈，获保安存之家，亦多流离转徙"②。汪氏族人中最为惨烈的是汪福林，咸丰十一年二月，他"防御赤岭林，在头卡最为出力，出岭追剿及收队，林犹力战，被执，诱降不从，缚悬于树，以铳胁之，终不屈，遂遇害"③。其事迹被载入光绪《安徽通志》的《忠义传》。汪福林殉难时年仅42岁，此前并未备有棺木，其堂兄汪高瀚尽管此时身患疾病，毅然将自己的棺木以"五千六百文"钱卖给福林，以便其入殓下葬。④

受到战争影响，汪高瀚病情加重。咸丰十一年八月初一日，他在给鹤龄的信中说："鹤知之我病，日来饮食虽却复原，而两脚肿硬，举步维艰，兼之精神尚未充足，衰惫之行状，则自此始矣。再想如前气象，似乎断断不能，日薄西山……未病之先，我壮志未衰，常思作尔帮手，此则心有余而力不能支。因□□家园……惟事听天由命而也。"⑤由此可知，此时汪高瀚已自知身体每况愈下，倍感无奈。到同治二年九月二十二日午时，汪高瀚在战乱中带着遗憾离世，寿六十六岁。⑥

────────────

① 《汪高瀚致鹤龄书信之四》，清咸丰十一年十二月十九日。
② 《舜溪汪氏重修宗谱》卷末《光绪十八年汪显文公秩下立诚心续修宗谱合文》。
③ 饶恕良、徐天涛辑：《洪杨祁门纪变录》卷二《殉难士民》。
④ 《汪高瀚致鹤龄书信之三》，清咸丰十一年十二月初九日。
⑤ 《汪高瀚致鹤龄书信之二》，清咸丰十一年八月初一日。
⑥ 《舜溪汪氏宗谱》卷六《正卿公下一大公房伏生公派四世系》。

综上所述,长达十多年的咸同兵燹,给祁门县造成严重冲击,战争所到之处,房屋俱毁,人员伤亡惨重。汪光淼家族成员在战乱中颠沛流离,疲于逃难,生活毫无保障。即使是在万家团聚的春节,也被迫分散各地度岁。长期处于这样的生存状态,民众的人身安全都难以得到保证,更遑论有稳定的物质生活了。

(二)战后物质生活的繁荣景象

在咸同兵燹之后,经过十几年休养生息,社会经济逐渐恢复发展,这时汪光淼家族已走出战争阴霾,其日常生活呈现出与战争中截然不同的图景。《局董日记》对光绪四年至七年汪光淼逢年过节、生日宴会、婚嫁等日常生活有详细记载。

从《局董日记》来看,汪光淼光绪五年(1879)、六年(1880)、七年的春节皆在老家下汪村度过。春节前需要准备各种年货,除了自己办年货外,亲友之间也常馈赠各种物品。光绪五年十二月廿一日,汪光淼收到的礼品如下:

> 收恒大榨茶油十斤(寄存和兴店,菜油十三斤七两,除收仍存榨油十斤)。
> 承宗静卿送白莲子二包,百合粉二包。
> 张丹春司送腊豆腐一元,又送二兄一元。
> 和兴店送果子二包,玉带、麻酥,寿桃饼二斤。
> 宗仰南兄送一斤烛一对,荣记烟一包,玉带一包,麻酥一包。
> 黄兴茂兄送笋衣一包,贡面四筒,回送百合粉一包;送许佩和先百合粉一包。
> 邬有喜送来跨口亥二斤二两。①

这些礼品多是生活日用的茶油、糕点、水果、香烟、肉类等。在收到亲友礼品之后,汪光淼也常回赠亲友物品,如黄兴茂兄送笋衣一包、贡面四筒,汪光淼

---

① 《徽州民间珍稀文献集成》第 3 册,第 414 页。

回送百合粉一包。

逢年过节,尤其是春节,女婿都要给岳父家送年节,这一风俗一直延续下来。《局董日记》有一些关于送年节的内容。如光绪五年十二月二十日,汪光淼收到谨初母家送年节礼,主要有"糖糕二元,肉丝糕二元,鸡子五十元,海三斤,冻米糖各物"。光淼收到礼品后,派人给亲家回送果子两包,麻酥、雪枣、香干四扎,用去脚力钱二百文。① 光绪六年十二月二十四日,"桃源内弟陈致之亲自全庄亲送年节,并接明正看演火爆戏",节礼有"白糕一元,亥二斤,鸡子十二元,冻米糖、盐干菜,外光赐送柿果两包";汪光淼"回送㸆两斤,寿桃饼八片"。② 年节一般是由当事人自己送礼上门,但《局董日记》也有记录催人送年节的,如光绪七年十一月二十九日的日记记载,"丙荣送物出邑,催生顺送年节"③。

《局董日记》对作者五十大寿的记载较为详细。光绪五年四月三十日,汪光淼的妹夫得知其五十生辰将至,于是请人送来大呢马褂料一件。④ 五月初九日,许佩和、黄茂兴、吴钦明、冯胜英、栋材、王濬川、汪殿三等人获悉汪光淼寿辰日期临近,于是在冯胜英家中出备好酒席,宴请汪光淼。汪光淼到场后,"见其开席,华烛彩爆,愧不敢当,记感厚意"⑤,甚为欣喜。光绪六年十月廿六日,邬阳生弟母亲做寿,汪光淼与汝侄"合送寿镯一对,琢边一包。收鸭子廿元,细面三斤",但不知何故,对方未收。⑥

日记记载,汪光淼经常参加各种酒宴进行社会交往。无论是每年春节期间的"新年酒",平日亲友的生日宴会,还是桥局公事的宴席,他都会积极参加。日记中常出现在某某家"晚酒""晚酌""晚席"的记载。关于"新年酒",例如,光绪五年春节期间,从正月初三到正月初九,汪光淼先后在蕴弟、延瑞、序和、智如叔等亲人家饮酒。⑦ 他不仅带着礼物参加各种宴席,有时也

---

① 《徽州民间珍稀文献集成》第 3 册,第 475 页。
② 《徽州民间珍稀文献集成》第 3 册,第 476 页。
③ 《徽州民间珍稀文献集成》第 3 册,第 503 页。
④ 《徽州民间珍稀文献集成》第 3 册,第 382 页。
⑤ 《徽州民间珍稀文献集成》第 3 册,第 387 页。
⑥ 《徽州民间珍稀文献集成》第 3 册,第 467 页。
⑦ 《徽州民间珍稀文献集成》第 3 册,第 370 页。

会在家中或桥局设宴款待他人。徽州民间的"杀猪饭"是一种重要风俗,每当村中有族人杀猪,都要邀请宗亲一同吃饭。例如,光绪七年九月十二日,汪光淼家"宰家豚,晚接含辉叔、长兄、绍祖、佑祖、汝侄、燮元等晚饭"①。此外,因为汪光淼为桥局局董,无论是下乡劝捐、催捐,还是平日在桥局办公,都有很多酒席要参加。频繁参加各种宴席,既是一种身份的体现,同时通过参加各种宴席,汪光淼的人际交往网络不断拓宽,积累了人脉资源,这都有利于不断增强他的社会影响力,有利于树立他在乡村社会的威望。

　　婚嫁是人生中最为重要的大事之一。《局董日记》记载汪光淼儿子思祖的婚娶过程,内容最为完整,举凡"六礼"的各个环节基本都有。现以思祖娶亲为例,以窥晚清徽州乡村社会的婚娶情况。

　　光绪五年十月十三日,汪光淼为思祖娶亲的事情,与亲家陈仰之商谈婚期,择取次年十月初八吉期举行婚礼。② 从这条资料可以得出,思祖与女方陈氏的八字不仅已合过,而且两人八字相符,于是双方家长才商定婚娶之事。此后,汪光淼开始为筹备思祖的婚事奔波。

　　光绪六年六月初三日,亲家陈仰之从九江做生意回来,于是汪光淼请陈介人、陈帷岳代为说妥,准备聘礼"礼金洋六拾元,押日子洋十元,外加办金匾簪一支"③。八月初二日,送日子至亲家,并按照之前的要求下聘礼。具体清单如下:

> 礼金洋六十元。
>
> 押日子洋十元。
>
> 果子四十包(顶荤月饼十六包,元眼八包,杏酥八包,麻烘八包)。
>
> 跨口二个,计六斤五两。
>
> 外金簪一支。
>
> 回来客鞋二双,荷包一斤(内银一锭),计一两,丝带一条,洋巾一条。
>
> ……

---

① 《徽州民间珍稀文献集成》第 3 册,第 530 页。

② 《徽州民间珍稀文献集成》第 3 册,第 407 页。

③ 《徽州民间珍稀文献集成》第 3 册,第 444 页。

　　元年八月初八日,下聘,计送礼金洋十六元。

　　果子包数并跨口,仝上。

　　首饰四色:挖洋镯一对。

　　金耳环一对,三钱五文

　　金界指一对,二钱二分五厘,

　　银匾挖耳一支,三钱五分五厘,三共手工去钱七百文。

　　回来鞋两双,扇套一个,白纸扇,洋巾一条,川纸二刀,墨十匣,青云路,意书笔十支。

从上引聘礼清单可知,其实早在光绪元年(1875),汪光淼和亲家便达成了婚约,①下了聘礼。聘礼的内容除了之前双方谈定的礼金、押日子和金簪等外,还增加了点心、跨口、四种金银首饰等,聘礼十分丰厚。女方收到聘礼后,回礼鞋子、荷包、丝带、洋巾、笔墨纸砚等物品。

　　下聘之后,汪光淼请人在家中准备婚房布置。九月中旬,请鸿寿、蕴弟、绍祖代为糊房,文堂迭兄扎灯。② 到二十一日、二十五日,糊房、灯扎相继完成。二十六日,安床榻结束。③

　　进入九月中旬以后,汪光淼的亲朋好友不断送贺礼来。九月十九日,历口桥局的许佩和、黄兴茂、宗仰南、冯胜英、新贵、栋材、澹川等友人,请局丁送贺礼来。④ 十月初二日,汪光淼的表弟陈作求、外甥陈镜之分别请人送礼物和挑猪边盒来。⑤ 初五日,汪光淼的桃源内侄陈功成、妻舅陈祖绳和亲家陈维豫分别挑猪边盒来和送贺礼来。⑥

　　十月初八日,为思祖大婚之日,当天未刻新娘到家中,汪光淼积极招待客人。当时“送嫁小客二十三名,取亲本庄十六人,共五棹[桌]。进门棹

---

① 早婚是传统中国社会的一大特点,徽州也是如此。晚清时期祁门县的婚俗是,“富厚之家,往往男未及冠、女未及笄,即议婚嫁”。刘汝骥编纂、梁仁志校注:《陶甓公牍》卷一二《法制科·祁门风俗之习惯》,芜湖:安徽师范大学出版社,2018年,第254页。

② 《徽州民间珍稀文献集成》第3册,第460页。

③ 《徽州民间珍稀文献集成》第3册,第460—461页。

④ 《徽州民间珍稀文献集成》第3册,第460页。

⑤ 《徽州民间珍稀文献集成》第3册,第462页。

⑥ 《徽州民间珍稀文献集成》第3册,第463页。

[桌]盒糕茶,糕每人二块,晚正酒"。当晚将这些人的住宿安排妥当,"夜金勾家领宿五人,必炎店内歇十四人,陈宅班头四人,祠内办床铺,其余附近倩庄,各归家宿,初九早晨俱来"①。初九日早晨,请亲友在家中喝早茶,"客庄人五棹[桌]早棹[桌]盒茶,每人子二个,早饭八碗";此外,还给参与婚礼劳作的人酬金,"小客每名脚力,钱四百文,花红计朱桃红布三尺。铺陈二名,脚钱加倍,外又抬箱二人,因上有客被铺盖,另欲求赏,给与钱二百文"。②

从上述思祖的娶亲过程来看,基本按古礼的要求有序进行,聘礼颇为丰厚,可见汪光淼应该是饶有家资的富户,不然难以承担这些花费。除了亲朋好友参加婚礼外,还有叫做"倩庄"的庄仆参与婚礼劳作,迎亲和送亲的人员也比较多,他们都得到了一定的报酬。

日记除了记载思祖婚娶的信息外,也有涉及汪光淼的亲友婚嫁的内容。如光绪五年正月二十七日,汪光淼的外甥陈善甥大婚,他请人送贺礼去。③光绪六年十月二十二日,族兄天林的三子举行婚礼,汪光淼前去参加喜筵。④此外,汪光淼也积极为侄女的婚事操劳,光绪七年三月二十日、七月初四日和初十日,汪光淼曾代其侄女秋芳、群芳、兰芳开生辰八字到历口,为她们的婚姻大事做准备。⑤

综上所述,在咸同兵燹结束十几年后,包括汪光淼在内的祁门民众的日常生活回到正常轨道。从光绪初年祁门乡村社会中的逢年过节、生日宴会和婚姻等活动中,不仅看不出战乱影响的痕迹,而且物质生活条件大为改善,百姓生活呈现出一片欣欣向荣的景象。

二、战后精神文化生活的复苏

咸同兵燹造成社会秩序动荡,民众流离失所,家破人亡,百姓物质生活

① 《徽州民间珍稀文献集成》第 3 册,第 464 页。
② 《徽州民间珍稀文献集成》第 3 册,第 464 页。
③ 《徽州民间珍稀文献集成》第 3 册,第 370 页。
④ 《徽州民间珍稀文献集成》第 3 册,第 467 页。
⑤ 《徽州民间珍稀文献集成》第 3 册,第 495、520、521 页。

都难以维系,精神生活更是无法保障。因此,兵燹之后,社会秩序恢复,在民众物质生活不断改善的情况下,祁门乡村社会中的民间信仰和科考教育活动开始逐渐恢复常态。

(一) 祭祀拜神

传统徽州各种祭祀拜神的礼仪众多,无论是宗族祭祀,还是日常生活中的房屋、桥梁等建设过程中的开工、竣工等,都需要焚香拜神。此外,徽州民间的各种会社的祭祀活动也十分丰富。《局董日记》既有关于宗族祭祀的内容,也记载有不少民间信仰范畴的祭祀活动。

每年除夕和正月祭祀先祖,是宗族祭祀中十分重要的活动。晚清的调查报告显示,祁门县正月"元日,尊长率卑幼拜祖,礼毕,天将曙,向东方招吉兆,谒祠宇,交相贺岁"①。《局董日记》记载,每年除夕和正月,汪光淼皆率领族众拜祖先。

光绪六年正月初一,"丑时开门,寅时,出行东北方文庙谒神"。初三,汪光淼到社庙敬神。初四日,为准备春季的祭祖活动,"邀延寿叔、裕兄、宗弟、蕴弟、芹弟、琦弟(未到)、全茂、绳祖、洛祖,于祖先容前结算众祀,上首数年帐,并嫡议修整祠宇费用",与族人一起结算上一年祭祀的账务情况,并商讨维修祠堂的费用问题。② 光绪七年正月初二日,率思燮等文庙敬神。初三日,到社庙敬神。③

传统徽州是个宗法秩序井然的社会,"千年之冢,不动一抔;千丁之族,未尝散处;千载谱系,丝毫不紊"就是对宗族社会的绝佳描述。因传统礼俗的需要,徽州的墓祭受到格外关注。《局董日记》关于汪氏族人墓祭活动的记载比较丰富。如光绪六年二月十二日,林祖、荣祖等到县城祭拜先祖坟茔,汪光淼在桥局招待他们用餐,"去洋三元,去钱四百文"④。光绪六年二月

---

① 刘汝骥编纂、梁仁志校注:《陶甓公牍》卷一二《法制科·祁门风俗之习惯》,第 258 页。
② 《徽州民间珍稀文献集成》第 3 册,第 422—423 页。
③ 《徽州民间珍稀文献集成》第 3 册,第 482 页。
④ 《徽州民间珍稀文献集成》第 3 册,第 428 页。

廿四日,寒食节,汪光森在迳亭山岭新葬祖坟安石碑,封墓门。① 光绪七年正月人日(初七日),率燮元、庆元上坟。② 二月廿二日,汪光森的侄女碧云、安云摽社,共揍粿一千五百有零。当年清明节,汪光森率族众到县城附近祭扫祖墓。③

明清时期,徽州会社名目繁多,类型多样,举凡钱会、祭祀性会社、桥会、文会等,无所不有。会社作为一种民间组织,往往发挥着融资、祭祀、从事公益事业等多种职能。④ 而明清时期,徽州多聚族而居,这就使得会社的宗族色彩十分浓厚。宗族祭祀性会社一般以某某公、某某祀的形式出现,这些会社多有固定的会产,作为祭祀开支的经济来源。宗族一般都设有专门制度管理祀会,定期盘查收支情况,以确保祀会的正常运转。⑤ 光绪七年三月十五日,结众祀账之时,汪光森统计去年以来的费用开销:"家摽坟过支,用钱卅四千一百零四文。"随后,开始结算结牧公祀账,发现"五、六两年,收支两抵,透用钱十九文,四年结存钱一千四百五十七文",在盘查历年收支后,"总结至旧腊月过,存钱一千四百卅八文"。⑥

综上所述,咸同兵燹后,祁门乡村社会中种类众多、内容丰富的祭祀拜神活动,都回到以往的正常轨道,民间信仰活动也有条不紊地展开。这与咸同兵燹期间人员大量伤亡、朝不保夕的生活形成鲜明对比。

(二) 科考教育

咸同兵燹造成社会动乱不安,科举考试被迫中断。同治六年(1867),时任池州府训导的祁门西乡伦坑人吴承恩称:"四十池阳又四年,四科童试遇

---

① 《徽州民间珍稀文献集成》第 3 册,第 431 页。

② 《徽州民间珍稀文献集成》第 3 册,第 483 页。

③ 《徽州民间珍稀文献集成》第 3 册,第 494 页。

④ 有关明清时期徽州会社的研究成果,可参见卞利《明清时期徽州的会社初探》,《安徽大学学报(哲学社会科学版)》2001 年第 6 期;王日根《明清徽州会社经济举隅》,《中国经济史研究》1995 年第 2 期;史五一《明清徽州会社研究》,合肥: 黄山书社,2015 年。

⑤ 何巧云:《清代徽州祭祖研究》,合肥: 安徽大学博士学位论文,2010 年。

⑥ 《徽州民间珍稀文献集成》第 3 册,第 496 页。

欣全。"该诗自注："大乱平后，补试四科。"①说明咸同兵燹结束后，池州府基层科考恢复，补考因战乱被迫停止的四科童试。

　　社会秩序恢复正常后，徽州府的科考教育回到正常状态，继续开科考试。《局董日记》不仅记载了汪光森亲友在书院、私塾读书的场景，还详细记载他本人和子侄多次参加县考、府考、科试等的内容，尤其是将科考试题详细记录下来，颇为珍贵。以往学界多关注进士、举人等层级的科考，研究成果丰硕，但对生员这一最基层的科考关注不足。而《局董日记》记载的就是生员层级的科考内容，通过对这些科考内容的分析，可深化对晚清基层科考的认识，对科举史的研究也有所裨益。

　　《局董日记》中有汪光森的子侄在学馆、私塾学习的记载。如光绪六年正月十八吉日，"开学，悦祖上学"②。《舜溪汪氏重修宗谱》记载："振，乳名悦祖，字敬承，号复初，文童生。生于同治十一年壬申十二月三十日申时，娶南乡礼屋四品翎顶、国子监博士、盱眙县教谕、康印诰孙女，附贡生讳丙女康氏织妹。"由此可知，悦祖在光绪六年上学之时，为七八岁，正是接受蒙童教育的年龄。该族谱成书于光绪二十年（1894），当时他有二十一岁，那时悦祖仍为文童生，可见他并未获得生员资格。日记记载，光绪七年三月初一日，汪光森的侄子汪燮元③在汪序和馆中上学。④说明汪光森的族弟汪序和是一位塾师。关于汪序和，族谱记载：

　　　　光煦，炳辉，字序和，号慕春。生道光二十三年癸卯十二月十一日卯时。同治六年丁卯补同治四年乙丑岁试朱院入学一名，邑庠生。光绪元年乙亥恩科，江南乡试荐卷……⑤

由此可见，汪序和在同治六年已获得庠生身份，并在光绪元年曾参加江南乡

①《南源汪氏支谱》卷九《岩孙公六十寿诗》，民国二十二年（1933）刻本。
②《徽州民间珍稀文献集成》第3册，第425页。
③"尚仁，乳名燮元，字鲤庭，号砚亭，业儒。生于同治七年戊辰三月初三日子时，娶桃源国学生陈邦儒公女训奴，生于同治九年庚午前十月廿三日子时。女二：宜男、桂男。"《舜溪汪氏重修宗谱》卷一〇《世系·正卿公下一大公房伏生公派五》。
④《徽州民间珍稀文献集成》第3册，第494页。
⑤《舜溪汪氏重修宗谱》卷一〇《世系·正卿公下一大公房伏生公派五》。

试。光绪六年,其侄子汪燮元在馆中跟随他读书之时,他已是一位颇有资历的塾师了。

《局董日记》显示,汪光淼本人也是一位塾师,他在距离家乡数里以外的西塘村坐馆。他曾在光绪七年四月二十五日应友人之请,为该村撰写《西塘桥会碑记》。^① 光绪五年正月二十日,是开学的日子,他去西塘教授学生。^②

东山书院是祁门最为著名的书院,汪光淼的儿子思祖曾在东山书院读书。日记记载了当时书院的吴先生给学生考试的题目,颇为有趣,现抄录如下:

> 头课生监题(谓之中发两中节),童生题(吾止也至进)。
> 二课生监题(子曰默而识之,两章),童生题(孟子曰人之患)。
> 体甥(头课特六,二课超一),思祖(头课次十,二课上三)

由此可见,当时的考试分为头课、二课两级,两次考试中又按照学生的身份等级分为童生题和生监题。前者的考试对象为童生,后者的考试对象为生员和监生。

俗谚云:“万般皆下品,惟有读书高。”读书应试是明清时期很多士子一生的追求。生员虽是最低级的科举功名,却是踏上科举仕途之路的第一关,只有获得生员的资格,才能参加更高一级的乡试,因此很多士子都为获得生员的身份不断应考。明清时期,只有通过“童试”,即通过县试、府试和院试三级考试才能取得生员资格,否则仍旧是童生。《局董日记》详细记载了汪光淼本人及其子侄参加县考、府考、院考、岁考的情况,尤其详细记录每种考试的试题和科考成绩,这为研究晚清基层科举考试提供了宝贵的素材。

先看县试(县考)情况。县试在各县举行,由知县主持考试,清代每三年举行两次,每次需连考五场,每场考试分别称为头场、二场、三场、四场和终场。^③《局董日记》中有数次关于县考的记载。第一次是在光绪五年,当时汪光淼带着胜英去祁门县城参加县考,并将他引荐给吏房的吕子逸,但这次考

---

① 《徽州民间珍稀文献集成》第 3 册,第 504 页。
② 《徽州民间珍稀文献集成》第 3 册,第 370 页。
③ 〔日〕宫崎市定:《科举》,宋宇航译,杭州:浙江大学出版社,2019 年,第 12—19 页。

试情况缺乏记录。① 日记详细记载了汪光淼的儿子思祖、侄子绍祖参加县考的情况。

正月初五日,思祖从下汪村出发去参加县考。当时由新祖挑铺盖考具,一同前往县城应考。他们到历口住店歇息,光淼给他们川洋三元作为科考费用。第二天上午,思祖到达县城安顿下来,开始备考。② 初八日,举行县考。汪光淼十分关注科考情况;十一日,他接到嫁到县城的妹妹汪焕送来的信件,来报头场、二场考题,并托新祖给他带了香干二扎。③ 十四日,门斗陈欣来报头案,绍祖第十五名,思祖第十七名。当时尚在春节中,汪光淼在家中款待门斗喝茶,并给纸包钱一百文。④ 十七日,进行第二场考试。十八日,门斗来给汪光淼报二场案。现将这次考试情况抄录如下:

取再试,绍祖第十七,思祖第五十七(给纸包钱六十,取三试第七十一,取终试第五十五)。

覆[覆]试题:王立于沼上,至王在灵沼,经题毋雷同,鹓鸿得路争先矞。⑤

在这次考试中,汪光淼儿子思祖二试第 57 名,三试第 71 名,终试第 55 名,作者比较满意,于是给予思祖 60 文的红包钱作为奖励,并将这次试题也抄录下来。

十九日,举行第四场考试。到二十三日,举行终考,即最后一场考试,出正案。⑥ 汪光淼迫不及待地想知道科考成绩,于是在二十六日,专门请族人汪大旺到县城去打听具体情况,并托他给思祖洋四元,侄子绍祖一元。当天门斗报正案:

绍祖第二十,思祖亦取终场,正案六十一(终场取八十名,门斗给饭

① 《徽州民间珍稀文献集成》第 3 册,第 406 页。
② 《徽州民间珍稀文献集成》第 3 册,第 483 页。
③ 《徽州民间珍稀文献集成》第 3 册,第 484 页。
④ 《徽州民间珍稀文献集成》第 3 册,第 485 页。
⑤ 《徽州民间珍稀文献集成》第 3 册,第 487 页。
⑥ 《徽州民间珍稀文献集成》第 3 册,第 487 页。

与钱八十文)。①

上引资料显示,这次祁门县考终场共取前八十名,可知思祖和侄子绍祖都通过了县考。为表示谢意,汪光焱专门给门斗饭钱十文。

再看府试(郡考)。县试的中试者被招集到所在的府参加府试,由知府担任考官,应考的士子需连考三场。汪光焱的子侄通过祁门县考后,着手准备前往徽州府参加郡考。光绪七年二月初一日、初二日,绍祖和思祖相继动身前往徽州府参加郡考。初八日,雨霰大冻,举行府考。② 但日记对这次府考没有记载,颇为遗憾。也可能是考试成绩不理想,故没有记录。

关于院试,清代的院试由各省学政主持,每三年举行两次,考试分为两场,科考内容与县试、府试基本相同。头场考试称为"草案",末场考试结果称为"正案"。光绪七年四月十一日,安徽学政官到达徽州府,为院考做准备。日记详细记载了这次院考的情况。十四日考七学,十八日考歙、休、祁、黟、文童。③ 汪光焱颇为关注本次科考情况。廿一日,接到妹妹寄来的文生科考一等信,得知十四日文生试题和十八日童生试题。廿二日,出歙、休、祁、黟草案。④ 次日,四县提覆。二十五日,提覆发新进案。⑤ 虽然汪光焱没有记载这次科举考试录取名次。但从廿六日记载冯子坤兄弟入泮可知,祁门县的冯子坤兄弟院试通过,具备了生员的身份。换句话来说,他们有了功名。

此外,族谱中也记载了汪光焱子侄中有一些人通过了院考,获得科举功名。如同治五年(1866),其侄绳祖通过院试,获得邑文庠生身份;光绪十年(1884),绍祖通过院试,获得邑文庠生身份。⑥

虽然生员是最低级的科举功名,但在地方乡村社会还是具有一定地位的。因此,每逢子弟获得生员身份后,其家长多宴请亲友,以表庆贺。《局董

---

① 《徽州民间珍稀文献集成》第 3 册,第 489 页
② 《徽州民间珍稀文献集成》第 3 册,第 491 页。
③ 《徽州民间珍稀文献集成》第 3 册,第 502 页。
④ 《徽州民间珍稀文献集成》第 3 册,第 503 页
⑤ 《徽州民间珍稀文献集成》第 3 册,第 505 页。
⑥ 《舜溪汪氏重修宗谱》卷一〇《世系·正卿公下一大公房伏生公派五》。

旅汉皖南同乡团体的近代经营与社会主义改造[*]

李　甜

（安徽大学徽学研究中心）

摘　要：同乡团体是传统商帮研究的重要组成部分。清代以来，以徽商为主体的皖南商人麇集武汉三镇，太平天国战后亦并未衰微，皖南同乡团体一直维持至中华人民共和国成立初期。论文基于对调查报告的回溯式分析，考察了新安六邑同乡会等同乡团体的经营、管理，及其接受社会主义改造的细节，从侧面梳理了近代皖南商帮的变迁与解体过程。

关键词：徽商；会馆；武汉；新安六邑同乡会；关系网络

近代以来，会馆、同乡会、公所等同乡同业团体，作为商人联结乡谊和扩张人脉的场域，开始承担日趋多元的社会功能，成为传统商帮研究不可或缺的部分，学界对此已有丰富积累。① 徽学研究的核心是明清以来徽州社会及

---

* 本文曾发表于《安徽史学》2021 年第 3 期。本文为安徽省哲学社会科学规划项目"旅鄂皖南商人群体的近代经营与社会主义改造研究"（AHSKQ2020D38）的阶段性成果。

① 管见所及，主要有：全汉昇《中国行会制度史》，上海：新生命书局，1934 年，第 92—120 页；何炳棣《中国会馆史论》，台北：学生书局，1966 年；[日] 加藤繁《中国经济史考证》第 3 卷，吴杰译，北京：商务印书馆，1973 年，第 101—122 页；吕作燮《明清时期的会馆并非工商业行会》，《中国史研究》1982 年第 2 期；Kwang-Ching Liu（刘广京），"Chinese Merchant Guilds：An Historical Inquiry"，*Pacific Historical Review*，1988，No. 57，No. 1，pp. 1–23；邱澎生《商人团体与社会变迁：清代苏州的会馆公所与商会》，台北：台湾大学博士学位论文，1995 年；王日根《乡土之链：明清会馆与社会变迁》，天津：天津人民出版社，1996 年；Christine Moll-Murata（莫克莉），"Chinese Guilds from the Seventeenth to the Twentieth Centuries：An Overview"，*International Review of Social History*，2008，53，pp. 213–247。

日记》记载,汪光森亲友的子弟"入泮""迎学"等获得生员的资格后,他和一些亲友一同去庆贺。如光绪七年九月二十三日,冯子坤"迎学",汪光森和陈惟岳、陈树人、汪殿三等人一同赴宴,以表祝贺。[1] 同年十月十九日,汪光森一个朋友的儿子"迎学",他和许佩和、黄兴茂、冯濬川、汪殿三、汪耿扬等,置办盒羽毛彩旗,并每人各派钱二百三十五文,作为赴宴的贺礼送给朋友。[2]

接着看岁考(岁试)情况。清代科考制度规定,岁试每三年举行一次,届时各省学政对所属府州县的全部廪生、增生和附生等各类生员举行考试,以定优劣,酌定赏罚。岁试成绩分为六等,一、二等为优,三、四等为中等,五、六等为劣等,对优等有升格的奖赏,对劣等则给予相应的处罚。[3]《局董日记》详细记载了作者汪光森参加岁考的往返见闻和科考情况,对于了解晚清科举考试具有一定的价值。

汪光森于光绪六年二月廿六日,动身前往徽州府参加岁试。在历口雇轿夫二人,约定从老家下汪村到徽州府给银洋三元、钱四百文,当晚住在桥局。现将作者沿途行程列举如下:

> 廿七日,小雨。到城。
> 廿八日,阴,晚雨。宿渔亭。
> 廿九日,阴。午到万安街,为桥局选日,一更到石桥头宿。
> 三月初一日,阴小雨。自石桥头至田干里谢瑞祥先家约三里,候其选日。在伊家用饭,晚仍回石桥头宿。
> 初二日,雨。石桥头动身,午雨甚,宿冷水铺。
> 初三日,晴。早晨到府,寓西城坊。
> 初四日,晴。武童府试,派保。
> 初五日,晴。文童院试,派保。
> 初六日,晴,午小雨。德修、绍祖到府。

① 《徽州民间珍稀文献集成》第 3 册,第 531 页。
② 《徽州民间珍稀文献集成》第 3 册,第 532 页。
③ ［日］宫崎市定:《科举》,第 34—35 页。

初七日,晴。孙学宪下马。①

从上述资料可以看书出,汪光淼从祁门老家下汪村到徽州府共历经八天时间,途中先后在黟县渔亭和休宁万安街、冷水铺住宿。在休宁石桥头,他还不忘桥局工作,请谢瑞祥为桥局选开工吉日。三月初三日,到达徽州府城,住在西城坊,等待岁考。从上引资料还可以看出,初四、初五分别举行武童府试和文童院试。初七日,安徽学政孙氏到达徽州府,准备监督岁考。

　初九日,开始填写岁考册。从他填写的岁考册可以得知,汪光淼于咸丰九年(1859)就获得了生员的资格。除同治二年(1863)和光绪二年(1876)分别丁父忧、丁母忧,未参加岁试外,他先后于同治六年、八年(1869)、十年(1871)和光绪三年(1877)四次参加岁试,分别获得二等第十七名、一等第四名、二等第三名和一等第七名。② 可见,他的岁考成绩比较稳定。

　三月初十日,岁考开始,当日举行婺、祁、黟、绩文生岁考。清代科考制度规定,各省学政每三年两次巡历所辖府州县,在主持岁考之时,也相应举行院试。因此,汪光淼在这次参加岁考之时,也留意记录院试的情况。三月十五日,文童出一等案。十八日、十九日,分别出歙县、休宁文童提覆案和祁门、黟县提覆案,其中祁门县共录取四十一名。二十日,出新进案。作者记录了祁门认保③和派保④的名单,现抄录如下:

> 认保:汪会源(西黄龙口),曾际鸿(西曾村)。
>
> 派保:陈佩芳,西文堂。
>
> 　　　李训诂,南狗石。
>
> 　　　冯国桢,西大树。

---

① 《徽州民间珍稀文献集成》第 3 册,第 431—432 页。

② 《徽州民间珍稀文献集成》第 3 册,第 433 页。

③ 认保为清代科举考试中为防止考试舞弊采取的一种措施,是指在县试、府试、院试之时,主考官将一些官派廪生粘榜,考生需要从中榜中请某位廪生作保,称为认保。

④ 派保为清代科举考试中为杜绝考生舞弊采取的一种措施,始于乾隆五十七年(1792)。清代制度规定,在科考中增加官派廪生认保一项,由府学教官先将选定廪生名单榜示署前,考生于府试、院试时请榜中某人加保,称为派保。

汪芬,南楂弯。①

从结果来看,祁门这次院试成绩颇佳。二十二、二十三两日,分别举行武举的外场和内场考试。二十五日,出武举考试的新进案,可惜作者没有记录具体录取名单,无从知晓具体情况。

再看科试。科试是指在每次乡试之前,由各省学政在所辖府州县举行的考试。凡是要参加乡试的生员都要应试,只有通过科试的生员才能获得乡试的资格。《局董日记》记载,汪光淼本人曾在同治四年(1865)、六年、九年(1870)参加科试,其中后两次分别获得二等第十七名、二等第三十三名。②其他年份的科试缺乏记载,无从知晓。

关于汪光淼科考的情况,族谱记载:"咸丰九年邵院三名,入学邑文庠。同治六年朱院一等二名,补廪。光绪八年徐院,考取临贡,由岁贡生咨部注册,以教职补用,授修职郎,选用教谕。"③这些记载与日记中的记载吻合。因《局董日记》截至光绪七年底结束,因此,根据族谱记载可知,光绪八年汪光淼岁考中成绩优异,被作为贡生推荐到吏部,获得候补教谕和修职郎的官职。

关于科考花费情况,《局董日记》也有涉及。光绪三年的岁考中,汪光淼花费院学房费四两八钱,计用洋七元,其中,门斗投文洋五钱、钱四百文,学书洋一元。同时,在徽州府学读书之时,照例给授课府学的欧阳、江两位老师,每人钱四百八十文,但他们嫌轻未收,后又送毛尖茶各二篓,但到第二年还是被扣除一年廪俸。④

在光绪六年的岁考中,汪光淼科举经费花费更多:"学书办文约洋四元,府抟文洋六元。院正费洋卅六元,场费洋二元,贡簿一元。"⑤可见,费用种类繁多,花费不少。三月二十八日,岁考结束。汪光淼雇轿返程,从徽州府到

---

① 《徽州民间珍稀文献集成》第 3 册,第 436—437 页。
② 《徽州民间珍稀文献集成》第 3 册,第 433 页。
③ 《舜溪汪氏重修宗谱》卷一〇《正卿公下一大公房伏生公派五》。
④ 《徽州民间珍稀文献集成》第 3 册,第 434 页。
⑤ 《徽州民间珍稀文献集成》第 3 册,第 437 页。

祁门县城共花费洋二元、钱四百文。返程途中先后在休宁万安街和黟县渔亭夜宿,于三十日中午到达祁门县城。①

《局董日记》中没有关于乡试、会试的直接记载,仅提到其族兄汪光烈于光绪五年八月参加江南乡试后回到家中,托外甥代马体乾买一些衣物回来,即"贡缎[缎]靴一双,计钱二千四百,白皮帽匣一个,计钱六百〔文〕;线缎[缎]边六合纬冬帽一顶,计钱一千九百〔文〕"②。日记还记载了光绪六年初一日会试发榜的情况,会元为山东历城人吴树棻,徽州共中进士七名,分别为歙县的汪宗沂、江昌燕,婺源的郑振声、查荫光、余文蔚、俞炳辉和绩溪的曹作舟。③ 由此可见,这次科举考试中,婺源中进士最多,共有四人,显示出婺源科考的竞争力。徽州七名进士中,歙县的汪宗沂为著名学者,在徽州颇有影响,也留下不少信札。④

需要说明的是,与科举制度密切相关的是捐纳制度。清代捐纳制度进一步发展,尤其是在晚清时期,清廷为应对沉重的财政压力,捐纳更为盛行。捐纳为士子通往仕途之路提供了一种便捷。⑤《局董日记》也有汪光淼捐纳的记载。光绪五年五月二十五日,代汪光淼捐监的族弟汪廷瑞来到桥局夜宿,并带来捐照。虽然汪光淼的捐照没有保存下来,但日记却对其捐监内容和花费情况有所记录。当时汪光淼报捐监生加州同职衔,花费"米二十四石四斗四升,票粮一百廿二两四钱",加捐并"父母封典、貤封祖父母封典,米十四石四斗,票粮七十二两"。当时捐监凭照花费"每照一张,银三钱"。⑥ 由此可见,汪光淼捐监和封典父祖所费不赀。

综上所述,《局董日记》详细记载了汪光淼本人及其子侄参加光绪五年至七年的县试、府试、院试、岁考等基层科举考试的考试流程、试题和科考经

① 《徽州民间珍稀文献集成》第 3 册,第 438 页。
② 《徽州民间珍稀文献集成》第 3 册,第 403 页。
③ 《徽州民间珍稀文献集成》第 3 册,第 444 页。
④ 《清末歙县汪宗沂往来信件及杂录》,王振忠主编、鲍义来分编《徽州民间珍稀文献集成》第 10 册,上海:复旦大学出版社,2018 年,第 1—408 页。
⑤ 关于清代的捐纳制度的研究,可参阅伍跃《中国的捐纳制度与社会》,南京:江苏人民出版社,2013 年。
⑥ 《徽州民间珍稀文献集成》第 3 册,第 391 页。

费开支情况。此外,日记还涉及科试、会试的一些侧面。这些科考情况集中反映了晚清徽州基层科考实态。若结合晚清徽州其他基层科考资料,如末代秀才婺源人詹鸣铎撰写的《我之小史》中记载他个人参加生员考试的记录,①就能进一步深化人们对晚清徽州基层科考的认识,同时也有利于推进徽州科举史的研究。

三、日常生活中的乡村纷争

明清时期的徽州既是"儒风独茂"的典范之区,同时又号称"健讼"之地。徽州的乡村诉讼不仅十分频繁,而且旷日之久,乃至令人倾家荡产。② 举凡徽州的纷争,涉及的主要是墓地、山林、屋宇等。明清徽州的诉讼既有族内诉讼,也有族际之间的纠纷,乃至引发严重的宗族械斗。③ 明代中后期的祁门县,"民讼多山木坟茔嗣继,然尚气好胜,事起渺怒,讼乃蔓延,乃至单户下民,畏权法不敢一望官府,亦自不少"④。清末光、宣时期,祁门县的情况依旧是,"讼事以山墓田宅为多,事起渺忽,滋蔓不休,理直者虽居多数,被诬受累者似亦不少"⑤。由此可见,直到晚清时期,祁门县诉讼风俗基本没多大变化,讼事依旧繁多。《局董日记》不仅记载了晚清祁门县宗族内部的诉讼,也涉及乡村社会日常生活的各种纠纷。

(一) 族内诉讼

《局董日记》记载次数最多、内容最为丰富的就是汪光焱本人与族人汪

---

① 詹鸣铎著,王振忠、朱红整理校注:《我之小史》,合肥:安徽教育出版社,2008 年,第 119—129、152—165 页。

② 相关研究,可参阅卞利《明代徽州的民事纠纷与民事诉讼》,《历史研究》2000 年第 1 期;韩秀桃《明清徽州的民间纠纷及其解决》,合肥:安徽大学出版社,2004 年;阿风《明清徽州诉讼文书研究》,上海:上海古籍出版社,2016 年。

③ 如明末清初绩溪七都旺传曹氏与周遭的石、曹、张等宗族之间的大规模械斗。可参阅王振忠《从〈应星日记〉看晚明清初的徽州乡土社会》,《社会科学》2006 年第 6 期。

④ 万历《祁门志》卷四《人事志·风俗》,合肥:合肥古旧书店,1961 年影印本。

⑤ 刘汝骥编纂、梁仁志校注:《陶甓公牍》卷一二《法制科·祁门民情之习惯》,第 254 页。

发春的诉讼,从光绪四年一直持续到光绪七年,从未间断,两者诉讼的起因是余屋产权问题。从诉讼类型来说,这场诉讼属于"田宅"类的诉讼。下面具体分析其诉讼过程。

汪光淼与族人汪发春的诉讼始于何时,目前缺乏资料记载,不得而知。但《局董日记》第一次记载他们的诉讼的时间是光绪四年十一月十八日,当时他们"构讼余屋",因屋宇产权引起纠纷。当日祁门知县黄某正在该村催征钱粮,汪光淼特请父母官勘查情况,但具体的考察结果缺载。① 从这条资料可知,光绪四年十一月中旬,汪光淼与汪发春涉讼余屋之事已开始一段时间。此后,因汪发春不服,先后频繁在县、府、省各级衙门状告,各级信差频繁传唤汪光淼到衙门听审,官司历时数年。由此可见,这场官司越到后来越激烈。因日记截至光绪七年底,而当时尚未结案,无从知晓最后的结果。但从日记记载的这些内容,可了解基本的诉讼过程,同时也可从一个侧面加深对晚清徽州乡村社会诉讼实态的认识。

光绪五年闰三月十八日,汪光淼请人代为投状到祁门县。二十四日,祁门知县作出批语,要求"传集讯究断"②。九月初六日,县衙差役传唤汪光淼到县衙开审。初八日,汪光淼到达县城,并写信请族中的族叔含辉、族侄德修前来作证。十三日,汪光淼"亲自迭词",向堂官申诉。当晚含辉、德修两人到达县城,住在汪光淼妹夫家。十六日下午,开堂审案。十七日,汪光淼到黟县见了报告人,可能是对这次堂讯结果不满,十八日,汪光淼再次"迭词"上诉。③

光绪六年二月二十二日,祁门知县柯家璆再次差人传唤汪光淼到堂听审。④ 八月初三日,祁门知县出批语,但具体内容日记没有记载。十一月十五日,祁门知县柯家璆利用在涉案双方居住的下汪村催征钱粮之时,勘查涉讼房屋,并比对两造房契:

---

① 《徽州民间珍稀文献集成》第 3 册,第 369 页。
② 《徽州民间珍稀文献集成》第 3 册,第 380 页。
③ 《徽州民间珍稀文献集成》第 3 册,第 404 页。
④ 《徽州民间珍稀文献集成》第 3 册,第 430 页。

邑主诣勘余屋,先将汪发春图契对勘,四至全然不合,再对我家图契,四至一目了然,任春支吾言语,官心已明白。当场即举朱笔,在我所呈图上批注"光绪六年十一月十五日,勘明该业,四至相符"字样存卷。①

从上引资料可知,柯知县比勘汪发春、汪光淼的房屋契图之后,发现前者屋宇与涉讼余屋四至完全不合,而后者的屋宇图契则一目了然。此时柯知县心中已有判断,于是当即提笔在汪光淼契图上批注"勘明该业,四至相符"字样存卷,以备后用。

虽然知县已核对双方房契并作出了批语,但汪发春还是不服,继续上告到祁门县衙。光绪七年二月初八日,祁门知县柯家璆在给汪发春的批语中说:

> 查此项余屋,前经本县顺道视诣,勘明其四至,核与汪汇江原呈图说印契,均属相符,核与尔呈图契,则相迥异。其为系汪汇江之祖汪春元向汪兄议买地建造,并非尔业无疑,乃尔始则借别项屋契,混控冒争。迨经本县核契勘明,尚不自知悔悟,今犹以汪汇契载四至与屋不符为词,抹杀前情,来案混渎,殊属恃老逞刁,候传集讯究详。②

这份批语的内容十分重要,主要有三层含义:第一,柯知县重申去年在下汪村催征钱粮之时,顺便勘查涉讼房契之事,并再次指出汪发春提供的房契与余屋四至不符,而汪光淼提供的房契与余屋四至相符这个实际情况。第二,明确涉讼余屋的产业来源问题,即该屋系汪光淼(榜名汇江)先祖汪春元向汪兄议买地建造,为其承祖产业,与汪发春无涉。第三,对汪发春明知其自身与余屋无涉,但故用其他房契来混争屋宇的行为进行指责,称他"恃老逞刁",要求传唤汪发春进行堂讯。

虽然柯知县对汪发春的上诉作出了指责性的批语,但汪发春仍不服判决,于七月初三日再次上告祁门县衙。初八日,祁门知县作出批语:

> 查此案前拟尔于勘后续呈,本县当以勘明。该余屋四至核与汪汇

---

① 《徽州民间珍稀文献集成》第 3 册,第 471 页。
② 《徽州民间珍稀文献集成》第 3 册,第 489 页。

> 江原呈图契相符,核与尔呈图契迥异。其为并非尔业无疑,明晰批示,乃尔仍不省悟,息喙任意混争,辄捏饰其词,上赴府宪,耸渎刁健已极。案经饬传,着原差江茂等,即将该原告汪发春带候集讯究详,抄粘掷还。①

上揭资料显示,祁门柯知县不仅维持原判,而且斥责汪发春捏词上告到徽州府的行为,称他"刁健"至极,要求差役再次传唤原告汪发春到县衙堂讯究治。

七月十二日,衙役传唤原告汪发春、被告汪光淼到县衙堂讯,日记没有记载这次审案情况。② 但可以肯定的是,汪发春对这次堂审仍然不满,并于九月上旬上告到安徽省府衙门。对此,日记记载:

> 本月初一日在臬宪递词,初八日在抚宪递词。臬批已出大意,仰府饬县,速集照契断详等语。抚批未出。

由此可知,汪发春九月上旬先后向安徽按察司和安徽巡抚递交状词,控告汪光淼。安徽按察司很快作出批语,要求徽州府转饬祁门知县对照涉讼屋宇的房契作出判决。但安徽巡抚收到状词后并未立即作出批语。此后,汪光淼请族弟汪光芬托人在省府衙门抄出安徽巡抚的批语。③ 十月十六日,汪光淼本家汪连丁从省城回来,转达巡抚批语的大意是"饬府集讯",要求徽州府衙门协助办案。④ 十月二十日,汪光淼接到十六日亲友从省城抄来的巡抚批语:

> 抚台批:祁门县民汪发春呈□□屋宇控案,节经该县勘讯,何以尚复□□不休,究竟有无偏袒,抑系逞刁图翻,仰按察司即饬徽州府亲提,质讯究断,具报图结,并抄均粘附九月十五日批示。⑤

---

① 《徽州民间珍稀文献集成》第 3 册,第 516—517 页。
② 《徽州民间珍稀文献集成》第 3 册,第 521 页。
③ 光芬(高溓二子),乳名永龄,字蕴香,号梅。咸丰六年(1856)授从九品,十一年(1861)授国子监生。平粤寇军功,加六品衔。同治元年(1862),大营办理转运钦差大臣爵相曾讳国藩,奖加五品衔,授奉直大夫。……子四:绅祖,葬径岭亭田,有图碑;燿祖;庆祖,葬徐家坪;悦祖。参见《舜溪汪氏重修宗谱》卷一〇《正卿公下一大公房伏生公派五》。
④ 《徽州民间珍稀文献集成》第 3 册,第 533 页。
⑤ 《徽州民间珍稀文献集成》第 3 册,第 533—534 页。

从上述安徽巡抚的批语中可知，巡抚明确表示汪发春告状的涉讼屋宇已由祁门知县勘查堂讯明白，但却一再申诉，其中缘由不可得知，遂请按察司着令徽州知府亲自提审涉案两造，并将案情图结申报到省备核。

十一月中旬，汪光淼从自省城回来的康姓人家那里打听到，汪发春再次到省府衙门状告。① 十二月上旬，徽州府派差役来传唤两造到府堂审，汪光淼随身携带"老案、地契"作为凭据。② 十二月中旬，徽州知府作出批语：

> 既据该生呈明，投到着在城歇寓守候，传齐人证□□，该生仍将印契先行捡呈，均无违延，抄契附□□。③

徽州知府要求汪光淼等人在府城留宿，等候人证到齐，再将祁门知县此前勘查盖印的文契递交府衙查验，不得延误。

十二月十八日，汪光淼"呈印契进禀"，将盖有官印的地契交给徽州府衙，同时将禀文呈送徽州府衙。二十三日，汪发春在徽州府请的保歇来信，请其动身前往府城诉讼。④ 当日，徽州府知府作出批语"候催差迅"，传唤两造庭审。

需要说明的是，《局董日记》仅记载到光绪七年十二月底，此后内容无记载，故无法明确该案最新进展和最后判决。但从前述祁门县、徽州府和按察司、巡抚等衙门堂官多次批词中可以得知，各级衙门的态度基本一致，即皆判汪发春无理取闹，为健讼刁民，涉案屋宇属于汪光淼。

这场屋宇讼案始于光绪四年，直到光绪七年尚未结束，持续数年之久，涉案两造频繁讦告官府，诉讼层级从祁门县到徽州府，再到安徽省府衙门。尤其是汪发春多次捏词状告到府、省衙门，但各级衙门基本维持祁门县最初的勘查结果。此案涉及的是"田宅"诉讼，案情并不复杂，但却持续数年之久，徽州健讼之风由此可见一斑。

---

① 《徽州民间珍稀文献集成》第3册，第537页。
② 《徽州民间珍稀文献集成》第3册，第538页。
③ 《徽州民间珍稀文献集成》第3册，第539页。
④ 《徽州民间珍稀文献集成》第3册，第539页。

（二）乡村纠纷

《局董日记》除了详细记录汪光焱本人涉讼案情,还零星记载了不少乡村社会中的各种纷争,这些内容集中反映了晚清时期徽州民众日常生活的基本风貌。

徽州山区面积广大,山林经济在民众日常生活中占有十分重要的地位,但在山林经营管理的过程中,常因各种原因引发纠纷。《局董日记》记载,光绪五年十一月二十一日,伦坑汪氏族人因挤山与汪光焱族兄汪仰南子侹发生口角,伦坑汪致远准备到祁门县状告,汪光焱和汪耿杨因为族众涉案,劝说汪致远不要上诉,并请汪耿扬出面讲和此事。① 光绪六年腊月,金魁渺、禩试二人盗砍舜溪汪氏徐家坪坟山松树,后被汪氏宗族发现,要送官究治。光绪七年正月十三日,汪光焱邀请延寿叔、宗弟等人到尚田处理此事,后以订立禁约和惩银了事。②

光绪五年祁门西乡高枧胡友良与王姓发生诉讼。九月二十日,汪光焱同叶子振、王润之、王世平、冯俊扬等人参与调处双方诉讼。二十六日,汪光焱等人成功调处胡、王双方诉讼,两造人等和息,并将和息状进呈主审此案的堂官批准息讼销案。③ 光绪六年六月二十一日,上箬坑王超凡、王宗绪来信请汪光焱到祁门县衙调处怡大茶号与汪润之的诉讼。汪光焱因桥局有事未能前去;二十四日,其族兄汪耿扬到县衙参与两造息讼。④

在日常生活中,徽州民众也常因各种因素买卖妻妾,从而引发事端。光绪五年十二月二十八日,汪光焱所在的下汪村族人汪发春之子汪承炎"略卖发妻,族照旧规议逐"⑤,受到宗族的严重惩罚。光绪七年六月二十一日,祁门西乡正冲村民陈胜春卖妻引起族众不满,汪光焱受邀前往讲和。⑥

从上述乡村纠纷来看,既有山林纠纷,也有日常生活中的口角纠纷,还

---

① 《徽州民间珍稀文献集成》第 3 册,第 410 页。
② 《徽州民间珍稀文献集成》第 3 册,第 485—486 页。
③ 《徽州民间珍稀文献集成》第 3 册,第 405 页。
④ 《徽州民间珍稀文献集成》第 3 册,第 444—445 页。
⑤ 《徽州民间珍稀文献集成》第 3 册,第 420 页。
⑥ 《徽州民间珍稀文献集成》第 3 册,第 518 页。

有因买卖人口引起的纠纷。在这些纠纷发生后,涉讼当事人多邀请汪光淼出面调解纠纷,这些纠纷也基本通过调处的方式解决。由此可见,汪光淼在乡村社会中具有很高的威望,起到仲裁者的作用。

结　　语

晚清时期徽州社会遇到"千年未有之变局",太平天国战争在徽州持续十多年,对徽州社会造成重大影响。举凡战争所到之处,房屋尽毁,人员伤亡,财产被劫,民众流离失所。战后徽州社会呈现出一片凋敝的景象,社会秩序、宗族制度亟待重建。① 不仅如此,西方经济势力不断渗透,徽商的商业发展也面临严峻挑战。因此,在咸同兵燹之后,徽州民众、乡绅和商人积极投入地方社会秩序的重建,力图振兴徽州。《局董日记》为祁门西乡下汪村汪光淼撰写的个人生活记录,详细记载了光绪四年至七年,徽州乡村日常生活的诸多面相,集中反映了战后徽州民众重建地方社会秩序的实践和日常生活图景。汪光淼具有多重社会身份,他中过生员,做过塾师,经过商,兼任桥局局董。这样丰富的社会阅历,使得汪光淼笔下的晚清时期的徽州乡村社会生活呈现出丰富多彩的面貌。

光绪初年,经过十几年的战后重建,战争中受到重创的祁门县社会秩序得到恢复,民众物质生活水平逐渐恢复,各种民间信仰活动和科考教育等精神文化生活秩序也得以正常运行。祁门乡村社会日常生活呈现出一片繁荣景象,战争的阴霾已不见踪迹。与此同时,乡村社会中各种纠纷不断,无论是族内纠纷还是族际纷争,乡绅汪光淼在调解中都起到关键作用。

当然,《局董日记》作为个人生活记录,其叙事是以汪光淼为中心展开的,故其内容仅展现了晚清徽州乡村社会的一个侧面,并非整体社会图景,具有一定局限性。但不可否认的是,《局董日记》集中展现了晚清徽州乡村社会日常生活的诸多面相,通过对该日记的考察,仍可窥视晚清徽州乡村社会实态和纷繁复杂的图景。

---

① 可参阅拙文《晚清江南望族的修谱动员——以〈申报〉为中心》,《安徽史学》2017 年第 4 期。

徽商在各地的活动等,商人群体作为一个重要面向备受瞩目。日本学者根岸佶、重田德首开风气,他们对徽宁思恭堂的分析成为皖南同乡团体乃至徽学研究的发端之一。① 随着徽学研究的深入,相关成果层出叠见。范金民认为,创立同乡同业会馆和公益性设施是徽商成帮的标志。② 唐力行、徐松如考察旅沪徽州同乡会、歙县同乡会的近代命运。③ 王振忠、陈联、张小坡有关徽州同乡团体的总括性分析,邹怡、熊远报以北京歙县会馆为中心的考察,均可资参照。④ 同乡团体的征信录在商业史、社会史、教育史等领域的价值,也引起了学界关注。⑤

学界虽然对徽商衰落时间、原因存有争议,但"近代徽商走向衰落"似成定论。即便趋势大体如此,以徽商为主体的皖南商帮也存在不少转型成功的案例。与此相对应,近代以来皖南同乡团体如雨后春笋般出现,不少会馆、同乡会甚至维持到 20 世纪 50 年代。这些同乡团体的财产来源、组织性质、收入构成、运营方式如何,它们在 1949 年后面临哪些挑战,其消亡的主导因素有哪些? 其中尚有值得揣摩的空间。基于此,本文以武汉市政府 1950 年刊印的总结报告为基础,结合乡土史料和官方文献,分析新安六邑同乡

---

① ［日］根岸佶:《支那ギルドの研究》,东京:斯文书院,1940 年,第 77、125—126、172—176 页;［日］根岸佶:《上海のギルド》,东京:日本评论社,1954 年,第 402 页;［日］重田德:《徽州商人之一面》,刘淼辑译《徽州社会经济史研究译文集》,合肥:黄山书社,1988 年,第 455—456 页。

② 范金民:《钻天洞庭遍地徽——明代地域商帮的兴起》,《东方学报》第 80 册,2007 年,第 20—68 页。

③ 唐力行:《徽州旅沪同乡会与社会变迁(1923—1953)》,《历史研究》2011 年第 3 期;唐力行:《城乡之间: 1947 年歙县旅沪同乡会扑灭家乡疟疾运动会》,《史林》2013 年第 1 期;徐松如:《都市文化视野下的旅沪徽州人(1843—1953)》,上海: 上海人民出版社,2015 年。

④ 陈联:《徽商会馆概说》,黄山市徽州文化研究院编《徽州文化研究》第 2 辑,合肥:安徽人民出版社,2004 年,第 136—154 页;王振忠:《徽学研究入门》,上海:复旦大学出版社,2011 年,第 30—32、74 页;张小坡:《旅外徽州人与近代徽州社会变迁研究》,北京:中华书局,2019 年;邹怡:《善欲何为——明清时期北京歙县会馆研究(1560—1834)》,《史林》2015 年第 5 期;熊远报:《会馆·远距离贸易·商业网络:以明清时期北京的歙县会馆为考察线索》,《南国学术》2018 年第 3 期。

⑤ 梁仁志、李琳琦:《徽商研究再出发——从徽商会馆公所类征信录谈起》,《安徽师大学报(人文社会科学版)》2017 年第 3 期。

会、太平会馆等皖南同乡团体的经营和改造,兼及一些徽商的个人生活史,从侧面理解传统皖南商帮转型与衰落的具体过程。

一、近代旅汉皖南商人及同乡团体

明清以来,武汉三镇以广袤的经济腹地、江汉交汇的地缘优势,素为商帮荟萃之所。以徽商为主体的皖南商人群体,很早就活跃于这片区域。汉口在区域商业网中承担的主导角色,时人有精辟概括:"湖北商场,汉口较巨,沙市、宜昌次之,河口、樊城、沙洋、岳口、仙桃镇又次之,商场之小者,不暇缕举。"①

汉口作为淮盐在湖广的转运中枢,徽州盐商旅汉经商历史甚久。② 遗存至今的大量徽商书信,记载旅汉徽商的日常生活、生意往来。③ 长江水运的商编路程,有不少以汉口为目的地或出发地。④ 盐业衰微后,皖南商人"以典商及棉纱商为最盛,次之则茶业、钱业、油业及笔墨商等,年贸易额约六七百万两"⑤。汉口民谣有"徽州的墨,太平的剪,苏杭的绸缎,嘉湖的点"⑥,涉及徽墨、太平剪刀等皖南特产。除了徽商,皖南其他业商群体也将商业网渗透至此,宁国府太平县商人尤为典型。以布业为例,据 1869—1871 年的 *Commercial Reports* 称,汉口布商大多出自太平,甚至汉口、沙市、宜昌之间买卖也主要操于太平人之手。⑦ 方志也证实太平商人的特殊性:"徽州帮,包

---

① 甘鹏云:《方志商》卷上,民国二十七年(1938)崇雅堂铅印本,复旦大学图书馆藏。
② 王振忠:《清代汉口盐商研究》,《盐业史研究》1993 年第 3 期;李琳琦:《徽商与清代汉口紫阳书院——清代商人书院的个案研究》,《清史研究》2002 年第 2 期;陈锋:《人口流动与文化的传播——以清代徽商移居汉口为例》,《人文论丛》2019 年第 1 辑。
③ 王振忠:《徽商与清民国时期的信客与信局》,《人文论丛》2001 年卷。
④ 王振忠:《清代徽商与长江中下游的城镇及贸易——几种新见徽州商编路程图记抄本研究》,《安徽大学学报(哲学社会科学版)》2019 年第 1 期。
⑤ 侯祖畬、吕寅东等纂:《夏口县志》卷一二《商务志》,民国九年(1920)刻本。
⑥ 武汉书业公会:《汉口商号名录(附汉口指南)》,上海:商务印书馆,1920 年,第 262 页。
⑦ 转引自姚贤镐编《中国近代对外贸易史资料:1840—1895》,北京:中华书局,1962 年,第 1575—1576 页。

括太平帮,为安徽全省之代表。"①此处当指太平县商人,"包括"二字说明:在本地人眼中,与徽州毗邻的太平县商人被视为徽商的组成部分;将太平帮单独列出,又是对其商业影响力的肯定。这一说法并非罕见,清末日本人的调查也提到,旅汉安徽商人主要来自"安徽省的徽州及大[太]平",②甚至将太平县与徽州府相提并论,可见势力不容小觑。

早在清初,在汉口开行设铺的徽商就有组织化趋势,康熙年间创设紫阳书院,此后不断增益、完善设施,以强化商帮凝聚力。③ 徽商、宁国商人同属皖南同乡,与上海、盛泽等地相似,旅汉徽宁商人也曾合建徽宁会馆,宁国府泾县商人的琴溪书院与新安书院互换过土地,④只是由于内部发生了利益冲突,"不能形成安徽省人的大团结",最终分道扬镳。⑤

1916 年刊行的《旅汉安徽同乡会第一期调查同乡录》,收录 24 县计 794 人,其中皖南 9 县达 763 人,皖北几无经商者。⑥ 从人数看,原徽州府 5 县(祁门未调查)415 人,其中休宁 173 人,歙县 66 人,黟县 63 人,婺源 58 人,绩溪 55 人;原宁国府 346 人,包括太平 286 人,泾县 49 人,旌德 11 人;原池州府贵池县 2 人。太平人最多,应与调查员李自源籍贯太平有关。考虑到调查员精力和关系网络的局限,推想包括祁门人在内的旅汉皖南商人应远多于此。

与一些省级同乡组织相比,安徽会馆成立较晚。同治年间地图显示,汉口有浙江公所、江苏会馆、湖南会馆、山陕会馆、齐鲁公所、福建会馆等省级同乡团体。⑦ 直到 1913 年,皖北人刘琪等筹办义赈会,之后才改组安徽同乡会,"继而同人复建议创立汉上安徽全省会馆,皖之人侨汉及乐闻斯举者,输

---

① 侯祖畬、吕寅东等纂:《夏口县志》卷一二《商务志·商团组织》。

② [日]东亚同文会编:《支那经济全书》,日本明治四十至四十一年(1907—1908)版,台北:南天书局,1989 年翻印本,第 179 页。

③ 张小平:《汉口徽商与社会风尚——以〈汉口丛谈〉为例》,《安徽史学》2005 年第 1 期。

④ 朱琦:《小万卷斋全集·文稿》卷八《汉口重修琴溪书院碑记》,清光绪十一年(1885)刊本。

⑤ [日]东亚同文会编:《支那省别全志》卷九《湖北省》,日本大正七年(1918)版,台北:南天书局,1988 年翻印本,第 940 页;曹觉生:《解放前武汉的徽商与徽帮》,《史学工作通讯》1957 年第 3 期。

⑥ 《旅汉安徽同乡会第一期调查同乡录》,王振忠主编、吴敏分编《徽州民间珍稀文献集成》第 8 册,上海:复旦大学出版社,2018 年,第 86—187 页。

⑦ 《武汉三镇合图》,清同治三年(1864),美国国会图书馆藏。

金辇财,相属继起,复如义赈之时,未逾年而会馆成,遂有第一期同乡录之刻"①。"凡例"提及,安徽会馆的成立与段祺瑞及旅汉皖籍官员的积极促成有关。② 安徽会馆的建设时间很晚,参与者为皖北官员和皖南商人,表明安徽省籍认同发端很迟。

二、方少岩与新安六邑同乡会的经营运作

旅居汉口的徽州同乡组织——新安六邑同乡会,前身可追溯至徽州会馆。③ 从会馆发展到同乡会,乃时代趋势。1933 年,方少岩等发起旅汉新安六邑同乡会。④ 1934 年,婺源改隶江西,新安六邑同乡会也积极参与请愿活动。⑤

方少岩作为同乡会的关键人物,其个人信息收录于《旅汉安徽同乡会第一期调查同乡录》。同期还收录了两个相关人物的资料:

方锡悌(少岩),歙县,44 岁,康成酒厂,硚口上首。
方锡恺(晓洲),歙县,52 岁,医生,安徽会馆。
方锡忻(吉斋),歙县,41 岁,康成分销,华景街。⑥

---

① 刘琪:《叙》,《旅汉安徽同乡会第一期调查同乡录》,王振忠主编、吴敏分编《徽州民间珍稀文献集成》第 8 册,第 89 页。
② 《旅汉安徽同乡会第一期调查同乡录》"凡例",王振忠主编、吴敏分编《徽州民间珍稀文献集成》第 8 册,第 91 页。安徽会馆位于汉口徽州会馆北边(《武汉三镇市街实测详图》,民国十九年[1930],中国国家图书馆藏),一说建于武昌府城内小朝街(《支那省别全志》卷九《湖北省》,第 940 页)。曹觉生认为安徽会馆可以追溯至李鸿章、李瀚章主政时期,录此存疑。(曹觉生:《解放前武汉的徽商与徽帮》,《史学工作通讯》1957 年第 3 期,第 130 页)
③ 《新汉口市实测详图》(1932 年)、《武汉市汉口区马路图》(1951 年)等地图皆标为"新安公所"。详见《武汉历史地图集》编纂委员会编《武汉历史地图集》,中国地图出版社,1998 年,第 81、84 页。
④ 《各地徽侨消息·汉口同乡会之成立经过》,《新安月刊》第 1 卷第 8 期,1933 年 10 月。相关研究参见张小坡《近代旅外徽州同乡会的治理架构与社会功能》,《安徽大学学报(哲学社会科学版)》2018 年第 4 期。
⑤ 徐松如:《试析同乡网络在婺源回皖运动中的社会动员能力》,《江西师范大学学报(哲学社会科学版)》2014 年第 1 期。
⑥ 《旅汉安徽同乡会第一期调查同乡录》,王振忠主编、吴敏分编《徽州民间珍稀文献集成》第 8 册,第 101 页。

方晓洲可能是方少岩族兄,同为康成服务的方吉斋应是其族弟。宣统二年(1910),法国人比格在当地开办康成酒厂,为武汉最早生产酒精的厂。方少岩 1928—1930 年间租赁该厂,① 对照同乡录可知,方氏兄弟与酒厂颇有渊源。

以实业起家的方少岩是汉口商界的重要人物,在本地公共事务中留下不少记录。1928 年,汉口总商会、银行公会呈报国民政府整理湖北金融,汉口商会推蒋镕卿、方少岩、王森甫赴京面陈。② 值得一提的是,王森甫名王明福,原籍太平,生于汉口,曾任旅鄂安徽同乡会副会长,其兄王明文曾任汉口商会会长、安徽同乡会会长,皆是旅汉太平商人的翘楚。③ 上述三位商界代表有两位出自皖南,足以说明皖南商人在汉口商界的影响力。负责救火的汉口市公益会成立后,在安徽街的安徽会馆辟烈士享堂,方少岩等地方耆宿主持每年的清明、重九祭奠仪式。④ 1937 年,汉口市佛教正信会成立救护队,方少岩代表保安公益会出席典礼。⑤ 1938 年武汉沦陷,日伪成立维持会,方少岩亦在列。⑥ 从伪经历并未影响他的前途,1947 年汉口市市长徐会之指派杨庆山、方少岩等为汉口公正士绅,办理社会救济事业。⑦

1950 年,武汉市民政局编印《武汉市善堂会馆公所整理工作报告》⑧,正文 29 页,附表 4 张,详细介绍 1949 年前后汉口善堂、会馆的运作和改造,以下试予以分析。

---

① 湖北地方志编纂委员会:《湖北省志·工业志稿》,北京:中国轻工业出版社,1994 年,第 214 页;武汉市江硚口区地方志编纂委员会编:《硚口区志》,武汉:武汉出版社,2007 年,第 279 页。

② 黑广菊、刘茜主编:《大陆银行档案史料选编》,天津:天津人民出版社,2010 年,第 248 页。

③ 王仙源纂修:《仙源王氏宗谱》第 1 册《王君森甫事略》《琴甫公墓志铭》,民国十六年(1927)木活字本,上海图书馆藏。

④ 金溥临:《旧汉口的救火队》,政协武汉市委员会文史学习委员会编《武汉文史资料文库》第 6 辑《社会民俗》,武汉:武汉出版社,1999 年,第 166 页。

⑤ 上海古籍出版社编:《海潮音》1937 年第 7—12 期,上海:上海古籍出版社,2003 年,第 461—462 页。

⑥ 涂文学主编:《沦陷时期武汉的政治与军事》,武汉:武汉出版社,2007 年,第 1、3 页。

⑦ 龙从启:《武汉大流氓——杨庆山》,政协武汉市委员会文史资料研究委员会编《武汉文史资料选辑》第 9 辑,1982 年,第 103—104 页。

⑧《武汉市善堂会馆公所整理工作报告》,武汉:武汉市人民政府民政局,1950 年编印,复旦大学图书馆藏。

　　善堂成立的动机是集合力量办理慈善,经费来源有三种——"贪官污吏捐输;大面子的人拉公款;占有公有财产",被认为由"善痞、善棍、善游子"等三教九流的社会寄生虫把持。① 位于大通巷的仁善堂历史悠久,②该堂理事长金溥临对方少岩知根知底,回忆过方氏与"武汉杜月笙"杨庆山的密切交往。③ 此外,在武汉工商界长期任要职的贺衡夫,也被认为是善堂点传师。④ 总之,作为善堂的管理者,方少岩等人背负"原罪"。

　　当时,政府对会馆的价值判断类似于善堂,会馆成立动机被认为是"用意很好",但其性质又被定为"极富于封建迷信色彩,以神来作为统制工具",这一判断好坏参半,颇为暧昧。新安六邑同乡会的收入,除了维持活动开支,还负责资助旅汉徽籍困难者("告帮的")和商业失败者,并提供借贷融资等类似地下钱庄的业务。⑤ 在财产来源上,武汉地区的同乡团体主要有三种集资形式:

　　　　(1)某省或某府在武汉做生意的人多,大家便出一定的月捐,再加上同乡间富商的捐助,慢慢积累起来的,如新安六邑同乡会馆即一例,在明万历年间他们集资在现在六水街一带买了一些空地皮(当时很不值钱),以后市面繁荣了,地价日高,他们便租给商人建屋,到一定年限无价收回,因此,今天新安六邑同乡会馆成了拥有房地产最多、最富的一个同乡会了。(2)某省某县出了一个在武汉(或湖北)做大官的人,由他捐钱或利用公款及号召同乡捐款搞起来的……(3)湖北省各县在武汉居住的人为了同乡间便于连[联]络起见,便向各该府县内的官吏、商人地主募捐,再加上在武汉的同乡中的商人、官吏的捐助,才搞起来的。⑥

简言之,主要参与者包括:1.商人;2.官员;3.官商兼有。商人和官员是会馆

---

① 《武汉市善堂会馆公所整理工作报告》,第1—3页。
② [日]东亚同文会编:《支那省别全志》卷九《湖北省》,第46页。
③ 金溥临:《汉口最早的善堂》,武汉市政协文史资料委员会等编《武汉文史资料》第2辑《汉口忆旧》,1992年,第184页。
④ 顾文华:《记大奸商贺衡夫的盗窃集团》,《人民日报》1952年4月14日,第2版。
⑤ 曹觉生:《解放前武汉的徽商与徽帮》,《史学工作通讯》1957年第3期。
⑥ 《武汉市善堂会馆公所整理工作报告》,第6—7页。省略号为笔者所加。

建设的主力,以何种群体为主取决于各方实力。报告特别指出,新安六邑同乡会的房地产最多、财力最足。据统计,它所辖房产多达 127 栋,而汉口、武昌二地全部会馆房屋也不过 986 栋。① 如果我们认为同乡团体与地域商帮存在一定的相关性,那么旅汉皖南商帮的实力恐怕不能低估。

与善堂相似,随着时间推移,会馆逐渐丧失本意变为"地域性封建集团",财产为"少数恶霸流氓会痞"把持。新安六邑同乡会以其规模而树大招风,组织者方少岩也成为典型案例。为便讨论移录报告相关文字于下:

> 方少岩是生长在汉口的安徽人,小的时候不好好学生意(做徒弟),稍大一点便当流氓,做泼罗克(买卖的中人),后来钻到帝国主义的洋行中当了一名买办,以此起家。慢慢有点钱与社会地位,便纠合当年一群流氓朋友,利用成吓,欺诈手段霸占了六邑同乡会馆,到现在已经有了二十多年。他据有会虽[馆]中大批财产后便如虎添翼,扩大了"社会活动资本",勾结国民党反动政府官吏,及日汪政府官吏以自重,因此一直搞了廿多年的理事长,同乡们畏之如虎狼,大家都敢怒而不敢言。本人原无恒产、恒业,当理事长后即在家里做起二老太爷,数十年来一家过着豪华的生活。钱从哪里来呢? 看一下他贪污敲诈的门道罢,新安六邑同乡会馆的房产有一二七栋,方少岩即嗾使其爪牙吴佩卿、曹健之等经常向租户,以加租之名进行敲诈,据租户反映,他故意将房租订低些,每年平均要向住户要求加房租三次到四次,每次加租时开口很大,往往要加到六七成,他一面摆出为同乡会馆谋增加收入的架子,一面便嗾使其爪牙向房客表示,只要大家私下一点钱,加租事好商量,结果每次要求加租时,只要房客另外送一个月租金给他,就马虎了事了,或加一成以敷衍会员。有时就说租户坚决反对,无法增加,即不了了之。廿多年来,租客已习以为常,便组成了一个"四季会",是专门为了对付方少岩要求加租的组织。如果按未经本局协助调整租金前,每季收租金米八九、三九石计,每年收租金米三五七、五六石。他得到这笔钱后,大部分

---

① 《武汉市善堂会馆公所整理工作报告》,第 9、21 页。

自己吞蚀,一小部分用在交结权贵,请同乡中露头角的人吃饭及送礼上了,一小部分分给其爪牙及手下的流氓。①

方少岩虽然是歙县人,却生长在汉口,是土著化的徽商后裔。方少岩的随从吴佩卿原籍休宁县上溪口,清末举人,曾任汉口市商会秘书;其子吴仁润操“武汉口音”,和方少岩一样,反映了在地徽商的土著化。② 灵活运用本籍、寄籍的双重身份以获取最大利益,应是徽商中较普遍的现象。

方少岩曾任“泼罗克”,即捐客(broker)音译。调查者试图将他与法商康成酒厂关联在一起,这在当时语境下是极为不利的。前揭方少岩经历表明,他不仅参与实体产业,社会地位还较高。调查者指责他“无恒产、恒业”,是剥削同乡、租户的寄生虫,这种消极用词显然有一定程度夸大,以便从政治上分化他的潜在支持者。

上述调查报告以大段的篇幅,生动描述了方少岩以“加租”之名敲诈租客、敷衍会员的把戏。关于民国城市房客的罢租、减租,学界关于上海租赁市场的研究已有涉及。③ 卢汉超比较上海“房客委员会”“减租委员会”与日本东京町会制度,认为这些组织是“乌合之众”。④ 方少岩的租客通过组建“四季会”应付索求,与沪上房客的应对异曲同工。旅赣徽商汪德溥对房客也有类似的剥削手段,只不过方氏的管理技巧“高明”一些。⑤

在会馆的日常活动和开支上,调查报告用大量篇幅强调剥削之一面,会馆被认为是“事业偏重于迷信”,参与创办教育被解读为“挡箭牌”。为证明

---

① 《武汉市善堂会馆公所整理工作报告》,第8—9页。

② 舒兴云:《离离原上草——记牧草专家吴仁润》,曹远林主编《玉壶红冰》,北京:科学普及出版社,1991年,第81—84页。

③ 郭圣莉:《城市社会重构与新生国家政权建设:建国初期上海国家政权建设分析》,天津:天津人民出版社,2006年,第141—145页;张生:《上海居,大不易:近代上海房荒研究》,上海:上海辞书出版社,2009年。

④ 卢汉超:《中国近代城市史研究的若干理论问题》,张仲礼、熊月之编《中国近代城市企业·社会·空间》,上海:上海社会科学院出版社,1998年,第392—410页;卢汉超:《霓虹灯外》,段炼等译,上海:上海古籍出版社,2004年,第16页。

⑤ 李甜:《旧商人与新时代:赣州徽商汪德溥的生活变迁(1890—1955)》,《安徽大学学报(哲学社会科学版)》2014年第6期。

方少岩等管理层侵吞或浪费资金,收支报告引用成员方道生的说法:"在同乡会馆办事的人舒服得很,天天都是鸡鸭鱼肉";在春节团拜时,"新安六邑经常吃海味菜"。这也反映徽商后裔饮食口味与风潮之变化。① 方少岩等人奢靡的生活,与旅赣徽商汪德溥相似。"吃"是群众感受最直观的领域,报告者以饮食差异之对比动员群众,效果明显。

最终,方少岩等旧式管理人被定性为:"大多是没有正当职业,或是不得意的军阀、政客、买办等老游[油]子们,他们进了会馆不是来搞救济福利事业的,而是吃会馆,穿会馆,用会馆的一批社会寄生虫。"②口述回忆中也提到徽商把持会馆,吃会馆饭,发会馆财,在抗战期间把会馆房产卖掉,引起同乡不满,骂他们是唯利是图的商人。③

三、中华人民共和国成立初期新安六邑同乡会的社会主义改造

中华人民共和国成立后,破旧立新是当务之急。如何处理旧社会遗留的慈善救济团体,并无经验可循。武汉整理改造善堂会馆的探索,为同乡团体社会主义改造奠定了基础,政治意义重大。1950 年,政务院颁布《社会团体登记暂行办法》,将武汉经验推广至全国。④ 对此,有学者曾作了初步梳理,⑤可惜作者并不熟悉同乡团体之历史渊源,忽视了对历史文献的挖掘。

为理解会馆改造的社会背景,有必要勾勒新中国成立初期的武汉社会。1949 年 8 月,市政府工商局金融处解散金融业公会,将相关店面转业为面粉店、百货店、橡胶套鞋店、香烟烛皂店、委托拍卖行、杂粮店、茶店和炭店。⑥

① 《武汉市善堂会馆公所整理工作报告》,第 10 页。
② 《武汉市善堂会馆公所整理工作报告》,第 15—16 页。
③ 曹觉生:《解放前武汉的徽商与徽帮》,《史学工作通讯》1957 年第 3 期。
④ 公安部政策法律研究室编:《1950—1979 公安法规汇编》,北京:群众出版社,1980 年,第 465—468 页。
⑤ 陈竹君、胡燕:《解放初期武汉市整理善堂会馆工作述略》,《兰台世界》2016 年第 11 期。
⑥ 《武汉市金融处处理金银饰物业,武昌金饰业大部改行》,《人民日报》1949 年 8 月 11 日,第 2 版。

经历一段时间的通货膨胀,物价自 1950 年 3 月起开始下跌,城乡物资交流渐显活跃,"有利国计民生的五金、纺织等业"被允许开业。① 一万多失业工人中,大部分得到救济或再就业。②

　　1950 年,武汉政府在全国范围内最早着手改造社会团体。作为工作试点,整理改造的动机、方针与目的较为温和,动机是为清洗虚伪的"慈善"思想与单纯依赖救济的消极的观点,方针是以《共同纲领》为基本精神,参酌当地风俗习惯,"对于善堂会馆所有之社会财产,不采取没收或代管的方式,而是去改革他们原带有封建迷信色彩的机构"③。换而言之,比起团体财产,政府更注重对管理层的控制及劳动观念和思想的改造。相较于同一时期农村的土改,城市的接管和清理更为温和。

　　整理改造分为八个步骤:1. 调查研究;2. 创造典型;3. 登记审查;4. 组织力量;5. 建立制度;6. 清查丈量;7. 整理组织;8. 善后处理。其中,2、6 两项均有详细规则,组织者的工作态度可见一斑。整理改造的总策略是"先易后难",先整理善堂,再改造会馆。1950 年 2 月 11 日,政府通过善联会调来 30 多名教师等,分组做 53 家善堂工作,以"找寻理监事与教职员工间的矛盾"④为突破点来动员群众,最后取消 8 家,合并 21 家,保留 24 家,善堂总数减少了 55%。

　　借鉴整理善堂的经验,会馆改造取得很大成果。以房租整治为例,整理委员会通过调查会馆账册,记录租金调整前后之差异。未调整前,新安六邑同乡会 127 栋房产每季收租米 89.39 石,经财政局房管处按最低租金标准调整后,每季可收 106 石,仍比一般行租低 30%—50%。调查者认为:"在过去按旧标准往往还有三分之一的租收不到,这里面就存在着方少岩等在出租房地产上的贪污勾当,其数目是巨大的。"⑤但从字面意思来理解,方少岩把

① 《物价由落转趋平稳,武汉市场情况好转》,《人民日报》1950 年 6 月 11 日,第 1 版。
② 《广州、武汉救济失业工作有成绩,近四万工人得到救济,无锡、苏州等地失业工人显著减少》,《人民日报》1950 年 10 月 13 日,第 2 版。
③ 《武汉市善堂会馆公所整理工作报告》,第 11 页。
④ 《武汉市善堂会馆公所整理工作报告》,第 15 页。
⑤ 《武汉市善堂会馆公所整理工作报告》,第 9 页。

持会馆时执行低房租策略,虽有以权力寻租的空间,对租客而言却也是让利之举。这也可以解释,为何经过政府整治后,反而有不少租户"表示不满"。① 这应该不是个别现象,两年后的官媒披露,主持这场改造的武汉市副市长易吉光片面追求经济利益,对房租采取"高租不动、低租增加"的错误办法,激起群众不满,群众遂组织"马桶队""请愿团""抗租队"表示抗议。②

整理工作完成后,在财产清点和调整租佃关系方面,登记房屋 283 所计1 549 栋,整理前每月租米 1 378 091 石,整理后为 2 454 654 石,净增 1 076 563 石。会务组织上,汉口 38 个会馆中,职员工友共有 141 人,除了清洗"新安六邑方少岩、江苏会馆朱宝山、太平会馆陈亚东"等会痞外,留用 45 人,受训 6 人,转业 59 人,返乡 3 人,离职 28 人。③ 政府通过留用、培训、转业等办法,将四分之三的员工纳入新体制,减少了改造的社会冲击面。

不过,调查报告也注意到改造中的问题:一是操之过急,"有时量错了,形成租约订得不合理,引起租户的不满";二是对管理层打击力度过高,认为会馆善堂的理事监事大多是坏人。④ 对此,同乡团体组织者普遍存在抵触情绪,太平会馆的崔鸿钧"因交不出账来,就装推诿神经错乱,必须休养",装病抗拒;甚至还有人向中央、中南军政委员会等上级机关告状。⑤ 此外,当时的政府对如何盘活和利用善堂、会馆资源缺乏规划。易吉光 1951 年落马前,在营利观点指导下挪用善堂会馆经费,盲目争取上海琴丰纱厂内迁,结果机器运抵后堆于仓库,80 多名职工停工发薪,损失 20 亿元。⑥

总的来说,武汉对同乡团体的改造是温和、成功的。政府借此将社会团体纳入管理体系,消灭依赖会馆善堂救济者的寄生思想,建立劳动观念,"靠

---

① 《武汉市善堂会馆公所整理工作报告》,第 15—16 页。
② 《中国共产党武汉市委员会关于开除易吉光党籍的决定》,《人民日报》1952 年 1 月 18 日,第 3 版。
③ 《武汉市善堂会馆公所整理工作报告》附表"武汉市各善堂会馆公所房地租金整理前后对照表""武汉市汉口善堂会馆前后人事统计表"。
④ 《武汉市善堂会馆公所整理工作报告》,第 26 页。
⑤ 《武汉市善堂会馆公所整理工作报告》,第 20、22—23 页。
⑥ 《堕落蜕化敌我不分丧失立场,易吉光被开除党籍》《中国共产党武汉市委员会关于开除易吉光党籍的决定》,《人民日报》1952 年 1 月 18 日,第 3 版。

善堂、会馆吃饭的人纷纷表示自愿返乡生产"①。至 1952 年,中国人民救济总会秘书长伍云甫的报告指出:通过协商、改造旧式社会救济福利团体,发动劝募寒衣等运动,"不仅为'城乡互助'、'自救助人'创造了辉煌的范例,而且也证明了新中国救济福利事业方针的正确性"②。随着居委会等城市基层自治组织建立,武汉的城市底色被改写。③

结　论

清末以来,随着外国资本的进入和新兴商帮的崛起,传统商帮转型之路漫漫且艰难,但这并不意味着它们彻底走向衰败,传统商帮及同乡团体利用各种方式维持下来,直到社会主义改造的来临。新安六邑同乡会和方少岩,即为这一时代变迁的典型案例。

从国家的视角来理解这场改造,新政府没有选择与旧式团体合作,而是控制社会和经济竞争的潜在源头,清理具有抑制国家意识形态动员能力的中间组织。政府清理旧式团体,其目标在于转换基层社会控制权。④ 成都茶社同业公会重组后,成为政府的行业代言人。⑤ 与城市改造相似,以阶级关系代替宗姓关系,在农村也取得很大成效。⑥ 唐力行的研究表明,歙县旅沪同乡会房产被无偿借用的面积越来越大,这与同乡会的经济恶化同步,结合对徽州宗族的考察,他认为同乡团体、宗族组织的消亡是革命而非自然变迁

---

① 《武汉市善堂会馆公所整理工作报告》,第 25 页。
② 伍云甫:《中国人民救济总会两年半来的工作概况》,《人民日报》1952 年 9 月 29 日,第 2 版。
③ 高民政、郭圣莉:《居民自治与城市治理——建国初期城市居民委员会的创建》,《政治学研究》2003 年第 1 期。
④ 郭圣莉:《革命与国家的双重逻辑:城市社会空间的嬗变——解放初期上海社会团体的湮灭考察》,《华东理工大学学报(社会科学版)》2010 年第 1 期;杨丽萍:《建国前后上海旧式社团的清理整顿——兼论基层社会统治权威的转换》,《江苏社会科学》2012 年第 5 期。
⑤ 王笛:《同业公会的改造与国家的行业控制:以 1950—1953 年成都市茶社业同业公会的重组为例》,华东师范大学中国当代史研究中心编《中国当代史研究》第 3 辑,北京:九州出版社,2011 年,第 46—71 页。
⑥ 庄孔韶:《银翅:中国的地方社会与文化变迁(1920—1990)》,北京:生活·读书·新知三联书店,2000 年,第 271—275 页。

的结果。①

　　从同乡团体自身的视角来理解这场变革，同乡团体表面上平等，但控制权往往掌握在少数组织者手中，"被社会共同体中更富有或更有权力的成员所控制"②。因此，当组织者作为"会痞"被打倒后，由于人际关系的颠覆，他们所控制的同乡团体也就失去了依靠。

　　通过梳理1950年武汉善堂会馆的社会主义改造，可见新安六邑同乡会、太平会馆等被树为反面典型的皖南同乡团体从三个层面被清理：在政治层面，政府通过分化群体，瓦解旧有社会秩序和社会等级；在经济层面，同乡团体赖以维持的财产，逐渐被政府征用、没收，或受到严格限制；在关系网络上，政府通过颠覆旧有帮会关系，以建设新型的社会主义人际关系。血缘和地缘的结合是传统商帮保持内在黏合的制度性保障，③随着同乡团体接受政府改造，传统商帮基于此而构建的关系网络，被一种全新的国家治理结构替代。理解这一历史过程，对于我们把握现代政商关系和所谓"新徽商"群体当有所借鉴。

---

① 唐力行：《20世纪上半叶中国宗族组织的态势——以徽州宗族为对象的历史考察》，《上海师范大学学报（哲学社会科学版）》2005年第1期；唐力行：《陨落：歙县旅沪同乡会的最后岁月（1949—1953年）》，唐力行主编《江南社会历史评论》第4期，北京：商务印书馆，2012年，第238—252页。

② ［美］顾德曼：《家乡、城市和国家：上海的地缘网络与认可（1853—1937）》，宋钻友等译，上海：上海古籍出版社，2004年，第228页。

③ 张忠民：《前近代中国社会的商人资本与社会再生产》，上海：上海社会科学院出版社，1996年，第221—222页；王振忠：《从徽州到江南：明清徽商与区域社会研究》，上海：上海人民出版社，2019年，第17—19页。

民国初期的农业政策与
地方人物形象的塑造

——以祁门县胡元龙为例

董乾坤

（安徽大学历史学院）

摘　要：祁门商人胡元龙生活于晚清民国时期,他继承父亲所创瓷土土碓和培桂山房,大力拓展家族产业,太平天国运动期间,因操办团练而起家。在晚清绿茶改制红茶的过程中,胡元龙听从黟县人余干臣的建议,在祁门最早实践红茶改制并获成功。民国以后,政府大力推动茶叶贸易,胡元龙因地方官举荐而受到政府青睐,逐渐被奉为祁门红茶的创始人,被称为祁红的"鼻祖"。

关键词：祁红;胡元龙;余干臣;形象塑造

胡元龙是晚清民国时期祁门县十分有名的人物,他在祁门发展史上留下了诸多故事和传说。但其中最为人所称道的当属于他对祁门红茶的贡献。民国以来,胡元龙被奉为祁门红茶的"鼻祖"而为人们所熟知。然而,围绕祁门红茶创制者的归属问题,学界颇不一致。本文的目的并不在于探究谁是祁门红茶的发明人,而是透过民国初年所实施的农业政策以及地方社会的运作,来揭示胡元龙是如何被塑造为祁红"鼻祖"的。限于学力,浅陋之处,祈请方家指正。

一、胡元龙及其家世考

有关胡元龙本人及其家世,因资料的限制,既有研究殊少涉及,以至于长时期以来,对这一问题模糊不清。近年来,笔者在田野调查过程中,无意中在其弟弟后代家中获得一批与其家族相关的文献,这为这一问题的解决提供了可能。下面笔者即根据这些文献并结合其他资料,对此加以考证。

(一) 胡元龙其人

关于胡元龙的记载,有三则值得注意。第一则记载于光绪十四年(1888)的《祁门胡氏族谱》中:

> 元龙,原名昌期,字仰儒,号云谷,生道光丙申。咸丰初,贼氛扰境,随邑侯唐公防堵。同治二年,皖南道叶公委带民团,奖给六品顶戴,旋保尽先拔补把总。娶谢氏。[①]

第二则是光绪十七年(1891)其父亲胡上祥所立遗嘱中所载:

> 元龙年过强仕,溺爱不明,贪得无厌,罔警天戒,弗虑弗图。戊寅,祁南红茶本号开创,至丙戌,已历九载。不意元龙随手支用,无知妄作,好行小慧。[②]

第三则载于民国五年(1916)《农商公报》:

> 安徽改制红茶,权舆于祁、建,而祁、建有红茶,实肇始于胡元龙。胡元龙为祁门南乡之贵溪人,于前清咸丰年间即在贵溪开荒山五千余亩,兴植茶树。光绪二年间,因绿茶销场不旺,特考察制造红茶之法。首先筹集资本六万元,建设日顺茶厂,改制红茶,亲往各乡教导园户,至今四十余年,孜孜不倦……[③]

一、三两则文献,载于公开出版的族谱和报刊中,它们分别体现了胡元龙的两个贡献。第一,太平天国运动中,在成立地方团练、抵御太平军的活

---

① 胡廷琛修:《祁门胡氏族谱》第5册《惟琇公图七·贵溪报本堂》,第444页。
② 胡上祥:《光绪十七年岁次辛卯正月立章程文》(标题为笔者据遗嘱封面所拟),现藏于贵溪村胡松龄先生处,谨致谢忱。本文所用胡元龙家族文书,除特别注明外,均为胡松龄先生收藏。
③ 《奏请奖给安徽茶商胡元龙奖章由》,《农商公报》1916年第20期,第9页。

动中立下了战功,先后被皖南道台叶公举荐而被授予六品顶戴,封为候选把总。第二,胡元龙对于祁门红茶具有创制之功,且"亲往各乡教导园户",将祁门红茶推至全县。由于民国以来祁门红茶的声名鹊起以及民国政府对祁红改良的重视,因此无论是政府还是学界,对祁红的记载和研究皆十分丰富,所以这则材料也是学者们引用最多的一条资料。第二则记载出自其父亲之笔,存于私藏的家庭文书,故而,展现了与公开出版物记载不同的形象。在其父亲眼中,胡元龙显得不受待见。在他父亲眼中,胡元龙的形象是"溺爱不明""贪得无厌"和"无知妄作"。显然,其父对他十分不满。但透过他父亲的描述,我们也能看到胡元龙真实的一面。

综合上述三则材料,我们大致能概括出胡元龙的为人和经历。透过其父对他"随手支用""好行小慧"的评价,我们可以推测胡元龙生性豪爽,出手大方,从而在民众中间赢得威望。他在太平天国运动期间的勇猛表现,表明他是一位带领地方乡民英勇作战的草莽式英雄,或者说是一位地方豪强人物。正是太平军对祁门的屡次侵扰,让动乱中的胡元龙在战争中大显身手,从而获得了官方的赏赐。这一赏赐,让他在地方社会中的地位得以确立。而《农商公报》所载农商部关于奖励胡元龙的奏折,更让其在祁门红茶创制中的重要作用为世所知。由于当年袁世凯复辟称帝,因此这则材料被称为"奏折"。这一奏折的全文以及时任国务卿陆正祥的"准令",在《政府公报》和《中华全国商会联合会会报》中皆有记录或刊载,可见影响之大。①

如此看来,无论是晚清还是民国初期,胡元龙在祁门当地都是一位十分有名望的人物。然而,由于资料的缺失,对于胡元龙的家世及其谱系,学界至今都未作细致的梳理。近年来,随着胡元龙及其父亲胡上祥所立两份分家文书的公布,已有学者对他的情况作了进一步的分析,②但还远远不够。这两份文书,笔者曾于2015年7月在贵溪村进行田野调查时,在胡元龙弟弟

① 详见《政府公报》第 49 号,1916 年 2 月 24 日,第 4 页;《政府公报》第 54 期,1916 年 2 月 29 日,第 26—27 页;《中华全国商会联合会会报》1916 年第 4 期,第 5 页。

② 汪琼、郑建新:《新现祁门红茶鼻祖胡元龙家族遗嘱简析》,《农业考古》2017 年第 2 期;康健:《祁红创始人胡元龙的商业经营及其困境——以新发现的分家文书为中心》,《农业考古》2019 年第 2 期。

胡文明的后人家中得以识见，并被允准拍照研究。为此，笔者拟结合这两份文书以及其他文献，对胡元龙的家族世系及相关问题作进一步的梳理。

（二）胡元龙家世

至清代，居于贵溪村的胡氏族人按照各自的派祖，以祠堂为中心，划分为十一个支派，胡元龙家族即属于其中的报本堂。贵溪胡氏以胡宅为一世祖，至十八世，良一公生有三子：玹一、玹二、玹三。其中，玹一为敦本堂派祖，玹二为立本堂派祖，玹三为报本堂派祖。自此以后，一分为三。至二十九世，玹三公一派的大仔公生有四子，除长子荣圭过继给其弟大传公外，尚有次子邦楒、三子邦籲、四子邦颁。① 邦楒共有两个儿子，上祥和上祝（详见图1）。其中胡上祥即为胡元龙之父。在胡上祥之前，胡元龙一支在贵溪村并不突出。胡上祥苦心经营，不仅创办了茶号、瓷碓和榨油，还取得了邑庠生的功名，逐渐在地方社会中获得威望。据族谱载："上祥，字叶吉，号梦轩，邑庠生，生嘉庆辛未。原娶章氏，生二子，继娶叶氏、康氏。"② 这里的记载较为简略，他于光绪十七年（1891）立下遗嘱，将家业一分为二，其中对自己的创业经历进行了叙述：

> 立遗嘱文胡上祥，缘身叨祖德，弱冠幸入胶庠。清白传家，恒产粮无合勺。舌耕八载，累讼六年。戊申，原配物故，时大女将出室，元龙年才舞勺，次女十岁，文明仅六龄耳。衣食无资，生计无术，千思万虑，求人不如求土。因此，自愿退租息讼，入山雇工，兴种茶蒣、茶子，以为养老计。厥后五六年，发贼扰境，公务旁午，艰难万状，吃粗着破，深耻仰□。□□二年，族侄邀业白立，余曰：是上策也。后因费用浩大，负债五百余金，经手大半不能归结。族侄将在东路做成土碓二区，出顶与余，独立接手。二三年间，颇获五六百金，半山建造培桂山房。③

康健曾据此对他和长子胡元龙所创立的商业门类进行梳理，此处不赘。

---

① 胡廷琛修：《祁门胡氏族谱》第4、5册《惟琇公图六、七·贵溪报本堂》。
② 胡廷琛修：《祁门胡氏族谱》第5册《惟琇公图七·贵溪报本堂》，第444页。
③ 胡上祥：《光绪十七年岁次辛卯正月立章程文》。

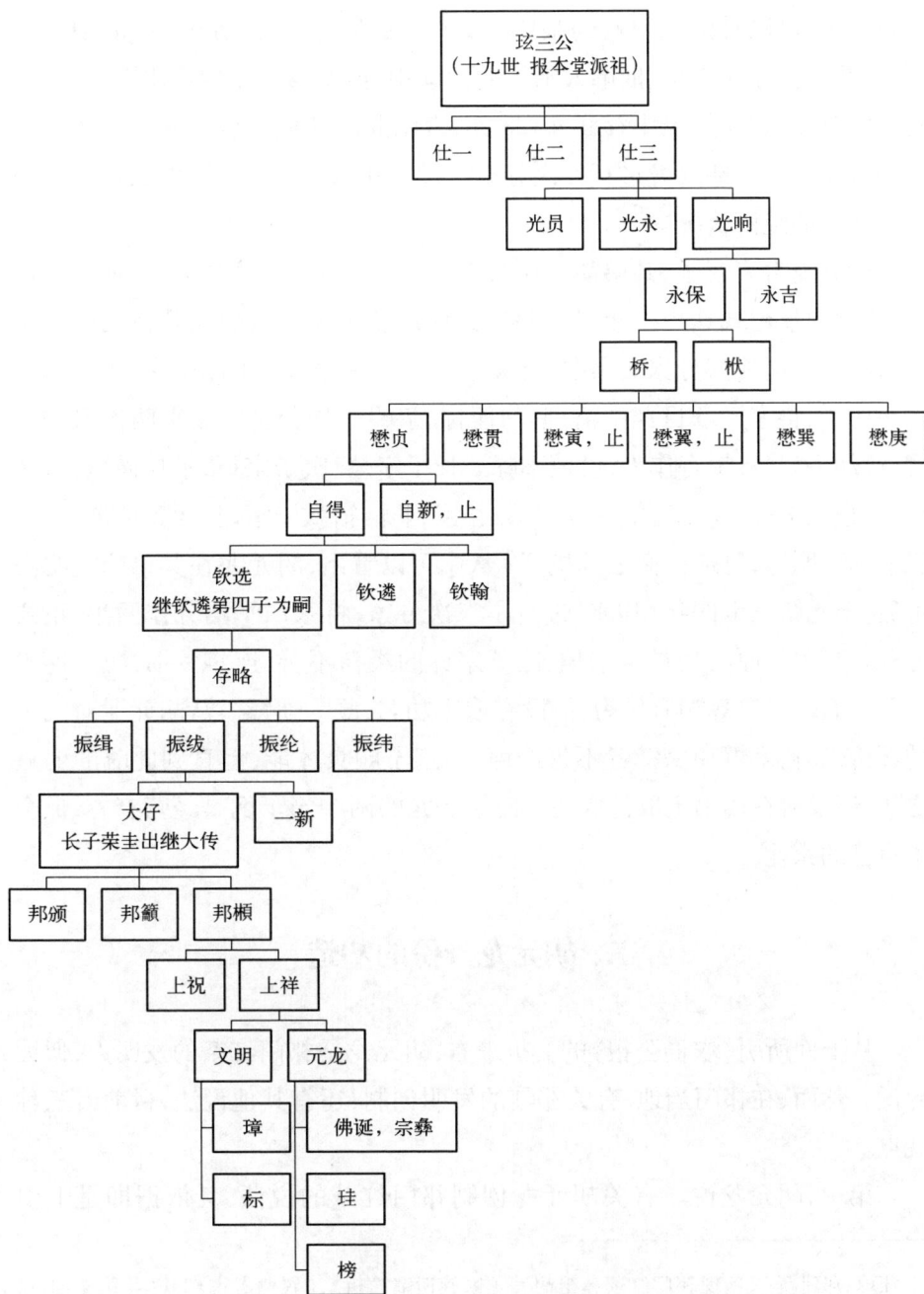

图 1　胡元龙世系图

资料来源：胡廷琛修《祁门胡氏族谱》第 5 册《惟琇公图五、六、七·贵溪报本堂》。

从自序中，可以看出他创业的艰难。其中"发贼扰境，公务旁午"的记载说明，在祁门县办理团练、抵御太平军的活动中，他也参与了组织事务。而且，在其立分家遗嘱时，家中存洋4 728元，表明此时他们家已是富裕之家。至民国五年（1916）胡元龙进行二次分家时，他们的财产进一步增加，体现了一家两代人的经商状况。①

胡元龙育有三子，其弟胡文明育有二子。有关胡上祥这五个孙子的情况，族谱中仅记载其出生年月、字号，其他信息皆无。但胡元龙在民国五年（1916）所立的遗嘱分家文书中，有关于三子及两个侄子的记载："故于光绪三十四年，将家产章目经中清理，与侄标、宗翰平均分析。今幸两侄保守无虞，恨幼子宗彝，颇有作为，已冠不禄。长子宗熺、次子宗铎，不自谨慎，生意放大，毫无把握，以致连年受亏，为数甚巨，非惟宿款未清，且而新债渐加，不思前车之明鉴，复踏故辙之危机。"②从中可以看出，胡元龙在其弟胡文明去世后，于光绪三十四年（1908）进行了二次分家，将家产平均分作两半，正式分开。其中的原因是长子宗熺、次子宗铎的经营不善，连年亏损，防止连累侄子。而幼子宗彝颇有作为，但没有取得功名，颇为遗憾。从胡元龙对三子的评价来看，宗熺和宗铎皆不善经商，而三子颇具才能，但直到此时的弱冠之年，还没有在读书上取得成功。而胡元龙的两个侄子倒是经营有方，保全了自己的家业。

二、胡元龙身份的塑造

从上面所引《农商公报》的奏折来看，胡元龙是祁门红茶的发明人，似无异议。然而，在祁门当地，有关祁红的发明创制，还有其他说法，目前有三种观点。

第一，胡元龙说。有关胡元龙创制祁门红茶的说法，其依据即是上引

---

① 汪琼、郑建新：《新现祁门红茶鼻祖胡元龙家族遗嘱简析》，《农业考古》2017年第2期，第226页。

② 胡元龙：《民国五年岁次丙辰孟春月仁房分关文书》（标题为笔者据封面所拟），民国五年（1916）抄本。

《农商公报》的奏折。

第二，余干臣说。该说的最早记载，来源于《祁门之茶业》一书。据该书载："考其（祁门红茶）历史：该县向来皆制青茶，一八七六年（光绪二年）有黟县余某来自至德县（即前秋浦），于历口开设子庄，劝诱园户制造红茶，出高价以事收买，翌年设红茶庄于闪里。虽出产不多，但获利颇厚，此为祁门红茶制造之始。"①这一记载并没有注明资料来源，当是据祁门当地人的回忆写成，但它却成为许多学者支持这一观点的资料依据。

第三，胡、余共同说，这一说法来自胡元龙的四代孙胡益坚。他在《我所知道的祁红茶史》一文中说：

> 同治十年（1871），黟人余干臣，自福建罢官归来，赁居祁门城外三里街，因见祁门产茶，根据闽红经验，建议祁人改制红茶，以广销路。但祁人风气闭塞，存在保守思想，无人敢应议试制，以致一时所议不行。独胡元龙公见识宏远，深知祁门茶叶，不另谋销路，实难望其发展，因自植茶园，已经稳产，年产不下50担，改制红茶条件具备，乃接受余某建议，先在培桂山房茶厂，把自采茶叶着手改制，取得了经验，再推广到全村，共同改制，奠定了祁门红茶的基础。②

显然，胡益坚调和了第一、第二两种观点，认为正是在余干臣的倡导下，胡元龙率先实践，并首先创制出了祁门红茶。

上述三种观点，除第三种影响较小外，前面两种被各个学者分别采纳，但限于资料，皆未有充分证据来支撑自己。由于第一种观点出自官方政府，故而被多数学者赞同。不过第二种观点虽出自民国，由于是当地学者所提出，因而体现了祁门民众关于祁红创制的历史记忆，当有一定的真实性。笔者在此处并不打算探讨哪种观点更可靠，而是将第一种观点所依据的文献置于民国初期的历史脉络中，考察它的形成过程。为了说明问题，笔者将奏折全文照录于下：

---

① 安徽省立茶业改良场编：《祁门之茶业》，民国二十二年（1933）铅印本，第1页。
② 胡益坚：《我所知道的祁红茶史》，中国人民政治协商会议祁门县委员会编《祁门文史》第5辑《茶业专辑》，2002年，第136—137页。

奏请奖给安徽茶商胡元龙奖章由

　　奏为安徽茶商胡元龙改制红茶,成绩卓著,拟请给予臣部奖章,以资鼓励。恭折仰祈圣鉴:窃准安徽巡抚按使咨陈,据祁门县知事详称,祁门绅耆方振均等造送茶商胡元龙成绩清册,内开:安徽改制红茶,权舆于祁、建,而祁、建有红茶,实肇始于胡元龙。胡元龙为祁门南乡之贵溪人,于前清咸丰年间即在贵溪开荒山五千余亩,兴植茶树。光绪二年间,因绿茶销场不旺,特考察制造红茶之法。首先筹集资本六万元,建设日顺茶厂,改制红茶,亲往各乡教导园户,至今四十余年,孜孜不倦等语。知事查核无异,详请鉴核俯准,转咨农商部证明核奖等情。据此查该商事实与奖章规则第三条第一款相符,似应准予给奖,以昭激劝,请查核等因,准此。查臣部奖章规则,前于上年七月间呈奉批准通行,历经遵办在案。该茶商胡元龙既据该巡按使咨陈与奖章规则第三条第一款相符,臣部覆核无异,拟请给与臣部一等奖章,以资鼓励。如蒙俞允,即由臣部遵照办理,并请饬交政事堂铨叙局备案所有请给安徽茶商胡元龙奖章缘由理合。恭折具陈,伏乞皇帝陛下圣鉴训示。谨奏!

此奏折呈上后两天,即二月二十三日,被袁世凯办公所在机构政事堂批准:

　　　洪宪元年二月二十三日
　　　国务卿陆正祥
　　　农商部奏:安徽茶商胡元龙改制红茶,成绩卓著,请给予本部奖章由,政事堂奉批令,准如所拟给奖,此令!
　　　政事堂印①

显然,胡元龙最终获得一等奖章,此为事实。仔细分析该奏折,亦可以发现诸多信息。首先是这份奏折的时间和撰写机构,其次是奖励的原因及其依据,最后是申请的程序。通过这三个信息的考察,能够一窥这一时期的政治、茶业状况和地方人物之间的关系。

---

① 《政府公报》第49号,1916年2月24日,第4页。

（一）清末的重农思潮与农业机构的设立

仔细分析上引《农商公报》中《奏请奖给安徽茶商胡元龙奖章由》（以下简称《奖章由》）可以发现，此奏文是 1916 年 2 月 21 日由农商部上奏给时为"洪宪皇帝"的袁世凯的。由于该年为袁氏复辟第一年，是为洪宪元年，因而此《奖章由》是以奏折的形式写就，这就让一些地方学者误认为是"大清奏折"。① 袁世凯在掌握了民国政府的统治权之后，进行了一系列改革，对农业也是如此。但这些改革以及对农业的政策，实际上是清末新政和彼时重农思潮的延续。因此，要探讨这一《奖章由》出台的背景，须从清末着手。关于清末民初的官制改革以及重农思潮，学界已有丰富的研究成果。下面笔者即利用既有研究成果对此加以概述。

19 世纪的晚清社会，面对战场上的节节失败，"变"与"强"成为当时社会的一种思潮。特别是洋务运动在甲午中日战争中的糟糕表现，让一些知识分子和地方督抚大臣更加强调商战的重要性。早在 19 世纪 60 年代，以郑观应、薛福成、王韬为代表的具有开拓精神的知识分子便提出商战策略，从而形成了一股"重商"思潮。然而，商业的发展需要相应的农业基础，因此 19 世纪 90 年代后，张謇、张之洞等人便提出了农、工、商三者之间的紧密联系，特别是光绪二十七年（1901）湖广总督张之洞、两江总督刘坤一联袂上书清政府，阐述全面变法的主张，史称"江楚会奏变法三折"，轰动一时，产生了广泛影响。其中，在经济方面，强调农业生产的重要，提出了发展农业生产的一些具体措施。同时社会上的知识分子中间也形成了一股强大的农学思潮，以罗振玉为代表的知识分子首先在上海成立农学会等。这些封疆大吏和知识分子纷纷通过各类形式，提倡农学教育、设立农会、开办农报、派遣留学生、广译西方农业书籍。正是在这一情形下，清政府在官制改革过程中，在中央和地方专设管理农业的职能部门。②

清末官制改革历经两个阶段，第一阶段是光绪二十四年（1898）由康有

---

① 汪琼、郑建新：《新现祁门红茶鼻祖胡元龙家族遗嘱简析》，《农业考古》2017 年第 2 期，第 228 页。

② 赵泉民：《论晚清重农思潮》，《社会科学研究》2000 年第 6 期；赵朝锋、宋艳丽：《清末新政时期的"重农"思潮述评》，《齐鲁学刊》2003 年第 6 期。

为、梁启超等人发起,光绪帝主持的维新变法。这次改革裁汰了一些机构组织,但不久即被慈禧太后集团推翻,昙花一现。至光绪三十二年(1906),在各种势力的推动下,清政府决定实行立宪,展开了清王朝的最后一次大规模改革。"清末新政"虽未能挽回清政府灭亡的结局,但影响了后世的官僚体制。① 在这一官制改革浪潮中,农业作为一个重要的职能部门,与商业、工业放在一起由专人负责。在维新变法期间,光绪帝在中央设立农工商总局,由端方、徐建寅、吴懋鼎三人共同负责。后由于职责不明,又进行了具体分工,徐建寅管理工业,吴懋鼎管理商业,端方则主持农业。但由于后党的反对,变法很快失败,农工商总局也被撤销。《辛丑条约》签订后,为适应需要,清政府于光绪二十九年(1903)成立商部,下设四司,掌管全国农、工、商、矿等政务。四司中的平均司,专责开垦、农务、蚕桑、山利、树艺等事。至光绪三十二年(1906)正式实施新政时,清廷在中央拟设 11 个部,商部即是其一,但因职责与名称不符,特改为"农工商部"。管理农政的平均司亦更名为"农务司",专事掌管"农田、垦务、树艺、蚕桑、水产、丝、茶等事"。辛亥革命后,孙中山于南京成立临时政府,设实业部,主管农、工、商各务。三个月后,袁世凯夺取了总统之位,将临时政府的实业部撤销,并于民国二年(1913)将农林、工商二部合并为农商部。农商部内设农林、渔牧二司主掌农业。②

　　清末官制改革是以西方政治体制为蓝本,并结合自身的实际而作出的部门调整,在某些方面具有职能化、专业化的特征,农工商部的成立即是表现之一,这一点与清末清廷的经济政策密切相关。清末经济政策的制定,以光绪二十六年(1900)的庚子事件为标志,前后历经两个阶段,分别体现出不同的特质。庚子之后,清廷的经济政策制定具有两大特点。其一是经济法规的制定。据徐卫国的统计,此一时期清政府制定各类经济法规达 63 部之多,其中农业方面有 2 部:《改良茶业章程》(光绪三十一年[1905]八月)和

---

① 袁亚忠:《丙午官制改革与清末政局》,《山东社会科学》1996 年第 2 期;梁严冰:《清末"新政"与中国政治体制的近代化》,《人文杂志》2000 年第 5 期;鞠方安:《试论清末官制改革(1901—1911)中的文官设置及其特点和影响》,《河南大学学报(社会科学版)》2000 年第 2 期。

② 章楷:《我国近代农业机关的设置和沿革》,《古今农业》1988 年第 1 期。

《推广农林简明章程》(宣统元年[1909]四月二十八日)。显然,由于茶业的重要性以及此时面临的严峻的国际形势,清政府对此十分重视。其二是政府职能的变化。清末新政中,较为突出的新型经济部门包括农工商部和邮传部。农工商部成立以后,再结合其他相应的法律法规,尽管受制于各种制约性因素,但在一定程度上提高了工商业者的地位、促进了新式农业的发展。①

(二) 袁世凯的经济思想及其民国初年的农业政策

袁世凯主持北洋政府后,农商部的建立可视作清末经济政策思想的延续。早在光绪二十七年(1901)初,当时清廷下旨要求中央各部大臣和各省督抚要员"参酌中西政要,各抒己见"而为新政作准备时,时任山东巡抚的袁世凯即多次上奏发表自己对于发展商业、工业和农业的看法。他认为在大力发展商业、工业的同时,还要积极振兴农业,主张要向外国,尤其是近邻日本学习开垦种植之法,创办农业学堂,培养农业人才,等等。不仅如此,他还在光绪二十七年(1901)任直隶总督兼北洋大臣期间,创设农务局,开办农事试作场,不久又批准农务局劝办农会,并通饬直隶各州县实力奉行,并率先倡立农务总会。直隶农务总会于光绪三十二年(1906)正式创立,成为清末最早诞生的新式农业团体。直隶农务总会成立后,即开展了编农报、译农书、开办农业试作场、举办农产品评会等系列活动。同时,他还创办了农业学堂,并于光绪三十二年(1906)改其为高等农业学堂,附设农业传习所,培养了一批农业专门人才。此外,他还饬令直隶各部门大力鼓励植树造林等。可见,手握大权的他不仅有着清晰的农业规划,还将这些规划付诸实施。可以看出袁世凯"具有重商、兴工、劝农等带有明显资本主义色彩的经济思想"②。

清末新政中,各项经济政策是地方督抚大员以及社会知识分子思潮的国家表达,而作为清末重臣的袁世凯,是清廷举足轻重的人物,他的一些思

① 徐卫国:《论清末新政时期的经济政策》,《中国经济史研究》1997年第3期;赵朝峰:《清末新政与中国农业近代化》,《首都师范大学学报(社会科学版)》2001年第1期。
② 朱英:《袁世凯晚清经济思想及其政策措施》,《天津社会科学》1991年第2期,第87页。

想是清政府制定经济政策的重要依据。事实上,他在直隶所开展的各项有关农业活动,得到了清政府的褒奖。当时的农工商部曾称赞直隶农务总会"开智合群,此为先导"①。如果说袁世凯在直隶的所作所为仅限于直隶一地,那么在他窃取辛亥革命成果、在北京建立起自己的政权后,更是将这一模式推广至全国范围。北洋政府初期,在刘揆一、熊希龄、周学熙、张謇等人的努力下,短短几年内即制定了多达70余部的经济法规,是对清末时期所订法律法规的延续与创新。这些经济法规内容十分广泛,涉及国民经济的各个方面。其中,农业方面,包括在各地兴办试验场、设置劝业所、颁布奖章条例等。② 显然,袁世凯政府的一系列农业措施,与清末新政时清廷实施的政策一脉相承。

在农业政策中,与本文相关的有两点。第一,农业改良,其中包括茶业改良。1915 年(即洪宪元年),在袁世凯政府的主持下,汉口、上海和福州设立茶叶调查局,祁门县设立茶业试验场,并对那些按照农商部所规定的方法栽培茶叶的茶农给予补贴。这一年,茶叶出口税也降低了20%。③ 对茶业的改良,始于清末所设商部、农工商部。光绪年间,随着印度茶、锡兰茶以及日本绿茶的崛起,中国红茶和绿茶的出口大大衰落。对此,清廷先后设置的商部和农工商部,对中国茶业进行了改良。他们通过颁布改良茶业章程、劝设茶业公司、设立茶务讲习所、严禁茶叶掺假作伪以及制定奖赏法规等措施,大力促进茶业改良并取得一定的成效。④ 袁世凯所主持的北洋政府,在此基础上又加大了力度。

其二,重新制定奖章章程。自光绪二十五年(1899)始,至宣统二年(1910)止,清政府制定了一系列奖章章程。但是由于标准太高,虽有倡导之意,但实际获奖的并不多。⑤ 然而,袁世凯政府于1915 年制定的《农商部奖

---

① 朱英:《袁世凯晚清经济思想及其政策措施》,第 87 页。

② 徐建生:《论民国初年经济政策的扶植与奖励导向》,《近代史研究》1999 年第 1 期。

③ 夏如冰:《北洋政府时期的农政机构与农业政策(1912—1928)》,《南京农业大学学报(社会科学版)》2003 年第 3 期,第 93 页。

④ 苑朋欣:《商部——农工商部与清末茶业的振兴》,《南京农业大学学报(社会科学版)》2011 年第 1 期。

⑤ 徐卫国:《论清末新政时期的经济政策》,《中国经济史研究》1997 年第 3 期,第 57—58 页。

章规则》中,其"奖励的对象趋向于中小业者,比之清末赏戴花翎等奖励措施可望难及的高标准大有改进。既鼓励了创办新企业和开发新产品,又广泛涉及到农商工矿牧渔外贸及实业教育、实业团体等各个方面,以利于造成重工商、兴实业的社会风气"[1]。显然,作为祁门红茶的发源地,且又在此处设立了茶业试验场,为了发展当地的红茶产业,需要树立一个典型人物。那么,按照降低了标准的奖章章程,祁门是否有符合条件的人物呢?

(三)《农商部奖章规则》与胡元龙身份的建构

　　按照《奖章由》说法,胡元龙的业绩符合奖章规则的第三条第一款。该条款具体为:"第三条,各等奖章,于合左列各款规定之一者,由农商部核定其相当等第,分别给予之。一,建设工厂,制造重要商品者,其资本金在五万元以上、营业继续满三年以上。"[2]《奖章由》援引祁门县知事申请书的话说:胡元龙"首先筹集资本六万元,建设日顺茶厂","至今四十余年"。显然,胡元龙符合这一条件。除此条款外,按照申请书所说,胡元龙在咸丰年间即在贵溪开荒山五千余亩,兴植茶树。这一陈述又与奖章规则的第三条第

图 2　农商部一等奖章图式及图注

图片来源:《农商部奖章规则、图式(农商部呈并批令,七月二日)》,《中华全国商会联合会会报》第 2 卷第 9 期,1915 年,第 5 页。

---

[1] 徐建生:《论民国初年经济政策的扶植与奖励导向》,《近代史研究》1999 年第 1 期,第 207 页。

[2] 《农商部奖章规则、图式(农商部呈并批令,七月二日)》,《中华全国商会联合会会报》第 2 卷第 9 期,1915 年,第 3 页。

三款相符:"承垦大宗荒地,依限或提前竣垦者,其竣垦亩数在三千亩以上。"①因此,胡元龙不仅具备获奖资格,且获得了一等奖。这一殊荣以及《奖章由》的记载,成为胡元龙作为祁红"鼻祖"的有力证据,且其开辟荒山、兴植茶树、创办日顺茶厂的事迹也被后世学者接受。不过,考之于相关文献,则有不实之处。

据胡元龙之父胡上祥追述其创业历程:

> 立遗嘱文胡上祥,缘身叨祖德,弱冠幸入胶庠。清白传家,恒产粮无合勺。舌耕八载,累讼六年。戊申,原配物故,时大女将出室,元龙年才舞勺,次女十岁,文明仅六龄耳。衣食无资,生计无术,千思万虑,求人不如求土。因此,自愿退租息讼,入山雇工,兴种茶荪、茶子,以为养老计。厥后五六年,发贼扰境,公务旁午,艰难万状,吃粗着破。深耻仰□,□□二年,族侄邀业自立,余曰:是上策也。后因费用浩大,负债五百余金,经手大半不能归结。族侄将在东路做成土碓二区,出顶与余,独立接手。二三年间,颇获五六百金,半山建造培桂山房。丙寅冬,李长翁昆玉要来合伙,义不容辞。□□□老碓邵家□,木料、工费约四千金。殆至戊寅辰四月成功。不料满盈招损,六月初,陡发洪水,二区碓业、地皮俱无存留。自此灰心名利,稼穑维宝。至光绪元年,祖居无以安身,承蒙知己、族友,助会数百洋,做成现住承纶堂之屋,虚度已逾花甲。元龙年过强仕,溺爱不明,贪得无厌,罔警天戒,弗虑弗图。戊寅,祁南红茶本号开创,至丙戌,已历九载。不意元龙随手支用,无知妄作,好行小慧。丙戌,九江卖茶失机,号内加做三班,我全不识。细盘本年,约空二千。再叫伊自戊寅起,将本山递年出产若干、家支若干,据实开单呈核。九年公收山洋八千五百余元,家支自零星及做栋楼、茶号、居仁堂屋,璠、琰二孙花烛入泮各用,仅用七千零,仍余一千零。查盘负欠,大约在三千以外。心神恍惚,无计可施,以至废弛公事,抱恨惭愧。自丙戌至庚寅,日在混沌之中。丁、戊两年,茶号停歇,□仔银洋如何认

---

① 《农商部奖章规则、图式(农商部呈并批令,七月二日)》,《中华全国商会联合会会报》第 2 卷第 9 期,1915 年,第 3 页。

利安顿,朝夕谆谆,面从心违,父命视为弁毛,出入丝毫不禀。①

据胡元龙的年龄上推,可知戊申年为道光二十八年(1848),胡元龙 12
岁,故而称"舞勺之年"。该年,元龙之母病逝,胡上祥为养家,自愿退租息
讼,雇工开荒山林,种植茶叶。此是其种植茶叶之始。从其"退租息讼"的记
载来看,此前他们家是以租地为生,同时兼以开馆授徒,当塾师。因此,他们
家此时家产并不富裕,且开山植茶是胡上祥所为,而非胡元龙。至于开荒的
亩数,当无五千亩之数。太平天国运动之后,胡上祥在种植茶叶、茶子的同
时,又经营土碓,制造瓷土。此时胡元龙及其弟弟胡文明俱已成年,应是父
子三人一起经营。戊寅年,即光绪四年(1878),祁南红茶本号开创,这一茶
号应是《奖章由》中所提及的日顺茶厂,但在创办时间上并非光绪二年
(1876),该年应该是胡元龙萌发改制红茶的试制阶段。至于其建设日顺茶
号之初,是否筹集资本六万元,限于资料,无从考证。但《奖章由》的记载隐
去了其父亲胡上祥的活动,当是为申请成功而故意突出胡元龙的业绩所致。
不过,正是这一叙述,在其他资料缺失的情况下,让后世学者无法揭示真实
的情形。

《奖章由》不仅隐去了其父的活动,还对余干臣在创制祁门红茶中的贡
献删略不提。从前引资料来看,在创制祁红的过程中,余氏应该进行了提倡
并从事创制工作。而且,农商部为参加美国巴拿马赛会展览而评定奖励的
祁门红茶中,并没有日顺茶号。目前存世的奖状,仅有祁门南乡程村碣的春
馨茶庄所出产的"仙茗品"和西乡高塘同人预茶庄出产的"祁门红茶"两家,
并未看到日顺茶庄的奖状证明。② 然而,祁门县政府在申请这一奖章时,却
选择胡元龙,而未选他人,笔者推测当与胡元龙的个人威望有关。

（四）地方政府的推动

前已述及,胡元龙由于在太平天国运动期间的表现,而被清政府加六品

---

① 胡上祥:《光绪十七年岁次辛卯正月立章程文》
② 该奖状原件现藏于祁门县档案局。《祁门文史》第 5 辑《茶业专辑》收录了两份奖状的照片,
　见该书彩页第 25 页。

顶戴,封为候选把总,从而树立了自己的威望。太平天国运动后,他与父亲、兄弟共同经营实业。由于胡元龙生性慷慨,不吝资财,他率先于光绪三十年(1904),在祁门南乡平里与当地士人共同创办梅南小学,并从阊阳文约及茶厘中筹集固定资金,开启了祁门新式教育的先河。① 胡元龙的日顺茶庄所产红茶,还曾获得过徽州府举办的物产会三等奖。据刘汝骥的《陶甓公牍》记载:

> 为出示给奖事:照得宣统元年,奉南洋商督宪札饬创办物产会,征集物品送宁陈赛。曾于十一月初八日在屯溪地方开会,禀奉遴员、审查、评定分数、请奖在案。兹于本年七月二十二日,奉督宪核定颁发奖牌,由事务所转送到府。查徽州府属奉发金牌五面,银牌十七面,铜牌五十九面,证明书共八十一张,东南尽美,耳目一新。②

由此看来,宣统元年(1909),为了筹备参加南洋赛会,全国各地方事先进行了遴选,然后再送至南京进行二次选拔。徽州府这次展览会在屯溪进行,经过评定后,再送给都宪进行审核。经过审核后,徽州府的各类物产共获金、银、铜奖牌81面。其中祁门获奖物产有4类:瓷土、红茶、生丝和祁术,详细如下:

> 胡培春磁土,二等银牌;胡叙生磁土,三等铜牌;王兰馨红茶,三等铜牌;王成义红茶,三等铜牌;公顺昌红茶,三等铜牌;胡元龙红茶,三等铜牌;汪广洲红茶,三等铜牌;胡邦达丝线,三等铜牌;姚受锐祁术,三等铜牌。③

显然,红茶是祁门县的主打产品,本次获奖的产品,全县共计9项,其中红茶即占5项,胡元龙红茶居其一。在祁门县众多的红茶茶号中能脱颖而出,可以看出胡元龙所制红茶的确品质优良。除红茶上的成就外,胡元龙作为地方士绅,他在清末自治运动中,还曾被提名为祁门县咨议局的选举人:

---

① 胡益坚:《胡元龙二三事》,《祁门文史》第2辑,1988年,第24页;康健:《茶业经济与近代教育事业的变迁——来自祁门县的个案研究》,《徽学》第7辑,合肥:安徽大学出版社,2012年。

② 刘汝骥编撰、梁仁志校注:《陶甓公牍》卷一《示谕·物产会颁发奖品示》,芜湖:安徽师范大学出版社,2018年,第10页。

③ 刘汝骥编撰、梁仁志校注:《陶甓公牍》卷一《示谕·物产会颁发奖品示》,第10页。

　　　　申及册图均悉。该县划作五区，地方广狭、人口多寡是否分配匀
　当，尚难悬揣。另册开呈选举人衔名，是选举人，是调查选举人，殊欠明
　晰。若谓此系选举人，胡清鼎以监生候补知县；黄光第以武生候选县
　丞；胡清灏以监生候补通判；姚受锐、胡元龙、汪克安、冯得桂、陈廷侯诸
　人，仅有虚衔；汪浩钧、康权、洪蔚文，仅一监生；许培𬭯，浑称职员；李畅
　懋虽系附生，不及岁。既未声明别项资望、财产，即与第三条选举资格
　不符。①

这则批文本意是刘汝骥不同意时任祁门知县赵元熙所报送的选举人，但从
中亦可看出胡元龙在地方上的威望，否则不会作为选举人加以申报。另据
民国四年（1915）的《申报》载：

　　　　派兵保护茶商。皖属祁门县知事据茶业商董胡元龙等禀称：每届
　新茶上市，均派有兵队驻防，以资保卫。近年匪徒不靖，较昔尤甚。现
　闻皖南镇守使署副官蒋奎英率队驻防屯溪，拟恳详请就近拨派兵队到
　祁保护等情，当即转详巡按使。现奉韩使核准：函致鲍镇守，使转饬蒋
　副官就近派队，往祁保护，俾安商业。②

　　民国四年（1915）正是胡元龙申请农商部奖章的前一年，此时他为商董，
并代表祁门茶业人士通过祁门县知事向安徽省政府申请派兵保护祁门茶商
的利益。5月正是茶叶上市季节，大批茶叶将运往外地，由于地方多匪徒，故
有此申请。透过这则报道，可以看出胡元龙在当地的地位。祁门县知事，即
清代时期的祁门县知县一职，"县为县公署，设县知事"③。由此可知，胡元龙
与县政府保持着良好的关系。
　　《奖章由》也是经县知事核实后，再向省政府呈交的。此时主政安徽的

---

① 《祁门县赵令元熙申报〈选举人名册〉批》，刘汝骥编撰、梁仁志校注《陶甓公牍》卷九《批
　判·宪政科》，第139页。
② 《申报》1915年5月11日，第7版。
③ 安徽省政府编：《安徽概览》，民国三十三年（1944）铅印本，合肥：安徽省档案馆，1986年影
　印本，第16页。

是倪嗣冲,"旋值袁世凯复辟,倪嗣冲以安武将军受任为本省督军兼巡按使"①。当然,起关键作用的还是地方政府。从《奖章由》可以看出,申请书是由方振均等人发出。方振均为民国时期祁门当地十分有名望的人物,他是一名廪贡生,清末自治中,经过时任徽州知府刘汝骥的严格考核,他初选获得53票,经复选成功获任咨议员。② 同时,在刘汝骥主持开办的物产会中,他和其他县内士绅一起"照谕请任为该会创立员,会同地方官绅切实筹办,并饬各该县督同办理",负责筹办事宜。③ 而且他还受刘汝骥的委托,于宣统元年(1909)负责调查祁门的风俗习惯,并撰写报告。④ 除社会活动外,他还著有《祁米案牍》一书。⑤ 显然,方氏作为地方名望士绅,由他发起,自然可以服众。与此相对的是,余干臣是一名外乡人,且此时可能已去世,而胡元龙此时不仅在地方颇有名望,且已是80岁高龄的老人,无论是资历还是对红茶的贡献,他是最合适的人选。

余　论

胡元龙作为一位在地方上颇有名望的士绅,在其父亲胡上祥开辟茶园的基础上,继续从事茶叶的种植和制作。太平天国运动期间,由于他在与太平军作战中的功绩而被官府授予职位,从而确立了自己的地位。太平天国运动结束后,胡元龙因应国际市场的需求,在自己的茶园内创制红茶并获得成功,积聚了一定的资本。由于其出手大方,在地方社会中赢得了声望。

进入民国以后,随着民国政府对茶业的重视,全国开始大力发展茶叶的改良。为了更好地推广这一政策,民国政府在各地树立经营茶业的典型。

① 安徽省政府编:《安徽概览》,第17页。
② 《徽州府详送复选选举人名册文》,刘汝骥编撰、梁仁志校注《陶甓公牍》卷一〇《禀详》,第179页。
③ 《徽州府筹办物产会文》,刘汝骥编撰、梁仁志校注《陶甓公牍》卷一〇《禀详》,第183页。
④ 《祁门民情之习惯》《祁门风俗之习惯》《祁门绅士办事之习惯》,刘汝骥编撰、梁仁志校注《陶甓公牍》卷一二《法制科》,第253—261页。
⑤ 祁门县地方志编纂委员会办公室编:《祁门县志》卷二七《艺文》,合肥:安徽人民出版社,1990年,第626页。

祁门县作为祁门红茶的生产中心,自然受到民国政府的重视。此一时期,由于胡元龙在晚清时期从事红茶的创制活动以及在地方上的声望,经过地方士绅和政府的推动,胡元龙逐渐成为祁门红茶的代表性人物,其祁门红茶创始人的身份得到官方确认。在此一过程中,胡元龙本人的贡献、民国初年发展茶业的政策以及地方政府和社会的运作,成为胡元龙被当作祁门红茶"鼻祖"的重要因素。透过这一过程,可以发现国家政策的施行对塑造地方人物形象的重要作用,这一形象的塑造是国家树立典型、发展农业的结果。而这一具有国家权威的象征符号,则为地方社会、个人运作的资源。

明代徽州契约文书所见"中人"报酬
——兼与清代的比较 *

郭睿君

（安徽大学徽学研究中心）

摘　要：向"中人"支付报酬是一种历史悠久、分布普遍的习俗。论文整理和分析了明代徽州的契约文书，发现明代徽州"中人"报酬占比多在2%左右，大都不超过5%，占交易总额比值浮动较大，其支付带有一定的主观性。自明至清，给付"中人"的报酬逐渐从实物、钱物混杂转变为纯然银钱，"中人"报酬占交易总额的比值逐渐形成一种定例，其水平呈现一种上升趋势，总体上，清代高于明代，清中后期高于清早期。

关键词：明清；徽州；中人；报酬

　　"中人"是人际交往，尤其是经济往来的必然产物，是人们进行各种交易及财产分割过程中自发产生的。寻求交易者不了解市场信息、①缺乏专业知识、②需求一种便宜有效的保障，这应是"中人"产生的主要原因。随着商品

---

* 本文曾发表于《安徽师范大学学报（人文社会科学版）》2020年第3期。本文为国家社会科学基金冷门绝学研究专项"明清徽州经济类契约文书整理与研究"（2018VJX012）的阶段性成果。

① 当人们把剩余的农产品以及家庭手工业品拿到市场进行交换，诸如"抱布贸丝"或是沽酒称盐等时，常因不了解市场情况、缺少市场信息，难以达成有效的交易，这时人们就需要这样一类人：他们了解市场的情况，熟悉物品的信息，可以从中介绍和说合。

② 无论是农业生产、交通运输、攻防战争，牛马都是极为重要的工具，牛马交易属于大宗买卖。如何从"形容筋骨"去评判牛马的优劣从而确定其相应的价值，是一种普通人不易掌握的专门知识，买卖双方自己难于达成共识。这时人们就需要一群从生活实践和商业活动中积累丰富经验的谙熟牛马者，以弥补自身专业知识的不足，达成公平的交易。

交换的频繁、市场的扩大,人们需要有人来构建彼此间的"关系"使交易范围发生交叉,亦或有人从中协商,避免熟人间直接言利。同时,经济往来及分工合作频度增加、程度加深,也使得双方需要共同的交往原则,约定彼此的权利义务、调整相互间的关系,通过口头或者书面的方式,把各自需要遵守和履行的权利义务确认记载下来,继而形成契约。① 在契约产生与普及后,交易双方"正是考虑或预期到万一出现争执的情况下才事先请求中人参加契约的缔结过程"②,"中人"成为保障契约履行的有效机制,并逐渐成为契约成立不可缺少的要件。当"立契有中"延续千年成为一种传统后,"中人"便演变成一种"具有保障契约实施功能的符号沉淀于人们的心中"③,最终走向固定化、程式化,一直存续至今。

学界对"中人"问题多有探讨,④而对于中人的报酬,管见所及,学界对

① 也有学者认为契约可能起源于人与神祇之间所订立的约,而不是起源于经济发展所引发的人与人之间的经济协商。"最早从墓葬出土的契约,纪年早至公元 1 世纪,它们看来是用于向冥王购买墓地的地券,与人们在阳间购买墓地的地契或地券相对应……人们可能先在与阴君协商的时候用上了契约,然后才在人世间互相协商时签订契约文书。"([美]韩森:《传统中国日常生活中的协商:中古契约研究》,南京:江苏人民出版社,2008 年,第 5 页)

② [日]滋贺秀三等:《明清时期法秩序中"约"的性质》,北京:法律出版社,1998 年,第 176 页。

③ 陈胜强:《中人在清代土地绝卖契约中的功能——以中国传统交易规则的影响为视角》,《北方法学》2012 年第 4 期。

④ 诸如陈明光、毛蕾《驵侩、牙人、经纪、掮客——中国古代交易中介人主要称谓演变试说》(《中国社会经济史研究》1998 年第 4 期),李祝环《中国传统民事契约中的中人现象》(《法学研究》1997 年第 6 期),李桃、陈胜强《中人在清代私契中功能之基因分析》(《河南社会科学》2008 年第 5 期),等等,对于"中人"称谓的历史沿革进行了梳理。叶显恩《明清徽州农村社会与仆佃制》(合肥:安徽人民出版社,1983 年)第 64 页,[美]杜赞奇《文化、权力与国家:1900—1942 年的华北农村》(王福明译,南京:江苏人民出版社,1996 年)第 168—178 页;梁治平《清代习惯法:社会与国家》(北京:中国政法大学出版社,1996 年)第 161 页;吴欣《明清时期的"中人"及其法律作用与意义——以明清徽州地方契约为例》(《南京大学法律评论》2004 年第 1 期);[日]滋贺秀三、[日]岸本美绪著,王亚新、梁治平等编译《明清时期的民事审判与民间契约》(北京:法律出版社,1998 年)第 312 页;郭睿君《清代徽州契约文书所见"中人"身份探讨》(《档案学通讯》2017 年第 4 期),等等,对于中人身份问题表达了不同见解。蔡志祥《从土地契约看乡村社会关系》、蔡志祥编《许舒博士所藏商业及土地契约文书　乾泰隆文书》(《东洋学文献センター丛刊》第 65 辑,东京:东京大学东洋文化研究所附属东洋学文献センター,1995 年,246—273 页)、赵思渊《十九世纪徽州乡村的土地市场、信用机制与关系网络》(《近代史研究》2015 年第 4 期)、吴欣《明清时期的"中人"(转下页)

此虽有关注,①但现有研究成果多以土地买卖典当等契约研究的附属而存在,并非以主体身份出现,且在研究时间上主要集中在清晚期及民国时期,在区域上多集中于华北地区,在研究问题上大多仅限于"中人"报酬所占总额比例。对于"中人"获取报酬习俗的历史演变,清前、中期,特别是明代"中人"报酬问题,明清"中人"报酬的整体变化、规律及原因等问题,都未有学者给予关注。拙文《清代徽州契约文书所见"中人"报酬》②已对清代徽州"中人"是否获取报酬、报酬类型及报酬占交易额的比重等问题进行了讨论,故本文将利用明代徽州的相关契约文书,就以上学界未尽之问题予以探讨,不当之处,敬请方家斧正。

一、"中人"报酬的历史演变

对"中人"致酬事作为拥有数千年历史的习俗,广泛而普遍存在。③ 目前看到关于对"中人"进行酬谢的最早记录约在西汉时期:

> 西汉神爵二年广汉县节宽德贳卖布袍券
> 神爵二年十月廿六日,广汉县甘郑里男子节宽德卖布袍一,陵胡隧

(接上页)及其法律作用与意义——以明清徽州地方契约为例》(《南京大学法律评论》2004 年第 1 期)等,对契约双方与中人的关系进行了分析。对于中人作用与职责的探讨,学者们大致趋同于中介、见证、保证和调解四个方面,参见梁治平《清代习惯法:社会与国家》第 120—126 页、李祝环《中国传统民事契约成立的要件》(《政法论坛》1997 年第 6 期)、[美]杜赞奇《文化、权力与国家:1900—1942 年的华北农村》第 168—178 页、胡谦《"中人"调处与清代民事纠纷解决》[《烟台大学学报》(哲学社会科学版)2008 年第 3 期]等。

① 史建云:《近代华北土地买卖的几个问题》,《华北乡村史学术研讨会论文集》,2001 年 9 月;李金铮:《20 世纪上半期中国乡村交易的中保人》,《近代史研究》2003 年第 6 期;俞如先:《民间典当的中人问题——以清至民国福建闽西为视点》,《福建论坛》2009 年第 5 期;郭睿君、李琳琦:《清代徽州契约文书所见"中人"报酬》,《中国经济史研究》2016 年第 6 期;王正华:《晚清民国华北乡村田宅交易中的官中现象》,《中国经济史研究》2018 年第 1 期。

② 郭睿君、李琳琦:《清代徽州契约文书所见"中人"报酬》,《中国经济史研究》2016 年第 6 期。

③ 所谓"广泛而普遍存在",并非指每场交易都会对中人致酬事,且每份契约文书均有相关记录,而是这种现象作为一种习俗,在民间社会广泛而长久地存在着,对此问题的详细阐述见拙文《清代徽州契约文书所见"中人"报酬》。

长张仲孙□所贾钱千三百,约至正月□□。

　　任者　　□□□□□

　　正月责付□十

　　时在旁 侯史长子仲

　　戍卒杜忠知卷

　　沽旁二斗①

这件卖布袍券立契时间为神爵二年十月廿六日,价格钱千三百,并有任者、时在旁,任者即为担保之人,时在旁即为见证之人。沽旁二斗,沽即沽酒。王国维跋:"是一袍之买卖亦有中费也。"张传玺注:"沽旁二斗,沽,沽酒,酬劳证人。"②在汉代买地券中,我们能看到大量的沽酒酬谢"中人"的记载,如:

东汉建宁四年雒县孙成买田铅券

　　建宁四年九月戊午朔廿八日乙酉,左骏厩官大奴孙成,从雒阳男子张伯始买所名有广德亭部罗佰田一町,贾钱万五千,钱即日毕。田东比张长卿,南比许仲异,西尽大道,北比张伯始。根生土著毛物,皆属孙成(后略)。

　　时旁人　樊永、张义、孙龙、异姓、樊元祖,皆知券约③

　　沽酒各半

在这里出现了"沽酒各半"的表述,结合其他汉代契约中"沽酒各半"的记录,我们可以推测,汉代的酒酬是由买卖双方各承担一半。

　　北魏时期的买卖契约中也有"沽各半"的记录,如:

高昌永康十二年张祖买胡奴券

　　永康十二年闰十四日,张祖从康阿丑买胡奴益富一人,年卅,交与

---

① 罗振玉、王国维:《屯戍丛残考释》,《流沙坠简》,北京:中华书局,1993 年,第 47 页上六。转引自张传玺主编《中国历代契约粹编》,北京:北京大学出版社,2014 年,第 29 页。

② 罗振玉、王国维:《屯戍丛残考释》,《流沙坠简》,第 47 页上六。转引自张传玺主编《中国历代契约粹编》,第 29 页。

③ 张传玺主编:《中国历代契约粹编》,第 46 页。

贾行百三拾柒匹。贾即毕,奴即付,奴若有人认名,仰丑了理,祖不能
知。二主和合共成券,券之后各不得返悔,悔者罚行贰佰柒拾肆匹入不
悔者。民有私要,要行。沽各半。请宋忠书信。

　　时见　祖疆迎奴、阿养、苏高昌、唐胡①

　　但魏晋时期迷信思想逐渐加重,道教盛传,"中人"神仙化,契约中常罗
列大量各路鬼神的名称,"中人"报酬的记载也在契约中渐而少见。

　　"自唐宋以后,契约一般不写对中保人致酬事,但致酬事一直是存在的,
有用宴请的形式,也有送银钱的。送给中人的叫做'中礼银',送给代书人的
叫做'笔资银'。"②在宋元时期,目前笔者所见契约中没有发现送银两的记
载,但是在契约中有关于宴请的记载:

　　　　北宋:谨用钱九万九千九百九十九贯文,兼五彩信币,买地一段。
东西一百步,南北一百步。今以牲牢酒饭,百味香新,共为信契,财地交
相分付。

　　　　元:谨备钱彩,买到地一段,南北长一十六步,东西阔一十四步
一分八厘七毫五系。今备牲牢酒饭,百味香新,共为信契。财地交
相分付。③

　　及至明清,在誊契簿或是契约文书"批"之后较多出现有关"中人"报酬
的记录,报酬类型也呈现多样化,主要有三种类型,即:酒酬,一般被称为"中
金""中礼""中资"的银钱,以布、亥、粮食为主的物品。如《嘉靖四十三年胡
洪等卖山赤契》"中得一分"④;《合同文约誊契簿》"又去中资钱一百八十文,
各派出钱六十文"⑤;《程氏置产簿》"见人　亲兄孙永达小布一匹;孙永□谷

① 柳方:《吐鲁番新出的一件奴隶买卖文书》,《吐鲁番学研究》2005 年第 1 期。
② 张传玺:《秦汉问题研究》,北京:北京大学出版社,1995 年,第 204 页。
③ 张传玺:《契约史买卖地券研究》,北京:中华书局,2008 年,第 212—214 页。
④ 王钰欣、周绍泉主编:《徽州千年契约文书(宋・元・明编)》第 2 卷,石家庄:花山文艺出版
　社,1991 年,第 367 页。
⑤ 王钰欣、周绍泉主编:《徽州千年契约文书(清・民国编)》第 11 卷,石家庄:花山文艺出版
　社,1993 年,第 208—209 页。

计二钱,朱德安□□布一匹"①;《康熙六年李有功等卖屋契》"谢中人每位银四钱、亥三斤,外送邦快兄土布五丈价五钱,茂良五钱"②。这一时期,中资应已成为一种定例。在《光绪二十二年蓟州乔顺卖房官契》契纸后面所附的国家制定的写契投税章程中,条文明确规定了"中人"的费用所占契价的比例及双方支付比例:

> 民间嗣后买卖田房,务须令牙纪于司印官纸内签名,牙纪行用与中人、代笔等费,准按契价给百分中之五分,买者出三分,卖者出二分。系牙纪说成者,准牙纪分用二分五,中人、代笔分用二分五。如系中人说成者,丈量立契,只准牙纪分用一分。③

又如在《徽商会馆公所征信录汇编》中,《光绪二十一年新立规条公禀江宁府存案》有一条规章:"试馆出租向有定章,不得徇私短租,每处只写租约时,提出一成作为中用,不得过多。"④明确"中用"不得超过一成。及至民国,黟县知事调查中仍有债权人出中资的记录。⑤

二、明代徽州"中人"中资占交易总额的比例

明代"中人"的中资在以往所见文献中鲜有记载,具体情况难于详知,故此学界目前还未有学者对明代"中人"中资问题进行过探讨。徽州文书的大量出现,为我们探究这一问题提供了可能,笔者以明代的徽州地区作为研究对象,试从中寻找明代给付"中人"中资的规制。笔者从《徽州千年契约文书(宋·元·明编)》、安徽省博物院藏《程氏置产簿》⑥近万份文书

---

① 安徽省博物院藏。
② 王钰欣、周绍泉主编:《徽州千年契约文书(清·民国编)》第5卷,第141页。
③ 张传玺主编:《中国历代契约粹编》,第1547页。
④ 李琳琦、梁仁志整理:《徽商会馆公所征信录汇编》,北京:人民出版社,2016年,第953页。
⑤ 前南京国民政府司法行政部编、胡旭晟等点校:《民事习惯调查报告录》下册,北京:中国政法大学出版社,2000年,第549页。
⑥ 安徽省博物院藏《程氏置产簿》誊录了休宁率东程氏历年的置产契约。整个置产簿分为五部分:第一部分首页写有"万历元年正月将以清公置产簿誊录于后,裔孙伯儒立",(转下页)

中,整理出关于明代"中人"报酬的相关记录 50 余条,①据此计算出的中资百分比如下:

表 1　明代徽州"中人"报酬约占交易总额比例

立 契 时 间	契约名称	交 易 额	中　资	中资约占交易总额比例(%)
正统十二年正月	置产契目	青笑银五两五钱	一钱五分	2.7
正统十三年二月	置产契目	青笑银一两一钱	五分	4.5
景泰三年正月	置产契目	青笑银六两一钱	五分	0.8
景泰五年十一月	置产契目	青笑银三十七两三钱二分	二钱三分	0.6
天顺元年正月	置产契目	银四钱八分	五分	10.4
天顺二年二月	置产契目	白脸银二两六钱四分	五分二厘	2
天顺五年八月	置产契目	白脸银三两六钱	二分四厘	0.7
天顺六年正月初九	置产契目	银十两三钱	八分	0.8
天顺六年正月初十	置产契目	银一两七钱	五分	2.9
成化元年十二月	置产契目	银三十两	六钱	2

(接上页)誊录正统丁卯年至景泰二年的置产契约;第二部分首页写有"万历元年正月将景霁公置产簿誊录于后,裔孙伯儒立",誊录成化十五年至正德元年的置产契约;第三部分首页写有"万历元年正月将世大公置产簿誊录于后,裔孙伯儒立",誊录弘治六年至嘉靖二十一年的置产契约;第四部分首页写有"万历元年正月将理山公置产簿誊录于后,次男伯儒立",誊录嘉靖四年至嘉靖四十五年的置产契约;最后一部分首页写有"嘉靖三十八年六月十九日起伯儒续置产业列后",誊录嘉靖三十八年至万历十三年的置产契约。如此翔实丰富的契约遗存,为我们研究明代"中人"提供了材料支撑,且明代一个家族完整的置产誊契实属珍贵。

① 50 余条记录中,21 条为实物报酬,因记载不清,如布记录有暑布、棉布或直称为布,难以准确地折算成银两;有 1 条是关于中资支付问题,因此此处统计数据全部为可计算出的银两比例。

（续表）

立契时间	契约名称	交 易 额	中 资	中资约占交易总额比例(%)
成化四年三月	置产契目	银一两九钱	一钱	5.3
成化五年二月	置产契目	银一两八钱	五分	2.8
成化五年十月	置产契目	银一两八钱五分	一分	0.5
成化六年正月	置产契目	银三两六钱	二钱五分	6.9
成化八年二月	置产契目	银二十六两八钱	二钱	0.7
成化八年六月	置产契目	银八两九钱	三钱	3.4
成化八年又六月	置产契目	银十四两二钱	二钱	1.4
成化八年十二月	置产契目	银四两	五分	1.3
成化九年三月	置产契目	银三两七钱	一钱	2.7
成化九年八月	置产契目	银十五两	二钱	1.3
成化九年九月	置产契目	银十六两二钱	一钱五分	0.9
成化九年十二月	置产契目	银六两五钱	二钱	3.1
成化十一年正月	置产契目	银三十一两五钱	四钱	1.3
成化十四年五月	置产契目	银三两一钱	二钱	6.5
成化十四年十二月	置产契目	银四两一钱	三钱	7.3
嘉靖四十三年	胡洪等卖山赤契	银一两整	一分	1
万历七年八月	置产契目	青笑银一十两五钱	一钱九分	1.7
崇祯七年	胡腊九等转佃契约	银五两整	三钱六分	7.2

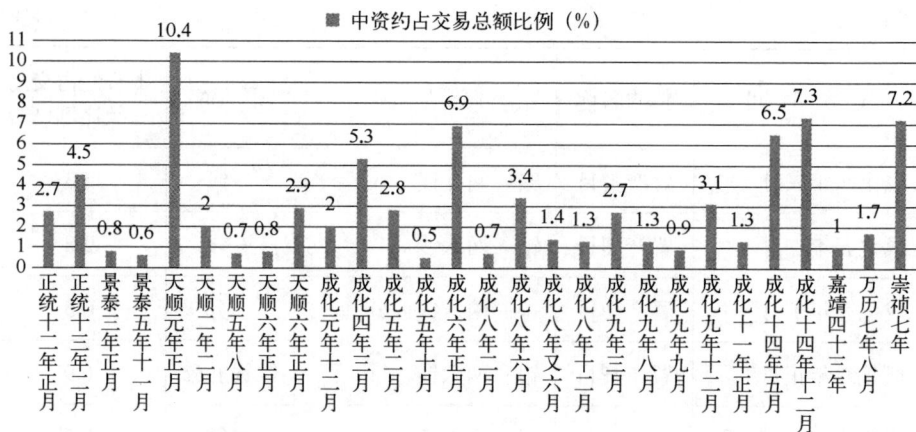

图1　明代徽州"中人"中资约占交易总额比例数据柱状图

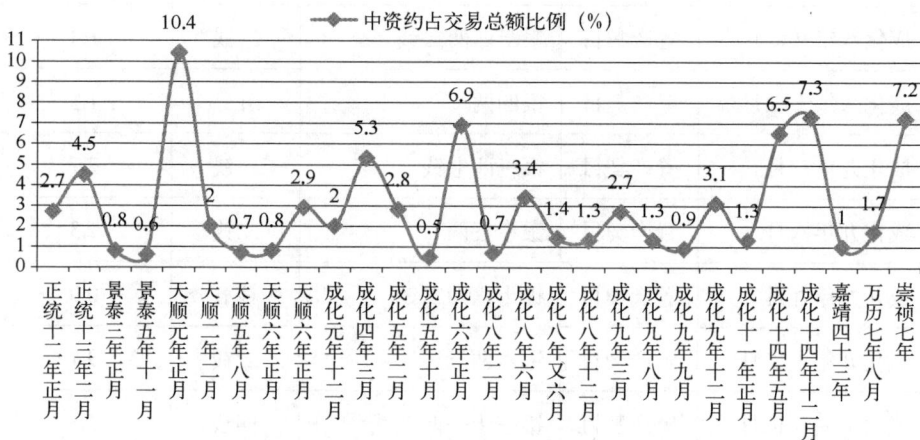

图2　明代徽州"中人"中资约占交易总额比例数据折线图

从上表及图例中我们可以看出:"中人"中资占交易比例小于等于1%的有8例,小于等于2%的有15例,2%—5%之间的有7例,小于等于5%的共22例,5%—10%之间的有5例,高于10%的有1例。以上数据表明,明代徽州"中人"的中资占比多在2%左右,大都不超过5%。从折线图可看出,明代徽州"中人"的中资浮动较大,中资的支付多少带有一定的主观性,更多应是当场酌情而定,并没有一个可循的定例。以下这组数据表可更进一步印证这一结论:

表2　明代徽州"中人"中资五分一览

立 契 时 间	契约名称	交 易 额	中 资	中资约占交易总额比例(%)
正统十三年二月	置产契目	青笑银一两一钱	五分	4.5
景泰三年正月	置产契目	青笑银六两一钱	五分	0.8
天顺元年正月	置产契目	银四钱八分	五分	10.4
天顺六年正月初十	置产契目	银一两七钱	五分	2.9
成化五年二月	置产契目	银一两八钱	五分	2.8
成化八年十二月	置产契目	银四两	五分	1.3

资料来源:《程氏置产簿》,安徽省博物院藏。

在这六次交易中,中资全部为五分,但交易额却差别很大,最低的交易额为四钱八分,最高交易额为六两一钱,并不遵循"交易金额越大中资应越多"这一习惯定势思维,中资的支付并没有一个可循的比例及定制。我们对这六例契约中最低比例0.8%、最高比例10.4%的两份契约进行详细分析:

　　三年正月初九日,用青笑银六两一钱买到十五都黄士铨鞠字第五十三号田一亩三厘,土名东山下,上租十秤,佃人胡曾德。其田东至山,西至坑,南至胡舟田,北至同号田。

　　　　见人　程九　牙钱五分

　　天顺元年正月间,用价银四钱八分买到歙县二十五都吴庆寿吴玄汤户璧字二百八十九号柴山一角二十步,土名卖抱山,东至分水,西至孙宅,南至尖,北至田。

　　　　见人　程囝　以□牙钱五分①

从上述两份契约中,誊契者并未记录任何纠纷亦或置产不顺等会造成"中人"中资与交易额不成正比的情形,其他四份契约亦然。除此之外,我们在

────────────

① 《程氏置产簿》。

整理资料的过程中还发现一个有趣的现象,在《程氏置产簿》契约中,作中的并没有职业"中人"——牙人,"中人"都由亲邻族友担任,但誊录者程伯儒将"中人"报酬全部写为"牙钱"。我们也许可以这么认为,在民众心中,至少在程伯儒心中,族亲为中的"中人"与官方化职业性"牙人"虽有着泾渭之别,但在民间实际使用中,"中""牙"称谓间并没有太明确的界限。对于"中人"的称谓问题,因篇幅有限,将另文讨论。

明代徽州中资由哪一方来支付呢? 在《彰祐公置业簿》中有这样一份誊契:"崇祯七年十二月十二,立卖契人洪以一十五两二钱,将承祖土地卖与洪公祐名下为业。"契尾写道:"五年之内倘若取赎,契内价银、中用、过税、酒资等件一概算还。"[1]囿于资料,我们仅能看到上述一条明代中资支付的详细记录,但民间习惯具有继承性与延续性,从拙作《清代徽州契约文书所见"中人"报酬》一文得到的详尽的清代中资支付情况,[2]以及上述契约中出现的"算还"两字来看,明代徽州中资可能也是由受买(典/押/当)人先支付,若日后出卖(典/押/当)人遵守立契时限约定,按时取赎,那么中资就确定由受买(典/押/当)人支付;若出卖(典/押/当)人未遵守契约时限约定,就要"还"中资。也即是说如果出卖(典/押/当)人违反了契约约定,中资就由出卖(典/押/当)人认;如果出卖人(典/押/当)遵守契约约定,中资一般由受买(典/押/当)人认。当然,上述结论仅能作为一种参考与推论,更为确切详尽的结论,还要等待资料的进一步发现与支撑。

三、明清徽州"中人"报酬的比较

第一,酒酬方式的一直延续。从明至清,酒酬作为徽州最古老的酬谢

---

① 王钰欣、周绍泉主编:《徽州千年契约文书(宋·元·明编)》第 10 卷,第 11 页。

② 事实上,在契约合同订立时,人们总是希望契约合同的约定能够得到遵守,契约双方也以契约能够得到遵守为前提。因此在清代徽州,中资一般会由受当(典/押/买)人先支付,若日后出当(典/押/卖)人遵守立契时限约定,按时取赎,那么中资就确定由受当(典/押/买)人支付;若出当(典/押/卖)人未遵守契约时限约定,就要"认还"中资。也即是说,如果出当人(典/押/卖)违反了契约约定,中资就由出当(典/押/卖)人认;如果出当(典/押/卖)人遵守契约约定,中资一般由受当人(典/押/买)或者是契约双方均认。

"中人"的方式一直存续。如崇祯八年洪氏《彰祐公置业簿》"五年之内倘若取赎,契内价银、中用、过税、酒资等件一概算还"①;乾隆三十八年三月《分单合同》"黄公茂中资钱一百文、明松中资钱一百文、记龙中资钱二百文,其酒酌明华办理"②。又如《清乾隆五十九年三月程氏卖老屋分中酒单》③详细列举了分中的酒单。日记是日常的记事,能反映出当时人们的生活实况。徽州婺源人詹元相《畏斋日记》中写道:"立欠约二两,共十二两正。付伊典契一纸,言定腊月讨酒。""本家契在洵叔收执,未付众,故不便讲……坤资致酒,淳伯、清伯、果兄共饮。"④表明契约成立后,酒酬是一种约定俗成的习俗,也可以看出酒酬可以在交易达成后进行,也可是约定一个时间事后再酬谢,酒酬参与的范围为所有参与到交易中的人。

在徽州以外,如海南《咸丰七年邓尚典向刘老二立卖田契》"即日煮酒宰牲,请典同男子二人到家,当众立下断契一张"⑤;贵州《姜氏林氏等卖田契》"当日凭中实受过断价银柒拾六两整并画字酒水在内,母子亲手收回应用"⑥;四川巴县"实计田价银足色纹银一百二十两整,书画一包在内,酒水在外"⑦。及至近代,襄陵、临汾等县,买卖交价之日,设酒席遍邀卖主及中人、四邻等,谓之"吃割食";山西夏县则有所谓的"会邻割事";陕西南郑、醴泉等县,凡买卖田宅,于书契成价之日,由买主备席,邀集卖主、中人、代笔等亲邻到场聚饮,亦谓"吃割食"。⑧

一场交易可以没有银钱、实物对"中人"进行酬谢,酒酬却是不可缺少的。酒酬如此普遍且不可或缺的原因何在? 在日常的交易中,酒酬不仅是

---

① 王钰欣、周绍泉主编:《徽州千年契约文书(宋·元·明编)》第10卷,第11页。
② 王钰欣、周绍泉主编:《徽州千年契约文书(清·民国编)》第11卷,第204页。
③ 刘伯山主编:《徽州文书》第1辑第3卷,桂林:广西师范大学出版社,2004年,第3页。
④ 中国社会科学院历史研究所清史研究室编:《清史资料》第4辑,北京:中华书局,1983年,第212—213页。
⑤ 谭棣华、冼剑民编:《广东土地契约文书》,广州:暨南大学出版社,2000年,第345页。
⑥ 陈金全、杜万华主编:《贵州文斗寨苗族契约法律文书汇编》,北京:人民出版社,2008年,第289页。
⑦ 四川省档案馆编:《清代巴县档案汇编(乾隆卷)》,北京:档案出版社,1991年,第14页。
⑧ 前南京国民政府司法行政部编、胡旭晟等点校:《民事习惯调查报告录》下册,第477、501、704页。

答谢"中人"的一种方式,对于契约双方来说也是很有必要的。在一份案牍中有这样一段话:

> 今即就活契而言之,议价时有中,成契时有中,回赎时又有中,即加典时亦无不有中。邀中必备饭,俗所谓办东也。多则两三席,少亦六七人。谁家田地,谁家典受,于何出典,何时赎回,田地几亩几分,钱银几千几百,坐落何处,毗连何田,众所共见,亦人所共闻。①

由上我们看出,邀中必须准备饭菜,多的话要宴请两三桌,少的话也要宴请六七人。在酒席上,谁家的田地典受、何时出典的、何时赎回的、田地有几亩几分、价格几何、坐落在何处、和哪些田地毗邻,"众所共见,亦人所共闻"。共见、共闻,即意味着公开性。在传统社会,国家民法系统不完备且效率低下,契约的履行更多地依靠当事人自身的诚信道德,而保障契约的履行则依靠的是社会的看法与公众的舆论压力。酒酬在一种公开的场合进行,这种公开性无疑会带给契约双方一种隐形的约束力,日后无论哪一方在违约发生前,都会估量违约行为带来的舆论谴责和社会看法。除此之外,古往今来饮酒宴请对于中国人来说是一种情感的表达,交易双方在经过"中人"的撮合以及一系列的商谈后,达成交易是一件值得庆祝的事情。

第二,明代至清代,徽州地区给付"中人"的报酬类型,逐渐从实物、钱物混杂变为几乎全部以银钱方式酬谢。在明代徽州"中人"报酬的 47 条有关记录中,纯实物给付"中人"报酬,如"牙钱糯米二斗五升""牙钱糯米二斗""牙谷二十斤""牙钱粟十斤""谷十斤""谷十五斤"等占到了 36%;物品银钱混合,如"见人程九,牙钱盐二斤……程三银三分""代书人叶士和,系齐□送狮头银七分;见人吴重德,送棉布一匹计一钱二分""见人皆是宁祖,牙钱棉布一匹、裱花一床、银一钱",占到 13%。②

---

① 许文浚:《塔景亭案牍》。转引自任志强《传统社会契约的签订仪式探微》,《黄山学院学报》2010 年第 2 期。
② 《程氏置产簿》。

表 3　明代徽州"中人"报酬类型一览

报酬类型	种　　类	计数	占比例
物　品	暑布、棉布、裱花、盐、谷、粟、米	17	36%
银　钱	青笑银、白脸银、狮头银	24	51%
物品、银钱混合		6	13%

资料来源:《徽州千年契约文书(宋·元·明编)》、安徽省博物院藏《程氏置产簿》。

　　而在清代徽州"中人"报酬的 144 条记录中,给予"中人"实物的仅有 4 例,占比不到 3%。报酬类型从实物向银钱的转变,究其原因,应与明代中后期不断发展的商品经济以及明清赋役改革息息相关。

　　第三,从明至清,徽州"中人"中资占交易总额的给付比例逐渐形成一种定例。在《清代徽州契约文书所见"中人"报酬》一文中,笔者从《徽州文书》《徽州千年契约文书(清·民国编)》《徽商会馆公所征信录汇编(徽州区域)》1 万多份文书中整理出 187 条关于清代"中人"报酬的相关记录,此不赘述,仅将数据图列出如下:

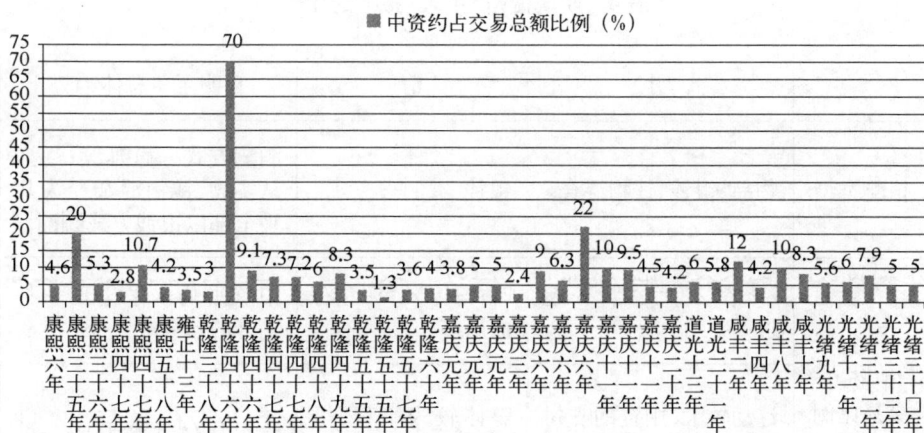

■中资约占交易总额比例（%）

图 3　清代徽州"中人"中资约占交易总额比例数据柱状图

中资约占交易总额比例（%）

图中折线数据（百分比）：4.6、20、5.3、2.8、10.7、4.2、3.5、70、3、9.1、7.3、7.26、8.3、1.3、3.6、4、3.8、5、5、2.4、9、6.8、22、10、9.5、4.5、4.2、6、5.8、12、4.2、10、8.3、5.6、5、7.9、5、5

横坐标（年份）：康熙六十五年、康熙三十三年、康熙三十六年、康熙四十七年、康熙五十八年、雍正十三年、乾隆三年、乾隆四十四年、乾隆十六年、乾隆四十六年、乾隆四十七年、乾隆五十八年、乾隆五十九年、乾隆五十五年、乾隆五十七年、嘉庆年、嘉庆年、嘉庆年、嘉庆年、嘉庆年、嘉庆年、嘉庆年、嘉庆年、道光年、道光年、咸丰年、咸丰十一年、咸丰十三年、咸丰十年、光绪八年、光绪九年、光绪十一年、光绪十三年、光绪十二年、光绪十三年、光绪十口年

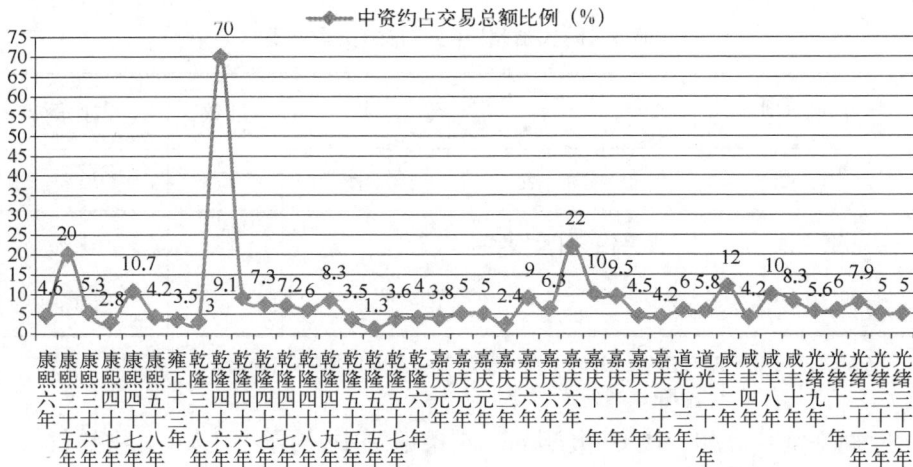

图4　清代徽州"中人"中资约占交易总额比例数据折线图

柱状图数据显示，清代徽州中人中资一般不低于交易总额的2%，不超过交易总额的10%，以5%左右的居多，清前期比值略低于清中晚期。而总体比较来看，自明至清，中资平均水平呈现一种上升的趋势，清代总体高于明代。从折线图来看，清代中资占比整体较为平稳。综合分析来说，清代中资给付遵循一定的定例比值，即2%—5%。

表4　明清徽州"中人"报酬的比较

	明	清	自明至清总体趋势
报酬类型	物品、银钱、钱物混合	银钱	酒酬方式一直延续；逐渐从实物、钱物混杂变为几乎全部以银钱方式酬谢
中资占交易比例	2%左右，大都不超过5%	2%—10%，5%左右的居多	中资平均水平呈现一种上升的趋势
	浮动较大，中资的支付带有一定的主观性，并没有一个可循的定例	整体较为平稳，给付遵循一定的定例比值	给付比例逐渐形成一种定例

（续表）

	明	清	自明至清总体趋势
报酬支付	中资一般由受当(典/押/买)人先全部支付，或是双方"对认"。日后出当(典/押/卖)人遵守立契约定，中资就确定由受当(典/押/买)人全部支付或"对认"；若出当(典/押/卖)人未遵守契约约定，就要"认还"中资，即将受当(典/押/买)人之前支付的全部中资或一半中资认下并返还。		报酬由哪一方支付主要依据两点：一是"成破"双方的经济地位；二是对契约合同的遵守情况。自明至清依据未变，支付习惯也几无改变。其反映出致酬事作为一种民间习俗的延续性与习惯性。

综合以上，从明代徽州"中人"中资及清代徽州"中人"中资的若干分析，以及对整理数据的详细梳理，可以看出：在明代给付"中人"中资时，并不一定要按照一个百分比来计算出报酬应该给予多少，而是带有更多的主观性，如个人情感、亲疏关系、中人的经济状况等都会影响中资给付的多少。清代以后，中资给付逐渐形成一种定例，有一个大家约定俗成的比例。及至清代中后期，甚至国家对参与交易的"中人"中资都作出了详细的规定。这些变化应与土地交易市场的进一步成熟有关。随着交易的频繁与市场的成熟，不论是国家还是社会，对于土地的买卖交易等相关的因素都需要制订出一种规则，以便维护交易中应有的秩序。同时，中人的参与作为土地交易必不可少的一环，其中资支付规制的形成与完善，反过来也有利于明清传统社会土地的自由交易，加速土地的频繁流转。

余　论

在上文中，我们将"中人"所得笼统地称为报酬。契约中，誊契者或者书契者也将多种类型的"中资"，如中资、礼银、画字钱、笔资等，统写为"中资""中礼"记录。而实际上，除酒酬之外，不同类型的"中资"对应给予发挥不同作用的"中人"，中资名目因"中人"发挥作用的不同而有所不同。如江苏地区土地买卖契约中所列出的费用主要有：给引领人的"引领费"；给见证交易的亲房"亲房费"；买主支付卖主的除粮手续费"除粮费"；付给上手业主的"上手礼"；付给见证契约银两交付时"见银中人"秤定银两的"天平"；付给契上画押签字的中见亲邻的"画字礼"。① 在笔者看来，酒酬的受众是所有参与到契约中的人，包括实际发挥作用的中人、临时来见证获取画字银的临时中见人、写契的书契人、交易双方或多方；中资是给予发挥主要作用、承担较大职责的中人；画字钱是给予临时来见证的亲邻，即临时中见人；笔资对应的是发挥见证与书契作用的代笔中人。想要厘清"中人"的报酬问题，对于"中人"的多样称谓、身份、作用，以及称谓与发挥作用间的关系，都需进行更加深入的研究。又如，在以复数形式出现的中人群体里，有自说合到见证再到后续担保调解中都发挥作用的"中人"，但也存在大量临时性找来签字画押的"中人"，如一份契约中同时出现经议、中见或见亲、同议或经手、见议、秉笔或经手、中见等，②详细梳理后，我们发现这些临时找来的"中人"，其身份大都是伯、叔、堂兄弟以及四至的地邻。③ 这种现象的出现是否与宗族土地公有观念或亲邻优先权有关？ 以上对中人报酬问题的相关讨论，因囿于资料与眼界，笔者所做的只是一种探索性的尝试，以期能够抛砖引玉，对后续研究有所裨益。

① 杨国桢：《明清土地契约文书研究》，北京：人民出版社，1988年，第207、208页。
② 王钰欣、周绍泉主编：《徽州千年契约文书（清·民国编）》第12卷，第287、128、265、150、161、254、275、296页。
③ 如《江氏文书》中《清咸丰四年二月江良枝立典田约》"凭：亲　表兄汪□六，族再侄江成芳，族侄江徽城，邻兄方炳林，本保谢朱高即、李灶成"；《清咸丰四年又七月江门汪氏等立杜断等田约》"中见人：侄嗣坦、佛鑫、成芳，邻兄胡春年、方步高、方成，侄西华"；《余氏文书》中《清嘉庆十三年十二月余兴福等复立议墨》"中人：保正张德先，邻舒鉴堂，亲范沧沛，族国森、国享、国烤、国魁、兴璧"。